KB139395

교양으로 읽는

초한지

교양으로 읽는

초한지

초판 1쇄 인쇄 2021년 7월 30일
초판 2쇄 발행 2022년 12월 26일

지은이 견위
옮긴이 장순필

펴낸이 이효원
편집인 김성규
표지디자인 별을 잡는 그물
본문디자인 이수정
펴낸곳 탐나는책
출판등록 2015년 10월 12일 제 2020-000019호
주소 경기도 고양시 덕양구 삼송로 222, 101동 305호(삼송동, 현대해리엇)
전화 070-8279-7311 **팩스** 02-6008-0834
전자우편 tcbook@naver.com

ISBN 979-11-89550-48-6 03150

교양으로 읽는 초한지

불세출의 두 영웅이 펼치는 천하통일 이야기

견위 지음 | **장순필** 옮김

탐나는책

책머리에

중원의 양대산맥
초나라(항우)와 한나라(유방)의
영웅호걸들이 펼치는 불꽃 튀는 이야기

'초한지'는 진시황의 죽음에서 시작하여 초나라와 한나라로 갈려진 영웅들의 파란만장한 이야기를 다룬 역사 소설이다. 초나라의 항우와 한나라의 유방을 둘러싼 수많은 영웅들의 지략 싸움이 흥미진진하게 펼쳐진다.

이 도서는 이러한 두 나라를 중심으로 벌어지는 치열한 싸움이 전개되는 방대한 양의 영웅들의 이야기를 단 한 권의 책으로 엮은 '교양으로 읽는 초한지'이다.

중국 역사 소설로 우리에게 가장 많이 읽혀지는 '삼국지'로 연결 되는 '초한지'는 모든 사람들에게 중국 역사의 이해와 더불어 쉽고 재미있게 다가가고 있다.

본문 중에 다음과 같은 내용이 있다.

"병법에서 가르치기를, 진을 칠 때엔 '산은 오른쪽으로 등지고 물은 왼쪽 앞으로 두라[右背山陵·前左水澤]'하였는데 원수께서는 오늘 강물을 등 뒤에 두고 진을 치고 도리어 이같이 대승大勝하신 까닭을 모르겠사옵니다. 가르쳐 주십시오!"

부하들이 알고 싶어 진심으로 이같이 묻는 것을 보고 한신은 마음에 기꺼웠다.

"모든 장군은 병법에 있는 말을 기억하지 못하는가? '죽을 땅에 떨어뜨린 연후에야 살아나며, 망하는 처지에 그대로 두어야 그 뒤에 일어난다[陷之死地而後生, 置之亡地而後存]'라는 것이, 즉 이 같은 것이란 말일세.

(383쪽 참조)

바로 '배수背水의 진陣'이라는 말이 여기서 나온 말이다.

본 서는 명나라 사람 종산거사鍾山居士 견위甄偉가 1612년에 발표한 역사 소설인 서한연의西漢演義를 바탕으로 한다. 이 책은 진나라 말기에서부터 초나라와 한나라가 세워지고 서로 경쟁하는 내용으로 이루어진 역사 소설이다.

독자 여러분은 이 책 한 권으로 초한지의 전반적인 내용은 물론, 여러분의 현실 생활에서 처한 상황에 대처할 수 있는 처세를 배울 수 있을 것이다.

아무쪼록 '교양으로 읽는 초한지' 이 책 한 권을 통해 여러분의 삶에 활력이 넘치고 재미를 더할 수 있는 도서가 되기를 희망한다.

편저자 장순필

차례

책머리에 · 5

순행 도중 최후를 맞은 진시황 · · · · · · · · · · · · · · · · · 11

장사꾼에서 중부에 오른 여불위 · · · · · · · · · · · · · · · · 36

패현의 주인이 된 유방 · 76

회계성의 항우 · 89

항우와 유방이 만나다 · 100

초나라, 진의 대장군 장한을 품다 · · · · · · · · · · · · · · · 116

유방, 함양에 입성하다 · 135

범증의 삼 책을 물리친 장량 · · · · · · · · · · · · · · · · · 165

서초 패왕 항우, 패공 유방을 한漢왕에 봉하다 · · · · · · · · · 197

파초 대원수 감을 찾은 장량 · · · · · · · · · · · · · · · · · 217

파초 대원수가 된 한신 · 242

한漢, 함양성에 재입성하다 · · · · · · · · · · · · · · · · · · · 270
한漢, 형세가 크게 팽창하다 · · · · · · · · · · · · · · · · · · 292
삼일천하로 끝난 유방의 팽성 차지 · · · · · · · · · · · · · · 322
초 패왕 항우의 첫 패전 · 345
초 패왕, 반간지계에 빠져 범증을 잃다 · · · · · · · · · · · · 373
초 패왕에 쓰러져간 한나라의 충신들 · · · · · · · · · · · · · 411
한신, 제나라의 왕이 되다 · · · · · · · · · · · · · · · · · · · 437
일시적인 휴전 서약 · 474
이좌거의 꾀에 넘어간 항우 · · · · · · · · · · · · · · · · · · 498
초 패왕 항우의 최후 · 533
대한, 천하통일을 이루다 · · · · · · · · · · · · · · · · · · · 585

순행 도중 최후를 맞은 진시황

나른한 봄이었다.

진시황秦始皇은 천 가지의 생각과 만 가지의 욕망에 지금 갖가지 상념想念에 사로잡혀 있다.

'그래, 짐이 곧 천天이다.'

진시황은 탁자를 한 손으로 치면서 혼잣말을 했다.

'무엇이 짐의 발아래 굽히지 않는 것이 있는가!'

그는 이어서 이같이 되뇌었다. 사실 그의 발아래 굽히지 않는 것이 없다. 그가 그의 부왕 장양왕莊襄王이 삼 년 동안 나라를 다스리다가 갑자기 승하하신 뒤에 불과 열네 살 되던 해에 왕위에 올랐다. 그리고 주周나라가 망한 것은 십 년 전 일이요, 자기와 함께 서로 자웅을 다투던 여섯 나라도 그가 임금이 된 지 십칠 년 만에 먼저 한韓이 망했고, 십구 년 되던 해 조曹가 무릎 꿇었으며, 이십이 년 되던 해 위衛가 망했고, 이십사 년에는 초楚를 무찔렀으며, 이십오 년에 연燕이 망하고 끝으로 이십육 년에는 제齊마저 없애 버렸으므로 여섯 나라를 아울러 삼키고 주 무왕周武王 이래 팔백육십칠 년이라지만 기실 따지고 보면 주나라의 십삼대 평왕平王 때부터 그의 시대까지 약 오백 년 동안에 어지럽기 한량없던 천하를 모두 거둔 자가 누구이냐. 진시황 자신이 있을 뿐이라고 생각했다.

천하를 통일해 이를 삼십육 군郡으로 분할하여 지방행정을 다스리게 하고, 책력을 고쳐 10월을 정월로 정하여 천하 만민으로 하여금 새 세상을 만든 것이 삼 년 전 여섯 나라의 통일이 끝나던 해였다. 그리고 재작년에는 여섯 나라의 모든 병기兵器를 녹여 쇠상像을 열두 개나 만들어 함양 서울에 세웠으니, 이로써 천하를 진정하게 하는 일이 되었다고 시황은 생각했던 것이다. 그렇건만 재작년에 처음으로 북방으로 순행했을 때와 작년에 동방으로 순행했을 때에 동남방에 보이던 왕기王氣와 하늘에서 떨어진 큰 별똥이 불길한 예감을 가슴속에 서리게 하므로 작년에 서복을 시켜 불사약을 구하러 보냈던 것인데 이제 노생이 신선한테서 얻어온 책에 '망진자호亡秦者胡'라고 쓰인 것을 보고는 북방 오랑캐에 대한 방비를 급히 하지 않을 수 없다고 그는 결심했다.

'장성을 이룩하자.'

그는 마음을 정했다. 감숙甘肅·섬서陝西·산서山西·하북河北에 그전부터 세워 있는 성벽을 구슬에 꿰듯이 모조리 연결시켜 끊어진 곳이 없게 하는 동시에, 오랑캐가 넘어오지 못하고, 침범하지 못하게 만들자면 이 성벽은 두꺼워야 하고 높아야 하며, 성 위에서 성 아래에 몰려오는 적을 공격하기에 편하도록 이룩해야 했다.

"성의 높이를 육 장丈, 너비를 육 장, 이리하여 북방 만 리에 연결지어라."

시황은 드디어 장군 몽념蒙恬에게 이같이 명령했다. 그리고 군사와 인부 팔십만 명을 만리장성 수축 공사에 동원하라 했다.

그리고 곧장 정승 이사를 불러들였다.

"짐이 생각하는 것은 곧 천하의 법일 것이오. 소위 선비들이 정사를 논하고 시비와 비평을 일삼는 고로 백성들의 의지하는 마음이 흔들리는 것이니 이것을 금하는 법을 세우게 하시오."

시황의 명령이었다.

"지당하옵니다. 공자孔子 이후 제자백가의 설訴을 봄으로써 소위 선비라는 자들이 문란해졌사오니 먼저 시詩를 불살라 버리셔야 될 줄로 아뢰옵니다."

이사의 대답이었다.

"그리고 그 다음에는?"

"시를 불사르게 하시고 유생을 수십 명 먼저 본보기로 거리에서 참斬하게 하시고, 책을 끼고 다니는 자는 허리를 끊고, 두 사람 이상 모여 앉아서 모래 위에 글자로써 필담筆談하는 자는 목을 자르고, 거리에서 큰소리치는 자는 혀를 끊어 버리도록 법을 주시옵소서."

시황은 즉시 윤허했다.

산동山東 땅에 태어났다가 이백육십 년 전에 죽은 공자의 법을 가지고 진시황의 법을 왈가왈부한다는 것이 도대체 어그러진 일이라고 굳게 믿는 까닭이었다.

자기는 복희伏羲·신농神農·황제黃帝 이래 요堯·순舜·우禹·탕湯과 주 무왕周武王까지 모든 임금에 비해서 뛰어난 사람이라고 생각했다. 삼황오제보다도 뛰어난 천자이므로 자기의 존칭을 '시황제'라고 일컫게 했다. 그는 자신이 태어났을 때부터 이빨이나 있었고 등에는 비늘이 달려 있었다는 것을 기억하고 있어, 이 땅에 처음으로 태어난 만백성의 임금이었다고 확신했다.

'만 리의 장성만 수복하고 시·서·백가의 설만 불사르고 말 것인가? 천하에 위엄을 보이자. 열두 개의 철상鐵像(쇠사람)을 세우게 한 것은 여섯 나라의 병기를 없애기 위함이었지, 대단치 않은 일이다. 큰 궁궐을 이룩하여 천하의 백성이 굴복하게 하자, 산을 만들고 바다를 메우자.'

그는 이렇게 생각하자 즉시 이사에게 명했다.

"동해를 메우고 여산에 아방궁阿房宮을 축조하고, 남방에 오령五嶺을 세우게 하오.”

“지당하신 처분으로 아뢰오. 진나라의 부강함이 천하에 떨쳐질 줄로 아룁니다.”

이튿날 그는 이사로부터 천하의 책을 거두어들이기 시작했고, 몰수한 책은 모조리 불살라 버렸으며, 언론을 일삼고 다니던 선비 이십 명을 잡아서 본보기로 참형에 처했다는 보고를 받았다.

“글을 배우는 자들이 시황의 법을 존중할 줄 모르고, 공자의 법을 존중할 줄만 아는 고로 이를 없애기 위함이다. 이 뜻을 백성에게 알리게 하라.”

시황은 정승에게 명하여 저잣거리의 담장 아래에 크게 방을 써 붙이게 했다.

이때에 태자 부소扶蘇가 정궁에 들었다.

“폐하께서 지금 유생들을 참형에 처하시고 시서詩書를 불사르게 하시는 것은 천하를 그르치게 하는 처사이오니 가혹한 법을 폐하시기 바랍니다.”

이같이 꼿꼿한 말을 했다.

시황은 쭉 찢어진 눈을 크게 뜨고,

“네가 감히 짐의 뜻을 거스르느냐? 너도 공자의 법을 따르고자 하는 자냐?”

하며 용상을 두드렸다.

“공자의 법이 아니오라 나라를 다스리고 천하를 평안하게 하는 법을 따를 뿐입니다.”

태자는 또한 서슴지 않고 대답했다.

시황은 크게 노했다.

"정승!"

그는 이사를 건너보면서 이같이 부르더니,

"태자를 함양궁에 둘 수 없으니, 만리장성을 쌓고 있는 몽념의 군감軍監이 되어 북방 상군上郡으로 가게 하오."

하고 일어섰다. 진심으로 자기의 잘못을 깨우쳐 주는 큰아들 부소가 눈앞에 서 있는 것이 잠시도 보기 싫다는 표정이었다.

그 후로 며칠 동안 시황은 마음이 기쁘지 않았다.

'아무래도 함양궁을 떠나 천하를 순행해 봄이 심기를 전환시키는 데 유익하리라.'

시황은 이렇게 생각하고 정승 이사에게 순행할 준비를 명했다.

시황이 타고 다니는 수레는 지난해 두 번째까지는 부거副車를 한 개만 사용했건만 이번에는 모두 다섯 개를 사용하도록 명했다. 천자를 호위하는 어림군은 삼백 명의 장사로서 편성하라 하였다. 작년에 동순했을 때 보이던 동남방의 왕기가 마음에 걸려 있어 이번에도 동순해 보려고 한 것이다.

늦은 봄 함양궁 안에 꽃도 지고 잎이 무성하기 시작한 때 시황은 출궁했다. 어림 군사가 전후좌우로 호위하는 가운데 황포로 지붕 뚜껑을 지은 수레 다섯 채가 한 줄로 서 있는데 그 세 번째 수레 속으로 그는 몸을 실었다.

앞뒤의 네 개는 빈 수레였다. 정승 이사와 장군 왕전王翦이 뒤를 따랐다. 함곡관函谷關을 넘어 섬서陝西 땅을 다 지나고, 하남河南 땅의 양무현陽武縣으로 향했다.

하남은 십칠 년 전까지는 한韓나라였다. 천산淺山이라는 조그만 마을의 술집에서는 동리 노인 대여섯 사람이 둘러앉아 술잔을 기울이고 있었고, 방 한구석에서는 머리에 관을 쓰고 소매긴 도포를 입고 얼굴이 흰 젊은이가 우람하게 생긴 열혈남아와 마주하고 있었다.

"어디서 오셨습니까?"

젊은이는 놀란 표정으로 물었다.

"여기서 동방 만 리 창해군蒼海郡에서 왔습니다."

장사의 대답을 듣더니 젊은이는 나직한 목소리로 말했다.

"저의 성은 장張이요, 이름은 량良이요, 자는 자방子房입니다. 여기는 이야기할 곳이 못 되니 저쪽으로 가십시다."

장량은 장사를 술집 앞 큰거리에서 후미진 길로 향하여 조그만 언덕의 푸른 잔디 위로 안내했다.

"여기는 조용한 곳이올시다. 제가 심복 동지를 창해군으로 천하의 장사를 구해 보라고 보낸 지가 벌써 삼 년 전이올시다. 장사께서는 존함이 어떻게 되시는지요?"

장량이 장사를 조금 높은 언덕에 앉게 하고 공손히 물었다.

"저의 성은 여黎고 이름은 홍洪인데 창해에 살고 있는고로 사람들이 창해공蒼海公이라고 부릅니다. 힘은 그다지 세지 않으나, 일백 근 철퇴를 마음대로 쓸 수는 있으므로 천하의 대의大義를 위해 써 보고자 했는데, 작년에 한나라의 장 선생이 저희 나라로 보내신 고 씨高氏를 만나 말씀을 듣고 여기까지 왔습니다."

"먼 길에 고생하셨습니다. 동방 창해군은 역사가 깊은 단군조선檀君朝鮮 땅이라 대의大義를 존중할뿐더러 의기남아가 많다 하므로 고 씨를 보냈던 것인데, 다행히 존형을 봐오니 십분 만족하고 다행입니다. 그런데 고 씨는 어디로 갔으며 존형은 언제 이곳에 오셨습니까?"

"어제 고 씨와 함께 의양宜陽에 이르러 선생댁을 찾았더니 선생은 떠나시어 간 곳을 모른다 하고 고 씨는 병환이 나시어서 촌보가 곤란할 지경이기에 댁에 들어가 복약하시라 하고 저 홀로 선생의 행방을 찾아 이곳까지 왔습니다. 조금 전에 시장하기에 주점에 들어가 요기하고 있을 즈음에 진시황의 무도 강폭함을 설화하는 의논이 있음을 보고 용모와 거동이 비범한 고로 혹시나 선생이 아니신가 하고 인사를 드린 것입니다. 다행히 이같이 만나 뵈오니 천만다행입니다."

하고 여홍은 큰소리로 웃었다. 장량도 따라 웃다가 얼굴빛을 고치고 말했다.

"방금 진시황이 자칭 시황제라 하면서 천하를 통일했다 하지만 이것은 무도 강폭한 자가 잠시 약탈한 것일 뿐, 천하는 방금 진시황에게 복수하고자 만백성이 절치부심切關府心(몹시 분하여 이를 갈며 속을 썩임)합니다. 원수를 갚기 위해서 이를 갈고 있는 여섯 나라의 백성들을 위해 선생이 한 번 용기와 힘을 내시어 시황을 죽여주신다면 선생의 덕을 여섯 나라의 백성들이 앙모할 것이요, 선생의 이름은 천추만대에 빛날 것으로 생각합니다. 만일에 선생의 일신에 불행이 있을지라도 선생의 고향에 천금을 보내어 염려가 없게 하겠습니다."

여홍은 여기까지 듣다가 장량의 말을 가로막았다.

"저는 천금을 바라지 않습니다. 천하의 대의를 위해 잔인무도한 자를 제거해 버리고자 할 뿐입니다."

장량은 만면에 희색을 띠고 여홍의 손을 잡아 이끌고 객주를 찾아가 그를 편히 쉬게 한 후 몸을 일으켰다.

"여기서 안정하고 계시면 시황이 이번에 동순하는 길이 이곳 하남 땅인지라 어디쯤에 있는지 염탐해 오겠습니다. 아마도 곧 거사해야 할 것 같습니다."

"그리 알고 기다리고 있겠습니다."

장량의 말을 듣고 여홍도 몸을 일으켜 대답했다.

장량은 사방으로 돌아다녔다. 시황의 행차가 함곡관을 지났다는 소문을 들은 것이 오 일 전 일이었다. 저잣거리에 사람 많이 모인 곳과 객줏집, 술집 같은 곳으로 돌아다니다가 밤늦게야 확실한 정보를 손에 쥐었다.

이튿날 그는 여홍의 객주로 찾아가서 여홍과 더불어 일찍이 박랑사博浪沙를 향해 출발했다. 내일 한낮 때에는 박랑사의 벌판을 시황의 행차가 지나가리라는 예정이었던 까닭이었다.

여홍은 백 근 철퇴를 긴 상자에 넣어 베보자기에 싸서 어깨에 둘러메고 가벼운 듯이 성큼성큼 걸었다. 오십 리를 걸어 어느 언덕 아래에서 그날 밤을 보냈다.

이튿날 아침때가 지나서 언덕 위로 올라섰다. 박랑사 넓은 벌판이 내려다보였다. 두 사람은 한낮이 되기를 기다렸다.

초조한 가슴을 안고 장량은 시황의 행차가 나타나기를 고대했다. 창해공 여홍도 장량의 곁에 긴 상자를 내려놓고 발을 뻗고 앉아 있었다. 그의 큰 눈도 시황의 행차를 고대했다.

해가 하늘 복판에서 내려다보고 있을 즈음에 시황의 행차가 나타났다. 개미 떼같이 길고 긴 행렬이 황색기를 날리면서 꼬리를 물고 연달아 오는데, 말과 수레의 수효를 셀 수 없을 만큼 어마어마한 행렬이었다.

"창해공! 저기 앞에 오는 수레가 저같이 많으니 어느 것이 시황이 탄 수레인지 얼른 구별하지 못하겠구려."

장량은 시황의 행차를 보면서 초조한 표정으로 이같이 말했다.

"장선생, 조금 참으시오. 더 가까이 오거든 보십시다."

창해공이 긴 상자를 가까이 놓으면서 대답했다.

두 사람이 이같이 기다리고 있을 때 행렬은 바로 눈 아래까지 다가왔다. 위세 당당한 어림군사가 호위하는, 황라산黃羅傘으로 지붕을 덮은 진시황의 수레, 그 수레가 자그마치 다섯 채나 잇대어서 각각 여덟 마리씩의 크나큰 말이 꼬리를 물고 오고 있었다. 시황이 저 첫째에 있을까? 장량과 여홍의 가슴에서 끓는 피는 혈맥을 초조하게 태우는 것 같았다.

"장 선생! 이거 도무지 판단이 서지 않습니다그려."

여홍도 잠시 동안 정기를 쏘아보고 있더니 이같이 입을 열었다.

"창해공! 무도 강폭한 자는 항상 겁이 있음을 증명하는구려. 용의주도하여 자기를 해칠까 봐 저렇게 엄중히 감추었지만, 제 소견으론 저 수레가 시황이 타고 있는 것 같습니다."

장량이 이같이 말했다.

"어째서 그렇게 보십니까?"

창해공이 고개를 돌려 물었다.

"첫째나 한가운데나 끝에는 사람이 노리기 쉬운 곳이오. 그러고 보면 둘째와 넷째밖에 없는데 시황이 넷째에 타지는 않았을 거요. 꼬리 근처에 있을 리 없으니 둘째에 있을 것이라 봅니다."

"그렇습니까? 그러면 저 둘째 수레를 박살내겠으니 안심하십시오!"

창해공은 이같이 한마디 하고 손빠르게 보자기를 끄르고 상자 속에서 백 근 철퇴를 꺼내 쥐었다.

"조심하십시오. 후사는 염려 마시기 바랍니다."

장량은 여홍의 한 손을 잡으며 떨리는 음성으로 말했다.

"안심하십시오! 대의를 위해 시황을 박살내겠습니다."

여홍은 철퇴를 한 손에 쥐고 자리에서 벌떡 일어섰다. 커다란 회나무 아래에서 두 사람은 굳게 손을 쥐고 작별의 인사를 했다.

여홍은 달렸다. 구름 같다 할까 바람 같다 할까. 그는 언덕 위로부터 화살같이 내리 닥치면서, 어림군사가 발길에 채이는 것도 모르는 듯이 벽력같은 소리를 지르면서 황라산으로 지붕 덮인 둘째 수레를 백 근 철퇴로 내리쳤다. 시황이 타고 있는 듯싶은 수레는 깨강정 부서지듯 산산 파편이 되었다.

그러나 시황의 시체는 보이지 않았다. 텅 빈 수레만이 가루가 되었을 따름이었다. 여홍은 일순간에 결과를 깨닫고 다시 철퇴를 고쳐들고 그 다음 셋째 수레를 부수려 했다. 시황제의 운명은 거기가 아니었다.

그 순간 어림군사들이 달려들어 창과 칼로 그를 무찔러 거꾸러뜨렸다. 일순간에 그는 결박당한 채 수레바퀴에 매어졌다.

장군 왕전이 시황의 칙명으로 박랑사 벌판 가운데서 여홍을 심문하기 시작했다.

"너는 무어라 하는 자이고, 어느 땅에 살고 있으며, 누구의 부탁으로 이런 짓을 했느냐? 바른대로 아뢰어라."

여홍은 어깨와 다리와 팔뚝에서 피를 철철 흘리면서 말했다.

"잔인무도한 진시황을 제거하려 함은 천하의 대의를 위함이요, 대장부 마땅히 해야 할 일이므로 그저 죽이려 했을 뿐이다. 그 이상 아무것도 나에게 묻지 마라. 대답하지도 않겠다."

여홍의 대답하는 음성은 우렛소리와 같이 크게 울렸다. 그러나 왕전은 똑같은 말을 거듭 물었다. 여홍은 입을 다물고 말하지 않다가 무엇을 결심한 듯이 별안간 벽력같은 소리를 지르면서 수레바퀴에 자기의 머리를 부딪쳤다. 그의 머리는 두 조각이 났다.

장량은 아까부터 언덕 위 나무 아래에 은신하여 이 광경을 바라보다가 멀리서 허리를 굽혀 길게 여홍에게 절하고 눈물을 뿌리고 그 자리를 떠났다. 통분하고 원통하고 측은하여 그의 가슴은 터지는 것 같았다.

어느 곳을 향해야 할 것인가? 천하가 넓어도 이제 그는 갈 곳이 없는 것 같았다. 삼사 년 동안 계획해 오던 진시황 암살도 허사가 되고 보니 앞길이 캄캄했다.

"창해공의 비분한 영혼을 위로해 주기 위해서라도 당분간 몸을 숨기고 있어야겠다."

장량은 길을 걸으면서 문득 한 친구를 생각해 냈다. 호북湖北 땅의 하비下邳라는 마을에 있는 항백項伯을 찾아가면 당분간은 안전하게 숨어 있게 되리라고 믿었다.

짐작한 대로 항백은 평범한 상인의 행색을 차리고 찾아온 장량을 반가이 맞아들여 자기 집에 묵게 했다. 항백은 초楚나라의 장군 항연項燕의 아들이었으며 한韓나라의 오대 정승집으로 유명한, 장량과는 오래전부터 막역한 사이였다.

장량은 절친한 친구이건만 항백에게 이번 사실을 이야기하지 않았다. 다만 사방으로 돌아다니며 천하를 구경하려 나섰다고만 이야기했다. 하릴없는 장사꾼으로 차린 장량의 말을 항백은 물론 의심할 필요조차 없었다.

그는 사나흘 동안 항백의 집에 유숙하면서 묵은 정담과 고금의 정세를 이야기하다가 하루는 동네 어귀에 걸쳐 있는 다리 위에 홀로 나가 무심히 먼 산을 바라보고 있었다. 해는 서산에 기울어지고 황혼이 땅 위에 덮이는 때인데, 누런빛 도포를 입은 노인이 그의 뒤로 지나가면서 두어 발짝 걸음을 떼더니, 신발 한 짝을 다리 아래에 떨어뜨리고는 장량에게 말했다.

"아희야, 저 신을 좀 집어다오."

그는 무심한 상태에 있다가 돌연 이같이 자기에게 명령하는 소리를 듣고 노인의 얼굴을 바로 보았다. 흰 수염이 가슴까지 길게 늘어졌고, 머리는 눈빛같이 희었으며 얼굴은 신선 같았다.

장량은 아무 말 하지 않고 다리 아래로 내려가 그 노인이 떨어뜨린 신을 집어다 발에 신겨 주었다.

노인은 잠자코 그대로 걸어갔다. 장량은 서서 노인의 뒷모습을 바라보았다. 노인은 두어 걸음 걸어가더니 또 신의 진흙을 터는 것처럼 발끝을 흔들다가 다리 아래로 한 짝을 떨어뜨리고 뒤를 돌아보며 말했다.

"아희야, 신을 좀 집어다오."

장량은 서슴지 않고 또 집어 그 노인의 발에 신겨 주었다.

노인은 다시 걷기 시작했다. 이날은 비 오고 난 뒤인지라 한나절 동안 햇볕이 났지만 땅바닥이 채 마르지 않아 신에 진흙이 달라붙는 터였다.

노인은 다섯 발짝가량 걸어가다가 또 한 짝을 다리 아래에 떨어뜨리고 말했다.

"아희야, 신 좀 집어다오."

장량은 괴이하다고 생각했다. 이같이 생각하면서도 두말하지 않고 집어다가 또 신겨 주었다.

신을 신겨 주는 장량을 내려다보던 노인은 정중한 음성으로 말했다.

"너는 마땅히 가르칠 만한 아희다. 배우고자 하느냐?"

"예."

장량은 신을 신기는 손을 놓지도 않은 채 공손히 대답했다.

노인은 발을 옮겨 디디면서 두 손을 놓고 아직도 꿇어앉은 장량을 내려다보며 하는 말이,

"너는 지난날 때를 모르고 큰일을 하려 한 것이다. 창해 역사의 힘을 빌려서 진시황을 죽이려 한 것도 그 잘못이니라. 때를 알면 이치를 알고, 이치를 알면 운을 안다. 너는 네 몸과 마음을 다해 성심껏 배우겠느냐?"

"선생님! 배우고자 합니다. 가르쳐 주십시오!"

그는 겨우 이 말밖에 하지 못하고 목이 메었다.

노인은 한 손으로 지팡이를 땅 위에 굳게 짚고 한 손을 품 안에 넣어 무엇을 찾더니, 장량에게 책 세 권을 내밀면서 말했다.

"아희야, 이것을 네게 주겠다. 열 번 백 번 읽어라. 이 세상일을 모두 알게 되리라."

장량은 무릎을 꿇고 두 손으로 그 책을 공손히 받았다.

"선생님, 때라 함은 음양陰陽이 아니오니까? 천지 우주에 음양이 있음을 알지 못하는 사람이 없을 것이온데, 저에게 하필 이 뜻을 말씀하시는 것은 무슨 까닭이오니까?"

장량은 서슴지 않고 이같이 물었다.

노인은 천천히 입을 열었다.

"내가 진실로 너에게 말한다. 때라 하는 것, 음양이라 하는 것은 천지 우주의 시초의 이치요, 또 궁극의 이치이다. 좁히면 한 주먹 속에 들고, 키우면 우주에 가득히 차는 이치이다. 우주 만

물이 이에서 생겼고 지금 너의 손톱 끝에도 변함이 없이 최초이며 궁극에 귀착하는 이치가 감돌고 있는 것을 깨달아야 한다. 내가 너에게 이런 말을 하는 것은 진시황은 춘추 전국시대가 끝나게 될 때이므로 세상에 나타났고, 그가 아직 갈 때가 아닌데도 그것을 알지 못하고 창해 역사를 시켜 네가 죽이려 했으므로 이런 말을 이르는 것이다. 그런고로 먼저 저를 알고, 둘째로 남을 알고, 끝으로 때를 알아라! 만일 이같이 한다면 제왕齊王을 도운 노중련魯仲連보다도, 월왕越王을 도운 범려范蠡보다도 너의 이름이 일월日月과 같이 빛나리라. 나는 이제 너에게 하고자 했던 말과 물건을 전했으니 돌아가겠다."

노인은 말을 마치더니 돌아서려 했다.

"선생님! 존함이 어떻게 되시는지, 또 어느 때 다시 뵈옵게 되올는지……."

장량은 손을 내밀어 옷소매를 붙들고 싶은 듯이 황망히 이같이 물었다. 노인은 돌리려던 몸을 멈추고 땅에 꿇어앉은 장량을 내려다보며,

"앞으로 십 년 후에 너는 반드시 크게 뜻을 이룰 것이다. 십삼 년 뒤에는 천곡성天谷城 동쪽에다 한 사람의 나라 임금을 장사 지내게 되리라. 그때 너는 그 빈터에서 누른 빛깔 나는 커다란 돌멩이를 한 개 보게 될 것이다. 그 누른 돌멩이가 바로 지금의 나다. 그것이 나다!"

노인은 말을 마치고 홀연히 사라졌다.

장량은 눈을 비벼 찾아보고 공중을 둘러보았으나 노인의 자

춰는 어디로 사라졌는지 보이지 않았다. 망망한 바다와 같은 하늘에는 이지러진 달이 서쪽으로 기울고 있을 뿐이었다. 장량은 뻐근한 가슴을 한 손으로 누르면서 한 손에 들고 있는 책 세 권 위로 눈을 떨어뜨렸다. 《황제소서黃帝素書 육도六韜 삼략三略》 책 겉장에 이같이 쓰인 것을 그는 언제까지나 들여다보고 앉아 있었다.

진시황은 박랑사의 흉변이 있은 후 삼 년 만에 두 번째의 순행을 감행하였다. 장성을 수축하는 몽념으로 공사를 진행하는 동안, 오랑캐들과 접전을 하게 하여 적지 않은 강토를 얻은 것도 이때이다.

'해와 달과 함께 진시황의 천하는 영원히 지상에 번영하리라.'

그는 더욱 이같이 믿었다.

동군 각지를 돌아다니면서 민정을 관망했으나 수일 동안은 아무 일이 없었다.

수레가 태주兗州에 이르렀을 때 날이 어두워졌으므로 그는 행차를 멈추게 하고 그 밤을 전날같이 편히 쉬기로 했다. 수라상을 물리고 수레에서 내려와 땅 위를 거닐며 정승을 데리고 장성의 수축공사 이야기를 들었다. 성벽의 넓이가 사람 열 명이 말을 타고 나란히 달릴 수 있게 되었다는 보고를 듣고 그는 만족해했다.

"장성이 완성되는 날에는 북방 오랑캐 걱정이 없으리라."

그는 혼잣소리처럼 말했다.

"폐하의 성덕은 장성보다도 강하온데 북방 오랑캐가 무슨 염려되옵니까?”

뒤에 모시고 섰던 근시 조고趙高가 늙은 얼굴에 교활한 눈빛으로 이같이 시황에게 아첨했다. 시황은 빙그레 웃었다.

하늘의 별들을 한참 바라보다가 시황은 정승과 근시를 물리치고 수레 속으로 올라가 잠자리에 들었다.

얼마 동안이 지났는지 대중할 수 없으나 그는 망망한 창해가에서 용신龍神을 만나 파도 위로 달음질치며 도망하기에 죽을힘을 다하는 판인데, 별안간 하늘로부터 붉은 용의 대가리가 구름 속에서 쑥 나오더니 한입에 자기를 꼴딱 삼켜 버리고 말았다. 그는 깜짝 놀라 꿈을 깨었다. 시황은 전신에 땀이 흘러 자리옷이 후줄근하게 젖은 것을 깨달았다. 맥이 풀리고, 정신이 혼몽하고, 골이 쑤시고, 눈이 잘 안 보이고, 숨이 가빠졌다. 눈을 비비고 머리를 쳐들려고 해보았으나 머리를 일으킬 목의 기운도 부족했다. 다리를 뻗어 보려고 했으나 무릎이 꼿꼿이 펴지지도 않았다.

“아하…….”

시황은 짧은 한숨을 쉬었다. 이상한 일이었다. 바다 물결 위로 도망치는 자기를 하늘에서 용의 입이 나와서 꼴딱 삼켜 버리다니, 이 무슨 괴상한 꿈이냐. 생각을 해보니 소름이 끼쳤다.

시황은 눈을 감았다. 혼몽한 정신 속에 생각나는 것은 동해를 메운 일이었다. 옛 황하黃河 출구出口를 키우기 위해 큰 역사를 시킨 것이 용신을 건드린 것이 되었나 보다! 이 같은 추측이 머리에 떠올랐다.

그는 자기가 만승천자요, 삼황오제보다 못지않은 영특한 임금이라고 자신하지만, 천제天帝와 용신龍神 앞에서는 심판을 받는 미미한 존재 인간이라고 믿었다.

'짐이 잘못했다. 동해를 메운 것이 잘못이었다.'

그는 한숨을 쉬었다. 돌아누울 기운도 부족한 듯이 그는 괴로워하다가 날이 밝을 무렵에 빨리 행차를 재촉했다. 한시바삐 불길한 이 땅을 떠나고자 함이었다. 수레가 사구沙邱 땅에 이르렀을 때 진시황은 자기의 생명이 이제는 다하였다는 예감을 느꼈다.

수레 안으로 정승 이사를 불러들여 침방 곁으로 가까이 불렀다.

"아마도 짐의 수명이 다했나 보오. 작년에 동해를 메우게 했더니, 그때 아마 용신의 노염을 샀던가 보오. 내 꿈에 용신과 싸우다가 이 병을 얻었으니 심상치 않은 병이라 회춘하기 어려울 것이오. 그러하니 짐이 붕하거든 태자 부소로 하여금 제위에 오르게 하여 천하를 잃어버림이 없게 하기 바라오. 태자 부소는 인자하니까 허물은 없을 것이오."

이같이 부탁했다.

"천하 만민이 성수무강하시기를 비옵는데 신이 불초하여 성려하심이 극하시오니 죄가 무겁습니다."

이사는 눈물겹게 아뢰었다.

"아니오. 경의 충성을 짐작하오. 이것을 태자에게 전해 주오. 속히 상군上郡으로 인마를 보내 부소를 오게 하기 바라오. 짐의 유언을 경솔히 생각하지 말고 지금 경에게 이른 말을 속히 기록하기 바라오."

시황은 이같이 말하고 허리에서 옥새를 끌렀다. 그의 팔이 힘없이 떨렸다.

이사가 시황의 조칙을 기록하는 사이에 시황은 두어 번 허공을 잡는 듯이 손을 내어젓다가 눈을 감았다.

이사는 시황의 숨이 끊어지고 체온이 식고 사지가 굳어 버린 것을 알고 조고를 불렀다.

"폐하께옵서 승하하시다니……."

이사, 조고 그리고 내관內官 다섯 사람의 입에서는 하나같이 천만 의외의 슬픔과 탄식이 흘렀다. 그러나 일세를 소란케 하던 그는 여섯 나라의 백성들이 이를 갈고 미워하는 가운데서 천년 만년 살듯이 죽지 않는 불사약을 구경하지도 못한 채 이 세상에 태어난 지 오십 년 만에 물거품이 사라지듯이 마침내 이 세상에서 사라져 버린 것이다.

진시황 37년 서력 기원전 210년 7월 13일이었다.

이사와 조고는 시황의 침상 옆에서 그 시체를 비단으로 덮으며,

"국장을 발하지 말자."

이같이 의견이 일치되었다. 시황의 수레를 모시던 내관 다섯 명에게도 시황이 생존해 있는 것처럼 모든 행동을 전일과 같이 하라고 분부했다. 시황이 순시 중에 노상에서 숨을 거두었다는 불행한 소문이 세상에 퍼지면 흉측한 변괴가 일어날 것 같

은 불길한 예감이 정승과 근시 조고의 머릿속을 때리는 까닭이었다.

찌는 듯한 더위로 인하여 시황의 시신이 부패되기 쉬운 고로 온량거溫凉車로 시황을 모시게 하고 그래도 파리와 벌레가 모여드는 것을 가리기 위해 온량거 뒤에 생선과 포를 가득히 실은 수레를 따르게 했다. 아침과 저녁의 수라 때에는 여전히 수라를 받들게 했다. 이튿날 조고가 이사를 찾아와서,

"대장부 하루도 권세가 없어서는 안 되는 줄 압니다. 권세 없으면 지체 없어지고, 황금도 없어지고 일신이 위태합니다. 그런 고로 이제 폐하의 유조遺詔를 고쳐 태자 부소를 폐하고, 차자 호해胡亥로 황제를 계승하게 함이 어떠합니까?"

하고 절반 꾀는 듯 절반 어르는 듯이 의논했다. 그의 눈빛이 교활하게 빛났다.

"그거야 될 말이오? 선제의 유조를 신하 된 자로서 어찌 고칠 수 있단 말씀이오. 망극할 언사는 그만두시오."

이사는 냉정히 거절했다.

"그러면 정승의 재주와 지혜를 몽념 장군과 비교해서 어느 편이 태자 부소의 총애를 받을 것인가를 생각해 보시었소?"

조고의 뜻밖에 나오는 질문을 받고 이사는 생각해 보았다.

"나는 몽념을 따르지 못합니다."

이 대답을 듣고 조고는 말을 계속했다.

"그러기에 하는 말입니다. 태자 부소는 명석하고 결단성이 있습니다. 정승과는 전부터 사이가 좋지 못했으니까 황위에 오르

면 반드시 족하를 정승의 자리에서 치워 버리고 몽념을 정승자리에 앉힐 것이오. 그때 족하는 서인庶人이 되어 필경에는 박해를 받을 것이니, 이렇게 될 것을 어찌 미리 깨닫지 못하시오?"

"그렇지만……족하의 말씀도 일리가 있지만, 선제 폐하의 유조를 고친다는 것이……."

이사가 주저하니까,

"선제의 유조를 그대로 받들면 족하의 일신이 위태하고, 유조를 고치면 일신이 편안하고…… 그러니까 둘 중에 하나를 택하라는 말이외다."

조고의 이 말 한마디에 이사는 그만 고개를 끄덕이면서,

"옳은 말씀이오!"

두 사람은 호해가 있는 수레로 찾아가서 자기들이 지금 의논하고 온 일을 말하고 호해의 승낙을 구했다.

조고는 호해의 허락을 듣고 늙은 얼굴에 주름을 잡아가며 기뻐했다. 즉시 이사와 함께 시황의 유조를 고치기 시작했다.

37년 7월 13일 시황제 조하여 가로되, 삼대는 효도로써 천하를 다스림을 근본으로 하나니, 아비는 이로써 윤리를 세우며, 아들은 이로써 직분을 다하거늘, 이 같은 이치를 거스르면 도가 아니다. 장자 부소는 우러러서 덕을 받들지 못하고 강토를 넓혀서 공을 세우지 못하고 감히 비방한 글을 올리고 크게 광역했으니 부자의 정리로는 가긍한 바 있으나 조정의 법으로는 용서치 못한다. 그러므로 이미 조하기를 호해로서 태자를 삼고 너는 한낱 서인을 만들어

약주와 단도로써 자결케 하는 바이며, 장군 몽념은 군사를 이끌고 변경에 있으면서 나라의 위엄을 떨치지 못하니 마땅히 죽일 것이로되 장성의 수축이 완성되지 못한 고로 잠시 두고 공사를 마치게 한다. 이에 조하여 보이는 바이니 마땅히 모든 것을 생각하여 알아서 하라.

이사와 조고는 염락閻樂이라는 자를 불러 약사발과 단도를 주어 상군으로 보냈다. 염락도 시황이 죽은 줄 모르는 자이라, 황제의 수레 앞에서 칙령을 받들고 말을 달렸다. 몽념의 군감이 되어 상군에 와서 아홉 해 동안이나 장성 수축공사를 감독하고 있던 태자 부소는 칙사를 멀리 마중 나가 인도해 들어와서 황제의 조서를 읽고 즉시 약을 마시고 죽으려 했다.

그때 몽념 장군은 태자를 붙들고, 지금 폐하께서 동순하시는 중에 별안간 까닭도 없이 이 같은 조서를 내리신 것은 의심스러운 일이니 순행하시는 곳으로 가 폐하를 봐옵고 진가를 안 뒤에 자결해도 늦지 않는다고 권했으나, 부소는 이미 조서가 내렸고 쫓아가서 진가를 따진다는 것은 더욱 불효를 더하는 일이니 그리할 수 없다면서 끝내 자결하고 말았다. 곁에서 장군 몽념의 통곡하는 것을 보고 칙사 염락은 즉시 사구 땅으로 돌아와 태자 부소가 자결하던 전말을 상세히 보고했다.

"우리 두 사람의 일이 되었소이다!"

조고는 이사에게 이렇게 말하며 독한 웃음을 지어 보였다. 이사도 속마음으로 안심했다.

시황의 행차는 마치 살아 있는 듯이 사구를 떠나 함양으로 향했다. 시황의 시체가 함양궁으로 돌아온 뒤에 이사와 조고는 발상을 했다.

'시황제 폐하 붕어하시다.'

만조의 백관이 사흘을 두고 곡했다.

이사는 천하에 시황의 유조를 발표하여 차자 호해로서 황위에 오르게 함을 알리고, 이해 9월에 여산 아래에 국장을 모셨다.

주위 팔십 리 고高 오십 척의 땅을 파헤쳐 정전正殿·내전內殿·침전寢殿을 축조하고, 침전 속 시황의 시체가 들어 있는 석관을 안치할 곳에 호를 파고 이 속에 물 대신 수은水銀을 가득 부어 마치 깊은 연못 가운데 석관이 놓인 것처럼 만들게 했을 뿐 아니라, 석관이 들어 있는 침전 내부의 동서에는 해와 달을 진주眞珠로써 가마솥 만하게 크게 꾸며 걸게 했으며, 정전과 내전에는 시황이 평소에 즐기던 갖은 보화와 온갖 재물을 모조리 장치하는 외에 자식이 없는 궁녀와 평소에 시황의 사랑을 받던 궁녀를 뽑아 순장하게 했다.

사백 명의 산송장과 수만 개의 보물과 수십만 명의 피와 땀이 바쳐졌다.

이세二世 황제 호해는 조고와 이사 두 신하의 음흉한 덕택으로 황제가 되었지만, 자결해 버린 그의 형 부소와 함께 북방에서 장성을 수축하고 있는 몽념 장군이 그의 수하에 정병 삼십만 명을 거느리고 있는 것을 염려하지 않을 수 없었다.

"몽념 장군의 가족과 동지들이 성 중에 있으니 내외 상응하면 변을 일으키기 쉽습니다. 먼저 몽념 장군의 구족九族을 멸하여 버리소서."

조고의 은근한 충언이었다.

이세 황제는 즉시 명을 내려 몽념 장군의 가족을 위시해서 외가·처가와 그들의 삼족을 합쳐 구족을 잡아 옥에 가두게 했다.

이세 황제는 시황이 간단하고 명확하게 목전의 일을 처결하고 다음 순간에는 다른 일을 생각하는 행습을 본받기는 했으나 성질은 완전히 닮지 못했던 것이다. 그래서 몽념 장군의 구족을 잡아 가두기만 하고 속히 죽이지는 않았다.

북방 상군에서 이 소식을 들은 몽념은 기가 막혔다.

'어이할까…….'

몽념은 분노와 비애를 참지 못해 즉시 서울 함양으로 쳐들어가서 이세 황제와 조고 이하 모든 간신을 무찔러 버리고 싶은 충동을 받았다. 그러나 그의 양심이 그것을 허락하지 않았다.

'못하겠다! 선인들의 가르치심이 이러하지 아니하고, 선제 폐하에게 받은 바 은혜가 무거우니 내 어찌 그럴까 보냐.'

몽념은 드디어 이렇게 생각하고 독약을 마시고 자결해 버렸다.

장사꾼에서 중부에 오른 여불위

때는 시황제가 죽은 날로부터 오십삼 년 전으로 돌아간다.

조나라의 혜문왕惠文王은 진나라의 왕손 이인異人을 포로로 잡아 온 것을 보고 즉시 죽이려고 했다. 그러나 인상여藺相如의 간하는 말을 듣고 이인을 죽이지 않고 공손건公孫乾이라는 신하의 집에 보호해두게 했다.

이다음 날 진나라와 무슨 일이 있을 때 이 포로를 이용하자는 방침이었던 것은 물론이다. 이인은 나이 이십 넘었고 전쟁하는 데 종군도 하고 싶고 해서 장군 왕전王翦과 왕흘王齕이 군사를 이끌고 조趙나라를 공격하는 싸움에 따라갔다가 조나라의 염파廉頗에 의해 포로가 되어 붙들려 갔던 것이다.

조나라 서울 한단에서는 진나라 왕손이 포로가 되어 공손건의 집에 머물러 있다는 소문이 대궐로부터 흘러나오자 길을 가던 행인들이 걸음을 멈추고 기다리는 형편이었다.

"강한 진나라와 싸워서 이겼다! 진 소양왕의 손자가 인질이 되었단다."

모든 백성이 기뻐했다. 서로 치하도 했다.

이럴 즈음에 대궐 안에서 공손건의 일행이 말을 타고 행길로 나왔다. 안장 위에 높이 앉아서 앞서 오고 있는 사람이 대부大夫 공손건이고, 그 뒤에 나이는 젊고 비록 몸은 야위었지만 위엄 있게 말 위에 앉아 따라오는 청년이 이인異人이었다.

'잘났다!'

구경꾼들은 모두 이같이 느꼈다. 뚜렷한 눈, 오뚝한 코, 큰 귀, 긴 아래턱, 그리고 늠름한 기상, 과연 잘생긴 얼굴이요, 고귀한 태도였다.

"허, 과연 잘생긴 귀인이로다. 후일에 반드시 제왕帝王이 되리라! 구경꾼 중에서 이인의 모습을 보고 이같이 감탄하는 나이 삼십이 넘어 보이는 사람이 있었다. 이 사람의 이름은 불위不韋요, 성은 여呂였다. 여불위는 첫눈에 이인의 운명을 판단했다.

그는 한단 서울에서 자기의 집이 있는 양적陽翟으로 돌아오는 길에 행인들에게서 들은 이야기를 종합해 보고 비로소 최근의 진상을 알았다. 오랫동안 집을 떠나 타국으로 다니며 장사를 하다 왔기 때문에 그동안 지나온 일을 몰랐던 까닭이었다.

'오늘 기막힌 보물을 발견했구나!'

그는 혼잣말로 중얼거리며 길을 걸었다. 그는 최근 수년 동안 보물과 비단을 구해 굉장한 이익을 남긴 경험이 풍부한 장사꾼이건만, 오늘 발견한 기화奇貨는 보물에 비교할 것이 아니라고 단정했다.

이튿날 그는 새옷을 갈아입고 구슬과 비단과 황금을 준비해 가지고 한단 서울로 다시 갔다. 말 탄 장수를 잡으려면 먼저 말을 거꾸러뜨리는 것이 신속하고 확실한 방법이다. 장사하는 법이나 전쟁하는 법이나 이치는 한가지였다.

여불위는 공손건의 집을 방문하여 정중히 인사를 올렸다.

"저의 이름은 여불위입니다. 어린아이가 어머니를 그리워하듯이 항상 대감을 추앙하고 있다가 오늘 이같이 존안을 뵈오니 무어라 형용할 수 없이 기쁩니다."

"허, 나도 당신에 대해 이야기는 들었소만 이렇게 찾아와 주니 반갑소. 거기 앉으시오."

주인은 여불위에게 자리를 권했다.

"처음으로 찾아뵈옵는데 예물로써 가져온 변변치 못한 물건이 있으니 대감께서는 정으로 생각하시고 받아 주시기 바랍니다."

하고 여불위는 들고 온 상자를 탁자 위에 펼쳐놓고 비취와 구슬과 황금을 꺼내놓았다. 어느 것 하나 범연한 물건이 아니요, 광채 찬란한 천하의 보물이었다.

공손건은 눈이 부시는 것을 느꼈다.

"허, 이런 귀중한 보물과 저 황금, 아마 이십 냥은 넘을 것 같소. 해 준 일도 없이 남의 것을 받는다는 것은 뇌물이오. 내가 뇌물 받을 이유가 없지 않소?"

하고 공손건은 사양했다.

"대감께서 그같이 말씀하시면 소생이 몸 둘 곳을 모르게 됩니다. 뇌물이라니 천부당만부당한 말씀입니다. 다만 한낱 무역 상인이 처음으로 찾아뵈옵는 예로써 드리는 것이오니 받아주십시오."

여불위는 머리를 숙인 채 공손히 대답했다.

"그렇게까지 말하니, 그렇다면 감사히 받겠소."

공손건은 못 이기는 체하고 황금과 구슬과 비취를 거두어 넣었다. 여불위는 그제야 주인이 정해 준 자리에 앉았다.

5월이 되면서 날이 더워진 탓으로 방문을 열어놓고 있었는데, 맞은편 딴 채에도 주인 대감이 쓰고 있는 것만 한 큰 방이 있고, 그 방에 얼굴이 잘생긴 젊은 사람이 앉아 있었다. 여불위는 주인을 바라보며 물었다.

"저쪽 마주 보이는 방에 젊은 사람이 있는데 혹시 대감의 자질이 되는 사람입니까?"

"아니오. 저 사람은 진 소양왕의 왕손 이인異人이라는 사람인데, 지금 우리나라에 인질이 되어 있소. 혜문왕께서 나더러 데리고 있으면서 감시하라 하시므로 내 집에 있는 것이오. 내가 불러다가 노형에게 소개하리다."

공손건은 이같이 말하고 즉시 아이를 불러 맞은편 사랑에 가서 이인을 청해 오라고 분부했다. 조금 있다가 이인이 들어왔다. 여불위는 자리에서 일어나 비켜섰다. 공손건이 주인의 자리에서 건너다보면서 두 사람을 소개했다.

인사가 끝난 뒤 두 사람을 각각 정해 준 자리에 앉게 하고 주인 대감은 아이에게 음식을 내오라고 분부했다.

"한 잔씩 드시오. 내일이 단오 가절, 이인도 고국 생각이 간절하시겠소."

공손건의 말에 이인은 머리를 수그린 채 말을 못했다. 슬픈가? 괴로운가? 뉘우침이 있는가? 눈물짓지는 않았으나 여불위는 그의 귀인같이 생긴 얼굴에서 복잡한 표정을 얼핏 보았다.

"어려워할 것 없소. 실컷 마시고 유쾌히 이야기들이나 하시오."

하고 자기도 잔을 기울였다. 두 사람도 따라 마셨다. 한 잔, 두 잔이 거듭되는 사이에 음식이 연달아 나오고, 좌석에 화기가 돌고, 이인과 여불위도 처음보다 훨씬 친밀해진 공기가 보였다.

조금 있다가 공손건이 볼일을 보러 나갔다.

방안에 심부름하는 아이도 어디로 갔는지 보이지 않자 여불위는 이인 곁으로 가서 가만히 속삭였다.

"소인이 이 댁에 온 것은 실상인즉 전하를 위해서, 전하를 뵈옵고자 하여 그러한 것입니다. 제 뜻을 알아주십시오."

그러나 이인은 여불위의 얼굴을 마주보며 고개를 저었다.

"나 같은 사람은 이미 우리나라에서도 버림을 받은 사람, 그래서 인질이 되어 이곳에 감금되다시피 붙들려 있는데 노형이 나를 위해서 이 집에 온다는 말은 당치 않는 말이오."

여불위는 서슴지 않고 그 말을 받았다.

"지금 진 소양왕께옵서는 춘추가 이미 늙으셨고, 태자가 되신 안국군께서는 아드님이 십여 명이나 있어 지금 전하께서는 그 중의 한 아드님으로 계시지만 안국군 전하의 건강이 좋지 못해 불행하게 되시는 날에는 전하와 동기 형제 되는 분들 간에는 서로 왕위에 오르고자 하는 다툼이 벌어질 것이니 그 전에 누가 태자가 되어야 할 터인데, 지금 안국군 전하가 가장 사랑하는 부인이 화양부인華陽夫人이시고, 부인의 몸에는 왕자가 없는 고로 내자를 정하는 것은 오직 화양부인의 입에 달렸습니다. 그런고로 전하가 속히 돌아가시어 화양부인을 친어머니로 섬기시고, 태자가 되셔야 후일에 안국군 전하가 붕어하신 뒤에 진왕이 되실 수 있지 않습니까?"

여불위의 일장설화를 듣더니 이인은 초조한 표정으로,

"그런 줄은 알지만 나는 지금 인질로 잡혀서 이곳에 수감되어 있으니 어느 날 진 왕실로 돌아갈 수 있단 말이오?"

이인의 목소리가 떨렸다.

"바로 그것이옵니다. 그것을 소인이 주선하고자 이같이 찾아뵈온 것입니다. 여기 지금 황금 오십 냥을 가져왔습니다. 얼른 받아 넣으십시오. 이것으로 가까이 출입하는 사람들을 매수하는 비용으로 쓰십시오."

여불위는 황금 주머니를 이인에게 주었다. 이인은 얼른 받아서 품속에 감추었다.

"저는 불일간 진나라로 가서 먼저 화양부인과 안국군 전하를 찾아뵙고, 지금 전하가 귀국하시면 반드시 태자로 세우겠다는 확언을 받아 가지고 오겠습니다. 그 뒤에는 천금을 풀어 전하로 하여금 이 땅에서 도망갈 수 있도록 모든 관리를 매수하여 반드시 소인이 무사히 고국으로 모시고 가겠습니다."

여불위가 여기까지 말하자 이인이 별안간 자리에서 벌떡 일어서더니 두 손을 한데 모으고 여불위에게 큰절을 했다.

"노형께서 정말 그같이 해주신다면 그 은혜는 평생 잊지 않겠으며, 만일 그래서 내가 진왕이 되는 날이면 노형한테도 한 지방을 떼어드려 똑같이 부귀와 행복을 누리기로 맹세하겠습니다."

이인은 진심으로 감격해 했다.

그로부터 얼마 후 함양에 도착한 여불위는 데리고 온 하인을 놓아서 화양부인의 일가친척 되는 사람의 소식을 탐지해 오라고 하고, 자기는 주점에 들어가 기다리고 있었다.

한 식경이 지나자 하인이 돌아왔다.

그의 보고에 의하면 화양부인은 초楚나라 사람으로서 함양 땅에 그의 일가라고는 없고 멀리 이종 사촌뻘 되는 언니가 한 사람 있을 뿐인데, 이 부인이 태자부太子府 앞에서 객줏집을 경영하고 있으므로 세상 사람들이 이 집을 '황이점黃姨店'이라 부른다는 것이다.

여불위는 보고를 듣고 즉시 황이점으로 갔다.

"주인어른을 찾아뵈러 왔습니다."

여불위는 이같이 문을 두드렸다. 얼마 후 주인이 나왔다. 육십 가까이 된 노인이었다.

"이 사람은 조나라 서울 한단에서 황손 이인의 부탁을 받고 화양부인의 친척 되시는 분이 황이점을 경영하고 계시니 먼저 가서 뵈라 해서 왔습니다."

여불위가 이렇게 말하자 주인은 안으로 고개를 돌려 마누라를 불렀다. 그러자 늙은 부인이 안에서 나왔다.

"저는 여불위라고 합니다. 황손 이인이 화양부인께 드리는 예물과 문안 편지를 가지고 왔습니다. 이것은 제가 황이점을 찾아온 예물로 드리는 것이니 받아 주십시오."

여불위는 품 안에서 황금 오십 냥을 꺼내 놓았다.

"원 이런, 아 그래요, 이걸 어쩌나."

늙은 부인은 너무 기쁘고 좋아서 말을 잘 못할 지경이었다.

탁자 위에 놓인 황금 주머니를 여불위의 얼굴과 번갈아 보면서 부인은 치하의 인사를 늘어놓았다.

"천만의 말씀입니다. 모두 다 안국군 전하의 홍복이요, 화양부인의 홍복이지요. 황손은 지금 조나라 서울에서 비록 인질이기는 하나 국빈같이 훌륭한 대우를 받으시면서 날마다 공관公館에서 훌륭한 선비들과 고금의 정사를 담론하시고 천하 호걸들과 사귀시는 일에 적적하지는 않지만, 주야로 다만 생각하나니 화양부인 어머님과 아버님 안국군 전하에 대한 불효자라는 자책에 번민할 뿐이옵니다. 그래서 저더러 기어이 한 번 다녀와 달라하므로 이번에 제가 불원천리 함양을 찾아왔지요. 다만 화양부인께 황손의 효성을 전달하고자 함이 본뜻입니다."

여불위의 구변에는 거침이 없었다. 늙은 부인은 얼굴에 기뻐하는 빛이 가득했다.

"에그 참 갸륵한 공자시지요. 그분은 화양부인이 낳으신 아드님도 아니신데, 친어머님같이 생각하니……."

여불위는 얼른 부인의 말을 받았다.

"참 그렇습니다. 이인께서 생모 하희夏姬 마마가 별세하신 뒤로 다른 황손들에게는 모두 생모가 생존해 계시건만 자기만은 모친이 없는 것이 슬퍼서, 얌전하시고 갸륵하신 화양부인을 자나깨나 친어머님으로 생각하고 있노라고, 저를 만날 때마다 말씀하더군요. 그 같은 효자는 아마 없을 것입니다."

하고 이인의 효성을 과장했다.

부인은 감격했는지 수건으로 눈두덩을 닦으며 말했다.

"그러면 내일 아침에 궁에 들어가 화양부인에게 이런 말씀을 전하고 어른을 만나뵙게 할 터이니 오늘은 내 집에 유숙하십시오."

여불위는 고맙다는 뜻을 표하고 일어서려다 다시 앉으면서 입을 열었다.

"그런데 말씀입니다. 지금 안국군 전하께서는 화양부인을 가장 총애하십니다마는 색으로써 사람을 섬기는 것은 그 빛깔이

고울 때뿐입니다. 그런고로 꽃이 떨어지고 잎이 누렇게 되면 때가 지나는 것이온데, 만일 안국군 전하가 폐하가 되신 뒤에는 여러 아드님이 태자가 되시려고 다투실 것입니다. 그때에는 이미 화양부인의 용모와 자태는 지금 같지 못할 것이므로 무슨 말씀을 해도 안국군 전하이던 때같이 들어주시지 않을 것입니다. 지금은 무슨 말을 하든지 잘 들어주시고, 어떤 어려운 떼를 쓰더라도 전하께서 그대로 해주시니 화양부인께서는 아드님이 없으시니까 효성스럽기 짝이 없는 이인을 아들로 삼겠으니 태자로 정해 달라고 조르시면 전하께서는 반드시 들어주실 것입니다. 이렇게 해두면 뒷일이 무사할 뿐 아니라, 화양부인께서는 말 한마디로써 없던 아들이 생기는 것이요, 이인으로서는 없던 나라를 얻어 갖는 것이요, 무궁무진한 행복이 끊일 날이 없을 것이며 또 부인께서도 복록이 따라올 것이니, 이야말로 말 한마디로서 만세의 이익을 가져오는 것이 아닙니까?"

여불위의 해설을 듣고 늙은 부인은 고개를 끄덕였다.

"어른의 말이 과연 옳소! 내일 궁에 들어가서 이야기하리다."

이튿날 아침 늦게 여불위를 후궁後宮으로 들어가는 문 밖에 세우고 부인은 혼자 안으로 들어갔다. 언니는 동생 마마에게 인사를 하고 황손 이인의 소식을 전했다.

"황손의 심복 되는 사람을 데리고 왔건만 부인의 의향을 알 수 없어 문 밖에서 기다리라 했습니다."

하고 여불위가 밖에 서 있는 것을 알렸다. 화양부인은 뜻밖에 기쁜 일을 당한 듯, 가볍게 '어서 불러들이라'고 분부했다.

여불위는 후궁 뜰 아래서 부인에게 예를 올렸다.

"황손께서 예물과 서신을 소신에게 주시면서 올려달라 하셨기에 바칩니다."

여불위는 들고 온 상자를 뜰 위로 바쳤다. 시비가 받아서 상자를 열어보니 그 속에서는 아름다운 백옥으로 만든 큰 구슬 네 개, 비취로 깎은 비녀 두 개, 그리고 '부친 안국군 전하, 모친 화양부인 두 분 전하께 올리나이다'라고 쓰인 편지 한 장, 이런 것들이 나왔다. 화양부인은 희색이 만면했다. 편지 봉투를 들고 앞뒤로 한참 보더니 여불위에게 이렇게 말했다.

"잘 받았다. 전하께서 돌아오신 뒤에 다시 너를 불러 만나보시게 할 터이니 물러가거라."

여불위는 예를 하고 물러나왔다.

여불위가 나간 뒤에 언니는 화양부인을 보고 여불위가 하던 말을 하나도 빼지 않고 세세하게 전했다.

"그렇지 않아요? 아들이 없다가 아들을 얻고, 나라의 국모가 되시고…… 천추만세에 이런 공이 또 어디 있겠어요?"

언니가 전하는 말을 듣고 화양부인은 좋아하면서도 수심 있는 어조로,

"그렇지. 모든 이들이 생모가 있건만 오직 이인에게는 생모가 죽었지. 내가 출산을 못 하니까 아들로 삼고 싶지만 전하께서 어떻게 생각하실지, 지금 사냥 나가셨으니 이따가 돌아오시거든 의논해야겠어."

화양부인의 말끝이 흐려졌다. 자기 나이가 사십 고개를 바라

보고 있는 것을 새삼스럽게 느꼈다.

얼마 후 나인이 안국군 전하가 환궁했다는 보고를 드렸다. 화양부인은 의복을 고쳐 입고 언니를 황이점으로 돌려보냈다. 안국군이 후궁에 들어오자 화양부인은 그 앞에 나가 두 손을 모으고 인사를 한 후 지금 조나라에 인질이 되어 있는 이인으로부터 소식이 온 것을 전했다.

안국군은 먼저 서신을 펼쳐 부인과 함께 읽었다.

> 불초자 이인은 목욕하고 아버님 안국군, 어머님 화양부인 천추전하께 백 번 절하옵니다. 조나라에서 불초자의 기거는 비록 편하오나 날마다 부모님 생각 간절하와 꿈에도 달음질치며 한 번 식사할 때에 세 번씩 탄식하는 터이옵니다. 이제 심복 같은 여불위로 하여금 불초자 대신 부모님께 주옥을 헌상하오니 불초자를 슬하에 두고 보시는 것처럼 하람하시고 속히 구원하시어 살아서 슬하에 돌아가 있게 하여 주시옵기를 하늘에 우러러 비옵나이다.

안국군이 아들의 서신을 읽고 상 위에 놓인 구슬과 비녀를 번갈아 보더니 두 눈에서 눈물이 주르륵 흘렀다.

이때 화양부인은 눈물에 젖은 눈을 아래로 뜨고 붉은 뺨에 아롱진 눈물 자국을 닦지도 않은 채 그의 앞에 다가 앉았다.

"조나라에서 서신을 가지고 온 여불위라는 사람이 지혜와 꾀가 많아 보이고 또 이인이 심복으로 믿는 사람이라 하오니, 이 사람을 불러 무슨 계책이 있는가 물어보심이 좋을까 합니다."

하고 의견을 고했다. 붉은 입술과 자기를 바라보는 눈물 젖은 눈동자를 보고 안국군은,

"옳거니, 그런 사람이 있다면 빨리 불러들여서 무슨 좋은 계책이 있는가 물어보아야지! 곧 부르라고 해라."

하고 좌우에 명령을 내렸다. 태자부 앞에 있던 여불위는 그 즉시 후궁으로 불려들어갔다.

"네가 여불위냐?"

예를 마치고 서 있는 여불위에게 안국군이 물었다. 여불위는 경건하고 건실한 태도로 이인이 조나라에서 일상 지내는 상황과 부모님에게 항상 큰 효심을 가지고 있다는 사실과, 자기는 이인을 조나라에서 구출하여 진나라로 환국케 하려고 가산을 탕진하기로 결심했음을 과장해서 말했다. 처음부터 끝까지 안국군은 조용히 여불위의 장광설을 귀 기울여 듣더니,

"과연 기특한 선비로다! 너는 비록 상인이라 하지만 선비의 기개가 있다. 네 말대로 한다면 이인이 환국할 것은 틀림없고, 너의 공로는 비상한지라 부왕께 고하여 부귀를 내리게 해주겠다."

"황송하오나 전하께옵서 이인을 입적立嫡하신다는 확증을 소인에게 전달케 하시와 이인 공자로 하여금 환국되는 날까지 일시라도 부모님을 더욱 의지하게 하심을 바라옵니다."

여불위는 뜰 아래에서 이같이 청했다. 미래의 큰일을 어김없이 단숨에 확실하게 결정지어 버리자는 대담한 요구인 것이다. 안국군은 여불위의 청을 듣더니 잠시 생각하는 듯하다가,

"그래라. 거기서 조금 기다려라."

안국군은 종이에 '이인위적異人爲嫡'이라는 글자를 써서 그것을 나인에게 주면서 태자부의 자기 처소에 가서 옥돌에 이 글자를 즉시 새겨 두라고 분부했다. 그리고 다시 여불위에게 물었다.

"그런데, 너는 어떤 방법으로 이인을 환국케 하겠느냐?"

"천금으로써 조나라의 권세 있는 사람들을 매수하겠습니다. 관문을 지키는 병졸들이 무사히 지나가게만 해 준다면 국경을 넘기는 쉬운 일이옵니다. 그 후에 진나라 땅에 들어설 때에는 전하께옵서 심복 장수를 시켜 군사를 이끌고 나와 맞아 주시기 바라옵니다."

여불위는 이같이 대답했다.

"그래라. 너에게 금 오백 냥을 줄 테니 두 사람의 노자로 써라."

안국군은 즉시 분부를 해서 금 오백 냥을 주머니에 넣어 주게 했다. 그럴 즈음에 태자부의 관리가 옥부玉符를 가져다 바쳤다. 화양부인이 옥부를 새긴 글자를 보고 방긋 웃었다. 안국군은 즐거운 표정을 지으면서 그것을 오백 냥과 함께 여불위에게 갖다주라고 나인에게 명했다.

"황송하옵니다. 어김없이 이인을 모시고 오겠습니다."

여불위는 머리를 조아렸다.

이튿날 아침 일찍 여불위는 하인과 함께 수레를 달렸다.

올 때는 한 달 동안이나 타고 걷고 한 길이건만 이번에는 스무날 만에 조나라에 돌아왔다. 그리고 머릿속은 천만 가지 계획을 하나하나 풀어가기로 작정했다.

주희朱姬를 첩으로 맞아들인 것은 석 달 전이었다. 한단 성안에 들어갔다가 놀이터에서 주희가 춤을 추고 노래하는 것이 출중할 뿐 아니라 인물이 활짝 핀 부용꽃같이 화사한 것이 탐나 성문 밖에 있는 주희의 집에 매파를 보내어 혼인하자고 했다.

꿀 같은 단꿈이 주희와 더불어 있은 지 며칠이 안 지나가서 여불위는 양적을 떠나 함양으로 갔던 것이다. 그런데 어쩐지 주희의 몸이 전날 같지 않은 듯했다.

"몸이 어디가 불편한 것 같은데 무슨 딴 일이 있었느냐?"

"별로 불편한 곳은 없어요. 그렇지만 요사이 며칠 동안 공연히 노곤하고, 입맛이 없어서 음식이 먹기 싫고……."

"그러기에 내가 묻는 것이야. 이상해 보이니 말하는 것이지. 아기 서는 징조 아니냐? 그래 얼마나 되었느냐?"

여불위는 주희의 손을 쥐고 물었다.

"두 달이에요. 그것이 없는지……."

"그러면……."

여불위는 입을 다물었다. 함양에 다녀온 지 벌써 오십 일이 지났다. 두 달밖에 안 지났다면 자기가 집을 떠나기 전에 잉태한 것이 틀림없다. 주희의 배 속에 아기가 들었다면 분명히 여불위의 씨다. 그는 단정했다. 주희의 손을 잡고 여불위는 한참 있다가 입을 열었다.

"내가 하는 말을 잘 들어라. 너는 일개 무역인의 애첩으로 있는 것이 좋으냐? 한 나라 임금의 어머니가 되어 국모 폐하로 부귀를 누리는 것이 좋으냐?"

"무슨 말인지 못 알아듣겠어요."

"다시 말하면, 나와 함께 이렇게 사는 것으로 만족하느냐? 그렇지 않으면 지금 우리나라에 붙들려 인질로 있는 진 왕손 이인에게 시집을 가서 첫아들을 낳으면 그 아들은 진왕의 아들이 될 것이고, 그 아이가 장성해서 임금이 되면 그때는 주희 네가 왕후 폐하에서 국모 폐하가 되는 것이라는 말이다. 이제 내 말 알아듣겠느냐?"

"알아들었어요. 하지만 첩은 군자에게 매달린 몸, 군자께서 하라시는 대로 할 뿐이지요, 딴 마음이 있을 리 있습니까."

여불위는 주희의 대답이 무한히 아름답게 들렸다. 그는 자기가 주희에게 첫눈에 반했듯이 이인 역시 주희를 보면 틀림없이 좋아하리라 믿었다.

다음 날 여불위는 공손건 대감에게 줄 선물을 바리바리 싸 들고 그의 집을 찾았다. 그는 마침 궁에 들어가고 없었다. 차라리 잘됐다 싶어 이인의 방으로 가 그간 함양에서 있었던 일을 자세히 고했다.

이인은 여불위가 자기 부왕한테서 받아 가지고 왔다는 '확실한 맹약'이 무엇인지는 모르나 이십여 명이나 되는 형제들 가운데서 자기 하나를 뽑아내서 태자로 삼겠다는 어려운 허락을 단번에 받아가지고 왔다는 말에 놀라지 않을 수 없었다. 여불위는 말하는 대신 품속에 감추어 가지고 왔던 옥부를 꺼내 보였다. 이인은 옥부를 받아들었다. 둥글고 납작한 옥돌에 '이인 위적'이라고 새긴 것을 비단끈으로 꿰어서 허리에 차도록 만든 것이었다.

"안국군 전하께서는 후궁에서 저를 만나보시는 동안에 이것을 조각해 드리라고 분부하시어 금오백 냥과 함께 제게 주셨습니다. 화양부인께서는 희색이 만면하시고……."

이인은 자리에서 일어나 여불위의 손을 잡고, 얼마나 기쁘고 고마운지 형용할 수 없다는 표정을 지었다.

"감사합니다! 감사합니다!"

이인은 더 말을 못했다.

"이제는 속히 여기서 탈출하는 일만 남아 있습니다."

여불위의 말이 끝날 때쯤 공손건이 궁에서 돌아왔다.

"대감님! 제가 오랜만에 장삿길에서 돌아왔고 또 언제 장삿길을 떠날지 알 수 없고 해서 내일은 누추한 자리지만 저희 집에서 대감님을 모시고 주연을 베풀고 싶습니다. 꼭 오셨으면 하겠는데 오실 수 있을까요? 그리고 왕손께서도 같이 오셨으면 좋겠습니다."

여불위가 갑자기 공손건에게 이같이 청했다. 공손건은 쉽게 대답했다.

"어려울 것 있나. 왕손과 함께 내 같이 감세!"

공손건의 승낙을 얻고 여불위의 가슴속에는 이미 계교가 섰다.

지금 자기가 하고 있는 흥정은 굉장한 흥정이다. 흥하면 천하를 얻는 것이요, 망하면 집이 부서지고 목이 끊어지는 홍정이다.

이인을 자기 집에 두고 감시하고 있는 공손건의 매수도 끝났고 화양부인을 설득해서 안국군으로 하여금 이인을 태자로 삼도록 하는 공작도 끝났고, 남아 있는 일이라고는 주희를 이인이 자기 아내로 삼게 하는 일이 우선이었다.

'내일 밤에 그 한 가지 일을 끝내 버리자.'

여불위는 달그림자를 밟으면서 객사로 돌아오는 길에 이렇게 결심했다.

이튿날 일찍이 집으로 돌아와서 먼저 부친에게 사실을 고하고, 그 다음에 사랑하는 첩 주희의 처소로 가서 모든 것을 분부하고 특별히 주희에게는 갖은 계교를 가르쳤다. 주희는 요염한 웃음을 지어 보였다. 그 웃음을 보고 여불위는 안심했다. 밤이 되었다. 채 어둡기 전에 공손건과 이인은 하인 두 사람을 데리고 말을 타고 여불위의 집에 도착했다. 안채의 큰방으로 그들을 인도했다. 여불위는 은근하게 인사하고 준비한 음식을 내오기 전에 차와 과자를 권하면서 생황의 악기를 울리는 노랫소리를 듣게 했다.

큰방의 좌우에서 두 줄로 늘어앉은 악사들이 한바탕 유량한 음률소리를 낸 후에 곱게 단장한 계집아이들 손으로 음식이 운반되었다. 그러자 뒤이어 아름다운 여인이 채색옷을 입고 좌우에 시녀를 거느리고 소리 없이 들어섰다.

공손건과 이인은 눈을 크게 했다. 한 발짝 두 발짝 소리 없이 술상 앞에 가까이 와서 시비를 떼어 놓고 홀로 술상 앞으로 와서 손님을 향해 두 번씩 절을 했다. 절을 받으면서 두 손님은 놀랐다.

"누구인가?"

공손건이 이상한 듯이 여불위를 바라보고 물었다.

"저의 둘째 마누라입니다. 귀빈을 모시면서 자랑할 것도 없고, 존경하는 뜻을 표할 길이 없어 처음으로 따르는 첫 잔을 한 잔씩 권해 드리게 하라고 일렀던 것입니다. 그랬더니 아마 뵈오러 나왔나 봅니다."

여불위는 이렇게 대답하고 주희에게 두 손님 앞에 놓인 잔에 술을 따르게 했다. 주희는 섬섬옥수로 공손건 대감과 이인의 술잔을 가득히 채웠다. 여불위에게도 술잔을 채우고 나서 주희는 노래를 불렀다.

그러고 나서 나는 나비같이 날아갈 듯 인사를 드리고 큰방에서 물러갔다. 공손건이 대단히 기쁜 얼굴로 잔을 기울이며 여불위의 얼굴을 부러운 듯이 바라보고 있을 때, 이인은 정신이 황홀해져서 취한 듯 꿈꾸는 듯 문밖으로 나가 버린 주희의 뒷모습만 바라보고 있었다.

좌우에서 생황과 피리의 곡조가 더욱이 그를 꿈나라로 인도하는 것 같았다.

"자, 한 잔 드시지요."

여불위가 다정스럽게 이인의 앞에 와서 술잔을 들고 함께 마시기를 권했다. 이때 비로소 제정신을 차린 이인은 그제야 술잔을 들었다. 배가 부르고 취한 기운이 농후해지도록 그들은 마셨다.

그중에서도 공손건이 제일 많이 취했다.

"못 견디겠소. 나는 잠시 쉬어야겠어."

결국 공손건을 뒷방 침상에 누워 있게 하고 여불위는 하인을 불러 후당에 주안상을 새로 베풀게 했다. 하인이 후당에 준비가 다 되었다고 보고를 했다.

"그러면 자리를 옮겨 깨끗하게 조용히 한 잔 더 드시지요."

하고 여불위는 이인을 끌었다. 웬일인지 이인은 오늘 저녁만은 취하지 않았다.

두 사람은 마주 앉아서 술을 서로 권했다.

잠시 후 주희가 얇은 옷으로 갈아입고 아까와는 조금 달리 새로 단장을 하고 나타났다.

"이렇게 별당으로 오셨으니 첩이 나와서 귀인께 술을 권해 올리려 합니다."

주희는 이렇게 말했다.

"암 그래야지. 잘 생각했어. 먼저 귀인께 한잔 올리고 나도 한 잔 주게."

여불위는 혀 꼬부라진 소리를 했다. 이인은 주희의 얼굴만 넋 잃은 사람처럼 바라보았다.

"자아, 드시지요. 이제는 마음놓고 드시지요. 감시하는 사람도 없지 않습니까!"

여불위는 이렇게 말하고 잔을 들었다. 이인도 잔을 들었다.

여불위는 빈 잔을 술이 가득한 것처럼 마셨다. 이와 같이 몇 잔을 거듭하다가 여불위는 상 위에 기대어 고개를 떨어뜨리고 잠이 들어 버렸다. 이인과 주희는 함께 곁에 앉아 있었다. 보는 사람이 없다. 이인은 아까부터 주희의 아름다움에 취해 있었다. 지금 주희를 곁에 앉혀놓고 보니 더욱 아름다웠다. 그는 잔을 들어 한숨에 마셨다.

"더 부어 드릴까요?"

주희의 묻는 말에 이인은 대답 대신 주희의 손목을 잡았다. 주희는 기다리고 있었던 것처럼 어깨를 이인의 몸에 기대었다. 이인은 한 팔로 주희의 허리를 감고 한 팔로 주희의 가슴을 안았다. 주희는 얼굴을 이인의 어깨에 붙이고 눈을 위로 뜨고 이인을 쳐다보며 소곤댔다.

"이러지 마세요."

이인은 꽉 안으면서 말했다.

"진정으로 당신을 사모하고 싶소!"

그리고 이인은 주희의 뺨에 자기의 입술을 대고 뗄 줄을 몰랐다. 주희도 언제까지나 그 모양대로 굳어 있었으면 하는 것처럼 움직이지 않았다. 그럴 즈음에 눈을 두 손으로 비비면서 여불위가 상 위에서 머리를 들었다. 크게 뜬 눈으로 이인과 주희의 모양을 바라보더니 눈썹이 위로 추켜올려졌다.

입을 꽉 다물고 바라보는 여불위의 얼굴에 이인과 주희는 질렸다. 두 사람은 각각 자리를 고쳐 앉았다.

"이게 무슨 일이지요?"

노기를 띤 여불위의 음성이었다. 남녀는 아무 말을 못하고 머리를 수그리고 있을 뿐이었다.

"대관절 무례하기 짝이 없습니다. 남의 집에 와서 그 집 주인의 안사람을……."

여불위가 더욱 성낸 음성으로 말을 계속하자 주희는 자리에서 일어나며 말했다.

"첩이 여쭙겠습니다. 죄송한 말씀은 헤아릴 수 없사오나 첩이 알기에 가장께서는 황손을 구하시려고 집안에 있는 보물을 거의 다 방매하고 수천 금을 허비하셨습니다. 지금 황손께서 첩에게 마음을 두시고 사랑을 구하시는 것을 가장께서 거절하신다면 이것은 재물을 잃어버린 위에 또 황손까지 잃게 되는 일인데 이 모든 것이 저 한몸 때문에 일어나는 슬픔이옵니다."

하더니, 별안간 벽 위에 걸린 단도를 떼어내려 칼을 뽑아서 배에 꽂고 엎어지려 했다. 여불위는 황급히 주희를 붙들고 그 손에서 칼을 도로 빼앗았다.

"이게 또 무슨 짓인가!"

여불위는 주희의 어깨를 붙들고 가쁜 숨을 쉬었다. 이인은 몸 둘 곳을 모르는 사람처럼 머리를 수그린 채 그대로 앉아 있었다.

"보십시오, 황손!"

처음으로 여불위는 이인을 '황손'이라 불렀다.

이인은 여불위가 자기를 부르는 소리에 거역할 수 없는 듯 쳐다보았다.

"황손은 이 여인을 사랑하십니까? 필요하십니까?"

여불위는 주희를 붙들고 서서 이같이 물었다.

"예."

이인이 간신히 대답하는 소리였다. 여불위는 고개를 떨어뜨리더니 주희를 놓고 자기의 자리에 와서 앉았다.

"황손! 만일 황손이 이 여인을 진심으로 사랑하시고 또 제일의 부인으로 맞으시겠다면 내가 비록 사랑하는 여인이지만 바치겠습니다. 그렇게 하시겠습니까?"

이인과 주희가 자리에서 내려와 마루 위에 엎드려 감사했다.

"감사합니다! 은혜를 잊지 않고 진나라에 들어가서 만일 뜻을 이루면 결초보은結草報恩하겠습니다."

이인이 맹세하는 듯 이같이 말했다.

"군자의 하해 같으신 은혜 뼈에 새겨 간직하겠습니다."

주희도 이인과 함께 여불위에게 맹세했다.

이럴 즈음에 공손건이 잠이 깨어 별당으로 건너왔다.

세 사람은 다시 자리를 고쳐 앉고 여불위가 이인과 주희의 사건을 고했다.

"…… 그래서 저는 비록 짧은 시일이지만 제가 애지중지하던 이 여인을 이인께 바치기로 승낙했고, 여인 역시 기뻐합니다. 그러니 대감께서 그 뒤의 일을 주선해 주시기 바랄 뿐이옵니다."

여불위는 이렇게 말했다.

"과연 희한한 일이로다. 여불위의 관대함도 희한하고, 여인의 결심도 희한하고, 왕손의 순정도 희한하도다!"

공손건은 감탄했다. 그러더니,

"그러면 두 사람의 혼인에 내가 중매가 되어야지! 빠른 시일 내에 택일해서 성례하고, 내 집에 큰 별당이 있으니 그리로 신접 살림을 옮기시구려."

하고 이인을 보았다.

"무어라 감사한 말씀 이루 다 못하겠습니다. 은혜가 태산 같을 뿐……."

이인이 머리를 수그렸다. 주희는 부끄러운 표정을 지으면서 허리를 굽혔다.

그 후 보름이 채 안 되어 주희는 홍교를 타고 새색시같이 배 속에 아이를 가진 채 공손건의 집으로 실려 갔다. 진나라 왕손 이인의 정실 아내가 되어 버린 것이다.

여불위는 한 달에 두 번 정도 공손건의 집을 방문했다. 그러나 이인이 거처하고 있는 별당에는 가지 않았다. 이인은 공손건의 처소에 나와 여불위를 만나보고 주인 대감이 잠시라도 자리에서 떠났을 때에 한해서만 서로 은밀한 이야기를 가만히 속살거렸다.

여불위는 각처로 돌아다니면서 요소에 있는 조나라 관리들을 매수하기에 필요한 계교를 다 썼다. 그의 계교는 황금과 보물과 술과 계집과 그리고 상대방을 존경하는 태도와 자기는 진실하고 겸손한 사람이라고 보이는 꾸밈 이외에 더 많은 계교가 필요치 않았다. 공손건도 이인도 화양부인도 안국군도 모두 이 같은 여불위의 전술에 함락되었다.

그리고 조나라 서울의 관리들도 시골의 성문과 국경의 관문을 파수 보는 이졸들도 모조리 여불위의 계교에 떨어지고 말았다.

그런데 어찌 된 영문인지 겨울이 가고, 여름이 오고, 주희가 이인에게 시집온 지 열 달, 배 속에 든 핏덩어리가 열두 달 만에 주희는 사내아이를 해산했다. 배 속에서 다 커서 이 세상에 나온 아이는 어머니의 배를 떠났을 때부터 평범하지 않았다. 입속에는 이빨이 생겼고, 등에는 비늘 같은 조그마한 살점이 붙어 있었다.

이인은 자기 주희가 첫아들을 해산한 것을 보고 무한히 기뻐했다. 그는 아이의 이름을 정政이라고 지었다. 때는 진秦 소양왕昭襄王 오십 년 갑진甲辰 6월 초하룻날이었다. 서력 기원전 이백오십칠 년의 일이었다.

그러나 이인보다도 더 기뻐하고 만족해하고 안심한 사람은 여불위였다. 그는 주희를 진나라 왕손 이인에게 준 후, '저것이 배 속에 넣어 가지고 간 것이 아들이 되어 주었으면, 열 달을 채워 해산해 주었으면…….'하고 속마음으로 희망했을 뿐 아니라, 처음부터 주희에게 신신당부했던 일이었다. 부탁하고 기원하던 일이 마침내 뜻대로 이루어졌다.

여불위는 지체하지 않고 모든 가산을 정리했다. 그리고 사람을 시켜 주희의 식구를 자기 집으로 오게 했다.

이미 관청에서 얻어다 둔 성문 관문을 무사히 통과하는 '여불위의 가족 일행을 안전하게 통과시켜라'하는 문서가 있었다. 이 문서를 보이기만 하면 여불위의 부모·처자·비복 그리고 주희와 그의 비복들이 탄탄대로에 수레를 몰아 안전하게 국경을 넘어갈 수 있는 것이다.

여불위는 제 집안일을 끝내고 부모처자와 주희의 모자를 먼저 떠나보내고 이튿날 공손건을 찾아갔다.

공손건은 그를 반가이 맞았다. 여불위는 인사를 차리고 대감과 더불어 바둑을 두어 일부러 세 판을 내리 졌다.

"자고로 바둑에 진 사람은 한턱을 내야 한다 하오니 내일 제가 불가불 모셔야 하겠습니다. 성 밖의 연못 가운데 저의 별당이 있으니 왕림해 주시기 바랍니다."

하고, 여불위는 공손건에게 청했다.

이인은 곁에 앉아서 공손건의 얼굴을 바라보았다.

"암, 그래야지. 승부에 지고 그대로 있을 수 있나! 가고말고. 우리 두 사람이 갈 터이니 준비는 어련하겠지?"

공손건은 유쾌하게 웃었다. 그리고 잠시 자리를 비웠다.

여불위는 이인의 귀에 입을 대고 내일 밤에 공손건만 술에 취해 자게 하고 탈출해야만 앞서 간 가족을 따라갈 수 있다는 사실을 간단히 말했다. 이인은 머리를 몇 번 끄덕거렸다.

이튿날 오후, 공손건은 이인과 함께 여불위의 별당으로 놀러 나왔다. 연못 가운데는 연꽃이 이미 떨어진 지 오래이지만 연잎은 물 위에 덮여서 시원한 풍치가 그들의 주흥을 돋우었다.

한 차례 음식을 끝내고 바둑을 두었다. 세 번을 두어 세 번 지는 사람은 술잔을 사발로 대신하기로 내기했다. 여불위는 공손건을 세 번 다 이겼다.

"황송합니다. 어제는 제가 세 번을 지더니, 오늘은 반대로 세 번을 이기니 어찌 된 일인지 알 수 없습니다."

여불위가 이렇게 말하자,

"승패는 병가의 상사라고 말하지 않았나! 내 술잔을 사발만 한 것으로 갖다 놓으면 되지."

하고, 공손건은 큰소리로 웃었다.

심부름하는 하인은 불과 세 사람밖에 안 됐지만 준비해 두었던 음식은 산해진미가 가득했다.

공손건은 마음 놓고 유쾌히 사발술을 마셨다. 그러나 얼마를 마시다가 그는 쓰러져 버리고 말았다.

여불위는 하인을 불러 대감을 편히 쉬도록 해드리라 하고 이인과 함께 옆방으로 건너갔다. 이인의 의복을 남의 집 하인들이 입는 의복으로 바꾸어 입혔다.

두 사람은 큰방으로 나와서 공손건이 곯아떨어진 것을 보고, 조심스럽게 그 방에서 나와 별당의 뒤곁으로 돌아갔다. 뒷마당에는 벌써 음식 심부름을 하던 하인 세 사람이 나와서 기다리고 있었다.

"너희들은 조금 더 있다가 각기 내가 이른 대로 헤어져라!"

여불위는 하인들에게 이렇게 이르고 뒷담을 넘으면서 이인에게 넘어오라고 했다. 담은 높지 않았다. 담 밖에는 잘생긴 두 필의 말이 안장을 지워가진 채 벌써부터 대기하고 있었다.

"힘껏 달리셔야 합니다. 조심하시면서 저의 뒤를 따르십시오!"

여불위는 이같이 한마디 하고 말머리를 돌림과 동시에 채찍을 높이 들어 말을 쳤다.

늦게 솟은 여름달이 그의 앞을 밝혀 주었다. 이인도 그의 뒤를 따랐다. 연당의 좁은 길을 돌아 큰 길로 벗어난 뒤에 두 필의 말은 달음질하기 시작했다. 밤이 깊어서인지 성 밖에는 수레를 몰고 가는 사람도 없을뿐더러 말 타고 지나가는 나그네의 그림자도 없었다. 달빛 아래에는두 사람의 말 탄 그림자뿐이었다. 쥐도 새도 모르게 두 사람은 탈출한 것이다. 아는 사람은 연당에서 심부름하던 세 명의 하인밖에 없었다. 그러나 그들은 공손건이 이인과 함께 데리고 온 두 명의 하인에게 술을 취하도록 마시게 하고는 그들도 뿔뿔이 도망해 버려, 연당에 남아 있는 사람이라고는 공손건과 그의 집 하인 두 사람뿐이었다. 그리고 그들이 여불위에게 교묘하게 속은 것을 깨달았을 때는 이미 모든 일이 끝난 뒤일 것이다.

이튿날 점심때나 되어 두 사람은 행길에서 앞서가던 가족을 뒤쫓아 합류했다.

한편 여불위의 별당에서 사발 술잔으로 연거푸 폭주를 기울여 정신을 잃고 잠들었던 공손건 대감이 목이 말라 잠이 깬 것은 거의 날이 샐 무렵이었다. 그는 이때가 어느 때인가를 몰랐다. 다만 휘황하게 방안을 밝히는 기름불 아래, 방 한가운데에 놓인 상 위에는 음식 접시가 흐트러져 있고, 좌우에 이인과 여불위가 없다는 것을 발견했을 뿐이었다.

'저희들도 취해서 곯아떨어진 모양이구나.'

처음에는 공손건도 대단치 않게 생각하고 우선 상 위에 있는 물 주전자를 잡아당겨 시원스럽게 물을 마시고 다시 자리 위에 쓰러져 버렸다.

날이 밝아서 공손건은 잠이 깨었다. 그는 자리에서 황망히 일어나 앉았다. 너무 늦었다고 생각했던 모양이었다. 그리고 즉시 방 문턱까지 걸어나가 멀리 떨어져 있는 하인들이 거처하는 집을 향해 소리쳤다.

대감과 이인을 모시고 온 하인들도 술이 취해서 아침 늦게까지 곤히 잠자다가 여러 차례 부르는 소리에 허둥지둥 연당으로 왔다.

"이 댁 하인들은 어디 가고 없느냐?"

공손건은 호령하듯이 물었다. 두 명의 하인은 서로 얼굴을 보더니 여불위의 하인들을 찾으러 나갔다. 조금 있다가 돌아와서 기다라고 서 있는 대감에게 아무도 없다는 사실을 보고했다.

"주인도 어디 갔는지 모르는데 하인들조차 그림자도 없다면 진 왕손은 어찌해서 없단 말인고?"

공손건은 하인을 꾸짖는지 자기를 꾸짖는지 모르게 이렇게 소리를 질렀다. 그리고는 신을 신고 자기 스스로 뜰 아래로 내려와서 연당의 구석구석을 모조리 살펴보았다. 이인이 숨어 있든지 술 취해 자빠졌든지 하여간에 이곳에 남아 있을 이치는 물론 없었다.

공손건은 제 발목을 주먹으로 치면서 후회했다.

'여불위에게 속았구나! 여불위란 놈에게 속았구나!'

그는 한탄했다. 그러나 한탄해서 끝날 일이 아니었다. 즉시 집으로 돌아가 조복으로 갈아입고 대궐 안에 들어가 혜문왕에게 사실을 고했다. 왕은 즉시 군사를 거느리고 쫓아가 이인을 붙들어오라고 했다. 공손건은 그와 같이 행동했다. 그러나 때는 이미 늦었다. 하루해를 진나라로 가는 길을 추격했건만 끝내 이인과 여불위를 발견하지 못하고, 공손건은 자기의 갈 길은 죽음밖에 없음을 깨닫고 자살해 버렸다.

여불위와 이인과 주희와 여불위의 가족들은 무사히 진나라의 영토 관문인 함곡관을 넘었다. 멀리 국경에까지 조나라에서 탈출해 오는 그들을 영접하기 위해, 왕실에서 파견되어 기다리고 있던 진나라의 대장과 군사들이 만세를 부르면서 기뻐했다.

이제 그들은 길이 급할 것이 없었다. 하루에 오륙십 리씩 가다 가는 길을 쉬었다. 어느덧 함양 서울 가까이 이르렀을 때 여불위는 이인에게,

"화양부인께서는 본시 초楚나라 여인이십니다. 그런고로 전하께서는 어머님을 기쁘게 해드리려면 초나라의 복색을 입으시는 것이 좋겠습니다."

하고 권했다.

"옳습니다. 우리 내외가 다 함께 그같이 해야지요!"

이인과 주희는 초복으로 갈아입고 함양궁에 들어갔다.

태자부에서는 위와 아래가 떠들썩하게 큰 경사가 벌어졌다. 안국군과 화양부인의 기쁨은 물론이거니와 이인의 할아버지 되는 소양왕도 삼 년 동안 초나라에 잡혀 포로가 되어 있던 손

자가 무사히 탈출하여 귀국한 것을 무한히 기뻐했다.

화양부인은 이인과 주희 모자를 유심히 보더니 안국군을 향해 감개무량한 듯이 말했다.

“전하! 첩이 본시 초인이온데 지금 저 아들이 첩에게 효도하는 것이 저와 같습니다. 첩이 고향에서 입는 복색을 보니 기특하옵니다. 저 아들의 이름을 이인이라 하지 말고 ‘자초子楚’라고 부르심이 어떠하온지요?”

안국군도 자식 내외를 건너다보면서 즐거운 낯빛으로 고개를 끄덕였다.

“그래 자초, 자초…… 오늘부터 네 이름을 자초로 바꾸어라!”

안국군은 아들을 보고 이같이 명령했다. 자초는 두 손을 모아 허리를 굽혀 그 뜻을 받들겠다고 표시했다.

이렇게 해서 자초는 이 시간부터 화양부인의 친아들같이 부인이 거처하는 후궁에서 주희와 함께 기거하기 시작했다.

여불위가 황이점에서 가족들과 함께 쉬고 이튿날 대궐의 부름을 받고 나가 소양왕으로부터 받은 것은 동궁국승東宮局承의 관직이었다. 여불위는 은혜를 감사하고 물러나와 하사받은 자택으로 가족과 이삿짐을 옮겼다.

여불위가 동궁국승이 된 지 오 년 만에 진 소양왕은 위魏나라를 침략하는 전쟁을 일으켰다. 그러나 소양왕은 늙었는지라 갑자기 병세가 무거워져서 그만 세상을 떠나고 말았다. 소양왕 오십육 년이었다.

안국군이 왕이 되었다. 그러나 즉위한 지 삼 일 만에 죽었다.

이것이 효문왕孝文王이었다.

그 다음에 장양왕莊襄王이 즉위했다. 이것이 여불위가 전심전력全心全力으로 조나라에 포로가 되어 있는 것을 탈출케 하여 데리고 나온 자초, 이인이었다. 여불위가 계획하고 주선하던 일은 십 년 만에 성공한 셈이었다.

장양왕(자초)이 즉위하면서 여불위는 상국相國의 벼슬자리에 앉게 되었을 뿐 아니라, 하남河南의 십만 호를 주어 문신후文信侯의 칭호를 내렸다.

장양왕은 포로가 되어 조나라에 구금되어 있을 때 여불위에게 받은 은혜를 이로써 갚은 셈이요, 여불위는 금은보석과 비단을 무역하는 장사보다 몇천 배 큰 장사를 한 셈이었다. 주희가 왕후가 된 것은 물론이요, 주희가 해산해서 포대기에 안고 온 아들 정의 나이 열 살, 이 아이가 태자가 된 것 또한 물론이다.

이듬해에 장양왕은 문신후와 의논한 후 조나라를 공격, 삼십칠 성을 점령하고, 이 지방을 태원군太原郡이라 했다.

여불위는 조정에서도 위명을 떨쳤다. 칼을 허리에 차고 끄르지 않은 채 전상殿上에 올라갈 수 있고, 왕이 부를 때 여불위의 이름보다 '문신후'라고 불렀으며, 조정의 모든 신하들이 문신후 앞에서는 허리를 구부리게 했으니 누가 감히 우러러보지 아니하랴.

또 그 이듬해(장양왕 삼 년), 왕은 문신후와 의논을 거쳐 위魏나라를 쳤다. 지난해에 초楚나라와 함께 위나라가 조나라를 구원해 준 것을 원수로 생각한 까닭이었다.

그런데 위나라에는 공자 무기無忌라는 사람이 있었으니 위나라 소왕昭王의 아들 안리왕安釐王 이모의 동생이었다.

안리왕이 나중에 왕이 된 후에 무기를 신릉군信陵君에 봉했다. 신릉군은 제齊의 맹상군孟嘗君, 조趙의 평원군平原君과 마찬가지로 그 이름이 역사에 남아 있으리만큼 총명하고 덕이 넓고 지혜 있는 사람이었다.

위왕은 진의 군사 이십만 명이 쳐들어올 때 조나라에 가서 돌아오지 않고 있는 신릉군을 불러 급한 일을 맡겼더니, 신릉군은 초楚·연燕·조趙·한韓·제齊 다섯 나라에 급히 구원병을 청해 각각 오만 명씩 출병케 하여 위의 군사와 합해 연합군 삼십만으로써 진군을 물리쳤다. 진의 대장 몽오蒙驁는 대패해서 본국으로 돌아와 왕에게 보고하고 대죄했다.

장양왕은 이를 갈고 분해했다.

"짐이 맹세코 육 국을 멸망시키고야 말리라!"

그는 이 때문에 가슴에 울화병이 생겨서 날마다 번민하다가 마침내 한 달 만에 세상을 떠났다. 장양왕은 왕손의 몸으로 고민하다 조나라에 포로가 되어 사 년 동안 고생살이하던 분풀이를 해보지도 못하고, 사랑하는 왕후 주희와 단 하나의 아들 '정'을 뒤에 남겨 두고 다시 돌아오지 못하는 저승길로 간 것이다.

문신후 상국 여불위는 문무文武의 모든 신하를 이끌고 장양왕의 태자 '정'을 받들어 왕위에 오르게 했다.

진나라는 아직 망하지 않았지만 왕실 영 씨의 혈손은 이로써 끊어져 버리고 만 것을 세상 사람은 아무도 몰랐다. 그리고 왕후 주희는 태후가 되고, 여상국 여불위는 문신후의 칭호를 더 높여 '중부仲父'라고 부르게 했다.

여불위는 자기의 출세는 남자로서 올라갈 수 있는 가장 높은 산꼭대기에 올라온 것이요, 이것이 입신양명立身揚名하는 길에서 최종의 목표라고 믿었다.

이제 주희는 다시 자기의 계집이 되었고 그는 밤중에도 마음대로 내궁에 드나들면서 주희와 더불어 즐길 수 있었다.

자기는 만조백관의 위에 있는 상국이요, 왕의 중부이다.

'아비에 버금가는 아비가 아니라, 친아비이다! 그러나 이 일은 쥐도 새도 몰라야 한다! 좀 더 뚜렷하게 여불위가 이 세상에 왔다가 남기고 가는 것, 그런 것을 만들어 두어야 한다!'

여불위는 이렇게 결론을 내렸다.

아무리 생각해 보아도 이 세상에 오래도록 남길 수 있는 것은 글[文]뿐이었다.

이백삼십 년 전에 죽은 공자孔子이건만 공자는 아직도 살아 있는 것 같다. 그것은 무슨 까닭이냐? 글이다. 그의 말이 글로 되어 있는 까닭이다.

'오냐! 나도 글을 남기겠다!'

여불위는 가슴 위를 어루만지던 손으로 탁자를 치면서 입속으로 이같이 혼자 말했다. 그리고 사랑채에 있는 문객들을 불러들였다.

"모든 공부와 온갖 재주와 화려한 문필을 죄다 기울여서 《여씨춘추呂氏春秋》를 꾸며 보란 말이야!"

수삼 년이 지났다. 부귀와 영광과 향락이 계속되는 가운데 《여씨춘추》의 책도 완성되었다.

"잘되었다! 부족한 것 없이 잘되었다!"

그는 이것을 오래도록 역사에 남기려 널리 세상 사람들에게 알리는 한편, 그릇된 구절이 있으면 완전하게 고치는 것도 필요하다 생각하고 함양 성문 위에 다음과 같은 방을 크게 써 붙이게 했다.

> 《여씨춘추》의 저술을 성의 문루 위에 올라와서 펴보고 잘못된 구절 하나를 고쳐주는 자에게는 천금을 주리라. [일자천금一字千金]

여불위는 이와 같이 여러 달 동안 문루 위에, 문객들이 기록하여 바친 《여씨춘추》를 공개했다. 글자 한 자만 고쳐도 현상금 천금을 받을 판이건만 끝내 《여씨춘추》의 글자 한 자를 고치는 사람이 없었다. 혹자는 말하기를 여불위의 권세가 어떠한데 거기에 붓을 대겠는가고, 그로 인해 여불위는 더욱 자신만만해졌다.

그리고 또 수년의 세월이 지났다.

여불위는 근자에 와서 자기의 기력이 점점 쇠퇴하는 것을 절실히 깨달을 때가 많았다.

'이래서는 안 되겠다. 왕이 저렇게 장성하지 않았느냐. 조심하지 않으면 일을 그르치기 쉽다!'

여불위는 이같이 생각했다.

그리고 태후 주희와 자기를 비교해 보았다. 본시 태후는 자기보다 십여 년이나 나이가 어렸을 때 자기가 그의 부모에게 돈을 주고 사들인 첩이었다. 자기는 지금 와서는 비록 부귀영화 가운데 있지만 무정세월의 힘을 어찌할 수 없어 기운이 현저하게 줄어들었고, 그와 반대로 태후 주희는 날이 갈수록 더욱 음탕해지니 이러다가는 좋지 못한 꼴이 생길 것만 같았다. 며칠을 두고 내궁에 들어가지 않고 생각하다가 여불위는 마침내 한 가지 계교를 생각해 냈다.

이튿날 그는 문객 가운데 그럴듯한 사람을 불러, 인물을 한 사람 구해 보라고 은밀히 부탁했다.

며칠 후 문객은 양물陽物이 엄청 크고 색色에 절륜한 사람을 찾았노라고 보고했다. 여불위는 즉시 불러들이라 분부했다.

"너는 내시 노릇을 하면서 궁중에서 심부름하고 있을 수 있겠느냐?"

여불위는 그자에게 이같이 물었다. 음탕한 것을 즐겨하는 일류 선수로 뽑혀온 자는,

"황송하옵니다. 소인이야 내시 노릇을 하건 외시 노릇을 하건, 즐겁게 먹고 사는 것이 제일입지요."

그는 노애嫪毐라는 자였다.

그 즉시 노애를 데리고 나가 눈썹을 족집게로 모조리 뽑아버리고, 얼굴에 누런 물감을 칠하고, 어깨를 올리고 껑충하게 보이도록 걸음을 걷게 하는 연습을 시켰다.

노애가 내시같이 완전히 되었다는 보고를 듣고 여불위는 내

궁으로 태후 주희를 찾았다. 주희는 여불위의 설명을 듣고 대단히 기꺼워했다.

"상국이 잘 알아서 마련하시오."

태후 주희는 이같이 말하고 여불위가 마련해 주기를 기다렸다.

여불위는 먼저 태후를 함양 서울에서 그다지 멀지 않은 옹雍 땅에 있는 대정궁大鄭宮으로 옮기게 하고, 노애로 하여금 태후를 모시고 심부름하는 내시의 어른으로 있게 했다. 노애는 누가 보든지 완전무결한 '불알 없는 성 불구자'로 보였다.

그러나 대정궁으로 옮겨 앉은 태후의 즐거움은 컸다. 이 즐거움은 문신후 여상국 여불위가 보내 준 선물이었다.

밤마다 달콤한 밤이 계속되는 가운데 어느덧 세월은 흘러서 다섯 해가 지났다. 그동안 태후에게는 노애와 더불어 아들이 둘이나 생겼다. 그러나 왕이 알면 큰일이었다. 대정궁 안에서 어린 애를 기를 수는 없는 일이었다. 노애가 궁 밖의 민가에 이 아이를 맡겨 기르게 하고, 모든 일을 절대 비밀에 부쳤다.

왕이 즉위한 지 구 년, 왕의 나이가 스물두 살 되던 해의 5월 단오였다. 대정궁 안에서는 태후와 노애가 술을 마시면서 저물어가는 청춘을 즐기는 판이었는데, 태후의 방안에 두었던 술이 다 떨어지고 부족하므로 태후의 심부름을 하는 부인 가운데 마침 뜰 아래로 지나가는 여자가 있는지라, 노애는 그 여자를 불러 술을 더 가져오라고 했다.

심부름하는 부인이 즉시 술그릇을 가지고 급히 오다가 층계에서 그만 실수로 술을 엎질렀다.

"나쁜 계집! 조심해서 가져오지 않고 술을 땅에다 엎지르다니!"

하고 노애는 뜰로 내려가서 여자를 두어 대 때려 주었다.

심부름하던 부인은 궁 안에서 내시에게 얻어맞아 본 일이 없었다. 분한 것을 참을 수 없어 그 길로 대정궁을 나와 수레를 타고 함양으로 와서, 환관의 최고 직책을 가진 조고를 찾아가 일일이 고해 바쳤다.

조고가 들으니 일이 중대했다. 내시 아닌 놈이 환관으로 내궁에 들어와 있는 것도 상상할 수 없는 일이며, 태후와 내통한다는 것도 있을 수 없는 일이며, 더구나 아들을 둘씩이나 낳아서 비밀리에 양육한다는 것은 국가 사직에 중대한 문제가 아닐 수 없었다.

조고는 드디어 왕에게 고했다.

왕은 크게 노했다.

태후의 황음은 고금에 절무한 일이요, 밉기 한량없는 일이나 자기를 낳은 어머니이니 이 일을 어찌하랴! 아들을 둘씩이나 낳아서 감추어 두었다는 것은 나중에 나라와 사직에 중대한 위험을 가져올 것이니 죽여 없애야 했다! 노애는 물론 삼족을 멸해야 한다!

왕은 마침내 이렇게 생각하고 즉각 칙령을 내렸다.

먼저 노애를 잡아 옥에 가두고 이를 이같이 꾸미어 놓은 장

본인 여상국 여불위는 자기 저택의 방 안에서 나오지 못하도록 감금하고, 노애의 일가친척을 모조리 체포하고 민가에 감추어 둔 어린아이 둘을 죽여 버렸다. 그래도 왕의 분은 풀리지 않았다. 왕은 마침내 태후를 대정궁에서 다른 곳으로 옮겨 캄캄한 방에 가두어 버렸다.

여불위에게는 모든 관직에서 파면해 버린 후 친필로 다음과 같은 교서를 내렸다.

그대는 진나라와 무엇이 그다지 친하기에 호칭하기를 중부라고 이름하며, 또 그대는 무슨 공이 그다지 크기에 문무백관의 위에 높이 있느뇨, 짐의 뜻을 속이고 참된 사실을 말하지 않았으니 그 죄는 반드시 죽일 것이로되, 짐이 다만 네가 선왕을 조나라에서 구출해 준 공을 생각해서 차마 죽이지 못할 뿐이다. 그런고로 그대를 촉 땅으로 보내는 것이니, 그대는 그곳에 가서 조용히 지내며 짐의 뜻에 어김이 없게 하라. 속히 일어나서 지금 갈지어다.

여불위는 왕의 교서를 받고 탄식했다.

'이런 일이 있을 수 있는가?'

그는 하늘을 우러러 한탄했다. 주희를 보고 계교를 세운 때가 어제 같거늘, 그동안 세월은 흘러 이십사 년이 지났다. 공손건이 대궐에서 이인을 데리고 나와 자기 집으로 동반해 가는 것을 한단 서울의 길거리에서 관망하면서 "기화로다!"하고 감탄하던 때가 벌써 이십오 년 전이다. 그런데 지금에 이르러서는 얻은 것이 무엇인가?

"아무것도 없다!"

여불위는 한숨을 크게 쉬었다. 사실 아무것도 남은 것이 없었다. 모든 관직에서 그는 파면되었다. 지금 들어 있는 궁궐 같은 저택에서도 즉시 나와 촉 땅으로 떠나라는 왕의 명령이다.

왕도 보통 왕이 아니요 자기의 피를 받은 자기의 아들이건만, 그 왕이 이럴 줄을 몰랐다. 그렇다고 지금 와서 왕에게 이 사실을 고백해 봐야 미친놈밖에 더 되겠는가?

그는 불을 켜고 의장 속을 뒤지기 시작했다. 얼마 후 그가 찾아낸 것은 작은 약병이었다. 비밀히 사용할 때가 오면 자기의 이익을 위해 사용하려고 감추어 두었던 독약이다. 그는 독약을 들고 한참 자기의 손을 보더니,

"욕심이다! 내 잘못은 욕심이었다."

입속으로 이같이 부르짖었다. 그는 자기의 육십 평생을 그르친 것이 이것인 것을 깨달았던 것이다. 그는 약을 마시고 쓰러졌다.

여불위가 죽은 지 십오 년 만에 왕은 육 국을 차례차례 완전히 멸망시키고 스스로 '시황제'가 되었던 것이다.

패현의 주인이 된 유방

진시황의 태자 부소를 죽이고 둘째 아들 호해를 이세 황제로 받들고, 간신 조고와 이사가 천하를 다스리는 사이에 천하는 무척 어지러워졌다. 사방에서 도둑이 일어나고 힘센 장수가 나타나고, 싸움패가 고개를 들고 우쭐대는 세상이 되고 말았다. 그것은 어쩌면 예견된 일이었다. 아방궁 축조와 여산의 진시황능 건조 부역에 민초들은 저마다 가슴속에 불을 담고 목숨을 부지하고 있는 탓이리라.

이세 황제는 나라 안의 정사는 조고에게, 바깥일은 이사에게 맡기고 낮이나 밤이나 쾌락으로 유흥하고 음탕하게 놀기에 겨를이 없으니 국가 대사를 어찌 알 수 있으랴.

"쓸데없는 말을 가져오는 자는 어느 누구를 막론하고 황제 앞에 나오지 못하도록 하렷다. 만사는 내가 알아서 처리하겠다."

조고의 이 말 한마디가 대궐 안에서는 법률보다 더 무서운 명령이었다. 조정에 있는 신하들의 황제 면접도 불가능했지만, 지방행정의 최고 책임자들이 급한 사건으로 말미암아 올리는 장계狀啓도 내시들의 책상 위에 산같이 쌓이기만 했지, 황제의 눈에 보여지지 않았다. 이것도 조고의 명령이었다.

조정의 신하들로부터 보고를 듣는 것이 없고, 지방의 태수로부터 또한 보고 서류를 받는 것이 없으니 세상일을 어찌 알겠는가?

산동山東·산서山西·하남河南·하북河北 천하가 소란하고 동서남북에서 싸움이 벌어졌건만 황제는 태평하게 몰랐다.

이같이 천하가 시끄러울 때 패현沛縣의 풍읍豐邑(강소성)에서 사상 정장泗上亭長으로 있는 유방劉邦은 그 지방에서 징용자로 모집한 수백 명의 장정들을 인솔해 여산에 진시황의 묘를 건조하는 토역 공사에 가게 되었다.

하루 가고, 이틀 가고, 십여 일 걸어가는 동안에 유방이 인솔해가던 장정들은 절반 이상이 도망해 버리고 삼사십 명밖에 남지 않았다. 유방은 생각했다. 그리고 장정들을 모아놓고 말했다.

"모두 내 말을 들어라! 너희가 현령 영감의 명령으로 여산의 공역에 부역하러 가는데 거기 가서는 고생만 할 뿐 언제 고향으로 돌아갈지 알 수 없다. 이미 도망간 놈들은 살 수 있을 것이요, 나를 따라가는 놈은 고생살이를 하다 헛되이 죽을 것이다. 그러니까 지금 너희도 도망쳐라! 이것이 내가 너희들에게 이르는 말이다."

장정들은 모두 놀랐다.

"우리가 도망하면 우리는 살겠지만, 정장님은 죄를 뒤집어쓰지 않습니까?"

그중의 한 장정이 이같이 유방에게 물었다.

"물론 그렇다! 그렇지만 자네들이 도망해 버린 다음에 내가 혼자서 함양까지 무엇하러 가겠나? 나도 도망해 버릴 수밖에!"

유방은 이렇게 대답했다. 장정들은 입을 다물고 서로 얼굴을 바라보았다. 어찌할꼬? 너도 가련? 나도 도망가겠다! 그들은 눈으로 서로 이렇게 이야기했다. 유방은 그들의 얼굴빛을 둘러보고는 돌아서서 객줏집으로 향했다. 그곳은 풍읍에서 멀리 떨어진 망탕산의 연못가였다.

장정들 이십여 명은 일찍이 달아나고 십여 명은 떨어져서 인솔 책임자 유방 한 사람만을 버리고 달아나기가 어려웠던지, 술집에 들어가 저녁 때가 지나도록 저희끼리 술을 마시고 있었다. 그들은 실컷 마시고 세상에 있는 오만 가지 불평을 쏟아놓고,

이같은 세상은 망해 버렸으면 좋겠다는 탄식도 늘어놓고, 정장님이 잘못하다가 법에 걸리면 딱한 일이라고 걱정도 하고, 이러다가 그들은 술집에서 나와 달밤에 큰 길을 버리고 작은 길로 들어서서 고향길을 더듬었다.

그런데 불과 오 리도 못 가서 그들은 발을 멈추었다. 길이가 다섯 칸(한 칸=180cm)이나 되어 보이고 굵기가 절구통만 해 보이는 큰 구렁이가 길을 가로막고 있는 것이었다.

그들은 땀을 흘리며 되돌아왔다.

그들은 이집 저집으로 찾아다니다가 한 객줏집에 누워 있는 유방을 찾아내어 이 사실을 보고했다.

"저희는 그렇게 무지막지하게 큰 구렁이는 생전 처음 보았습니다. 이무기가 아닐까요?"

그들은 유방에게 큰 구렁이 이야기를 했다.

"대장부 길을 가는데 무서운 것이 있을 수 있단 말이냐! 나를 따라오너라."

유방은 객줏집에서 나오면서 그들에게 장담했다. 본시 유방은 이마가 번듯하고, 귀가 크고, 코가 높고, 입술이 두툼해서 얼굴이 길기는 하되 융준용안隆準龍顔이라 칭찬하고 상 잘 보는 여문呂文이 자기의 큰딸을 유방에게 주었지만, 술 잘 마시고 계집 좋아하는 까닭으로 패현 사람들은 하잘것없는 인간으로 알아오던 터였다.

그런 까닭으로 장정들은 따라오면서도 설마하는 의심이 없지 않았다. 그러나 마침내 유방은 큰 구렁이가 아직까지 길을 가로막고 있는 곳에 다다르자 주저하는 빛이 없이 옷자락을 여미고, 소매를 걷고, 허리에 찬 칼을 높이 뽑아 들더니 구렁이를 두 토막으로 잘라 버렸다.

그리고 유방은 아직도 꿈틀거리는 구렁이의 몸뚱이를 칼끝으로 찍어 밀어 길옆으로 치우고 말했다.

"자아, 이제 염려 없으니 빨리 고향으로 돌아들 가거라!"

따라온 장정들은 아까부터 부들부들 떨면서 놀라고 있다가 유방의 이 말을 듣고서야 비로소 유방이 보통인물이 아님을 깨닫기 시작했다. 주색이나 좋아하는 겁쟁이 유방이 아니다. 어떤 장사도 당할 수 없는 무한히 큰 담력과 기운을 가진 호걸이다. 그들은 이렇게 생각하고 땅에 꿇어앉았다.

"고향으로 가지 않겠습니다."

"나도 안 가겠습니다. 정장님과 함께 어디든지 가겠습니다."

그들은 의논이나 한 것처럼 모두 꿇어앉아서 유방을 바라보며 이구동성으로 이같이 말했다.

진시황의 묘를 건조하는 토역 공사에 징용되어 가던 그들은 주머니 속에는 돈냥이나 들어 있고, 보따리 속에는 밀가루와 강냉이도 들어 있었다. 그들은 연못가 으슥한 수풀 속에 원두막 같은 집을 한 채 지어 그 속에서 합숙하기 시작했다. 사상 정장 유방이 그들을 거느리는 어른이요, 대장 격이었다.

열흘이 지나지 않아 장정들이 꾸역꾸역 찾아오기 시작했다.

"유 선생을 모시고 싶어 찾아왔습니다."

그들은 모두 유방을 모시고 무슨 일이든지 해보고 싶다고 찾아온 낭인들이었다. 어찌 된 영문인지 모르나 열흘 전 달밤에 길을 막고 사람을 못 가게 하던 그 자리에서 밤이면 노파의 울음소리가 들리기 시작했는데, 하룻밤에는 길을 가던 젊은 사람이 노파가 울고 있는 것을 보고 왜 울고 있느냐고 물으니,

"유방이 내 아들을 죽였기 때문에 슬퍼서 운다."

고 대답하므로,

"사람이 가는 길을 막고 있던 구렁이를 없애 버렸으니 사람들에게 좋은 일을 했거늘 슬프기는 무엇이 슬프냐?"

한즉, 노파는 더욱 슬피 울면서,

"아니오, 아니오. 내 아들은 '백제白帝의 아들'로서 잠시 구렁이로 화신化身되어 나왔는데, '적제赤帝의 아들'에게 무참히 죽었으니 내가 돌아갈 곳이 없어서 우는 것이오."

길 가던 젊은 사람은 이것이 필시 도깨비일 것이라 생각하고 칼을 뽑아 노파를 치려 한즉 노파는 연기같이 그림자도 없어져 버린 이상한 현상이 발생했다는 것이다. 이 소문이 한 입 두 입 건너 퍼지기 시작했다. 그래서 세상에 불평을 품고 울근불근하는 협객俠客들이 이렇게 유방을 찾아오는 것이었다.

이렇게 해서 모여든 불평객들이 오륙백 명에 달했다.

하루는 번쾌樊噲가 찾아왔다.

"형님! 안녕하십니까. 여기 계신 것을 모르고 애써 찾아다녔습니다."

번쾌는 유방에게 절을 하고 너털웃음을 지었다.

"자네가 어찌 알고 찾아왔는가?"

유방은 적잖이 놀랐다. 자기가 정장 노릇을 하고 있던 마을에서 개고기 장사를 하는 번쾌는 따지고 보면 동서간이요, 사랑하기론 친동생같이 하는 터이건만 여기까지 자기를 찾아올 줄은 꿈에도 생각지 못했던 것이다.

번쾌의 이야기를 들으면 다음과 같았다.

유방이 사상 정장의 직책으로 징용당한 장정들을 인솔하여 떠나온 뒤에, 번쾌는 유방의 처제인 여문呂文의 둘째 딸과 결혼해서 재미나게 장사를 하는 중인데, 하루는 패현 현령의 이방吏房으로 있는 소하蕭何와 조참曹參 두 사람한테서 급히 와달라는 사령이 왔다. 그래서 번쾌가 무슨 일인지 몰라 밤을 새워 달려가 본즉, 다른 일이 아니라 소하와 조참이 번쾌더러, 유방과 그대와는 동서간이니 유방에게 교섭해서 그의 수하에 거느리고 있는 장사들을 모조리 데리고 패현 성중으로 들어와 현령과 합세하여 진나라에 반기를 들도록 하라는 부탁이었다 한다. 말하자면 번쾌는 소하·조참의 심부름으로 온 것이었다.

"그래서 나를 데리러 왔단 말인가?"

유방이 물었다.

"그렇지요. 소하·조참이 아니면 형님이 여기 계신 줄을 내가 어떻게 알았겠어요?"

따지고 보면 번쾌의 말이 옳았다. 시골구석에서 개고기 장사나 하고 있는 번쾌로서는 이곳 연못가에 숨어 있는 유방의 거처를 알 길이 없었을 것이다.

유방은 잠시 입을 다물었다.

진나라는 무도하다. 진시황이 천하 인심을 잃고 죽은 뒤에 태자 부소가 자결하고 둘째 호해가 이세 황제가 되고부터 세금과 부역은 더욱 가중되는 고로 백성들은 도탄에 빠져 있고 영웅호걸들은 사방에서 일어나고 있다. 진나라는 망할 것이다. 그 대신 천하의 주인은 새로 나설 것이다. 만일 지금 패현의 현령 영감이 백성을 도탄에서 구하기 위해 의병을 일으킨다면, 자신도 언제까지나 풍서 땅 연못가에 숨어만 있을 수도 없었다. 또한 나 하나를 바라보고 모여든 이 장정들을 데리고 가 합세하여 의병이 되어 천하의 만민을 도탄에서 구해 보는 것도 남아 대장부로서 해볼만한 일이 아닌가? 이렇게 생각하고 유방은 마음을 정했다.

"잘 알았네. 나는 나중에 갈 터이니 자네가 먼저 내게 와 있는 장정을 이백 명쯤 이끌고 현령 영감한테 가 보게나그려."

유방의 말을 듣고 번쾌는 소년같이 기뻐했다. 두 사람은 즉시 방에서 나와 연못가에 모여 있는 부하 장정들을 불러, 패현의 현령을 도와 의병을 일으키는 것을 이야기하고, 번쾌는 유방의 친동생 같은 사람이니 이 사람을 따라 성중에 먼저 가라고 큰 소리로 말했다. 모든 장정이 고함을 지르면서 기뻐했다.

번쾌는 즉시 그중에서 이백 명을 뽑아 거느리고 성중으로 갔다.

소하와 조참은 번쾌가 유방의 승낙을 얻어서 기운깨나 쓰게 생긴 이백 명의 장정을 거느리고 돌아온 것을 보고 즉시 현령에게 보고했다.

현령은 번쾌를 불러들였다.

"네 이름은 무엇이냐?"

"번쾌올시다."

현령의 묻는 말에 번쾌의 대답은 억세었다. 현령 영감은 불쾌했다. 그와 동시에 번쾌도 현령 영감의 거만한 말씨에 비위가 틀렸다. 지금까지 나라의 녹을 먹고 오다가 반기를 들고 의병을 일으키겠다고 생각한다면, 자기를 도와 장차 목숨을 바치고자 모여든 사람들을 후하게 대접하는 정이 있어야 할 터인데, 뻣뻣하고 거만한 태도로 대하는 것이 번쾌의 마음을 불쾌하게 했다.

현령은 동그란 고리눈을 딱 부릅뜨고 뻣뻣하게 자기를 올려다보고 서 있는 번쾌의 험상궂은 얼굴을 내려다보며 물었다.

"유방은 어찌해서 함께 오지 않았느냐?"

하고 물었다.

"예, 저의 형님께서 저더러 먼저 가보라 해서 저만 왔습니다."

번쾌의 음성은 더욱 뻣뻣했다.

현령은 더 말을 하지 않고 입을 다물었다. 잠시 침묵하고 있다가 소하를 시켜 번쾌의 일행을 마당에서 물러가게 하라고 했다.

본시 현령은 유방 패거리와 거사를 치를 작정이었지만 막상 그들을 만나보니 두려운 생각이 들었던 것이다.

"자네들도 나가 있게. 나는 다시 조처하겠네."

현령은 두 사람에게 이같이 분부했다. 소하와 조참은 말없이 물러나왔다. 소하는 현에서 살림을 맡아보는 총무격이었고 조참은 형리를 맡은 책임자였다.

"여보게 큰일났네."

문밖에 나와 조참이 소하의 귀에 입을 대다시피 하고 이같이 가만히 말했다.

"글쎄 말일세. 왜 갑자기 현령의 태도가 바뀌었을까? 아마도 유방의 패거리가 오백여 명이라니 두려운가 보네."

"아무래도 오늘 밤으로 성을 벗어나야지! 만일 이 밤을 성중에서 지내다가는 현령 영감의 손에 우리 목숨이 달아날 것만 같네."

"가세! 오늘 밤에 성을 넘어 유방한테로 가세!"

그날 밤 날이 어두운 뒤에 두 사람은 변복을 하고 성을 기어 넘었다. 풍서의 연못가에 있는 유방의 막사에 도달한 것은 날이 밝을 무렵이었다.

오래전부터 유방은 소하와 조참, 그리고 마구간을 담당하는 하후영과는 자주 어울리는 사이였으나 그들 셋은 유방을 깍듯이 형님으로 받들고 있었다.

"패현의 현령은 자기가 진나라에 반기를 들고 의병을 일으키겠다 하더니 이제 와서 우리를 해치려는 눈치입니다. 그래서 어젯밤에 성을 넘어 도망해 왔습니다. 더구나 최근에 연못가에서 구렁이를 죽이신 뒤로는 모든 사람이 형님의 덕을 사모하는 마음이 커진 바 있습니다. 그런고로 우리 두 사람도 형님을 모시고 천하를 도모해 보고자 하는 마음으로 왔습니다."

"너무 과찬하는 말씀이올시다. 진시황의 묘에 부역꾼으로 나가다가 도망하는 장정들과 함께 숲속에 숨어 지내는 보잘것없는 인생이올시다."

유방은 자리를 고쳐 앉으면서 겸손하게 말했다.

"아니올시다! 천하에 인물이 없습니다. 우리 현의 현령 영감은 그릇이 작습니다. 이제 때가 왔습니다! 패현을 쳐서 빼앗으십시다."

"그렇습니다. 지금이 그때올시다! 패현을 빼앗고 여기를 근거지로 하여 군사를 크게 양성해 진을 치시기 바랍니다."

소하의 말이 끝나기 전에 조참이 이렇게 말을 이었다. 유방은 침묵했다. 과연 지금이 그때인가? 불과 오백 명 남짓한 이 장정들을 가지고 패현을 뺏을 수 있을까? 패현을 뺏은 뒤에는 진나라를 쳐부술 수 있을까? 알 수 없는 일이었다. 될 것 같기도 하고, 되지 않을 것 같기도 했다. 그러나 사람들이 따르기만 한다면 될 것 같기도 했다. 일을 해보기 전에는 운수를 미리 알 수 없는 노릇이었다.

"성중에 살고 있는 백성들은 모두 형님의 고명을 들어 잘 알고 있습니다. 그러니까 형님의 이름으로 성내에 있는 백성들에게 편지를 간곡하게 써서 보내시면 그들은 성내에 있는 현령과 그의 일당을 자기들이 처치하고 형님을 맞아들일 것입니다. 그렇게 해보심이 좋지 않습니까?"

유방은 마침내 소하의 의견대로 편지를 썼다.

성중의 백성들에게 고하노라! 천하가 진나라의 까다로운 법에 고생한 지 오래인지라 각처에서 호걸이 일어났도다. 이제 내가 의리로써 많은 사람을 모아 패현의 주인을 그 가운데서 골라 세운 후 제후들과 함께 대사를 이루어보고자 하노니 그대들이 속히 성문을 열고 항복하면 죽음을 면할 것이요, 만일 하늘의 명령을 따르지 않고 성이 깨어진 뒤에는 옥석이 함께 부서질 것이니, 그때 뉘우친들 무슨 소용이 있으랴!

장정들은 이 같은 편지를 여러 장 만들어 패현의 성밖에서 성안을 향해 화살 끝에 편지를 매어 쏘아 떨어뜨렸다.

성안에서는 동서남북으로부터 날아 들어온 여러 장의 똑같은 편지를 보고 사방에서 의논이 구구했다.

노인들과 청년들은 모두 유방의 소문을 들어 잘 알고 있었다. 현령이 의병을 일으키겠다고 해서 이방 소하와 조참이 유방에게 번쾌라는 사람을 보냈던 일과, 번쾌가 장정들을 데리고 와 현령에게 인사하고 간 뒤에 현령이 이방을 꾸짖었기 때문에 그 밤으로 소하와 조참은 물론 하후영까지 유방에게로 도망했다는 소문도 이미 알고 있었다.

그들은 군데군데 모여 서로 수군거렸다.

"유방은 하늘이 내린 '적제赤帝의 아들'이라지?"

"그거야 알 수 없는 소리지만, 성이 깨진 뒤에는 모두 살육당할 터이니 그것이 걱정이지."

"소하·조참도 벌써 알고 유방한테로 갔다고 하더군!"

성문을 얼른 열어 주고 항복하려면 그보다 먼저 처치해야 할 일이 있으니 그것은 현령이었다.

사방에서 모인 군중은 동헌 마당으로 몰려 들어가 현령을 잡아 처단해 버리고 사방의 성문으로 쏟아져 나갔다. 문을 지키던 이졸과 군사들은 숨어 버렸다. 군중은 성문을 열어젖히고 횃불을 밝혀놓았다.

이튿날 아침, 유방은 소하, 조참, 하우영, 번쾌와 더불어 오륙백 명의 장정을 거느리고 성안으로 들어왔다.

백성들은 길거리로 나와 유방의 입성을 환영했다.

소하와 조참은 유방을 동헌으로 모시고 성중의 어른들과 상의하여 유방을 현령의 자리에 앉게 했다.

번쾌를 장수로 삼아 장정들을 지휘케 하고, 밖으로 교섭하는 일은 조참이 담당해서 일을 보고, 안으로 모든 일을 살피는 책임은 소하가 전담해서 주선하기로 결정하고, 그러고 나서 유방의 기치旗幟를 무엇으로 할까에 대해 토론했다.

'흰 바탕에 누런 빛깔의 용을 그리자. 푸른 바탕에 붉은 해를 그리자. 용도 해도 다 그만두고 붉은 빛깔의 아무 그림도 없는 깃발을 쓰자.'

이같이 몇 가지 의견이 나왔지만 유방의 기치는 붉은 기로 정해졌다. 그것은 곧 유방이 큰 구렁이, '백제白帝의 아들'을 단칼에 쳐 죽인 '적제赤帝의 아들'을 상징하는 뜻에서 붉은 기를 채용한 것이다. 그리하여 유방은 이날부터 패현의 주인이라 해서 '패공沛公'이라 부르기로 했다.

기원전 209년 9월, 진시황이 죽은 그 이듬해의 일이었다.

회계성의 항우

그때 항우項羽는 회계會稽 고을에 살고 있는 그의 삼촌 항량項梁의 집에 있었다. 항량은 일찍이 세상을 떠난 그의 형님의 아들 항우를 자기의 친아들같이 사랑했다.

하루는 항량이 밖에 나갔다가 들어오더니 항우를 불렀다.

"오늘 이 고을 태수가 나를 잠시 만나자고 사람을 보냈기에 지금 만나보고 돌아오는 길이다. 우리 고을 태수가 진나라에 반기를 들고 의병을 일으켜 천하를 도모해 보자고 말하기에 내가 승낙을 하고 돌아왔건만, 대장부가 녹록하게 한 고을 태수 밑에서 그자를 도와주는 일꾼 노릇을 할 수야 있겠느냐? 또 내가 보아한즉 태수의 인물이 소인배라 족히 더불어 천하를 경영할 만한 위인이 못 되거늘! 그러니까 내일 네가 칼을 감추어서 나를 따라 관가에 들어가 태수와 내가 이야기하고 있을 때 틈을 보아 태수를 죽여 버린 후 회계 고을을 빼앗아 우리가 자립해서 천하를 도모해 보는 것이 옳겠다. 네 생각은 어떠하냐?"

항우는 삼촌의 말을 듣고 즉시 찬성했다.

"그야 물론 그렇게 하셔야지요. 제가 모시고 가서 그렇게 하겠습니다."

이튿날 항우는 삼촌을 따라 관가로 갔다.

회계 고을의 태수로 있는 은통殷通이라는 사람은 몸집이 조그마하게 생긴 보잘것없는 사내였다. 항우는 예를 하고 자기 삼촌의 등 뒤에 서서 기회만 노리고 있었다.

"진나라는 오래가지 못할 것이야. 그러니까 내가 그것을 알고 반기를 드는 것일세. 그러니 자네가 나를 도와 장군이 되는 것이 어떻소?"

은통이 삼촌 항량에게 이렇게 말하고 있을 때 돌연 항우는 큰소리를 지르며 항량의 등 뒤에서 은통 앞으로 나왔다.

"나는 초楚나라 대장군 항연의 후손으로서 진나라와는 불공대천지 원수 간이다! 그러나 너는 진나라의 벼슬아치로서 지금 진나라에 모반하려고 하니 그것은 충성스러운 신하가 아니란 말이다! 그러니 너 같은 불충한 놈은 내 칼을 받아 마땅하다!"

하고, 은통의 목을 한칼에 잘라버렸다. 항우의 행동은 전광석화電光石火같이 신속했다.

"모든 관원은 듣거라! 오늘까지 은통이 회계 땅의 군수 노릇을 했지만 이제 내가 없애버렸다. 불충한 놈을 제거해 버리고 지금부터 항량 선생을 이 고을 태수로 모시겠으니, 반대하는 자가 있거든 앞으로 나오라!"

항우는 피 묻은 칼을 들고 큰방으로 나와 사무 보고 있는 이방과 교리들을 둘러보면서 이같이 호령했다. 아까부터 벌벌 떨고 있던 모든 사람이 마루 위에 엎드렸다.

"옳습니다! 옳습니다! 명령대로 하겠습니다."

그들은 항우의 무섭게 서두는 기세에 눌려 와들와들 떨었다.

이때, 마침 밖에 나갔다가 돌아온 은통의 부하 장수 계포季布와 종리매鍾離昧 두 사람이 이 광경을 보고 항우에게 고함을 질렀다.

"어찌해서 당신은 이같이 나쁜 짓을 행하시오? 이 고을에 들어와서 고을 주인을 죽이고 자립하는 것이 의리에 옳은 일이란 말이오?"

항우는 지지 않고 대꾸했다.

"옳다고 생각하오. 왜 그런고 하니, 은통은 진의 녹을 먹으면서 모반했으니 반신이요, 항량 선생은 초나라의 원수를 갚기 위해서 일어서신 것이니 이것은 극히 합당한 일이오! 지금 동서남북에서 영웅호걸들이 일어나는 이때에 진나라의 땅을 잠시 차용하여 초나라의 원수를 갚기 위해 일어나는 우리를 돕는 것이 어떻겠소? 그까짓 은통을 생각해서 무얼한단 말이오!"

항우의 말에 두 사람은 그만 말문이 막혀 버렸다.

계포와 종리매도 다른 관원들과 같이 마루 위에 엎드렸다.

은통과 그의 가족들을 제거하고 항량과 항우 숙질이 회계에서 일어섰다는 소문이 퍼지자 이웃 고을 여러 곳에서 항량의 의거義擧에 합세하겠다고 신청해 왔다.

항량과 항우의 기세는 날로 높아갔다.

열흘이 지난 뒤에 하루는 계포와 종리매 두 사람이 항우에게 자기들의 의견을 진언했다.

"천하를 도모하자면 대장을 많이 얻어야 합니다. 회계 땅 도산塗山 속에 우영于英, 환초桓楚 두 장수가 팔천 명의 군사를 기르고 있는데 이 사람들을 얻으면 가히 천하를 도모할 수 있을 것입니다. 한번 찾아가서 만나보십시오."

항우는 즉시 찬성하고 삼촌 항량의 동의를 얻어 도산으로 향했다. 항우는 산 아래에서 먼저 계포로 하여금 우영과 환초를 만나 항량이 항우를 심부름 보낸 뜻을 전달하게 했다. 아무런 무기를 가지고 온 것이 없으니 피차에 허심탄회하게 만나자는 것이었다.

우영과 환초는 주저하지 않고 항우와 만났다.

"두 분의 고명을 듣고 삼촌 되는 항량 선생의 뜻을 받들어 뵈오러 왔습니다. 진나라의 무도한 것을 천하 만민이 깨달은 지 이미 오래고, 육 국이 보복할 기회를 노라고 보아온 지 오랩니다. 두 분께서 협력해 주시기 바랍니다."

항우는 이같이 말을 시작했다.

"진나라의 가렴주구苛斂誅求(세금을 가혹하게 거두어 들여 백성이 살기 힘들게 함)에 백성들이 원망해 온 지는 벌써 오랩니다. 그런고로 우리도 산속에서 도둑질을 직업으로 하고 때가 오기를 기다리고 있었습니다."

우영의 대답이었다.

"그렇습니다. 진나라는 아직도 강하기 짝이 없소. 그러나 영웅은 사방에서 일어나고, 포악한 진나라에서 백성들을 구해야겠다는 소원을 가지지 않은 사람이 없으니 두 장군이 일어날 때는 바로 지금입니다."

항우의 이 말은 우영과 환초 두 사람의 마음을 흔들기에 충분했다. 우영과 환초는 항우가 힘이 세다는 말은 들었는지라 이 기회에 한번 시험해 보고 싶었다. 하여 힘을 보여달라 요청했다. 그러자, 항우는 아까부터 우영과 환초에게 힘자랑을 하고 싶었는지라,

"그러면 내 힘을 한번 보시렵니까? 무엇을 가지고서든 시험을 해보시기 바랍니다."

이같이 말했다. 우영과 환초는 한참 생각하더니,

"장군께서 정말로 저희에게 힘을 보여 주시려면 우왕묘禹王廟 마당에 큰 가마솥이 있습니다. 그것을 들어보시겠습니까?"

"해보지요! 가십시다."

항우는 자신 있게 대답했다. 우영과 환초는 항우를 인도하여

우왕묘에 왔다. 과연 두 사람의 말과 같이 뜰 앞 넓은 마당에는 무지무지하게 큰 돌로 깎아 세운 큰 솥이 높이가 일곱 자, 둘레가 다섯 자, 무게가 오륙천 근은 족히 되어 보였다.

"이것입니까?"

항우가 물었다.

"그렇습니다. 이 솥의 솥발(솥 밑에 달린 세 개의 발)을 거머쥐고 세 번만 높이 쳐들어 보인다면 장군의 힘은 과연 백 명의 힘보다 세다 하겠습니다."

이 말에 항우는 달려들어서 솥을 떠다밀어 자빠뜨렸다. 그리고 솥발을 거머쥐더니 두 손으로 가볍게 들어올렸다. 한 번, 두 번, 세 번 땅에 놓지도 않고 내렸다 올렸다 하더니 다시 땅 위에 놓았다. 우영과 환초는 혀를 내두르고 탄복했다.

"정말 굉장하십니다! 놀랍습니다!"

"과연 신神이올시다!"

두 사람은 허리를 굽혀 탄복하면서,

"그러면 저희는 오늘부터 장군을 따르겠습니다. 그러나 이 산속에 거느리고 있는 사람이 팔천 명입니다. 이 사람들을 즉시 이끌고 떠날 수는 없으니까 준비를 시켜야겠습니다. 장군이 여기서 하룻밤을 묵으시고 내일 낮에 저희들과 함께 가시지요."

하고 말했다. 항우도 생각해 보니 그렇게 하는 것이 좋을 것 같았다. 그리하여 항우는 하룻밤을 그들과 함께 지내고 이튿날 조반 후에 말을 타고 먼저 부하 수백 명만을 호위하는 군사를 거느리고 도산을 출발했다.

산에서 내려와 조금 더 행진하려니까 사람들이 수십 명이 달려나와 절을 하고 일행을 가로막았다.

"웬 사람들이냐?"

항우가 물었다. 사람들 가운데서 한 사람이 말하길, 도산 아래 골짜기 속 큰 연못에 검은 용이 살고 있는데, 그 용이 변해 말이 되어 날마다 남쪽 마을에 와서 울어대어 그 소리가 천지를 진동할 뿐 아니라 뛰어다니는 까닭으로 전답에 피해가 이만저만이 아니라고 한다. 이놈의 말을 붙잡을 힘이 없어 걱정하는 중이었는데, 다행히 항 장군이 우왕묘에 있는 돌솥을 번쩍 들었다는 소문을 듣고 모시러 왔다는 것이다.

항우는 쾌히 승낙하고 백성들이 가리키는 대로 산골짜기 너머에 있는 연못가에 가보았다.

연못가에 이르러 보니 과연 물 가운데에서 말 한 마리가 뛰어나오더니 성난 소리로 크게 울면서 앞발을 쳐들고 사람들한테 달려와 물어뜯고 뒷발로 차버릴 것같이 덤비기 시작했다.

항우는 타고 있던 말에서 내려 가만히 노려보다가 벽력같은 소리를 지르며 자기 앞에 다가오는 그 말의 갈기를 움켜잡고 몸을 날려 말 등에 올라탔다. 그리고 연못 둘레를 전속력으로 열두어 바퀴를 돌았다. 말은 기운이 빠진 것처럼 전신에서 땀을 흘리고 더 이상 달음박질을 치지 못했다. 항우는 그래도 말 등에서 내리지 않고 한참 동안 천천히 걸어다니게 했다. 그렇게도 사납던 말이 이제는 완전히 보통 말같이 순하게 길들여졌다.

그제야 항우는 말 등에서 내렸다.

온 동리 사람들은 구경하고 섰다가 모두 함께 땅에 꿇어앉아 고마움을 표했다.

이때, 그들 가운데서 한 노인이 앞으로 걸어 나오더니 항우에게 읍하며 입을 열었다.

"장군의 고명하심을 들은 지는 오랩니다. 그런데 다행히 오늘 이곳에 오셔서 사람들의 해물을 제거해 주셨으니 감사하기 그지 없습니다. 잠시 인마人馬를 머무르게 하고, 누추하오나 제 집에 쉬시면 약주 한잔이나마 드릴까 합니다. 어떠하신지요?"

항우는 이 말을 듣고 생각하니, 목도 마르고 사나운 말을 길들이기에 기운도 파했는지라 사양치 않고 노인이 권하는 대로 따라가겠다고 승낙했다. 우영과 환초도 항우를 따라 노인의 집으로 갔다.

노인의 집은 누추하지 않은, 시골 마을에서는 행세깨나 하는 집이었다. 노인은 그들을 큰 방으로 인도하여 자리를 권하고 나서 자기소개를 했다.

"누추한 자리에 모셔서 대단히 황송합니다. 저의 성姓은 우虞가이며 이곳 마을에 무슨 일이 생기면 맨 먼저 저를 내세우는지라 사람들이 저를 일공一公이라 부릅니다. 그래서 이것이 제 이름이 되었습니다."

우일공은 이렇게 자기소개를 했다.

"저의 성은 항項이고, 이름은 적籍이며, 자는 우羽입니다. 사람들이 저의 이름을 안 부르고 항우라고, 자만 불러줍니다."

항우도 이같이 인사를 했다. 간결하고 신선한 안주와 술이 나왔다. 노인은 상 위에 주효酒肴(술과 안주)가 차려진 후에 먼저 항우에게, 다음으로 우영과 환초에게 술을 권했다.

술잔이 세 바퀴 돌아간 뒤에 노인은 항우를 바라보며,

"실례입니다마는 장군은 연세가 금년에 어떻게 되시는지요?"

"제 나이 올해 스물네 살입니다."

"혹시 장가는 아직 안 드셨는지요?"

"아직 장가들지 못했습니다."

항우의 대답을 듣고 우일공은 잠시 침묵하더니,

"장군께 청이 있습니다. 이 사람에게 무남독녀 딸 하나가 있는데 총명하고 용모가 단아해서 여러 곳에서 청혼해 오는 일이 많았지만, 오늘까지 배필을 구하지 못하고 있습니다. 다행히 장군이 아직 배필을 맞이하지 않으셨다니 이 사람의 딸을 장군께 드리고자 합니다마는 장군의 의향은 어떠하신지요?"

하고 항우에게 자기 딸을 주겠다는 의사를 표했다.

"감사합니다만 노인께서 애중히 생각하시는 규수에게 저 같은 인물이 적합한 남편이 될 수 있을는지 걱정입니다."

항우는 슬며시 자기의 짝이 될 수 있는 상대인가 걱정한다는 뜻으로 말했다. 우일공은 즉시 안으로 들어가 딸을 데리고 나왔다.

방안이 환하게 밝아질 만큼 우희虞姬의 용모는 아름답고 우아했다. 머리를 수그리고 부끄러운 듯이 늙은 아버지 곁에 서 있는 청초한 그의 자태에서는 그윽한 향기까지 풍기는 것 같았다.

항우는 순간 정신을 빼앗긴 채 그녀를 멍하니 바라보았다.

"미천한 여식이올시다만 장군의 마음에 드시거든 배필로 정해주시기 바랍니다."

우일공의 말소리를 듣고 항우는 비로소 제정신을 찾았다. 그는 첫눈에 반해 버리고 말았던 것이다.

"이것으로 제가 맹약하는 증거를 삼겠으니 이 칼을 따님에게 주십시오."

항우는 자리에서 일어나 차고 있던 보검寶劍을 끌러 우일공에게 내주었다.

"승낙하십니까? 이렇게 기쁠 데가 없습니다. 우희야! 장군께 예를 올리고 안으로 들어가거라."

우희가 항우의 보검을 받아 안으로 들어가자 우영과 환초가 항우에게 축하하고 일공에게도 치하했다.

"항 장군은 보검으로써 백년가약을 맹세했으니 오늘은 양가에 무한히 기쁜 날이올시다. 우 노인께서 저희 두 사람에게 다시 한잔 주셔야겠습니다."

환초가 술잔을 우일공에게 내밀며 웃었다.

한동안 축배를 마시다가 항우가 먼저 일어섰다.

항우는 우영과 환초와 군사를 이끌고 회계성에 돌아와 삼촌 항량에게 전후 사실을 보고했다.

항량은 우영과 환초를 만나보고 또 항우가 끌고 온 큰 말을 보고, 이어 우일공의 딸 우희와 백년가약을 맺었다는 사실 보고에 무한히 기뻐했다.

"수고 많이 했다. 저 두 사람은 일기당천一騎當千(혼자서 천 명의 적을 대항함)의 용맹스러운 장수일 것이요, 더구나 팔천 명의 군사가 두 사람을 따라 너의 수하에 들어왔고, 또한 백년해로百年偕老의 배필이 생겼으며 하늘이 용마를 또 너에게 주었으니, 이 같은 일은 희한한 일이로다. 대장부의 전도가 양양한 좋은 징조일 것이다. 저 말은 높이가 일곱 자, 길이가 열 자는 될 것 같다. 빛깔이 검으니 저 말의 이름을 오추烏騅라고 불러라. 용마에 이름이 없어서야 되겠느냐!"

항량은 조카에게 이같이 말하고 도산에 두고 온 부하 군사들을 전부 회계성으로 옮겨 오도록 하라고 우영과 환초에게 명령했다.

수일 후에 항량은 사람을 보내어 우희와 우희의 오라비 되는 우자기虞子期라는 젊은 사람까지 회계성으로 불러들였다. 그리고 항우와 우희의 혼례를 올려 주고 우자기를 항우의 군중에서 연락하는 부관으로 임명했다.

며칠 후 도산에 있던 팔천 명의 군사를 전부 회계성 안으로 이동시키는 일이 끝났다.

항우와 유방이 만나다

항량의 기세는 날로 올라갔다. 각지에서 자진해서 부하가 되겠다는 수효가 늘고, 제 고향을 버리고 회계성으로 모여드는 사람의 수도 부쩍 많아져서, 항량의 부하 군사는 이제 십만 명이 넘었다.

회계성은 터질 것같이 좁아졌다.

"이제 여기를 떠나야 할 때가 왔다."

항량은 항우와 부하 장수들을 모아놓고 진나라를 공격하기 위한 군사 행동을 시작할 회의를 열었다. 항우, 우영, 환초가 선봉이 되고, 항량이 계포와 종리매를 데리고 후군이 되어 택일하여 진나라를 공격하기로 하고 회계 땅을 떠났다.

전군이 행군한 지 얼마 되지 않아 군사들이 더 이상 가지 못하고 멈추었다. 앞서가던 소교小校(하급 장교)가 달려와 보고하는 말에 의하면, 말을 타고 있는 장수가 칼로 길을 막고 행군을 못하게 한다는 것이었다. 항우가 이 말을 듣고 달려갔다.

"너는 누군데 감히 우리 대군의 행진을 가로막느냐?"

항우가 큰소리로 호통을 쳤다.

"나는 육안六安 땅에 살고 있는 영포英布라는 사람이다. 옛날부터 군사가 나갈 때에는 이름이 있는 법인데, 이것이 정병正兵이라는 것이다. 너희 놈들은 이름 없는 군사를 거느리고 몰래 강을 건너 진나라로 가서 걸주桀紂(하나라 걸왕, 은나라 주왕 → 폭군) 같은 진나라를 도우려고 하니까 내가 못 가게 막는 것이다."

길을 막고 서 있는 장수도 기세가 등등했다.

"나는 지난날 초나라의 대장 항연의 손자 항우로 이름은 적이다. 진나라의 무도한 짓을 참지 못해 회계에서 의병을 일으켜 팔천 명의 장정을 포함하여, 십만 대군을 모아 지금 초나라의 원수를 갚는 동시에 무도한 진나라를 멸하고 천하를 도탄에서 구하려 하는데 어째서 너는 감히 이름 없는 군사라 하느냐?"

항우는 이같이 성난 소리로 쏘아붙였다.

이때 항우의 뒤에서 환초가 뛰어나오면서 고함을 질렀다.

"영 장군! 어서 항복하시오! 나도 벌써부터 초나라에 충성을 바치고 있습니다."

영포는 이 소리를 듣더니 즉시 말 위에서 내려 길가에 엎드렸다. 지금까지 기세등등하게 행군을 가로막던 사람과는 딴 사람인 것 같았다. 항우는 영문을 몰랐다.

"그대는 이 사람을 전부터 아는가?"

그는 환초를 돌아보고 물었다.

"예, 영 장군을 제가 잘 압니다. 영 장군의 무용은 당할 사람이 없습니다. 작년에 여산에 진시황의 능을 축조하는 일꾼으로 끌려가서 일하다가 도망하여 강을 건너 제 집에 와서 두 달 동안 숨어 있기도 했습니다. 그때 우리 두 사람이 서로 약조하기를 좋은 인물을 만나면 공을 세운 후에 부귀영화를 함께 도모해 보자고 했습니다. 요사이 회남淮南 땅에 와서 장정을 모으고 있다는 소문을 도산에 있을 때 듣고 사람을 보내 맞이하려던 터였습니다. 지금 다행히 잘 만났습니다."

환초의 설명을 듣고 항우는 급히 말에서 내려 영포를 붙들어 일으켰다.

"장군이 그런 인물인 줄 몰랐소. 우리 삼촌에게로 갑시다."

항우뿐 아니라 항량도 영포를 만나고 무척 기뻐했다.

이때 계포가 인물을 추천했다.

"이곳에 훌륭한 노인이 한 분 계십니다. 연세는 칠십 가까우신 분이나 근력이 좋으며 흉중에 가지신 지모智謀는 옛날의 손자孫子나 오자吳子보다도 더 훌륭하다고 그를 아는 사람은 일컫지요. 만일 이 노인을 얻기만 한다면 천하는 이미 평정한 것이나 다름이 없습니다."

항량은 계포의 의견을 좇아 좋은 생각이라 칭찬하고 물었다.

"그런데 그 노인의 성함은 무엇이라 하는가?"

"범증范增이라 합니다."

"그러면 그대들이 찾아가서 예물을 올리고, 내가 직접 찾아봐야 마땅하나 워낙 바쁜 몸이라 그대가 대신 왔노라고 말씀드리고 꼭 모셔오게."

항량은 이같이 명령하고 예물로 가져갈 것을 계포에게 내주었다.

계포는 즉시 명령을 받들어 거소居巢라는 마을로 범증을 찾아갔다. 그러나 범증은 그 마을에 살지 않았다. 이 사람 저 사람을 붙들고 물었으나 아는 사람이 없고, 나중에 한 노인이, 그 마을에서도 삼 마장가량 더 들어가면 기고산旗鼓山이라는 산이 있는데, 범증 선생은 그 산 위에 초가삼간을 짓고 그 속에서 세상을 피해 살고 있다고 했다. 계포는 가까스로 범증이 머무는 집을 찾았다.

"거기 찾아온 사람은 누구인고?"

계포는 즉시 방문 앞에 예물을 올리고 무릎을 꿇었다.

"소생은 초나라의 대장군 항연의 아들 항량을 모시고 있는 계포라는 사람이올시다. 무도한 진나라를 무찌르기 위해 영웅이 사방에서 일어났는데, 항량은 회계에서 의병을 일으켜 제후에 호응하여 백성을 도탄에서 구하고자 일어났습니다. 재주와 힘이 출중한 사람은 모두 앞을 다투어 모여드는 이때에 선생께서는 풍부한 지모와 책략을 흉중에 감춘 채 기고산에 숨어 계시니, 이것은 강태공姜太公이 문왕文王을 만나지 못했던 때와 같습니다. 지금 항량은 선생의 고명하신 현덕을 사모하여 자신이 오고자 했건만 워낙 바쁜 몸이라 소생을 대신 보내셨습니다. 선생께서는 한번 몸을 일으켜 천하 만민을 도탄에서 구원해 주십시오."

범증은 젊은 사람이 땅바닥에 무릎을 꿇고 공손히 앉아 간청하는 정성에 마음이 움직였다. 마침내 그는 허락하기로 결심했다.

항량은 기뻤다. 즉시 연회를 베풀게 하고 부하 장수들을 전부 집합시켰다. 항우, 영포, 우영, 환초, 계포, 종리매, 우자기 등이 모두 한자리에 둘러앉았다. 항량은 범증을 상좌로 모시고 회의를 먼저 열었다. 회의에서는 그들이 있는 회남 땅에서 멀지 않은 진陳 땅에서 진섭陳涉이 장이張耳, 진여陳餘 두 사람의 말을 듣지 않고 제가 왕이 되어 군사 행동을 일으키려 하다가 진 이세 황제가 파견한 장한章邯 군대에게 대패한 후 자기 부하에게 암살당했다는 보고가 가장 큰 회의 의제였다.

진 이세 황제는 황음무도하고 잔인하여 천하 인심을 배반했지만 진나라는 아직도 강국이다. 장한, 사마흔 등 기타 많은 장수가 백만 이상의 군대를 가지고 있다.

"진섭이 장이와 진여의 말을 듣지 않고 제가 왕위에 오른 것은 소리小利를 탐하는 소인의 행동이외다. 그런 자이니까 제 부하 장가莊賈에게 암살을 당하는 신세가 되었지요. 지금 여기 모이신 장군들은 개인의 소리小利를 위해 일어서신 것은 아니지 않습니까? 항량 장군께서 의병을 일으키신 후 오늘까지 불과 수개월 동안에 도처에서 호응하고 귀순해 오는 것은 항 장군이 초나라의 부흥을 위해 일어나셨음을 아는 까닭입니다. 그러니 초왕의 후손을 찾아 먼저 초왕을 세우시기 바랍니다. 이것이 제일 먼저 할 일입니다. 대의大義가 분명하지 않고는 천하를 도모할 수 없습니다."

범증의 말에 일동은 정신이 번쩍 들었다.

"과연 선생님의 말씀이 지당합니다!"

항량이 먼저 경탄하는 찬사를 올리고 초왕의 후손을 어떻게 찾아낼 것인가, 그 의논을 하기 시작했다.

초나라의 마지막 임금 부추負芻의 자손이 어디엔가 있기는 있을 것이다. 진시황 이십사 년에 초나라가 망했으니까, 그동안 십오 년의 세월이 흘렀다. 행적은 묘연하지만 못 찾을 것도 없었다.

이같이 의논한 끝에 급기야 종리매에게 초왕의 후손을 찾아오라는 항량의 명령이 내려졌다.

종리매는 명령을 받들고 영문에서 나왔다. 부관으로 데리고 나선 소교 두 사람과 함께 간단한 여행 도구만 휴대하고 시골길로 들어섰다.

하루가 지나고 사흘째 되는 날, 종리매는 강가의 조그마한 마을에 들어섰다. 길거리에는 아이들 십여 명이 제각기 양을 한

마리씩 이끌고 다니는데, 그 어린아이들 가운데서 미모가 수려하고 용모가 비범한 소년 하나를 발견했다.

동자가 머슴 살고 있다는 집은 이 고을에서 제일 큰 촌장의 집이었다. 촌장은 무관의 복색을 입은 종리매의 모양을 보고 당황해서 어찌할 줄을 몰라 했다.

"무슨 일이 생겼습니까? 그저 소인은 촌에서 농사나 짓는 농부올시다…… 그저 그렇습니다……."

촌장은 두 손을 비비면서 종리매에게 엉너리를 쳤다.

"자네한테 볼일이 있어서 온 것이 아닐세. 내가 여기에 온 것은 동자의 자당어머니 어른을 만나뵈려고 온 것이니까 빨리 안에 들어가서 그 뜻을 여쭙게."

촌장은 종리매의 말을 듣더니 허둥지둥 안으로 뛰어들어갔다. 조금 있다가 새 옷을 입은 동자의 늙은 어머니가 촌장과 함께 나왔다. 종리매는 공손히 인사를 드리고 말했다.

"아드님의 내력을 여쭈어보려고 왔습니다."

그러나 노부인은 의심하는 눈빛으로 종리매를 바라볼 뿐 말이 없었다.

"의심하실 것 없습니다. 왕실의 후손을 찾아내어 초나라를 세우고자 하는 항량 장군의 심부름으로 왔으니 의심하실 것 없습니다."

종리매는 또 이렇게 말했다. 그제야 노부인은 돌아서서 품을 헤치고 살 위에 밀착해서 지니고 있던 헌 주머니에서 땀에 찌든 기름 먹인 유지를 꺼내어 종리매에게 내주며,

"이것을 펴 보시면 짐작하실 겁니다."

종리매는 그것을 받아 헝겊을 펴보았다. 글자가 쓰이기는 쓰여 있으나 땀에 절어서 알아볼 수가 없었다. 헝겊을 쳐들고 햇볕에 비춰보니, '초 회왕 적손 미심 초 태자 부인 위 씨[楚懷王嫡孫米心 楚太子夫人衛氏]'라 쓰여 있는 글자와 국보의 기록 같은 것이 희미하게 보였다. 이것으로 보든지 그 부인의 자태와 동자의 용모나 무엇으로 보든지 틀림없는 왕손이라고 생각되므로 종리매는 즉시 땅바닥에 꿇어앉았다.

군신의 예를 마치고 종리매는 말을 세 마리 더 구해서 행장을 꾸리기 무섭게 출발했다. 부인과 동자와 촌장도 항 장군의 영문으로 향했다.

항량과 범증의 기쁨은 컸다. 즉시 택일하여 미심 소년의 즉위식을 거행했다. 며칠 전까지 촌장집에서 양치기 머슴살이 하던 동자가 하루아침에 초나라의 회왕이 된 것이다.

그의 조부가 회왕이었음에도 불구하고 손자를 '회왕'이라 한 것은 망해 버린 왕실의 후손이므로 세상 사람들에게 더 확실하게 인상을 심어주기 위해서였다.

동자의 모친은 왕태후王太后라 칭하고 항량은 자기를 무신군武信君이라 했다. 그리고 항우는 대사마장군大司馬將軍, 범증은 군사軍師, 계포와 종리매는 도기都騎, 영포는 편장군偏將軍, 환초와 우영은 산기散騎, 이와 같이 왕을 세우고 군대의 부서를 배정한 후, 왕이 팔 년 동안 신세를 진 촌장에게는 금 오십 냥과 비단 열 필을 내렸다. 초나라가 이로써 뚜렷하게 세워졌다. 범증이

기고산에서 내려와 맨 먼저 해야 할 일은 대의명분을 밝히는 일이라고 주장해서 이루어진 초나라의 건립은 저절로 천하의 인심을 따르게 하여 항량의 기세는 높아갔다.

그때 송의宋義가 군사 삼만 명을 이끌고 회왕의 신하로 들어왔다. 무신군 항량은 송의에게 경자관군卿子冠軍이라는 칭호를 내렸다.

대군이 회남 땅을 출발했다. 칼과 창과 방패와 도끼와 활을 메고, 군사들의 행렬이 넓은 길을 뒤덮고 우이성을 향해 행진했다.

이틀 후, 회하 강가에 다다랐을 때 앞에서 그들을 마주 보고 향해 오는 큰 군대의 행렬과 마주쳤다. 칼, 창 등의 무기가 햇볕에 번쩍거려 휘황한데 그같이 휘황찬란한 속에 하늘 높게까지 보랏빛 나는 기운이 은연히 뻗치고 있었다.

범증은 회왕과 무신군 뒤에 잇대어서 수레를 타고 따라가다가 이것을 보고 깜짝 놀랐다. '심상한 일이 아니다.' 그는 이상히 생각하면서 그대로 행진했다가 가까이 올수록 보랏빛 나는 기운이 더욱 뚜렷했다.

'왕기가 분명하다! 저 가운데 반드시 천운을 타고난 사람이 있을 것이다!'

범증이 이렇게 생각하고 있을 즈음에 마주 보고 오던 행렬 가운데로부터 한 사람이 말을 달려 뛰어나와 회왕과 무신군 앞에 이르러 인사를 했다. 융준용안隆準龍顔(우뚝한 코와 용의 얼굴, 곧 임금의 얼굴), 요미순목堯眉舜目(요 임금의 눈썹과 순임금의 눈)이라는 말이 있지만 범증의 눈에는 이 사람의 얼굴이 보통 인간의 얼굴에서 뛰어나게 잘생긴 인상으로 보였다. 범증은 고개를 수그리고 생각해 보았다.

'잘못했다! 초나라에 붙는 것이 아니었는데…….' 그는 이렇게 후회하면서 수레 밖에서 항우의 수레 뒤에 따르는 우자기를 내다보며 물었다.

"저 사람이 누구인가?"

"예, 패현 땅의 패공 유방이라고 합니다."

망탕산 연못가에서 길이 열 칸이나 되는 큰 구렁이를 죽인 뒤에 풍서豊西 땅에서 의병 십만 명을 일으켜 소문이 높아진 유방이었다. 범증은 쓰디쓴 입맛을 다셨다.

번쾌, 하후영夏侯嬰 등의 부하 장수들을 거느리고 유방이 회왕과 함께 합세하기 위해 찾아온 길이라는 말을 듣고 무신군 항량은 무한히 기뻐했다.

이때 한신韓信이 기다란 칼을 허리에 차고 무신군을 찾아와서 자기를 써 주기를 청원하므로 무신군은 바짝 마른 그의 모양을 보고 쓰지 않으려 하는 것을 범증이 권해서 집극랑관執戟郎官이라는 관직을 주었다. 이를테면 본부사령本部司令의 하사관이 된 셈이었다.

무신군 항량이 초의 회왕을 세우고 우이성에 수도를 정한 후, 유방 진영과 합세하여 진나라를 치려고 준비 중에 있다는 보고가 함양 성중에 들어가자, 진나라 승상丞相 조고는 대경실색하여 대장군 장한에게 삼십만 대군을 주며 우이성에 가서 항량

일당을 전멸시키라고 명했다.

장한은 사마흔, 동예와 더불어 이사의 아들 이유李由 등 세 사람의 맹장을 데리고 함곡관을 넘어섰다.

그러나 동아東阿의 첫 번째 싸움에서 장한은 크게 패하고 마침내 오십 리나 퇴각했다. 항우는 경솔하게 대적할 장수가 아니니, 증원병增援兵이 도착하기까지 대적해 싸우지 않고 항우의 군사가 교만해지고 마음 놓고 있을 때 승부를 결정하리라고 장한은 계획을 세웠다.

항우는 장한이 오십 리 뒤로 퇴각하는 것을 보고 본진으로 돌아와 무신군 항량에게 전투의 결과를 보고했다.

"그들은 두려워할 적이 아니올시다. 우리의 대군을 좌우 두 개로 나누어 내일 적과 싸우면 그까짓 것들쯤은 깨강정같이 분쇄할 수 있습니다."

항우는 보고를 마치고 이같이 호기롭게 장담했다.

"그래, 나도 그렇게 생각한다. 장한이란 자는 헛된 이름만 높은 장수지 이제는 늙어빠진 허수아비다! 내일 싸움에서 한 놈도 놓치지 말고 다 잡아 죽여라!"

무신군은 이렇게 말하고 장수들에게 잔치를 베풀었다. 위로 겸 승전의 축배를 올리는 것이었다.

이튿날 무신군은 항우를 중군中軍으로, 영포를 우군右軍으로, 패공 유방을 좌군左軍으로 하여 북을 치고 피리를 불며 대군을 지휘하여 진나라 진영으로 조수같이 쳐들어가게 했다.

장한은 진을 버리고 도주하기 시작했다. 초나라 군대는 겨를을 주지 않고 뒤를 쫓았다. 진나라 군대는 세 갈래로 나누어 장한은 정도定陶로, 사마흔과 동예는 복양濮陽으로, 이유는 옹구雍丘로 각각 퇴각했다.

초군은 이 형세를 보고 이편에서도 세 길로 추격을 전개했다.

항우는 스스로 옹구 쪽으로 쫓아가 이유를 추격하여 불과 세 번 창을 주고받다가 이유의 가슴을 한 번 찔러 거꾸러뜨렸다.

패공 유방은 사마흔과 동예를 몰아 복양을 향해 하룻낮 하룻밤 동안에 삼백 리를 추격했다. 소하가 급히 패공에게 나와서 간했다.

"옛날부터 궁구막추窮寇莫追(궁지에 몰린 적을 지나치게 추격하지 말라)라고 일컫지 않았습니까, 만일 적이 복병을 숨겨 두었다가 우리가 피곤할 때 역습을 해 오면 큰일이 아닙니까?"

패공은 그 말을 듣고 추격을 멈추었다.

"공의 말이 지당하오."

이리하여 패공의 군사는 복양 못 미쳐 성양城陽이라는 곳에 진을 치고 머물렀다.

영포는 정도로 퇴각한 장한을 추격하여 성 밖에 도착했건만 진나라 군대는 성문을 꼭 닫고 꼼짝하지 않았다. 영포는 백방으로 싸움을 걸어보았지만 장한의 군대는 아무 반응도 보이지 않았다.

이때 무신군 항량이 인솔하는 후진後陳의 대군이 정도성 밖에 있는 영포의 진에 도착했다.

영포는 무신군에게 정도성 안의 장한군의 동정이 잠잠한 현상을 보고했다.

“진나라 병세가 무력해져 성문을 닫고 저희의 구원병이 올 때를 기다리고 있는 것이니 구원병이 도착하기 전에 함락시켜야지 공연히 세월만 보내고 있을 작정인가!”

무신군은 영포를 나무랐다.

“장한은 비록 한 번 싸움에 실패했지만, 원래 인마가 웅장하니 그렇게 바쁘게 서두를 수 없을 것 같습니다.”

영포는 자기 의견을 주장했다.

“잔말 말게! 자네가 대장으로서 이까짓 성 하나 함락시키지 못하고 며칠을 허비하다니 될 말인가! 쓸데없는 소리를 다시는 입밖에 내지 마라!”

무신군은 불같이 화를 내어 영포로 하여금 두 번 다시 입을 열지 못하게 꾸짖었다. 그리고 즉시 명령하여 사닥다리를 무수히 많이 만들게 했다. 이렇게 만든 사닥다리를 성에 걸쳐 세우고 군사들로 하여금 사닥다리를 타고 기어 올라가 성안으로 돌진하도록 명령했다.

그러나 성안에서는 철포鐵砲와 화전火箭을 난발하여 사닥다리가 불붙어 타버리고 또 성 위에서는 큰 돌과 통나무를 빗방울처럼 떨어뜨려 초군의 사상자가 헤아릴 수 없을 정도로 많이 생겼다.

무신군은 굴하지 않고 수백 개의 충차衝車를 만들어 사방의 성문을 향해 군사들에게 고함을 치면서 돌진하게 했다. 그러나 성안에서는 큰 쇠망치를 기다란 쇠사슬에 달아서 내던지는 바람에 충차가 모조리 깨어졌다. 이를테면 탱크 부대도 소용없게 된 셈이었다.

이때, 집극랑관 한신이 초조해서 짜증을 내고 있는 무신군 앞으로 와서 말했다.

"지금 적이 우리의 군사가 피곤한 때를 엿보아 밤에 야습夜襲을 가해 온다면 도리어 큰일이옵니다. 그러므로 지금은 성을 공격하는 일은 작은 일이요, 적을 방어하는 일이 큰일이옵니다."

이같이 군사 의견을 진술하자 무신군은 노했다.

"뭐가 어째? 밤에 나를 야습한다고? 너 같은 것이 뭘 안다고 쓸데없는 소리를 입 밖에 내어 인심을 현란시키느냐?"

한신은 한마디 충언忠言을 하다가 그만 호통만 들었다.

경자관군 송의가 옆에서 입을 열었다.

"장수가 교만하고 사졸이 게으르면 반드시 패한다고 하지 않습니까. 한신의 말을 무시하지 마십시오."

무신군은 대꾸도 하지 않았다. '너희가 무엇을 알겠느냐? 병법책이나 뒤적거려 본 천박한 지식을 가지고 감히 내게 설교할 작정이냐?' 아마 그는 이렇게 생각했던 모양이다.

"술을 가져오너라."

무신군은 좌우의 무관들이 술과 음식을 대령하자 통음했다. 경자관군 송의도 무신군의 방에서 물러나와 자기 막사로 갔다.

부하 장졸들은 모두 맥이 풀리고 어느 놈은 술 먹고 어느 놈은 잠들고 또 어느 놈은 노름을 하고 있었다.

이 무렵, 성안에 있던 장한은 수하의 정병精兵들을 선발하여 입에 헝겊 한 조각씩 물게 하고 밤중에 조용히 성문을 열고 나왔다.

초나라 군대의 진영을 엿보니 모두 잠든 것같이 조용했다.

장한은 이 모양을 한눈에 살피고 암호를 보냈다. 그와 동시에 철포 소리가 '꽝'하고 울리더니 꽹과리 소리도 요란하게 대군이 일제히 초나라 진영을 향해 돌진했다.

초의 진영은 뒤죽박죽이 되었다.

"내 칼! 내 창이 어디 있나?"

"방패! 방패를 어디다 두었나?"

초군의 사졸들이 눈을 비비면서 엎치락뒤치락 야단법석을 피우는 때인데, 무신군 항량은 술이 대취해서 잠들어 있는 것을 좌우의 부관들이 일으켜 원문까지 나와 말 위에 태우려 할 때 진나라 장수 손승孫勝의 칼날에 목이 선뜻 베어지고 말았다.

송의와 영포가 칼을 휘저으며 이리 뛰고 저리 뛰면서,

"적은 얼마 안 된다! 겁내지들 말아라!"

이렇게 외치고 돌아다녔다. 그러나 수만 명이 허둥대는 혼란이란 한두 사람의 힘으로 막을 수 없는 일이었다. 서로 부딪고 밟고 채이고, 여기서 창에 찔리고 저기서 칼에 맞아 쓰러지고, 적이 두드리는 꽹과리 소리는 점점 요란하고, 이렇게 해서 초군의 시체가 산같이 쌓이고 살아남은 놈들은 도망해 버린 뒤에 날이 밝았다.

정도의 성안에 있던 진나라 군대는 성 밖에 있던 초군의 진영을 완전히 점령해 버렸다.

한편, 패공 유방은 급한 소식을 듣고 군사를 거느리고 정도성을 향해 오다가 패주해 오는 송의와 영포를 만났기 때문에 옹구 땅에 주둔하고 있는 항우에게로 같이 갔다.

항우는 무신군이 전사했다는 말을 듣고 대성통곡했다.

"내가 조실부모하고 삼촌한테서 양육 받고 병법을 배웠는데 공도 세우기 전에 삼촌과 사별하다니!"

항우가 울음을 그치지 못하자 범증이 거듭 위로했다.

"나라를 위해 신명을 버리는 것은 신자臣子의 대절大節이외다. 장군은 슬퍼하지만 말고 무신군의 유지를 받들어 진나라를 멸하고 초나라를 흥하게 해야 하지 않겠습니까! 회왕을 섬긴 후에 지금은 오십만의 대군을 이루었으니 장군은 눈물을 거두시오."

항우는 이 말을 듣고 비로소 눈물을 닦고 범증이 권하는 대로 항량의 시체를 찾아 정도성 밖에서 장사지내고 진류陳留 땅으로 이동했다.

초나라,
진의 대장군 장한을 품다

초의 무신군 항량을 격파하고 형세를 되찾은 진의 대장 장한은 대군을 휘동하여 정도성에서 거록성鉅鹿城으로 가서 조趙나라의 근거지를 포위 공격했다.

항우는 진류 땅에 주둔해 있으면서도 이 소식을 들었다. 장한의 군사가 거록성을 함락시키는 것은 뻔한 일이었다. 그러면 다시 일어나려던 조나라가 깨어지고 마는 것이다. 그 다음에는 장한의 군사가 다시 초나라를 목표로 하고 쳐들어올 테니 나이 어린 회왕이 홀로 우이성에 남아 있는 것은 위태롭다.

항우·범증·패공·송의 등은 이같이 의논 일치가 되어 모든 장졸을 인솔하여 우이성으로 돌아갔다.

회왕은 비록 나이는 어리지만 사람됨이 비범하여 무신군의 전사를 듣고 크게 슬퍼했다. 무신군이야말로 자기를 시골구석의 촌장집에서 양치기 머슴살이하며 밥 얻어먹는 신세에서 일약 왕위에 오르게 해 준 은인임을 그는 자나 깨나 잊지 못하고 있었다.

회왕이 무신군을 생각하고 슬퍼하고 있을 때 조왕 헐歇로부터 급한 사신이 왔다.

"장한의 군사 삼십만 명이 거록성을 포위하고 한 달 가까이 조나라를 공격하므로 이제는 양식조차 떨어져 큰일났습니다. 급히 구원해 주시옵소서."

사신은 이같이 애걸했다.

회왕은 송의를 대장군으로, 항우를 부장으로, 범증을 군사軍師로 하여 이십만 대군을 주어 조나라를 구하라고 했다.

대장군이 되어 대군을 인솔한 송의는 무신군 항량이 전사하던 일을 생각하고 주위의 형편을 살펴본 결과 딴 마음이 들었다. 그는 거록성에서 멀리 떨어져 있는 안양安陽 땅에 진영을 설치하고 여러 장수에게 이같이 명령을 내렸다.

"진나라 군사가 조나라를 포위한 지 오래되어 사기가 떨어지고 마음이 해이해졌다. 적이 방심한 틈을 타서 단번에 장한을 사로잡을 테니 함부로 움직이지 말라!"

대장의 명령인지라 부하들은 십여 일 동안 가만히 있었다. 항우는 분한 생각이 들어 송의 앞에 나아갔다.

"우리가 허송세월을 한 지가 벌써 십여 일이 지났습니다. 그동안에도 조나라의 사졸들이 굶어 죽은 자가 얼마일지 모르겠는데 우리는 여기 앉아서 보고만 있으면 어쩌자는 것입니까?"

이렇게 항의하자 송의가 말했다.

"허, 그렇게 서두르는 게 아니라니까! 내가 대장군이란 말이다! 부 장군은 여러 말 말고 내가 시키는 대로만 하라!"

도리어 항우의 말을 막아 버렸다. 하릴없이 항우는 침묵하고 또 며칠을 더 지냈다. 때는 동짓달 중순이라 날씨는 추워지고 그 위에 때아닌 비가 쏟아지기를 이틀 동안 계속하여 급한 마음을 참기 어려운데 부하의 보고에 의하면, 송의가 저의 아들 송양을 비밀히 제齊나라로 보내어 그곳에서 출세시키고, 저 자신도 제나라에 가서 재상이 되려는 음모를 한다고 했다.

항우는 마침내 분통이 터져 칼을 잡고 대장군 송의의 처소로 들어갔다. 송의는 책을 펴들고 있다가 항우가 얼굴에 살기를 띠고 들어오자 책상 위에 놓았다.

"무슨 일인가?"

항우는 그 말에 대답하지 않고 두어 발자국 더 가까이 송의 앞으로 다가서면서 큰소리로 말했다.

"초의 대장군 송의가 저의 아들 송양을 제의 조정에 비밀히 보내어 제국의 군대가 오기만 하면 모반하려 하므로 지금 내가 비밀히 회왕의 명령을 받들어 너를 죽이는 것이다!"

말을 맺자마자 항우는 송의의 목을 끊었다. 눈 깜짝하는 사이의 번갯불같이 빠른 행동이었으므로 송의는 피할 길이 없었다.

항우는 송의의 피가 떨어지는 머리를 쳐들고 나와 또 소리를 크게 질렀다.

"지금 역적 송의를 죽였다! 이놈이 모반하려고 했기 때문에 내가 죽인 것이니 그리 알라!"

항우는 시퍼렇게 선언했다. 부하들은 벌벌 떨면서 땅에 엎드렸다. 항우는 이리하여 스스로 자기를 상장군이라 하고 급히 군사를 뽑아 정보를 제공한 군사와 함께 제나라 국경에 달려가 송의의 아들 송양을 잡아 죽이게 하는 동시에 환초에게는 우이성으로 가서 회왕에게 이 사실을 아뢰도록 했다.

회왕은 즉시 항우를 대장군에 임명했다.

항우는 왕의 은혜에 사례하고 영포를 선진의 대장으로 삼았다. 그리고 정병 이만여 기를 영포에게 주고 강을 건너가 장한의 군대를 공격하라 했다. 전 군대의 사기는 크게 앙양되었다. 그리고 자신도 뒤따라 강을 건넜다.

"배를 모조리 파선시켜라! 가마솥을 모조리 부숴 버려라! 식량은 삼 일분만 남겨 두어라!"

항우는 이같이 명령을 내렸다. 진나라 군대가 오랫동안 조나라를 포위하고 있기에 피로했다. 쳐부술 때는 바로 이때다. 한 발짝도 뒤로 물러나지 말아야 한다. 항우는 전군에 이같이 하달했다.

"항우는 힘으로 상대해서 호락호락한 장수가 아니다. 그대들은 각각 일군씩 거느리고 따로따로 숨어 있고, 내가 본진에서 항우와 대적해서 싸움을 하거든 번갈아 가면서 한 사람씩 나와 항우를 상대해서 싸워라. 그래서 항우를 깊이 끌어들인 다음 일제히 덤벼들어서 부수어라. 알아들었나?"

장한은 자기 부하 장수 아홉 사람을 불러놓고 이같이 작전 계획을 지시했다. 왕리王離·섭간沙間·소각蘇角·맹방孟防·한장韓章·이우李遇·장평章平·주웅周熊·왕관王官 아홉 명의 장수가 그의 지시를 받았다.

장한의 작전 계획이 끝날 무렵, 항우는 장한의 진영 앞에 도착했다. 장한이 맨 먼저 뛰어나갔다. 항우는 그를 보고 이를 갈았다.

"이놈! 너는 내 삼촌을 죽인 원수다! 불공대천不共戴天(한 하늘 아래 같이 살 수 없다)의 원수다!"

항우는 이같이 소리를 지르고 창을 겨누면서 쫓아갔다. 장한은 아무 말도 하지 않고 대적했다.

두 사람은 오십여 합 싸우기를 거듭했다. 항우의 기세는 점점 더 맹렬해졌다. 장한은 도저히 당해낼 수 없다고 생각하고 돌아서서 달아나기를 오 리쯤 하였을 때, 왕리의 군사가 지원군으로 왔다. 이제는 장한을 대신해서 왕리가 항우를 상대했다.

항우는 새로 나타난 장수를 상대로 이십여 합 접전을 해보다가 창을 높이 들고 잠시 가만히 있었다. 이때에 틈을 보았다는 듯이 항우를 찌르려고 가까이 덤비는 왕리의 곁으로 슬쩍 피하면서 항우는 왕리의 갑옷 허리띠를 거머쥐고 번쩍 들어 땅 위에 내던졌다. 순식간에 땅 위에 굴러 자빠진 왕리의 몸을 초나라 군사들이 꽁꽁 묶어 버렸다.

장한은 멀찍이 떨어져서 이 광경을 멀뚱히 쳐다보다가 혼이 나서 또다시 말을 달리기 시작했다. 해는 이미 저물고 있었다.

항우의 진영과 장한의 진영은 서로 사오십 리쯤 떨어져 있었다.

항우는 삼십 리가량 적진에 가까이 와서 병졸들에게 헝겊 조각을 각각 입에 물게 하고 소리 없이 적진에 접근한 뒤에 오 리쯤 가까이 와서는 비로소 북을 치고 꽹과리를 두드리고 철포를 쏘면서 쳐들어갔다.

장한은 본진의 후방에 있다가 뛰어나갔다. 그러나 이보다 먼저 남쪽에 복병하고 있던 이우는 영포에게, 북쪽에 복병하고 있던 한장은 환초에게 각각 여지없이 격파당하여 장한의 본진으로 도망해 들어왔다.

본진 후방에서 초군을 무찌르려고 뛰어나오다 두 장수를 만나 보고를 들은 장한은 기가 막혔다.

그러나 항우부터 막아야 하겠기에 그는 정신을 차려 앞으로 나가려 했으나 초나라 군사가 홍수같이 사방에서 쓸어 들어오고 있지 않은가. 그리하여 진나라 군사들은 앞을 다투어 도망했다.

항우는 남쪽과 북쪽에서 영포와 환초가 이기고 응원 오는 것을 보고는 인마를 휘동하여 장한의 정면으로 돌진했다. 이리 해서 도망하는 장한을 추격하여 이십 리를 지나오니 조의 수도 거록성이 눈앞에 보였다.

거록성 안에서는 북소리, 꽹과리 소리 요란하게 대군이 몰려오는 소리를 듣고 대장 장이와 진여가 성루에 올라가 바라보니 모두 다 초군이었다. 진군이 대패해서 도망하고 초군이 추격하는 광경이었다.

장이와 진여는 즉시 성문을 열고 군사를 휘동하여 나가 장한의 패주하는 군사를 쫓아가면서 죽였다.

장한은 항우의 선봉이 되어 추격해 오는 영포에게 하마터면 잡힐 뻔한 것을 장평이 뛰어나와 영포를 가로막고 싸우는 바람에 겨우 몸을 피했다. 그러는 사이에 주웅, 왕관 두 장수가 샛길로부터 장한을 구원하려고 나타났다. 영포는 이것을 보고 추격하는 것을 그만두고 말머리를 돌렸다.

이때, 후속 부대를 휘동해 오던 환초를 만나 영포는 항우에게 돌아가 사실을 보고했다.

조왕은 장이와 진여 두 장수로 하여금 항우의 부대를 영접하게 했다. 조왕은 항우를 성안으로 맞아들이려 했다. 그러나 항우는 조왕의 호의를 사절했다. 그 대신 계포와 종리매 두 장수로 하여금 이십만 명을 거느리고 거록성 밖에 주둔하도록 하고, 사로잡은 진군의 장수 왕리와 섭간 두 사람을 진중에 끌어내 모든 군사가 보는 앞에서 목을 잘랐다. 초군의 위엄을 보이는 동시에 군신軍神에게 제사를 올리는 뜻이었다.

그리고 항우는 삼십만 명을 거느리고 계속하여 장한의 뒤를 추격하기 시작했다.

거리거리에서는 백성들이 항우의 군대를 환영하고 찬양하기 위해 국과 떡과 술을 대접했다.

부대가 장남漳南 땅에 왔을 때 범증이 항우의 행군을 막았다.

"장군이 강을 건너 사흘 동안에 장한의 군대와 아홉 번 싸워서 아홉 번 이기고, 진군 삼십만 명을 도살하셨습니다. 자고로 이와 같이 용맹무쌍한 용병 작전을 한 장군이 없습니다. 이제 제후와 백성들이 장군에게 붙는 것을 보니 이것은 하늘과 사람이 서로 응하는 것입니다. 진의 이세 황제는 미련한 인물이고, 간신 조고는 투기하는 소인이요, 장한은 패군한 장수이니 저것들이 반드시 내변內變을 일으킬 것입니다. 그때 적의 허한 곳을 때리면 초군은 단숨에 진을 멸하고 천하를 통일할 수 있을 것입니다."

범증의 설명을 들으니 항우의 마음은 금시에 통쾌해졌다. 범증의 말과 같이 자기는 아홉 번 싸워서 아홉 번이나 이겼다. 장한은 이세 황제 앞에 돌아갈 면목이 없을 것이다. 게다가 간신 조고가 정승으로 올라 있고, 이세 황제는 주색이나 좋아하는 미련한 인물이다. 범증의 말과 같이 진나라 조정에서는 이번에 장한의 패전을 가지고 저희끼리 내분을 일으킬 가능성이 많다. 항우는 이같이 생각하고 추격하기를 멈추고 장남 땅에 주둔해 버렸다.

이때 장한은 항우에게 참패한 후 장하漳河를 건너 함곡관으로 들어갔다. 그는 즉시 부하를 함양 서울로 급히 파견하여 전투에 참패한 상황을 보고케 했다.

진나라 조정에서는 모르는 사람이 없이 이 사실을 알게 되었을 뿐만 아니라 항우의 군사가 강하다는 것을 아는 동시에 시황제의 손에 망했던 육 국 모두 다시 일어나 진나라를 원수로 알고 쳐들어올 것을 준비하고 있다는 사실까지도 장한의 보고로 비로소 확실하게 알았다. 천하의 일이 과연 급하게 되었고 그들은 누구나 놀라지 않을 수 없었다.

그러나 아무도 이세 황제에게 이 사실을 보고할 생각을 못했다.

'황제는 아무것도 몰라야 한다. 언제까지나 내가 죽는 날까지 내 자리를 튼튼하게 보전해야 한다.'

조고는 이같이 결심했다.

그때 조고는 사슴을 이세 황제에게 바쳤다.

"훌륭한 말을 한 필 구해왔기에 폐하께 바치옵니다."

조고는 사슴을 말이라고 아뢰고 뜰에 내려가서 사슴을 끌어다가 황제 앞에 가까이 세우게 했다. [지록위마指鹿爲馬, 윗사람을 농락하여 권세를 마음대로 휘두르는 것]

이세 황제는 껄껄 웃었다.

"경이 농담을 하는가…… 허허허."

이세 황제는 참을 수 없다는 듯이 웃었다. 조고는 황제 앞으로 나가 다시 뜰 아래 사슴을 가리키며 늙은 얼굴을 정색하고,

"황송한 말씀이오나 폐하께 농담을 아뢰올 이치가 있사오리

까?"

이세 황제는 웃음을 멈추고 좌우를 둘러보며 신하들에게 물었다.

"경들은 이것을 말이라 하는가? 사슴이 아닌가?"

그러나 신하들은 국궁하고 서 있을 뿐 아무도 대답하지 못했다.

"왜 말하지 않는가. 경은 저것을 말로 보는가?"

이세 황제는 제일 가까이 서 있는 신하에게 물었다.

"말이라고 아뢰오."

그 신하는 조고의 뜻에 맞추어서 사슴을 말이라고 여쭈었다. 이세 황제가 한 사람씩 말인가 사슴인가를 물어보았으나 모든 신하가 똑같이 말이라고 대답하는데 그중에서 다만 세 사람만이 사슴이라고 했다.

조고는 사슴이라고 바른대로 대답한 신하들을 기억하고 대궐 밖에 나와 심복 장수들에게 그들이 대궐문 밖으로 나가거든 목을 치라고 일렀다.

이튿날부터 세 사람은 그림자도 보이지 않았다. 물론 죽어 없어진 것이다. 조정의 모든 신하는 숨도 크게 쉬지 못했다.

이때, 장한의 부하 장수 사마흔이 함곡관에서 달려와 승상을 뵙겠다고 전달했다.

조고는 사마흔을 만날 겨를이 없으니 기다리고 있으라 분부하고 장한·사마흔·동예 등 세 장수의 가족을 비밀히 체포하도록 명령을 내렸다.

사마흔은 조고의 집 문밖에서 온종일 기다렸다.

이튿날 저녁때가 되어도 조고는 접견을 허락하지 않았다. 그는 비상수단으로 내정을 탐문해 보리라 생각하고 기회를 엿보았다.

마침 정직해 보이는 문객 한 명이 옆문에서 나오는 것을 보고 사마흔은 그 사람 앞으로 쫓아갔다. 품속에서 금을 집어내어 그 사람에게 쥐여주고 까닭을 물어보았다.

"승상이 나를 안 만나주는 까닭이 무엇인지 알려주시오."

문객은 그의 귀에 입을 대고 가만히 말했다.

"승상께서는 요사이 장한 대장군을 미워하시고 패군한 죄를 씌워서 처치하시려 하는 모양이니 장군은 그물에 걸리는 줄 모르고 그물 속으로 찾아오신 셈이올시다."

사마흔은 이 말을 듣고 그제야 깨달았다. 그는 즉시 말을 타고 달렸다. '큰일났구나! 빨리 대장군에게 이 사실을 알려야겠다.' 사마흔은 밤새도록 채찍질을 해서 함곡관으로 돌아갔다.

장한은 사마흔이 서울 갔다 와서 보고하는 소리를 듣고 놀라지 않을 수 없었다.

"진퇴유곡進退維谷(나아갈 수도 물러설 수도 없이 궁지에 몰려 있음)이라더니 나야말로 그 꼴이 되었구나!"

장한은 길게 탄식했다. 항우는 멀지 않은 곳까지 추격해 와 있다. 강적을 막을 길이 없어 구원병을 속히 파견해 달라는 급사를 여러 번 보냈음에도 불구하고 이제는 도리어 패전한 책임을 씌워서 자기를 해치려고 한다니 세상에 조고 같은 간신이 또 어디 있으랴. 장한은 분하고 난처하여 어쩔 줄을 몰라 했다.

이때 조나라의 장수 진여로부터 사자가 편지를 가져왔다. 장한은 피봉을 뜯고 읽어 보았다.

지나간 날에 백기白起, 몽념蒙恬 두 장수가 진나라에 공을 세운 바 막대하건만 두 장수에게는 죽음을 주었으니 이것은 무슨 까닭이냐 하면 공 많은 것을 진나라는 모르는 까닭이외다. 장군은 지금 초나라와 싸워서 수십만의 군사를 손실했으니 앞으로 공이 있어도 죽음을 면치 못할 것이요, 공이 없으면 더욱 죽음을 면치 못할 것이 명약관화明若觀火(불을 보듯 명백함)하니 이것은 또 무슨 까닭이냐 하면 하늘이 진나라를 망하게 하심이라, 우둔한 자 아니고는 모르는 자가 없거늘 장군은 어찌해서 망하는 나라의 장군으로 고립해 있기를 바라나이까? 장군은 수하의 군사를 거느리고 길을 돌려 제후와 함께 합세하여 옥중에 갇혀 있는 가족을 구하심이 좋을 것이외다.

진여의 편지를 읽고 장한은 감동했다. 사실의 진상을 밝게 맞추는 말이라고 생각되어,

"진여가 내게 보낸 편지는 일리가 있는 말이니 내가 지금 진나라를 배반하고 간다면 누구한테로 간단 말인가?"

장한은 부하들을 보고 이같이 물었다. 이때 모사謨士 진희가 입을 열었다.

"지금 육 국의 자손들이 제각기 일어나 있습니다만 모두 보

잘것없고, 오직 초나라의 항우가 제일 낫습니다. 아마 앞으로 진나라를 멸망시킨다면 그 사람은 항우일 것입니다. 그러니까 항우한테로 가십시오."

"그러나 그것이 어려운 일일세. 지난 가을에 내가 내 손으로 죽인 것은 아니로되 항우의 삼촌 항량이 나와 더불어 싸우다 전사했으니 항우는 지금 나를 알기를 원수로 알 것 아닌가?"

장한은 솔직하게 자기의 견해를 부하에게 털어놓았다.

"그러나 저를 사자로 보내주신다면 제가 항우를 설복시킬 자신이 있습니다."

장한은 마침내 진희로 하여금 항우에게 항복할 교섭을 하도록 부탁했다. 진희는 즉시 함곡관을 떠나 장남 땅으로 갔다.

항우는 장한에게서 사자가 왔다는 보고를 받고 진희를 불러들였다. 진희가 더 무어라고 말을 하려 하니까 항우는 앞에 놓인 탁자를 주먹으로 치면서 고함을 쳤다.

"이놈 장한은 나의 숙부를 죽인 놈이다! 천추의 한이요, 백세의 원수다! 내가 이놈을 죽여 해골바가지로 이놈의 피를 마셔도 한이 풀리지 않겠는데 어찌 받아들이겠느냐?"

항우의 고함 소리는 쩌렁쩌렁 울렸다. 그러나 진희는 하늘을 쳐다보면서 허허 웃었다. 항우는 더욱 성이 났다.

"네 이놈, 네가 감히 내 칼이 얼마나 잘 드는가 시험해 보고 싶으냐? 어찌해서 웃느냐?"

"제가 웃는 까닭은 장군께서 하시는 일은 얻는 것은 적으면서 잃어버리시는 것은 막대하기 때문이올시다. 대장부는 국가를 위해서 가정을 돌보지 않는 것이 아닙니까. 장군의 숙부님을 장한이 살해한 것도 장한이 진나라에 대한 충성에서 한 일이겠지요. 지혜 있는 사람은 이 같은 충성된 마음을 취하지, 사사로운 가족의 원한을 취하지 않습니다."

이때 범증이 항우 곁으로 와서, '잠시 진희를 물러가라 하십시오.'하고 귓속말을 했다.

항우는 노기를 풀지 못하고 범증이 권하는 대로 진희에게 물러가 있다가 다시 부르거든 들어오라고 했다.

범증은 진희를 내보낸 뒤에 항우에게 말했다.

"지금 장군이 급히 함곡관을 넘어가시지 못하는 까닭이 무엇입니까? 장한이 진나라를 위해 방어하고 있기 때문입니다. 장한이 지금 항복하는 것을 받아들여 수하 대장으로 쓰신다면 장한은 그 은혜를 생각하고 장군을 위해 목숨을 바칠 것입니다. 장한이 만일 이같이 해서 장군의 부하가 되면 진나라에는 장군께서 상대할 장수가 없지 않습니까. 진나라는 나라에 장군이 없는 허국빈 나라가 됩니다. 그 다음에 장군이 진을 치시면 진나라는 쉽게 장중에 들어올 것입니다. 그 대신 만일 지금 장군이 장한을 버리신다면 장한은 반드시 타국에 항복하고 들어갈 것입니다. 그래서 그 나라 임금을 위해서 우리 초나라에 대적할 것입니다. 그렇게 되면 진나라를 아직 멸망시키기 전에 또 하나의 진나라를 더 만들어 놓는 것이 되지 않습니까? 그런 고로 장군은 사사로운 원한을 생각지 마시고 천하의 호걸이 되십시오."

항우는 범증의 설명을 듣고 비로소 노기가 풀렸다.

"과연 선생님의 말씀이 옳습니다."

이렇게 해서 항우는 진나라에서 제일가는 대장군 장한의 항복을 받고 십만 명 가까운 새로운 군사를 얻었다.

진나라에서는 장한이 초나라에 항복하고 함곡관에서 떠났다는 소식을 듣고 장한의 삼족을 함양 시중에서 참형에 처했다. 장한은 이 소식을 듣고 더욱 항우에게 충성을 다할 것을 맹세했다.

항우는 장한이 주장하는 대로 즉시 장하를 건너 신안新安으로 해서 진나라로 쳐들어가고 싶어 했지만 범증이 그것을 막았다. 아직도 진나라는 부국강병하니 홀홀히 쳐들어가는 것은 시기상조라는 것이 범증의 주장이었다.

그리고 회왕이 초나라의 수도를 우이성에서 팽성彭城으로 옮겼으니 일단 팽성으로 돌아가 인마를 휴양하고 군량을 저장하고 재정을 조달한 뒤에 진나라를 동서로 협공하는 것이 정당한 길이라고 그는 주장했다.

항우는 범증의 주장에 따르기로 했다. 장한과 진나라에서 귀순한 장수와 병졸을 거느리고 항우는 팽성으로 돌아와 회왕 앞에 나아가 인사를 올렸다.

회왕은 나이는 어리지만 의젓한 임금이었다. 옥좌에서 몸을 일으켜 항우의 예를 받고 이같이 말했다.

"장군이 출사 이래 누차 대공을 세우니 그 기록을 금석에 새기어 천추만세에 남기고 싶소이다."

그리고 즉시 큰 잔치를 베풀게 했다. 회왕이 중앙에 좌정하고 한편으로는 항우·범증·영포·계포·종리매·환초·우영·정공·옹치·장한·사마흔·동예·위표·장이·진여·용저·우자기 등 항우의 부하 장수들과 한편으로는 유방을 비롯해서 소하·조참·번쾌·주발·왕릉·하후영·시무·노관·주창 등을 좌우로 참석시켰다.

항우의 부하 장수들은 일백십여 명이요, 유방의 부하 장수들은 오십여 명이나 되므로, 그들 중에서 중요한 인물들만 회왕이 좌정하고 있는 방에 배석하게 하고, 다른 장수들은 다른 방에서 여러 패로 각각 분산해서 회왕의 사찬을 즐기게 했다.

이날 회왕은 항우를 노공魯公, 유방을 패공沛公에 임명했다. 유방은 회왕에게 오기 전에 패현에서 현령이 되었던 일이 있어 그때부터 패공이라는 칭호를 들어왔었다. 그러므로 회왕의 임명으로 말미암아 이번에 정식으로 패공이 된 셈이었다.

노공 항우의 군사는 오십만 명이 넘었고 패공 유방의 군사는 십만 명이었다.

항우는 도산에 있는 우왕묘에서 오천 근이나 되는 돌솥을 공깃돌같이 들어 보인 힘센 장사일 뿐 아니라, 장한과 접전할 때에 사흘 동안에 아홉 번이나 대전하여 연전연승한 용맹이 있었다. 이같이 항우는 당시에 당할 사람이 없는 기운 센 장수이기 때문에 부하들이 많이 생겼지만, 유방의 부하는 그 후로 저절로 조금씩 증가된 정도에 지나지 않았다.

그러나 회왕은 나이는 어리지만 항우보다 유방이 훨씬 좋은 사람이라고 인정하고 있었다.

'패공은 장자長者야.'

회왕은 유방을 관인후덕寬仁厚德(마음이 너그럽고 인자하여 덕이 있음)한 장자라고 인정하고 속마음으로 더 믿고 기대했다.

잔치를 마친 후 며칠 지나서 항우는 회왕 앞에 가서 진 이세 황제의 최근 동정과 장한이 항복한 후의 군사 사정을 아뢰고 이같이 청했다.

"진나라를 쳐부술 때는 바야흐로 지금입니다. 신으로 하여금 공격하게 해주소서."

"경의 생각이 옳소. 나도 패공과 경과 두 사람이 동서로 길을 나누어 진격하게 하려 했소."

회왕은 이렇게 대답하고 즉시 유방을 어전에 불렀다.

"진의 이세를 천인天人이 하나같이 제거하려 하므로 내가 지금 노공과 패공으로 하여금 정벌하게 하려 하오. 이곳 팽성에서 진의 서울 함양으로 가는 길은 동서 두 갈래가 있다 하니 경들이 한 길씩 분담해서 진격하기 바라오."

회왕은 유방을 보고 이같이 말한 뒤 좌우를 둘러보면서 물었다.

"동서 어느 쪽이 멀고 가까운가?"

"동서 두 길의 거리는 꼭 같다고 아뢰오."

근시들이 이같이 대답했다.

"그렇다면 동서 두 글자를 제비뽑기해서 두 사람이 각각 한 길을 택하도록 하오."

회왕은 이렇게 분부했다. 항우와 유방은 즉시 근시들이 만들어 내놓은 제비를 뽑았다.

유방은 서쪽 길을 뽑았고, 항우는 동쪽 길을 뽑았다.

두 사람이 각각 동서 두 길을 자신이 제비뽑아 결정하는 것을 보고 회왕은 천천히 입을 열었다.

"경들은, 진의 이세가 시황의 무도보다도 더욱 심하게 흉악하므로 나를 초왕으로 세우고 민심을 거두려고 하는 줄 아오마는, 나는 나이도 어리고 몸도 약하고 재주도 없고……."

회왕은 잠깐 동안 말을 멈추고 있다가 다시 계속했다.

"이제 경들이 동서로 진격하는 데 거리는 같다 하니 먼저 함양에 들어가는 사람이 왕이 되고 다음에 들어가는 사람이 신하가 되도록 하시오. 반드시 이같이 실행하기 바라오. 그런 후에 천하가 안정되거든 그때 나를 한가한 땅에서 책이나 보면서 몸을 보존하게 해주기 바라오."

회왕은 이같이 말을 맺었다. 어린 임금으로서는 놀라운 말이었다. 유방과 항우는 회왕의 말에 감동하여 엎드렸다.

"신이 바라옵기는 신들 두 사람이 충심을 다하여 왕사王事를 다하옵고 제업帝業을 창립한 후에 장안長安에 도읍을 정하고 전하를 모시겠다고 아뢰오."

유방이 먼저 이같이 아뢰었다. 항우도 그에 따라서 말했다.

"패공의 말이 진정이라 아뢰옵니다."

회왕은 두 사람을 속히 진발하게 했다. 항우와 유방은 자기 처소에 돌아와 각각 부하들을 휘동하여 출발 준비를 하기에 바

뺐다.

수일 후에 유방과 항우는 팽성을 떠나 정도定陶 땅에 왔다.

여기서 길이 동서로 갈리는 곳이었다. 두 사람은 잔치를 베풀고 나이 한 살이 위인 항우를 형이라 하고, 유방은 아우가 되었다. 이와 같이 의형제의 맹약을 하고 항우는 동쪽으로, 패공은 서쪽으로 군사를 몰아 출발했다.

때는 이세 황제 삼 년, 서력 기원전 207년 2월이었다.

유방,
함양에 입성하다

패공은 정도에서 항우와 작별하고 며칠 후에 창읍昌邑에 다다랐다. 성문이 굳게 잠겼고 군사가 요소요소를 엄중히 지키고 있었다. 선두에서 행군해 오던 번쾌는 이것을 보고 즉시 공격 작전을 하려 했다. 부대의 중앙에 있던 패공은 번쾌를 불렀다.

"지금 선진에서 하는 모양을 보니 성을 공격하려는 모양인데 정말 공격할 작정인가?"

패공은 번쾌에게 물었다.

"그렇습니다. 성문을 열어 주지 않으니 쳐서 깨뜨려야 하지 않겠습니까?"

번쾌는 자기의 책임을 다하겠다는 태도를 보였다. 그러나 패공은 그것을 가로막았다.

"아닐세! 그러는 게 아니야! 이까짓 조그만 성을 깨뜨리고 통과하기는 쉬운 일이지만, 성안의 백성들한테는 우리의 십만 대군이 성을 부수고 덤벼든다는 것이 큰일이 아닌가? 내가 대군을 거느리고 진군해 온 까닭은 오랫동안 진나라의 혹독한 법에 쪼들려 살아오던 백성들을 도탄에서 구원함에 있는 것이지 그들을 괴롭히려고 온 것은 아닐세. 이 작은 성을 지금 깨뜨린다면 우리가 악랄하게 백성을 괴롭힌 진나라와 무엇이 다른가?"

번쾌는 패공의 훈시를 듣고 성을 공격하려던 준비를 멈추게 했다. 그리하여 패공의 대부대는 창읍에 들어가지 않고 길거리와 들판에 주둔하기로 했다.

얼마 지나지 않아 패공의 군대가 성을 공격할 준비를 하다가 중지한 이유는 패공의 명령으로 백성들에게 해를 끼치지 않게 하기 위함이라는 소식이 성안 사람들에게 전해졌다.

"패공을 못 들어오게 성문을 걸고 막는다는 것은 하늘의 명령을 거역하는 것이나 다름없는 일이라고 나는 생각하네. 속히 성문을 열고 맞아들이세."

성안에서는 창읍의 군수와 노인들이 이같이 의논하고 성문을 열고 패공을 맞아들이기로 결정했다. 창읍에는 삼천 명의 군사가 지키고 있었지만 그들도 모두 군수의 명령에 따라 군복을 벗고 길거리에 도열하고, 노인과 부인네들은 향불을 피우면서 성문을 활짝 열어젖혔다.

패공의 대군을 진심으로 환영한다는 기별을 받고 패공은 성 안으로 들어갔다.

"백성의 재물을 빼앗지 말고 백성의 몸에 손을 대지 마라."

패공은 성에 들어서자 즉시 이 같은 군령을 내렸다. 성중 백성들은 하늘에 대고 두 손을 모아 합장하고 감사했다.

칼날에 피 한 방울 묻히지 않고 패공은 이같이 하여 창읍을 통과하고 그 다음 고양高陽 땅에 이르렀다. 고양 땅을 지키는 장수 왕덕王德은 패공의 인격을 사모하고 있던 터라 미리부터 성문을 크게 열고 기다리고 있었다.

패공은 성중에 들어가 왕덕의 예를 받았다.

"보아하니 그대는 지모智謀와 용력勇力이 출중한 것 같은데 나를 따라 함께 진나라를 멸하고 대업을 도모해 보지 않겠는가?"

패공은 왕덕에게 이같이 말했다. 왕덕은 땅에 엎드려 감격한 어조로 대답했다.

"장군 휘하에 저를 두시는 것을 제가 원하지 않는 바 아니올시다만 제가 떠나면 이 땅의 백성들을 보살펴 줄 사람이 없습니다. 저 같은 것을 휘하에 두시는 것보다는 저희 고을에 역이기酈耳其라는 사람이 있으니 이 사람을 별가別駕(자사의 보좌관)로 휘하에 따르게 하시는 것이 크게 도움이 될까 합니다."

왕덕은 자기보다 훌륭한 인물이 있다면서 역이기라는 사람을 추천했다. 역이기는 육십여 세 되는 노인이지만 기운이 튼튼하고 술만 마시면 길거리에서 노래를 부르며 다니는지라 세상에서는 미친 사람이라고 업신여기지만 그의 머릿속에는 만 권의 서적이 들어 있고 천하의 흥망성쇠를 손금 보듯 훤히 아는 굉장한 사람이라는 것이 왕덕의 설명이었다.

"그런 인물이 숨어 있다니! 그대가 가서 모셔오게."

패공은 역이기라는 노인을 청해 오라고 명령했다.

"지금 진의 서울 함양으로 돌입하려면 어떤 작전이 필요하겠습니까?"

"안 됩니다! 장군이 거느리신 십만의 군사는 말하자면 아직은 오합지졸烏合之卒(까마귀 떼처럼 규율도 없이 몰려 있는 군사)입니다. 강하디 강한 진나라의 서울을 오합지졸로서 공격한다는 것은 마치 양 떼를 몰아 범의 아가리에 가져가는 것과 마찬가지지요."

"그러면 어찌하는 것이 좋겠습니까?"

패공은 난감한 표정을 지으며 물었다.

"먼저 지리地利를 얻어야 하겠으니 진류陳留 땅으로 옮기시지요. 진류 땅은 교통의 요충지입니다. 그야말로 사통오달四通五達(막힘 없이 통함)한 곳이요, 성중에 식량과 물자가 산더미같이 저장되어 있는 지방인데, 이 땅을 다스리고 있는 태수가 다행히 내 친구입니다. 이 사람을 찾아가 설득하겠으니 먼저 그리로 옮기십시다."

역이기는 이렇게 대답했다. 패공은 대단히 기뻐했다.

"감사합니다. 꼭 그렇게 해주십시오. 내일이라도 꼭 가보심이 좋겠습니다."

패공은 이렇게 청했다.

이튿날 역이기는 패공의 부탁으로 진류성을 찾아갔다.

태수 진동陳同은 역이기를 오랜만에 만났는지라 후당으로 안내하여 접대했다. 역이기는 태수 진동과 함께 술을 마시면서 그에게 항복할 것을 권고했다. 비록 오랫동안 진나라의 녹을 먹었으나 시황은 무도했고 이세는 포악하며 망할 날이 얼마 남지 않았는데 패공이 십만 대군의 힘으로 진류성을 함락시키는 것은 쉬운 일이므로 그때 죽음을 기다리는 것보다는 미리 패공에게 항복하는 것이 좋은 일이라고 역이기가 설득하자 진동은 그의 말을 따라 진을 배반하고 패공에게 항복했다.

패공은 고양 땅을 떠나 진류성으로 옮겼다. 역이기의 말 한마디로 진류성과 함께 막대한 군사와 물자가 패공의 산하에 들어왔으므로 패공은 즉시 그에게 광야군廣野君의 칭호를 주었다.

광야군은 항상 패공과 함께 지냈다. 패공은 무슨 일이 있든지 반드시 광야군과 의논한 다음에 처리했다.

그럭저럭 한 달이 지났다.

패공이 하루는 광야군에게 그동안 인마를 조련하고 무용을 훈련했으니 진군하는 것이 어떻겠느냐고 물었다. 그러나 광야군은 또 반대했다.

"아직 안 됩니다. 이 사람이 장군을 모시고 한 달 이상 지냈습니다만 나는 신출귀몰한 큰 공을 세울 인물이 못 됩니다. 탕湯의 이윤伊尹이나 주周의 여망呂望과 같은 대인재大人材를 얻고

서라야 천하를 경영할 수 있습니다. 다행히 여기 한 인물이 있는데 이 사람을 먼저 얻은 후라야 가히 진나라를 깨뜨릴 수 있을 것입니다."

광야군의 반대하는 이유를 듣고 패공은 즉시 자리에서 일어나 공손히 물었다.

"그 사람이 지금 어느 땅에 있습니까?"

광야군은 패공의 얼굴을 바라보면서 말했다.

"그 사람은 한韓나라의 장량張良입니다. 한나라 오 대 정승집 자손이지요. 자는 자방子房이라 부르는 사람인데, 일찍이 의인을 만나 가르침을 받은 바 있어 그야말로 도통한 사람이라 합니다."

"그런데 그 인물은 이미 한나라에서 벼슬을 하고 있는데 나를 따라올 수 있겠습니까?"

패공은 실망하는 듯 언짢은 표정이었다. 광야군은 한참 동안 무엇인가 생각하더니 무릎을 치면서 말했다.

"내게 한 가지 계교가 있습니다. 이렇게 하면 반드시 이 사람을 천하대사가 끝날 때까지 한나라에서 빌려올 수 있지요. 이렇게 되면 천하는 장군의 장중에 든 셈입니다."

그리고 역이기는 패공에게 무언가 속삭이더니 편지를 쓰게 했다. 패공은 즉시 한왕韓王에게 편지를 써서 광야군으로 하여금 그 편지를 가지고 한나라로 가게 했다.

초나라 정서대장군 패공 유방은 한왕 전하에게 엎드려 아뢰나이다. 진나라 시황이 무도하여 육 국을 아울러 삼키고, 이세는 더더욱 악독하여 그 죄악이 하늘에 사무치니 백성은 울부짖고 원한은 골수에 맺혔는지라, 이제 대군을 거느리고 잔악한 것을 제거하여 백성의 분함을 풀어주고자 하나 군사는 하루에 백 리를 행진하는 동시에 날마다 만금을 소비하니 비록 과다한 금액은 아닐지라도 통과하는 고을마다 열 곳에서 아홉 곳은 텅 빈 곳일 뿐이므로 부득이 역이기를 사자로 하여 전하에게 군량미 오만 석을 차용코자 하오니 도와주시옵소서. 후일에 진나라를 멸망시키면 반드시 배로 계산하여 갚겠나이다. 천하의 공公을 위해 차용하는 것이지 개인의 영달을 위한 것이 아니오니 하령해 주시기 바라오며 이만 아뢰나이다.

한왕은 역이기가 가져온 패공의 이 같은 서간을 받아보고 신하들을 모아 의논했다.

"우리한테도 식량이 부족한 이때 타국을 도울 수 있겠는가?"

한왕의 근심은 자기 나라의 식량 사정이었다.

"패공은 지금 회왕의 명을 받들고 진을 정벌하려는 것이니 이것은 천하의 대의大義 아니옵니까? 오만 석이 어렵다면 단 만 석이라도 빌려주는 것이 동맹국 처지로서 옳을 줄로 아뢰오."

신하들 가운데 여러 사람이 이 같은 의견을 말하므로 한왕은 더욱 난처했다.

"과히 진념軫念치 마시고 신을 보내주소서. 신이 가서 식량이 없다는 사실을 패공에게 알아듣도록 이야기하겠나이다."

이때 장량이 이같이 아뢰었다.

"그러면 경이 빨리 패공의 사자와 함께 패공에게 가서 진상을 알려주도록 하오."

한왕은 장량을 사신으로 보내기로 했다.

그러나 속마음으로, '옳다, 되었다!'하고 좋아한 사람은 광야군 역이기였다.

역이기를 따라 패공이 주둔하고 있는 진류성을 향해 수레를 몰아오던 장량은 역이기가 패공의 심부름으로 단순히 식량을 빌리러 온 사람이 아닌 것을 눈치챘다.

이틀 후에 진류성에 들어갔다. 패공의 진영 앞에 이르렀을 때 원문 밖에까지 번쾌가 마중 나와서 장량에게 공손히 인사를 했다.

'개국공신이로다.'

장량은 번쾌의 얼굴을 보고 이렇게 직감했다.

문 안에 들어서서 패공이 거처하는 본진으로 인도되어 들어가니, 패공은 소하와 조참을 좌우에 데리고 마중 나와 있었다.

패공의 인자하고 후덕하고 위엄 있는 용모와, 소하의 너그럽고 호방하고 명랑한 얼굴과, 조참의 강직하고 단아한 품신이 장량의 눈에 한꺼번에 비쳤다. 장량은 놀랐다. 왜냐하면 이같이 혼탁하고 살벌한 세상에서는 구하고자 해도 구할 수 없는 비범한 인물들이기 때문이었다. 나라를 건지고 백성을 편안하게 해줄 일대의 임금과 진실로 어진 임금을 모시고 정성스럽게 보필의 책임을 완전히 다할 수 있어 보이는 인물들임을 느끼고 장량은 패공 앞에 나아가 두 번 절했다.

패공은 장량의 인사를 받고 자기 방으로 그를 안내했다.

장량은 패공이 자리에 앉은 뒤에 말했다.

"장군께서 정의의 군사를 일으켜 진나라를 치시니 모든 지방의 백성들이 두 손을 들고 맞아들이는 터이므로 식량의 부족함이 없을 줄로 압니다. 부족하지도 않은 식량을 공연히 미친 사람의 말을 들으시고서 차용하신다는 핑계를 꾸미시어 저로 하여금 걸음을 걷게 하실 것은 없을 줄로 생각합니다."

패공이 단도로 찌르듯이 가슴속을 찌르는 장량의 바른 말에 놀라 얼른 대답을 못하고 머뭇거리자 곁에 섰던 소하가 입을 열었다.

"우리 장군께서 식량을 차용하시겠다고 한 것은 실상인즉 장량을 차용시키려 함이었고, 지금 선생이 여기까지 오신 것은 실상인즉, 우리 장군을 설복시키려고 온 것입니다. 그렇건만 선생이 우리 장군을 관찰하고서 설복하려던 말을 하지 못하는 까닭은 심중에 생각하는 바가 있기 때문입니다. 어떻습니까? 그래 우리 장군과 십 년 전 박랑사에서 진시황의 수레를 때려 부수던 창해 역사와 비교하면 백 배 천 배 다르지 않습니까? 선생이 만일 우리 장군을 모시고 진나라를 쳐서 한나라의 원수를 갚으신다면 큰 공을 세울 뿐 아니라 힘쓰지 않고 뜻을 이루는 것입니다."

소하가 여기까지 말했을 때 장량은 자리에서 일어나 마루 위에 엎드렸다.

"과연 사실이옵니다. 이 사람의 심중을 밝게 아시는 말씀, 나는 다시 할 말이 없습니다."

소하는 급히 앞으로 나가 장량을 붙들어 일으켜 다시 자리에 앉게 한 후,

"이미 피차의 심중을 알았으니 원컨대 우리와 함께 패공을 따라주십시오."

장량은 소하의 권고가 진정임을 깨달았다.

"그러나 저 역시 한왕 전하의 허락이 없이는 안 되지 않습니까? 패공을 모시고 진을 멸하고 싶은 생각을 일단 한왕 전하께 고하고 허락을 얻은 연후에 행동하십시다."

소하와 장량이 이같이 문답하는 것을 보고 패공의 얼굴에는 기쁜 빛이 가득했다.

"과연 옳은 말씀입니다. 먼저 한왕 전하께 사유를 고하러 나와 함께 가십시다."

패공은 장량에게 이같이 말했다.

"그러면 저는 기쁘게 장군을 모시고 천하를 도모하겠습니다."

장량은 확실하게 약속하는 말을 했다.

패공은 즉시 대군을 진류 땅에 머물게 하고 장량과 함께 한왕에게 가기로 결정했다. 패공을 따라 수행하는 사람은 광야군 역이기·소하·번쾌 세 사람과 군사 백 명으로 제한케 했다.

일행이 한나라 서울에 도착하자 장량이 먼저 대궐에 들어가 패공과 함께 오게 된 사유를 한왕에게 고했다.

한왕은 즉시 잔치를 베풀게 하고 패공을 맞아들였다.

한왕은 패공과 더불어 인사를 마친 후, 이같이 말했다.

"장군이 천하를 구하고 진나라를 정벌하는 데 소용되는 식량을 청하셨지만, 아시다시피 나라 안의 식량도 부족한 형편인지라 장량을 대신 보내어 사과했던 것이외다. 용서하시오."

"건국하신 지 얼마 안 되었으므로 저장이 부족하실 것은 저도 잘 알고 있습니다. 식량을 못 주시는 대신 장량을 빌려주시기를 바랍니다. 이 사람과 함께 일을 의논하여 육 국의 원수를 갚은 뒤 즉시 전하께 돌려보내겠습니다."

패공은 정식으로 '장량 차용'을 신청했다.

"그렇게 하십시오. 그러나 자방은 과인의 곁에서 하루도 없어서는 안 되는 사람입니다. 그것을 아시고 진나라를 멸하신 연후에는 지체 없이 과인에게 돌려보내시기 바랍니다."

"그렇게 하겠습니다."

한왕과 패공은 순조롭게 장량 문제를 결정지었다.

"이제는 진군 출정해도 좋습니까?"

패공은 진류 땅 본영에 돌아와 맨 먼저 광야군에게 농담 비슷이 이렇게 물었다.

"이제는 좋겠습니다."

역이기도 웃는 낯빛으로 이같이 대답했다.

패공은 역이기의 찬동을 들은 후 즉시 번쾌에게 대군의 진발 계획을 부탁했다.

번쾌의 호령이 한번 내리자 십오만 대부대는 일시에 움직이기 시작했다. 소하·조참·역이기·장량 네 사람이 패공의 측근자로 선두 부대에 뒤이어 행군했다.

패공의 대부대가 함양 서울을 향해 무관無關 땅에 가까이 왔을 때 산모퉁이에서 군사를 거느리고 늠름한 장수 한 사람이 별안간 길을 막고 못 가게 했다.

부관傅寬·부필傅弼이 행군의 선두에 있다가 호령했다.

"너는 누구이기에 이같이 무례하게 길을 막느냐?"

"내가 길을 막는 것은 패공을 만나고 싶어서이다."

그 장수는 이렇게 대답했다.

부관과 부필은 괘씸하게 생각하고 즉시 창을 휘두르며 뛰어나가 길을 막는 장수를 찌르려 했다. 이리해서 싸움은 벌어졌다. 그러나 두 사람은 그 장수의 적수가 되지 못했다. 눈 깜짝하는 사이에 부관은 그 장수에게 사로잡혀 버리고 부필은 이십 합가량 접전을 하다가 당할 수 없어서 돌아섰다.

"패공을 만나려고 하는 까닭은 다른 생각이 아니다. 패공과 함께 진나라를 정벌하려는 것뿐이다. 내게는 부하 삼천 명이 있다."

길을 막은 장수가 이렇게 외쳤다.

장량이 번쾌와 함께 이 모양을 보고 뛰어나가서 말했다.

"너는 누구냐? 이름을 대라."

그러나 그 장수는 말하지 않았다.

"패공을 만나고 싶다."

그 장수는 시종일관 이 말밖에 하지 않았다. 번쾌는 크게 화가 났다.

"되지 못한 놈! 감히 우리 장군님을 대면하려고!"

하면서 번개같이 쫓아와 그 장수를 칼로 찌르려 했다. 두 사람이 맞붙어서 이십여 합을 접전했지만 승부가 나지 않았다.

패공은 아까부터 이 모양을 멀찍이서 보고 있다가 그 장수의 무용에 놀랐다. 그는 말을 달려 앞으로 가까이 나아가 물었다.

"너는 나를 보고자 하려는 까닭이 무엇이냐?"

이 말을 듣더니 그 장수는 급히 말 위에서 뛰어내려 땅바닥에 엎드리면서,

"오랫동안 참된 주인을 만나 큰 공을 세워보고자 하던 중 존명을 듣고는 꼭 한 번 뵙고 싶었습니다. 요사이 이리로 지나간다는 소식을 듣고 여기 와서 여러 날을 기다리고 있었습니다."

"그렇다면 왜 나의 부하와 접전을 했는가?"

패공은 꾸짖는 듯 말했다.

"다른 생각이 아니라 저의 무용을 한번 보여드리기 위함이었습니다."

"이름을 무엇이라 하느냐?"

"저는 낙천洛川에서 살고 있는 관영灌嬰이라 하옵니다."

그 장수는 그제야 자기의 이름을 대었다. 그는 일찍이 장사를 하고 다니다가 산적 떼를 만나 혼자서 수십 명을 죽인 일이 있어, 인근 지방에서는 그의 이름을 모르는 사람이 없으리만큼 유명한 인물이었다.

패공은 관영이 자기소개를 하자 아까부터 그의 무용에 감탄하고 있던 터라 대단히 기뻐했다.

무관은 진나라의 서울 함양을 지키는 제일 큰 요해지이다. 무관성을 지키고 있던 진나라 장수 주괴朱蒯는 성문을 굳게 닫고 일이 급하게 된 사실을 함양 서울로 보고했다. 초나라의 대군이 동서 두 길로 진을 공격해 오는데 그 형세는 함양 서울의 운명이 풍전등화風前燈火(바람 앞의 등불)와 같다는 것이 보고문의 내용이었다.

승상 조고는 크게 놀랐다.

'이 일을 어떻게 조치하나?'

그는 곰곰 생각하다가 이 사실을 절대 비밀에 부치고 몸이 불편하다는 핑계를 대고 자리에 드러누워 버렸다.

'패공의 대군이 무관에 왔다. 천자가 이 사실을 알기만 하면 나더러 책임을 지라고 나를 죽일 것이다. 먼저 이 화를 면해야 하지 않겠나?'

조고는 나라의 운명보다도 제가 살아날 일이 더 크고 급했다.

이때 이세 황제는 꿈자리가 좋지 않아 함양궁을 나와 멀찍이 성밖에 떨어져 있는 망이궁望夷宮으로 옮겼다. 망이궁은 재궁齋宮이었다. 그는 목욕재계를 하고 경수의 푸른 물속에 흰 말 네 필을 제사 지내고는 내관들을 불러들여, "근일에는 각처의 도적들이 어떠하다 하느냐?"하고 물었다. 가까이 모시는 신하들이 황제의 이 같은 말을 듣고 모두 눈물을 흘렸다.

"경들은 어찌해서 눈물만 흘리고 말이 없는가?"

"황송하와 아뢰옵기 어렵사오나 초나라의 대군이 동서 두 길로 공격해 오고 있사옵고, 그중에 패공이 거느린 군사는 지금 무관까지 들어왔으므로 함양 서울이 함락될 날도 목전에 있는 형편이라고 아뢰옵나이다."

"빨리 승상을 입대入對하라 해라!"

이세 황제는 낯빛이 변했다. 근시가 명령을 받들고 조고의 집으로 달려갔다. 그러나 조고는 오지 않았다.

"병으로 나오지 못한다 하옵나이다."

근시의 보고를 듣고 이세는 더욱 격노했다. 이세 황제는 그동안 조고의 말만 믿어왔던 자신을 그제야 후회했다.

조고는 이불을 쓰고 누웠다가 즉시 염락閻樂을 비밀히 불렀다. 염락은 수도 함양시의 시장과 같은 함양령咸陽令인 동시에 그의 사위였다. 그리고 자기의 동생 조성趙成 등 친족 수십 명을 불렀다.

"천자께서는 내가 항상 간하는 말씀을 듣지 않아 급기야 나라가 망하게 되었다! 적군이 벌써 무관을 공격해 왔으므로 일은 급하게 되었다. 그리고 그 죄가 지금 와서는 나 한 사람한테 뒤집어씌웠다. 내가 죄를 당하면 화가 삼족에 미치게 되는 것은 너희들도 알지 않느냐? 너희들도 이미 죽음을 당하고 있는 목숨들이다!"

조고는 여기까지 말하고 잠시 쉬었다 다시 입을 열었다. 이때 조성과 염락은 얼굴빛이 백지장으로 변한 채 조고의 입만 바라보고 있었다.

"그러니까 지금 이때, 이 화를 면할 도리는 적군이 망이궁에 잠입했다고 거짓 핑계를 대고 군사를 데리고 내궁에 들어가 천자를 죽여 버리고 공자 자영子嬰을 세워서 황제로 모실 길밖에 도리가 없다. 속히 그렇게 하라!"

조고는 말을 맺었다.

"과연 그 길밖에는 살아날 길이 없겠습니다."

염락은 장인의 말에 찬성했다. 조성도 형이 시키는 대로 하지 않고서는 살길이 없다고 판단하고 즉시 행동을 개시하자고 주장했다. 다른 사람들도 모두 일어났다.

조고의 마지막 간특한 계교를 받아 염락과 조성 등 수십 명은 그 길로 부하 군사 일천 명을 인솔하여 망이궁으로 달음질했다.

고함을 지르고 꽹과리를 두드리면서 적군이 궁내에 잠입했다는 소리를 지르게 하면서 염락이 선두에 서서 망이궁 문 앞에 도착하여 부하 군사로 하여금 파수 보고 있는 무감武監을 결박하고 벽력같은 호령을 했다.

"도적이 궁내에 잠입했건만 어찌해서 너희들은 가만히 있단 말이냐?"

"소인들이 엄중히 파수하고 있는데 도적이 들어오다니요!"

"이놈들! 천연스럽게 모르는 척하는 죽일 놈들! 얘들아, 이놈들을 죽여 없애어라!"

염락의 호령이 떨어지자 군사들이 휘두르는 칼날에 무감들의 모가지는 땅에 떨어졌다. 내관 두 명이 황제를 모시고 도망하려 했다. 염락과 조성은 그 앞을 가로막고 칼을 뽑았다.

"폐하께서 교만하고 난폭해서 사람을 죽이고 유흥하기를 즐겨하므로 천지신명이 노하고 제후가 배반한 것입니다. 그런고로 저희는 불의不義의 짓을 하는 것이 아니올시다."

염락은 이렇게 말하고 이세로 하여금 꼼짝도 못하게 버티고 섰다. 이세는 염락을 바라보면서 기막히다는 표정으로,

"승상은 지금 어디 있느냐? 만나볼 수 없느냐?"

"나는 승상의 명령을 받들어 지금 천하를 위해 그대를 죽이는 것이니 그대가 지금 무어라고 말한댔자 승상에게 전갈할 수 없소."

염락은 이렇게 말하고 부하 군사에게 눈짓했다. 군사의 손에서 칼날이 번쩍하고 빛나는 것을 보고 이세 황제는 '이젠 도리가 없다'고 느꼈는지 허리에 차고 있던 칼로 자기의 목을 찔러 자결하고 말았다.

염락은 사명을 다했는지라 이세 황제가 죽은 것을 확인한 뒤에 조고에게 돌아가서 자세히 경과 보고를 했다. 조고는 늙은 얼굴에 만족한 웃음을 띠었다. 그리고 즉시 조정의 백관을 소집했다.

"이세 황제 폐하께서는 항상 내가 간하는 말씀을 듣지 않으시더니 이제는 제후가 모두 배반하고 백성이 저마다 원망하므로 내가 천하를 대신해서 황제를 이 세상으로부터 떠나시게 했다. 본래 진나라는 왕의 나라이었는데 공연히 시황제 때부터 '제'의 칭호를 써왔다. 지금 육 국의 자손들이 각기 일어나 왕이 되었고, 진을 멸하고서 '제'가 되려고 한다. 본래부터 우리 진나라는 쓸데없이 이름만 크고 땅은 작은 나라였으니 작고하신 태

자 부소의 아드님 자영을 세워서 '왕'이라 한다면 육 국의 자손들도 왕위를 빼앗으려고 하지 않을 것이요, 그렇게 되면 앙심을 품고 우리 진나라에 쳐들어올 자도 없을 것이다. 제관들은 이 일을 어찌 생각하는가?"

조고는 위엄을 보이면서 백관들에게 이같이 물었다.

"옳은 줄로 생각합니다."

백관이 모두 승상의 처사에 찬동했다.

이튿날 조고는 자결한 이세 황제를 의춘원宜春苑에 국장으로 모시는 절차를 다른 신하들에게 부탁한 다음 신하들을 이끌고 자영을 찾아갔다.

"이세 폐하께옵서 자결하셨으니 전하께서 오 일간 재계하시고 옥새를 받으셔서 왕위에 오르시옵소서."

조고는 이같이 말했다. 자영은 사 년 전에 자기의 조부 시황제가 사구 땅에서 승하했을 때 자기의 부친에게 왕위에 오르도록 조서를 내린 것을 조고가 승상이었던 이사를 꾀어서 조서를 위조하여 자기 부친을 상군에서 자결케 했다는 내용을 어렴풋이 알고 있는 터라 마음속으로는 항상 원수같이 생각해 오던 참이었다. 나이는 삼십도 못 되었건만 그의 숙부 이세 황제보다는 명철한 인물이었다.

"그리하오리다."

자영은 조고에게 이같이 대답해 보냈다. 그리고 재궁으로 들어가 조고를 처치할 계교만을 생각했다.

그러나 아무리 생각해도 보통 방법으로는 조고의 권세와 지위를 꺾어 버릴 방법이 없었다. 사흘 뒤에 그는 자기의 두 아들을 재궁으로 불러들였다.

"너희는 아직 나이가 어리지만 내 말을 똑똑히 듣고 시키는 대로 일을 잘 해라! 모레면 오 일째 되는 날이지만 내가 몸이 불편해서 못 나간다고 하면 조고가 나를 찾아올 것이다. 그때를 노리고 너는 지금부터 미리 한담韓覃과 이필李畢 두 사람에게 가서 내 말을 전하고, 재궁 안에 복병하고 있다가 조고가 들어오거든 그 즉시 죽여 버리도록 해라!"

자영은 열 살, 여덟 살밖에 안 된 두 아들에게 이같이 말하고 한담과 이필에게 보내는 글을 적어 주었다. 두 아들은 부친의 명령을 받들고 물러갔다.

오 일 재계가 끝나는 날이었다. 자영은 내관을 조고에게 보내어 나가지 못하는 뜻을 알렸다.

조고는 자영이 예상했던 바와 같이 친히 자영을 모시러 왔다. 기다리고 있던 한담과 이필 두 사람의 복병이 재궁 안에 들어서는 조고를 에워쌌다. 조고는 놀랐다.

"이세 황제 폐하께서 너를 죽이실 것 같으니까 네가 도리어 황제를 죽이고, 지금 와서는 명분을 세우려고 공자 자영을 왕위에 오르시게 꾸몄지만, 공자께서는 너의 죄상을 죄다 알고 계시다. 너를 죽이는 것은 공자의 명령이시다!"

이필은 이같이 선언하고 조고의 가슴을 창으로 찔러 거꾸러뜨렸다. 이때 안으로부터 자영이 나와서 명령했다.

"그놈의 목을 베어라!"

그는 그의 부친과 그의 숙부를 죽인 일생의 원수를 시원스럽게 보복했다고 만족을 느꼈다.

한담과 이필은 그 길로 즉시 조고의 집 삼족을 전부 붙잡아 함양 시중에서 허리를 끊어 죽였다. 자영은 군사들을 물러가게 한 후 즉시 함양궁에 나가서 옥새를 받들고 조정의 백관들이 국궁배례하는 가운데 위엄있게 황위에 올랐다.

대례大禮를 마친 후 백관들은 자영을 삼세 황제 폐하라고 존칭했다. 삼세 자영은 신하들을 가까이 불렀다.

"지금 초의 군사가 침경하여 사태가 위급하니 이것을 물리치는 방법이 없겠느냐?"

여러 신하에게 이같이 물었다.

"속히 대장을 뽑아서 요관嶢關을 엄중히 방어하게 하신 후에 대군을 징발하여 격퇴하지 않는다면 함양 서울의 운명이 시각에 걸려 있다고 아뢰오."

모든 신하가 이같이 대답했다.

삼세 자영은 이에 좇아서 한영韓榮과 경패耿沛 두 장수를 대장으로 임명하고 군사 오만 명을 인솔하여 요관으로 가게 했다. 수도 방위의 긴급 조처가 황제 즉위와 동시에 취해진 셈이었다. 한영과 경패 두 장수는 즉시 군사를 거느리고 요관으로 갔다. 요관은 함양에서 불과 오십 리 거리였다.

이 무렵 패공의 대군은 무관을 공격하고 있었다. 무관을 지키는 장수 주괴는 죽을힘을 다해 패공의 군사를 막고 있었다.

패공은 무관 공격에 오륙 일을 허비하고서야 진나라의 군사들이 용맹하고 강한 것을 깨달았다. 그 위에 증원 부대까지 도착했으니 무관 함락은 시일이 더 필요하게 될 것이라고 걱정했다.

이것을 보고 장량이 패공에게 '과히 걱정하실 것 없습니다.' 하고 위로했다.

"선생에게 좋은 꾀가 있거든 가르쳐주시오."

패공은 장량에게 대책을 물었다.

"내가 보건대 진나라 군사들은 모두 강합니다. 그러나 진나라의 장수들은 거의 다 장사치의 자식들입니다. 때문에 골짜기와 봉우리에 기치를 세워 의병疑兵을 꾸미고, 말 잘하는 사람을 뽑아 적진에 보내어 금은을 풀어서 적장을 매수하여 적이 방심하고 있는 틈을 타서 한 번에 쳐부수면 족히 대승할 수 있습니다."

패공은 장량의 말대로 산골짜기와 봉우리마다 의병을 꾸미고 불원간에 대공격을 감행할 것같이 보이고는 광야군 역이기 노인을 적진으로 보냈다.

역이기는 홀로 무관의 성 위에 올라가 진나라의 대장 주괴와 한영에게 면회를 청했다. 패공의 진에서 광야군이 면회를 왔다는 말을 듣고는 한영과 주괴도 거절하지 못하고 상면했다.

"진나라가 무도해서 천하 만민을 괴롭히므로 천하가 일시에 진나라를 치는 것이올시다. 패공 한 사람뿐이 아닙니다. 그러니 장군께서는 백성을 불쌍히 여기시거든 성문을 열고 패공에게 항복하십시오. 그러면 패공은 회왕께 보고하여 황금의 상을 주시고 만호후에 봉하시도록 할 것입니다."

역이기의 말을 듣고 한영은 대답했다.

"내가 오랫동안 진나라의 녹을 받아왔는데 나라가 위태하다고 배반하는 것은 의롭지 못한 일이 아니겠소? 좀 더 생각해 보고 대답을 하겠으니 선생은 물러가십시오."

역이기는 그렇게 하라 하고 물러갔다. 한영은 그를 돌려보내고 부하 장수들과 상의했다. 온종일 서로 의논했건만 의견은 구구했다. 항복하는 것이 좋다는 둥, 항복해서는 좋지 못하다는 둥, 이야기는 끝이 나지 않았지만 여러 장수들의 마음은 저절로 해이해졌다. 싸우고자 하는 생각이 엷어진 것만은 사실이었다. 이튿날 역이기는 또 한영을 찾아갔다.

"장군께서는 마음을 정하셨습니까?"

한영은 역이기의 묻는 말에 대답했다.

"글쎄요……. 부하들이 항복하지 않겠다고 하니 낸들 어찌할 도리가 없습니다그려."

이같이 대답했다. 역이기는 품 안에서 금덩이를 꺼내어 한영에게 주면서 말했다.

"장군께서 항복하시지 않더라도 패공은 장군의 마음을 깊이 아시므로 황금을 보내드리면서 장군의 덕을 찬양하십니다. 패공은 지금 공격할 예정을 연기하고 제후의 군사가 도착하기를 기다리고 있습니다."

역이기가 이같이 말하면서 꺼내놓는 황금덩이를 한영은 받았다. 그리고 이같이 말했다.

"패공께 가서 제후가 도착하거든 서로 화목해서 전쟁을 그만

두고 백성을 도탄에서 구하도록 하시라고 전해 주십시오."

"그렇게 하오리다. 패공은 인자하시니 화목을 주장하고 전쟁을 피할 것입니다. 안심하십시오."

역이기는 이같이 한영에게 대답하고 패공에게로 돌아가 한영과 문답하던 전말을 보고했다.

"이때를 놓치지 말고 속히 무관을 공략해야 하겠습니다."

역이기의 보고를 듣고 패공 곁에 앉아 있던 장량이 이같이 주장했다. 패공은 즉시 설구薛歐·진패陳沛 두 사람에게 수십 명을 인솔하여 산 뒤의 샛길로 성을 넘어 적의 후방으로 돌아 들어가 깊은 골짜기에 불을 질러 적의 마음을 놀라게 하고, 때를 같이 하여 정면에서는 번쾌가 대군을 휘동하여 성을 공격하도록 명령했다. 설구·진패 두 장수는 염초焰硝와 마른 나무를 한 짐씩 사졸들에게 지워서 샛길로 성을 넘어 적진 뒤로 숨어 들어갔다.

사흘이 지났다. 이제는 때가 되었으려니…… 이같이 생각될 때 번쾌는 무관성 정문 앞에서 함성을 지르고 북을 치면서 공격하기 시작했다. 패공의 군사들은 번쾌의 지휘 아래 서로 먼저 성을 넘어 들어가려고 경쟁하는 것 같았다.

진나라의 장수들은 역이기가 황금을 진정하고 돌아간 뒤부터 마음이 더욱 해이해져서 아무 준비도 하지 않고 날마다 술타령이나 하고 있다가 뜻밖에 천지가 진동하는 공격을 당했다. 정신을 못 차리고 있을 즈음에 사졸들이 달려와서 보고했다.

"적은 벌써 관을 넘어서 우리 후방에 와 있습니다. 후방에 불을 질러 화재가 나고 있습니다."

한영 이하 진나라 장수들이 본영에서 나와 뒤를 돌아다보니 과연 화광이 충천하고 연기가 불기둥같이 올라가고 있었다.

그들은 어찌할 바를 몰랐다. 그들은 무관이 이미 패공의 군사에게 점령되었다고 생각해 버렸다. '다 틀렸다! 달아날 수밖에 없다!' 한영 이하 모든 군사가 성을 버리고 샛길로 도망하기 시작할 때에 번쾌는 군사들과 함께 성을 넘어 몰려 들어왔다. 달아나는 진나라 군사들이 번쾌가 지휘하는 군사들의 칼에 수없이 죽임을 당했다.

포성이 진동하는 속에서 한영 이하 진나라 장수들은 도주해 오는 군사들을 거두어 밤을 새워 함양 교외의 남전藍田으로 집결하여 최후의 일전을 준비했다.

패공은 하후영을 선진으로 하여 대군을 몰고 남전으로 돌진했다. 패공과 맞서 최후의 일전을 해보려고 하던 한영·주괴·경패 등은 남전에서도 패공에게 견디지 못하고 간신히 목숨만 살아 함양성 안으로 도망해 들어갔다.

패공은 이것을 추격하여 성 밖까지 쫓아가 패상霸上에 진을 치고 후속 부대가 도착하기를 기다렸다.

삼세 황제 자영은 간신히 목숨만 살아 돌아온 한영 이하 두 장수의 보고를 듣고 깜짝 놀랐다. 패공의 대군이 패상에 주둔하고 있다는 것은 수도 함양의 문턱을 밟고 있는 것이다. 함양성이 함락된 것이나 다름없었다.

"이 일을 어찌하면 좋은가?"

삼세 황제는 좌우를 보면서 황급한 목소리로 이같이 물었다. 진나라의 운명이 마지막 끝나려 하는 순간이었다.

한참 동안 모든 신하들이 침묵하고 있을 때, 상대부上大夫 부필孚畢이 삼세 황제 자영 앞에 나와 아뢰었다.

"폐하! 황송하오나 일이 궁극에 달했다고 아뢰오. 폐하께오서 패공에게 항복하시면 멸족의 화를 면하실 것이요, 민생을 도탄에서 구할 수 있지 않을까 생각하옵니다."

삼세 황제는 그만 눈물을 쏟았다. 무관과 요관이 함락되고 패공의 대군이 패상에 들어와 있다. 최후의 일전을 하던 한영·경패·주괴 등 세 장수가 겨우 목숨만 부지해 대궐로 돌아왔다. 이제는 도리가 없지 않은가? 삼세 황제 자영은 그만 목놓아 울었다. 어떤 신하도 감히 삼세 황제의 울음을 말리지 못했다. 그들도 옷소매로 얼굴을 가리고 흐느껴 울었다.

한참 동안 눈물을 쏟다가 삼세는 정신을 수습하여,

"나라의 운이 다하고 내 덕이 없으니 백성을 구해 보기나 하자."

하고 좌우 근시로 하여금 소거백마素車白馬(하얀 수레에 흰 말)를 준비하라고 분부했다.

드디어 그는 흰 수레를 흰 말이 끌게 하고 나라의 옥새를 봉하여 수레에 얹어 함양궁을 나갔다. 패공은 삼세 황제가 자기에게 와서 예를 갖추어 항복하겠다는 기별을 받고 부하 막료들을 인솔하여 본진을 떠나 영문 밖으로 나가 기다렸다.

삼세 황제의 항복 행렬이 패상 지도軹道에 이르렀을 때 삼세 황제는 수레에서 내렸다. 그는 걸어서 패공의 수레 앞에 와서 예를 갖추고 솔직하게 항복하는 말을 올렸다.

"모某가 황위에 있었으나 덕이 없어 장군께서 서행해 오심을 알고 일찍이 항복함으로써 만민을 도탄에서 구하려 했습니다. 옥새를 바치오니 원컨대 받으시옵소서."

패공은 기쁨을 금치 못했다.

"네가 이미 항복했으니 나는 초왕께 상주하여 너의 일명을 구하고 토지를 주어 일생을 편안히 살도록 하겠다."

패공은 옥새를 받으면서 이같이 말했다. 그리고 자영과 그의 족속들은 모두 한군데로 가서 처분을 기다리고 있으라 하여 돌려보냈다.

자영은 조고가 이세를 망이궁에서 죽게 한 후 자기를 왕위에 오르게 하여 즉위한 지 불과 사십삼 일 만에 패공에게 나라 전체를 바치고 항복한 것이다.

때는 을미년乙未年, 서력 기원전 206년 10월이었으니, 항우와 길을 나누어 팽성에서 서쪽 길로 진군하여 공격해 온 지 불과 팔 개월 만에 패공은 진나라 수도를 점령하고 삼세 황제의 항복을 받은 것이다.

패공의 기쁨은 한량없이 컸다. 그러나 장량은 물론 번쾌 이하 여러 장수들은 삼세 황제 자영의 항복을 받은 후 그를 죽이지 않고 살려 두는 패공의 처사에 불만을 표시했다.

"진왕이 무도해서 만민이 절치부심하는데 어찌해서 죽이지 않으십니까?"

그들은 패공에게 이같이 물었다.

패공은 웃었다. 막료들이 분해하는 것도 그는 잘 알고 있었다. 그러나 그는 항복한 진시황의 자질을 죽이고 싶지는 않았다. 그래서 이렇게 대답했다.

"처음에 회왕께서 나로 하여금 서쪽 길을 택해 진을 토벌하라 하실 때는 내가 모든 사람의 마음을 편하게 해줄 것으로 생각하신 까닭이다. 그런고로 항복하는 자를 죽이는 것은 상서롭지 못한 것이다."

이렇게 말하는 것을 듣고 번쾌 이하 모든 장수도 더할 말이 없어졌다. 패공은 막료들이 진정하는 것을 보고 그들을 데리고 성내로 들어갔다. 함양궁은 굉장히 화려했다. 진선진미盡善盡美(더 할 수 없이 좋고 아름다움)를 다해 이루어진 궁궐은 사람의 눈을 빼앗기에 충분했다.

"과연 천하제일이다!"

패공은 감탄했다. 그리고 즉시 삼군에게 상을 주었다. 막료 장수들에게 궁중의 창고에서 온갖 보물을 끌어내 그것을 부하들에게 나누어 주도록 하고 그중에서도 고귀한 금은보석은 손대지 못하도록 창고에 봉인하게 했다.

산같이 쌓인 보물, 꽃같이 많은 후궁의 여인들, 패공과 패공의 부하 장수들은 눈이 부실 지경이었다. 그러나 소하는 이 자리에 없었다. 소하는 승상부丞相府에 홀로 들어가 있었다. 승상부 안에는 천하의 지적도地籍圖가 정비되어 있었다. 소하는 지금 모든 장수들이 보물에 한눈팔고 있건만 홀로 지적도만 뒤져보고 있었다.

이때까지 잘 알지 못하던 천하의 지리가 한 조각의 지적도에 드러나 있었다. 이 지방의 산세는 어떻고 인구는 몇 명이고 요해지는 어디고 하천과 호수는 어떠하며 중요한 산물은 무엇인가, 이 모든 것이 한눈에 들어왔다.

“천하의 보물은 바로 이것이다!”

소하는 이같이 생각했다.

이와 반대로 패공은 산같이 쌓인 보물과 후궁의 미인들을 보고 나와서,

“진나라의 부귀가 이와 같았구나! 여기에 내가 앉아 몸과 마음을 편하게 하리라.”

패공의 이 말을 듣고 번쾌가 입을 열었다.

“이 모든 화려한 것 때문에 진나라는 망했습니다. 패공께서 어찌 이런 것들을 갖고 싶어 하십니까?”

패공은 번쾌의 말을 듣고 불쾌한 표정을 지었다. 이 모양을 보고 장량이 번쾌의 역성을 들어 입을 열었다.

“번 장군의 말이 옳습니다. 옛날부터 안으로 음탕하고 겉으로는 금수 같은 행동을 하며, 술과 고운 노래를 즐기고 높은 담 훌륭한 집에 거처하는 자는 망하는 법이라 하지 않았습니까. 진나라가 무도하고 교만했기 때문에 패공께서 오늘날 이 자리에 들어오신 것 아닙니까. 잔혹한 자를 제거한 사람은 스스로 검소해야 합니다. 이 대궐 안에 머물러 계시는 것은 진나라의 무도장을 계승하는 것이 됩니다. 그러니까 번 장군의 말이 지당

하오니 속히 패상의 진으로 돌아가시지요!"

장량의 말을 듣고서야 패공은 새 정신이 든 것처럼 흔연히 대답했다.

"옳은 말이오! 진영으로 돌아갑시다."

패공은 즉시 모든 막료에게 패상으로 귀환할 것을 명령하고 자기가 먼저 장량·소하·조참·역이기·번쾌 등을 데리고 패상으로 돌아갔다.

"함양에 먼저 들어가는 자가 왕이 되라!"

패공은 팽성을 떠날 때 회왕으로부터 항우와 자기에게 이 같은 부탁이 있었던 것을 생각했다. 때문에 먼저 수도를 점령하고 삼세 황제의 항복을 받은 자기가 왕이 되는 것은 결정된 사실이건만, 자기는 함양궁을 닫아걸고 패상으로 돌아와 제후가 집합하는 것을 기다리는 것이 얼마나 의젓하고 겸손하며 아름다운 처사인지 몰랐다. 장량과 번쾌의 충언을 듣기를 잘했다고 생각했다.

이때 소하가 들어왔다.

"천하의 백성들이 오랫동안 진나라의 모진 법으로 인해 괴롭게 지내왔습니다. 이것을 바르게 고치셔서 너그럽게 해주시면 백성들이 얼마나 즐거워하고 복종하겠습니까!"

소하의 의견에 패공은 그 말이 좋다고 찬성했다.

"그래 그 말이 합당하오. 즉시 가까운 군현郡縣의 부로들을 패상으로 소집하도록 하시오!"

패공의 명령을 받은 소하는 그 즉시 부로들을 소집하는 일에 착수했다.

이튿날 함양성 중의 유지들과 가까운 고을의 노인들이 일제히 패공 앞에 나왔다. 패공은 높은 단 위에 올라서서 훈시를 했다.

"내가 회왕의 명령을 받들어 진을 토벌했다. 먼저 관중에 들어가는 사람이 왕이 되기로 상약했으므로 내가 관중에서 왕위에 오를 것이다. 그러므로 진의 법이 가혹해서 정사를 비방하는 자는 삼족을 멸하고, 귓속말을 하는 자는 목을 자르는 이 같은 법은 백성의 부모 되는 임금의 마음이라 할 수 없으니, 오늘부터 내가 '약법 삼장約法三章'을 정하겠다. 첫째 살인하면 죽인다. 둘째 사람을 해치고 도둑질하면 경중에 따라 벌을 주겠다. 셋째 진나라 때의 모든 법은 폐기한다. 이 세 가지를 약법하는 바이다. 백성들은 안심하고 살기 바란다. 내가 여기 온 것은 너희들에게 해로운 것을 덜어 주기 위해 온 것이니만큼 조금도 두려워할 것이 없다. 내가 성안에 들어가지 않고 패상에 주둔하고 있는 까닭은 뒤로 관중에 들어오는 제후를 기다리기 위함이다. 안심하고 집으로 돌아가기 바라는 바이다."

훈시가 끝난 뒤에 패공은 군중을 해산시키고 이관吏官으로 하여금 훈시의 요지를 적어 거리에 방을 붙이게 했다. 그리고 부하 장수들에게는 백성의 물건을 빼앗거나 민폐를 끼치는 자는 목을 잘라 버린다는 군령을 내리게 했다.

범증의 삼 책을 물리친 장량

항우는 이때 하북河北 지방을 평정한 후 각처에서 모여드는 제후의 군사와 합병하여 함양에 들어오려는 도중이었다. 그는 지금 함양성 못 미쳐 신성新城이라는 곳에 주둔하고 있는 중이었다.

새로 진격하여 주둔하는 땅인지라 저녁 식사 후에 항우는 혼자서 어둠 속으로 각 부대의 진을 순행했다. 계포와 종리매 두 장수의 부대 앞을 지나, 환초와 우영의 부대를 멀찍이 바라보며 장한과 사마흔의 부대 앞에까지 왔을 때 막사 내부에서 병졸들이 지껄이는 소리가 크게 들렸다. 항우는 귀를 기울였다.

"우리가 속았단 말이야!"

"그래 정말 잘못했거든! 항우한테 항복하지 말고 패공한테 항복했으면 좋았을 텐데……."

"그런데 요새 첩보 군사가 전하는 말을 들으면 패공은 벌써 함양에 들어갔다더라!"

"뭐? 함양에 들어갔대? 그럼 패공이 왕이 되는 거 아냐!"

항우는 더 들을 수 없었다.

그는 이를 갈았다. 급히 본진으로 돌아와 영포를 불렀다.

"장한과 함께 항복해 온 진의 항졸 이십만 명을 그냥 두어서는 안 되겠다. 배반할 징조가 보인다고. 내가 그놈들이 지껄이는 소리를 똑똑히 들었어! 오늘 저녁으로 속히 처단해! 필요하거든 본부 군사를 전부 동원시켜 한 놈도 남기지 말고 다 죽여 버리란 말이야. 장한·사마흔·동예 세 사람만 남겨 두고. 알겠는가?"

항우는 이렇게 명령했다. 이때 다른 방에 있던 범증이 건너와 항우에게 말했다.

"그러는 것이 아니외다. 고정하십시오."

그러나 항우는 노기등등해 범증의 말을 듣지 않았다.

"빨리! 빨리!"

항우는 영포에게 소리질렀다.

"예!"

영포는 대답하고 나와 본부 군사 삼십만 명을 소집시켜 한편으로는 땅을 파게 하는 동시에 한편으로는 항복한 군사 이십만 명이 있는 막사로 돌격했다. 살기등등하여 청천벽력같이 습격하는 영포의 군사는 장한·사마흔·동예 세 사람을 남겨 두고 항졸 이십만 명을 모조리 죽여 땅에 묻었다.

장한 등 세 사람은 항우에게 가서 살려 주기를 빌었다.

"그대들의 죄가 아니다! 그놈들이 나를 배반하려고 막사 안에서 지껄이는 소리를 내 귀로 직접 들었기 때문에 미리 처단해 버리고 후환이 없도록 한 것이니 그대들은 안심하라."

항우는 세 사람에게 이렇게 대답했다. 세 사람은 허리를 굽혀 항우에게 감사했다. 항복할 때 데리고 넘어온 수하 이십만 명은 땅속에 파묻혔지만 그들은 그와 같은 참변이 자기 목숨 위에 떨어지지 않은 것만을 천만다행으로 생각하는 것이었다. 본부 군사들은 밤늦게까지 항졸 이십만의 시체를 파묻기에 바빴다.

이튿날 항우는 함곡관을 향해 진발 명령을 내렸다. 장한이 항복할 때 데리고 온 항졸 이십만 명을 몰살했어도 항우의 군사는 오십만 명이나 되었다.

'가는 곳마다 말썽 피우는 것 때문에 패공보다 늦어졌어!'

항우는 말 위에 앉아 패공 유방보다 자기가 함양성에 들어가는 것이 늦어진 것을 후회하며 조급해지는 마음을 참을 수가 없어 짜증을 냈다.

함곡관은 문이 굳게 닫혀 있었다. 두꺼운 철판으로 덮인 성문이 굳게 잠겨 있고, 성 위에는 패공의 기치가 선명히 꽂혀 있었다.

이미 항우가 들어오기 전에 패공은 번쾌의 의견을 좇아서 설구·진패 두 장군으로 하여금 군사를 거느리고 함곡관에 가서 엄중히 파수 보라는 조처가 있었던 까닭이었다.

항우는 패공의 군사가 자기 군사를 막아 못 들어오게 하는 것을 보고 화를 냈다.

이것을 보고 범증이 말했다.

"저것 좀 보십시오. 패공이 한 걸음 먼저 함양에 들어왔대서 함곡관을 이같이 막고 있는 것을 보십시오. 회왕께서 약속한 대로 패공이 왕이 되려는 속셈입니다. 만일 그렇게 된다면 장군이 삼 년 동안 고전분투하고 노심초사한 것이 허사가 되지 않습니까? 천하는 벌써 패공의 수중에 들어가지 않았습니까?"

자기의 말을 듣고 격분할 줄로 범증은 생각했건만, 항우는 의외로 껄껄 웃었다.

"패공의 군사는 불과 십만! 강하기도 장한에 비교하면 어림도 없는 것을! 제가 나를 당할 수 있어야지!"

항우의 말에는 자신이 가득했다.

"그렇더라도 한편으로는 맹렬히 공격하는 일방 패공에게 보내는 편지를 쓰십시오. 편지를 보고 함곡관을 저절로 열도록 하심이 좋을 것입니다."

범증의 의견을 듣고 항우는 즉시 편지를 쓰게 했다.

노공 항적은 유패공 장막 아래 편지를 보내노니, 일찍이 그대와 나는 회왕을 모시고 서로 약속하였으며 또한 형제의 결의를 하였노라. 그대가 진나라를 멸망시키고 함양에 먼저 들어갔으되 만약 내가 회왕을 세우고 천하 민심을 복종하게 하고, 장한에게 항복받아 모든 힘의 항거를 제거하지 않았던들 그대가 어찌 먼저 들어올 수 있었으리오. 이는 남의 공을 빼앗아 자기의 소유로 함이니 대장부의 할 일이 아니로다. 이제 함곡관을 막고 나로 하여금 들어가지 못하게 하니 과연 오래도록 방어해서 관이 함락되지 않게 할 자신이 있는가. 나의 용장과 용병이 관을 함락시키는 일은 쉬운 일이나, 관을 함락한 뒤에 그대는 무슨 면목으로 나를 보려느뇨. 그러니 어서 관문을 열고 대의를 지켜 형제의 의를 잃지 말지어다. 진나라를 멸망시킨 공과 먼저 함양에 들어감에 대한 서로의 약속은 피차에 알아서 처리할 것이로다.

항우는 편지를 이같이 써서 함곡관의 성문 안으로 화살에 매어 쏘아 떨어뜨리게 했다. 그리고 영포가 지휘하는 십만 대군이 함곡관을 공격하기 시작했다.

함곡관을 수비하고 있던 설구와 진패 두 장수는 화살에 매달려온 편지를 주워 즉시 패상으로 보냈다. 패공은 항우의 편지를 가지고 장량과 의논한 결과 함곡관 문을 열어 주고 항우를 들어오게 하라 했다.

"우리들이 관문을 파수하고 엄중히 방비하는 것은 패공께서 도적을 막으라 하신 까닭이요, 패공께서 노공을 못 들어오시게 막으라 하신 것이 아니외다. 패공께서는 지금 노공의 글을 보시고 빨리 맞아들이라고 분부가 계셨으므로 지금 관문을 열어드리니 속히 들어오시도록 하시오."

문 위에서 설구는 이렇게 영포에게 말하고 즉시 관문을 활짝 열어젖혔다.

영포는 항우에게 달려가 이 사실을 보고했다.

"그러면 그렇지!"

항우는 패공이 자기의 말을 거역하지 못하고 순종하는 것을 알고 의기양양했다. 그는 대군을 거느리고 함곡관을 넘어 함양으로 들어가다가 홍문鴻門에서 진을 치고 그곳에 주둔하기로 했다.

항우는 홍문에 자리 잡고 앉아 첩보 군사를 십여 명을 함양 성중으로 들여보내 패공이 자기보다 먼저 성안에 들어가서 무슨 일을 했는지 세밀히 조사해 오도록 명령했다.

첩보 군사들은 모두 똑같은 정보를 가지고 밤늦게 돌아왔다. 패공이 자기보다 먼저 함양에 들어와서 했다는 일은 항우가 생각하건대 회왕 앞에서 상약한 것처럼 관중에서 왕이 되려고 한 것임이 틀림없다고 생각되는 일뿐이었다. 귀중한 보물은 건드리지 않고 함양궁 안의 창고를 모조리 봉인하고 궁중에 머무르지 않고 패상으로 돌아가 삼세 황제 자영이 항복할 때 바친 옥새만을 지니고 있으며, 백성들에게는 '약법 삼장'만을 반포했다.

'이것이 모두 제가 왕이 되려고 하는 행동이다.'

항우는 이렇게 생각하지 않을 수 없었다.

이튿날 항우는 패공의 부하 중 좌사마左司馬의 직책에 있는 자로부터 패공을 모략하는 비밀 서한을 받았다.

'패공은 진나라 장수와 크게 접전한 공로도 없이 먼저 함양에 들어왔다는 이유 하나로 왕이 되려 하는데 노공께서는 어찌 이것을 두고 보십니까?'

하는, 패공을 모략하고 항우에게 붙는 내용이었다. 항우는 이 편지를 보고 갑자기 조급한 마음이 생겨 막료들을 소집했다.

"패공이 자기가 왕이 되려는 충분한 증거가 드러났다. 패공의 좌사마 조무상趙無傷이라는 자의 밀서가 왔으니까 이것으로써 충분한데, 이에 대해 무슨 좋은 계책이 없을까?"

항우는 이같이 물었다.

"패공이라는 사람은 본래 호색하고 재물을 탐하던 사람인데, 먼저 함양에 와서는 이런 행동을 하지 않았을뿐더러 약법 삼장을 반포하여 민심을 거두는 것을 보건대 그 의사가 얕은 데 없고 대단히 깊은 데 있습니다. 뿌리를 깊게 심기 전에 패공을 제거해 버려야 합니다. 오늘 밤 삼경에 정병을 추려 두 길로 나누어서 패상을 엄습하면 패공을 사로잡을 수 있을 것입니다. 아마 이렇게 하는 것이 패공을 제거하는 제일 좋은 방책일 것입니다."

이같이 작전 계획을 말했다. 항우는 범증의 계획대로 밤중에 패상을 엄습할 것을 결정하고 부하 장수들에게 인마를 조정하라고 명령했다.

회의가 끝난 뒤에 항백이 자기 막사에 돌아와 가만히 생각하니 자기편에서 밤중에 아무 방비도 없는 패공의 진을 야습한다면 패공의 군사는 한 명도 남지 않고 모두 죽을 것이 분명했다. 그렇게 되면 어려서부터 친밀하게 지냈고 결의형제까지 맺었으며, 진시황을 박랑사에서 암살하려다가 실패했을 때는 오랫동안 자기 집에 숨겨 두기까지 했던 장량도 살아나기 어려울 것이 분명했다.

이 무렵 장량은 패공과 함께 천하의 일을 의논하고 해가 저물 무렵에 패공이 거처하는 방에서 나오다가, 동남방의 하늘 위에 한줄기 검은 회색빛의 구름도 아니요, 안개도 아닌 살기가 은은하게 길게 뻗치는 것을 보고 깜짝 놀랐다.

'저게 웬일인가?'

그는 걸음을 멈추고 하늘만 쳐다보았다. 살기는 점점 뚜렷해지더니 길게 뻗치면서 무척 불길한 징조를 보였다. 한참 동안 살기는 그대로 뻗쳐 나가더니 뜻밖에도 때아닌 무지갯빛 경사스러운 구름이 그 사이에서 생겨 살기를 가로막고 오락가락했다. 그것을 보고 장량은 조금 안심이 되었다.

한편, 항우의 진에서 항백은 해가 이미 서산에 지고 땅거미가 짙어지자 홀로 아무도 모르게 말을 타고 홍문의 진을 나섰다.

항백은 홍문을 나서기 무섭게 연방 말 등에 채찍을 가하며 달렸다. 홍문에서 패상까지는 이십 리 길이었다. 어느덧 패상 지점 가까이 왔을 때 초저녁의 순찰 감독을 하고 있던 패공의 부하 장수 하후영에게 발견되었다.

"거, 누구이기에 이 밤에 무슨 일로 말을 달려 어디로 가는가?"

항백은 말 위에 앉아서 길을 가로막고 질문하는 하후영에게 다급한 목소리로 대답했다.

"나는 장자방의 친구인데 급한 일이 생겨 꼭 만나야 하겠기에 달려가는 길이외다."

하후영은 잠시 망설이더니 고개를 끄덕였다.

"나를 따라오시오."

장량은 중군에서 패공과 함께 이야기를 나누고 있던 중 밖에서 찾아온 사람이 자기를 만나고자 기다리고 있다는 말을 들었다.

'이것이 경운慶雲의 길조吉兆인가 보다!'

그는 이렇게 생각하면서 급히 원문까지 쫓아나갔다. 그는 항백을 발견하고 반색하며 맞았다.

"아, 이게 얼마 만이오! 어서 오시오. 들어가십시다."

장량이 거처하는 방으로 들어가서 비로소 항백은 입을 열었다.

"오랫동안 적조하였소이다. 그래 그동안 평안하시니 다행이오. 실은 오늘 저녁에 긴히 할 말이 있어서 찾아온 것인데……."

항백은 말끝을 맺지 못하고 방안의 좌우를 살폈다. 그것을 보고 장량이 말했다.

"무슨 말씀이오. 아무도 없으니 마음 놓고 말씀하시오."

그러나 항백은 장량의 귀에 자기의 입을 대고, 오늘 밤 삼경에 항우가 정병을 휘동하여 패공의 진영을 공격할 계획이니, 미리 장량만은 자기와 함께 피신하자고 가만히 말했다.

장량은 밖으로 나가며 말했다.

"잠깐만 기다려 주시오! 한왕韓王께서 패공에게 나를 빌려주신 이후 나는 패공에게 와서 융숭한 대우를 받아왔으니 한마디 고하고 떠나는 것이 의리상 옳을 것 같소. 조금 기다려 주시오."

그 말도 일리가 있다고 생각되어 항백은 가만두었다.

장량은 패공의 방에 들어가 항백이 갑자기 자기를 찾아와 항우의 계획을 전하고 빨리 피신하라고 재촉한 사실을 보고했다.

패공은 근심스러운 낯으로 안절부절못했다.

"자, 그렇다면 어떻게 하면 이 화를 면할 수 있겠나?"

장량은 잠시 생각하더니 패공의 귀에 입을 대고 무엇인가 한참 속삭였다. 패공은 귓속말을 다 듣고 나더니 장량에게 고개를 끄덕여 보였다.

장량은 패공에게 눈짓하고 다시 밖으로 나가 항백이 자기를 기다리고 있던 방으로 들어와서 말했다.

"패공을 좀 만나보고 가시오. 내가 특별히 청하는 바이오."

장량은 만나기 싫다는 항백의 손을 붙들어 억지로 어깨를 떠밀어 기어코 안으로 끌고 들어갔다. 패공은 의복을 단정하게 하고 문밖에 나와 있다가 항백을 맞아들였다.

"마침 잘 오셨습니다. 그렇지 않아도 한번 가서 뵈려고 했소이다. 저리로 앉으십시오."

패공은 이같이 말하고 상좌로 항백을 안내했다. 항백은 사양하다가 마지못해 상좌에 앉아 항우가 대단히 격노해 있다는 말을 대강 전해 주었다.

이때 심부름하는 사졸이 술과 안주를 들고 들어왔다.

패공은 항백에게 술을 권했다.

"한잔 드시지요. 그리고 내 이야기를 들어 주십시오. 내가 먼저 관중에 들어오고서도 진나라의 궁실과 창고를 봉인하고 건드리지 않은 것은 노공을 기다리기 위함이었고, 약법 삼장을 발표한 것도 혹독한 법에 얽매여 있던 백성들로 하여금 노공의 덕을 알게 하기 위함이었는데, 그런 것들을 가지고 노공께서 나를 의심하신다니, 나는 죄가 없습니다. 그렇지 않습니까?"

술을 권하면서 패공은 이렇게 말했다.

"그렇다면 노공이 지금 오해하고 있군."

항백도 이렇게 대꾸했다.

"그렇습니다. 억울합니다. 그런데 듣자니 장군께서 아들이 있다는데 아직도 혼처를 정하지 못했다고 하던데 사실인지요? 내게는 딸년이 하나 있는데 상약한 데가 없으니 후일 저희가 장성하거든 혼인을 하도록 약정함으로써 오늘 저녁의 덕에 보답하고 싶습니다. 그리고 장군이 본진에 돌아가시거든 노공에게 잘 말씀하시어 오해를 풀도록 해주십시오."

패공은 또 이같이 말했다.

"감사한 말씀이오나 지금 두 집에서 서로 지용智勇을 경쟁하는 이때 패공과 나의 자식의 혼사를 언약한다는 것은 남의 비평을 들을 일이니 어렵겠습니다."

항백이 이렇게 대답하자 곁에 앉아 있던 장량이,

"남이 비평하다니 될 말인가! 노공과 패공은 회왕 앞에서 형제가 된 사이인데 누가 의심하겠소."

이같이 말하고 당시 혼례의 의식대로 패공의 옷깃과 항백의 옷깃을 잡아당겨 한데 묶은 다음 칼로 옷깃을 끊었다.

"자, 이것을 한 조각씩 각각 보관하십시오. 이것으로써 두 댁에서 연분을 맺으신 증거물로 삼으십시오."

장량은 옷깃에서 끊어낸 옷 매듭을 두 조각으로 잘라 패공과 항백에게 반쪽씩 나누어 주었다. 패공은 아까 장량이 귓속말로 일러준 터라 예정된 행동이었지만, 항백은 갑작스러운 처사에 어안이 벙벙했다. 그러나 조금 있다가,

"명심하겠습니다. 그리하지요."

이같이 말하고 옷깃을 여몄다. 패공은 다시 항백에게 술을 권했다. 장량과 항백도 패공에게 석 잔씩을 권하고 항백은 일어섰다.

"오늘 밤에 내가 본진에 돌아가 패공이 죄가 없다고 하면 무사하게 될 것입니다. 그러니 내일 아침에 패공이 홍문에 오셔서 항우를 찾아보십시오. 그렇지 않으면 항우는 또 성을 낼 것입니다."

항백은 패공에게 이같이 주의를 주었다.

"알겠습니다. 그리하지요."

패공은 약속했다. 항백은 두 사람에게 작별 인사를 하고 문밖으로 나갔다. 장량은 원문까지 따라 나와 항백과 작별하는 동시에 하후영으로 하여금 홍문의 진영 앞까지 항백을 호위하여 배웅하게 했다.

한편, 홍문의 진영에서는 밤 이경二更 때 범증이 자리에서 일어나 항우가 거처하는 방으로 들어가 재촉했다.

"때가 거의 되었습니다. 속히 준비하시지요."

항우는 자리에서 벌떡 일어나 즉시 모든 대장을 소집시켰다. 얼마 후, 항우는 큰 마당으로 나와 집합해 있는 장수들을 둘러보았다. 그들 중에서 항백이 보이지 않았다. 범증도 항백이 안 보이는 것을 발견하고 순찰 책임을 맡은 정공에게 물었다.

"항 장군이 어찌 보이시지 않는가?"

"예, 아까 저녁 때 항 장군이 홀로 말을 달려 나가시기에 어디 가시느냐고 물었더니 은밀히 알아볼 일이 있어 나가는 길이라 하시면서 패상 쪽을 향해 가셨습니다."

항우와 범증은 의아스럽게 생각했다.

그때 마침 군사가 와서 항우에게 보고했다.

"항 장군이 지금 돌아오셨습니다."

"속히 이리로 오시라고 해라."

항우는 즉시 항백을 청했다. 다른 장수들은 일이 어찌 되는가 궁금해하며 기다렸다. 여러 사람이 기다리는 중에 항백이 항우 앞에 나타났다.

"숙부, 어디를 가셨다 지금 오십니까?"

항우의 질문은 날카로운 음성이었다.

"한나라에 장량이라는 절친한 친구가 있는데, 그 친구가 지금 패공의 진중에 있네. 이 밤에 속절없이 죽어 버린다면 딱한 일이므로 몰래 피신을 시키려고 찾아갔다가 우연히 패공도 반나 패공이 하는 이야기도 자세히 들었네."

항백은 천연스럽게 대답했다. 항우가 재차 물었다.

"패공이 무슨 이야기를 자세히 했단 말입니까?"

"그런 게 아니라, 패공이 먼저 관중에 들어와서 행동한 일은 아무런 별다른 의사가 있었던 것이 아니고, 대장을 시켜 함곡관을 지키게 한 것은 노공을 막기 위함이 아니라 다른 도적이 들어올까 해서 지키게 한 것이요, 궁중의 창고를 봉인하고 후궁의 여인들도 그대로 안치해 두고 손도 대지 않은 것은 모두 노공이 관중에 들어온 뒤에 노공의 처분을 기다리느라고 그리했던 것이라고 말하더군. 내가 생각건대 패공은 우리를 위해 공을 끼친 사람이야. 만일 패공이 먼저 함양에 들어오지 않았다면 우리가 칼날에 피 한 방울 안 묻히고 관중에 들어올 수 있었겠나?"

"하기야 그렇게 말씀하면 그렇기는 하지요."

"그렇기는 하다는 정도가 아닐세. 남의 공을 알아주어야지. 소인의 말을 듣고 대의를 저버린다는 것은 대장부의 할 일이 아닐세. 패공이 내일 우리 진으로 노공을 찾아와 만나겠다고 하니, 장군은 노하지 말고 이야기를 들어보게나."

범증은 항우가 자리에 앉자마자 그 곁으로 가서 차근차근 말을 했다.

"내 말을 들으십시오. 패공을 그대로 두었다가는 후일에 큰 화근 덩어리가 될 것입니다. 그러니 지금 죽여 없애야 합니다."

"글쎄 우리 숙부의 말씀이 일리가 있지 않습니까? 내가 패공을 야심 삼경에 엄습해 죽인다면 세상 사람들이 나를 겁쟁이라고 할 것 같기에 그만두라는 것입니다."

"예, 그것은 잘 압니다. 나 역시 항백 장군이 돌아오기 전부터 야습하려던 계획을 중지하는 것이 좋다고 생각했습니다. 그러나 지금 때를 놓쳐 패공을 살려 둔다면 나중 일이 큰일이올시다."

"그러면 어떻게 하면 좋겠습니까?"

항우는 그제야 범증에게 계책을 물었다. 범증은 한참 생각하다가 이같이 말했다.

"패공을 처치하는 방책으로 세 가지 계책을 생각했습니다. 노공께서 패공을 내일 홍문으로 초대하십시오. 그래서 패공이 도착하거든 노공이 나가 마중하시면서 좌석에 들어오기 전에, 패공이 관중에 들어와 지은 죄를 문책하십시오. 그래서 만일 얼른 대답을 못하거든 즉시 패공의 목을 베십시오. 이것이 상책입니다."

"그리고 중책은?"

"중책은 노공께서 친히 마중 나오시기 싫으시면, 장막 뒤에 힘센 군사를 이백 명가량 숨겨 두었다가 내가 때를 보아 가슴에 차고 있는 옥패를 쳐들거든, 그것을 암호로 노공께선 즉시 군사를 불러 죽이도록 하십시오. 이것이 중책입니다."

"그리고 하책은?"

"그 다음으로 하책은, 패공에게 술을 자꾸 권해서 몹시 취하게 만들어 취중에 실례를 하거든 그때 죽이십시오. 이같이 상중하 삼책만 가지시면 패공을 쉽게 처치해 버릴 수 있을 것입니다."

"알았습니다. 삼책이 모두 합당합니다. 패공을 속히 청합시다."

항우는 범증의 세 가지 계책을 찬성하고 패공에게 보내는 편지를 범증에게 써달라고 했다. 범증은 붓을 들었다.

노공 항적은 패공에게 글을 보내노니, 처음에 회왕을 모시고 공과와 더불어 난폭한 진을 무찌르기를 상약한 후, 천병을 휘몰아 관중에 들어와 이미 자영의 항복을 받고 영 씨의 족속을 멸망시켰으니 천하를 위하여 이 같은 경사가 없도다. 마땅히 진나라를 멸망시킨 경축 연회를 베풀어 공의 원훈元勳을 사례함이 있어야 할 것이므로 이제 홍문에 자리를 베풀고 공을 청하는 것이니 연석에 나와 모든 사람으로 하여금 기쁨을 같이 하도록 하시라.

범증은 쓰기를 마쳤다. 어언간 날이 밝았다. 항우는 편지 내용을 읽어 보고 군사를 불러 급히 패상에 있는 패공의 진영으로 전달하라고 명령했다.

이튿날 이른 아침에 패공은 장량·번쾌·근흡·기신紀信·등공滕公 다섯 막료를 동반하여 패상에서 나왔다. 홍문으로 가는 동안 패공의 마음은 점점 불안해졌다.

"아무래도 오늘 일이 안심이 안 되는데 괜찮을까요?"

패공은 말 위에서 장량을 돌아보면서 근심스러운 표정을 보였다.

"염려 마십시오. 어젯밤에 제가 말씀한 대로만 대답하십시오. 그러면 아무 일 없을 것입니다."

장량의 대답을 듣고 패공은 조금 마음이 놓였다.

패공의 일행이 원문에 도착하자 문 옆에서 진평陳平이 나와 그들을 맞아들였다.

패공은 안내를 받으면서 원문 안으로 걸음을 걸었다. 좌우를 살펴보니 무기가 수없이 많이 놓여 있고 징 치는 소리, 북 치는 소리, 휘황한 빛과 요란한 소리가 어수선하여 불쾌하기 짝이 없었다. 그래서 그는 장량을 돌아다보면서 이렇게 말하고 걸음을 멈추었다.

"선생! 나는 들어가기 싫소이다. 경축연회가 마치 전쟁판과 다름없군요."

장량은 패공이 겁을 집어먹고 걸음을 멈추자 그의 귀에 입을 대고 가만히 말했다.

"겁내지 마십시오. 여기까지 온 이상 앞으로 나아가면 이롭고 뒤로 물러나면 해롭습니다. 만일 한 발짝이라도 물러가신다면 저쪽의 계책에 빠지는 것입니다. 여기서 잠깐 기다리고 계십시오. 제가 먼저 노공을 만나보고 나오겠습니다."

"그렇게 해주십시오."

패공은 구원을 청하는 듯이 장량의 얼굴을 바라보았다. 장량은 급히 중군으로 향해 걸었다.

중군에 들어가는 문 앞에서 정공과 옹치 두 장수가 문을 지키고 들어가지 못하게 했다. 장량은 그들에게 예를 올리고 자기는 지금 패공에게 차용되고 있는 장량이라는 사람인데 노공을 뵙고 드릴 말씀이 있으니 전갈해 달라고 인사를 드렸다.

정공은 안으로 들어가 항우에게 장량의 말을 전달했다.

"패공에게 차용되고 있는 사람이라니 그게 무슨 말인가?"

항우는 차용이라는 문자를 처음 듣는 듯 알아듣지 못하고 이같이 물었다.

"한나라의 장자방이 장량인데, 한나라의 오 대 정승집 아들입니다. 패공이 팽성을 떠나 진나라에 쳐들어올 때 한왕에게 가서 장자방을 빌려왔지요. 차용된 사람이라는 말은 이래서 하는 말입니다. 말 잘하고 꾀가 많은 사람이지요. 필시 노공께 변설로 설복시키려고 찾아왔을 것이니 이 사람을 먼저 죽여 버리십시오!"

항우의 물음에 범증이 이렇게 말하자 항백이 곁에 있다가 깜짝 놀라며 반대했다.

"안 됩니다! 노공이 관중에 들어와서 첫째 할 일이 천하의 인심을 거두는 일인데, 무고하게 사람을 죽이다니요! 더구나 장자방은 나의 절친한 친구입니다. 그 재주가 탐난다면 내가 그 친구에게 권해서 우리 편으로 오게 하겠소!"

"숙부의 말씀이 옳습니다."

항우는 항백의 말에 동의하고 정공에게 장량을 들어오게 하라고 명령했다.

정공이 밖으로 나가더니 조금 있다가 장량이 들어왔다.

장량은 항우 앞에 이르러 길게 허리를 굽혀 공손히 예를 하면서 살폈다. 항우는 갑옷을 입고 칼을 찬 채 높이 앉아 있었다. 장량은 예를 올리고 천천히 입을 열었다.

"오늘 홍문의 연회는 전승 경축의 대연회입니다. 그런데 갑옷을 입고 무장한 군사가 사방을 엄중히 지키고, 금고(징과 북)를 울리는 소리로 천지가 요란하고 홍문에는 살기가 가득하여 사람이 가까이 오기를 싫어합니다. 노공께서는 장한과 싸우기를, 사흘 동안에 아홉 번 싸워서 아홉 번 이기신 이후로 모르는 사람이 없습니다. 힘은 나타내지 않을지라도 저절로 강한 것이며, 뽐내지 않을지라도 저절로 용맹은 드러나는 것이므로, 오늘 이같이 형세를 보이시지 않아도 좋으실 것입니다. 지금 제후가 밖에까지 와서도 마음이 송구해서 들어오지 못하고 있으니 원컨대 통찰하여 주십시오."

항우는 장량의 말을 듣고 보니 딴은 그 말이 옳다고 생각되었다. 자기를 당할 놈이 없고 자기를 무서워하지 않는 놈이 없는데 무엇 때문에 이렇게 갑옷으로 무장하고 있을 이유가 있는가. 항우는 이 같은 생각이 들자, 즉시 갑옷을 입은 무장한 군사들을 뒤로 물러가게 하고, 징과 북 치는 소리를 내지 말라고 명령한 다음 자기도 안으로 들어가 갑옷을 벗고 의복을 갈아입은 후에 다시 나와 앉으면서 정공과 옹치를 불러 제후를 맞아들이라고 명령했다.

정공·옹치가 명령을 받고 나간 후 얼마 지나지 않아 패공이 들어왔다.

그런데 패공은 노공이 앉아 있는 방으로 들어오지 않고 뜰 아래로 걸어와 항우에게 겸손하게 예를 올렸다. 패공이 예를 마치자 항우는 정색을 하고 패공에게 문죄하기 시작했다.

"그대는 내게 세 가지 죄를 지었는데 그 죄를 아는가?"

항우의 호령 비슷한 소리가 떨어지자 패공은 두 손을 비비면서 겸손한 음성으로 대답했다.

"저는 얼마 전까지도 패현에서 정장 노릇을 하던 보잘것없는 사내였습니다. 우연히 여러 사람이 내세우는 바람에 사졸들을 데리고 진나라를 치게 되었으나 종시 장군의 부하에 예속되어 있으므로 나아가는 것이나 물러가는 것이나 모두 장군의 명령에 의해 해왔습니다. 어떠한 일도 제 마음대로 방자하게 해 온 일이 없으니 죄를 지었을 것이 없는 줄로 압니다."

패공은 말을 맺고 또 한 번 허리를 굽혔다.

"그러면 죄지은 것을 내가 가르쳐 줄 터이니 들어보게. 그리고 한 죄목 한 죄목에 대해서 분명하게 대답을 해보시오! 그대가 관중에 들어와서 진 삼세 황제라 일컫는 자영의 항복을 받고 그대 마음대로 자영을 석방했으니 그 죄가 하나요, 백성들의 마음을 사려고 진의 법을 고치고 제 마음대로 '약법 삼장'을 반포했으니 그 죄가 둘이요, 그 다음에 대장을 보내어 함곡관을 엄중하게 막아 제후가 들어오지 못하도록 제 마음대로 처결했으니 그 죄가 셋이란 말이오."

항우의 노기를 띤 호령은 우렁차기 짝이 없었다.

"제가 한마디 말씀으로써 심중의 소회를 올리겠습니다."

패공은 항우의 호통하는 소리를 듣고 조금도 당황하는 기색

없이 말을 계속했다.

"진왕 자영은 세궁역진勢窮力盡(기세가 꺾이고 힘이 다 빠짐)해서 제게 항복하고 처분을 기다렸는지라 저는 이것을 제 마음대로 죽여 버리지 못하고 노공께서 관중에 오시기를 기다렸습니다. 함부로 석방한 것이 아니고 처분을 기다리는 것입니다. 또 하나는 진나라의 법이 혹독해서 백성들이 불 속에 있는 것이나 마찬가지이므로 저는 관중에 먼저 들어왔기에 노공의 덕을 보여주기 위해 우선 모든 혹독한 법을 폐지하게 하고 '약법 삼장'을 지키라고 했더니, 백성들은 말하기를 먼저 들어온 장군이 이렇게 후덕하니 나중에 들어오시는 임금이야 얼마나 좋게 해주실까 하고, 노공이 어서 들어오시기를 기다렸습니다. 백성들은 진정으로 노공이 입성하시는 날을 고대하고 있었습니다. 끝으로 장수를 파견해서 함곡관을 수비하게 한 것은 제후가 관중에 들어오는 것을 막으려 함이 아니었고, 진나라의 잔당들이 또 난동을 일으킬 것이 염려되어 수비를 튼튼히 하게 했을 뿐입니다. 이 같은 사정을 알아주신다면 제게 죄가 없음을 인정하실 것입니다. 다행히 우리는 작년에 결의형제를 맺은 일이 있으므로 노공께서는 제 마음을 알아주실 줄로 믿습니다."

패공은 쉬지 않고 여기까지 자기의 무죄함을 사리 분명하게 설명했다.

항우는 패공의 대답을 듣고 보니 과연 패공이 관중에 들어와서 한 일은 모두 자기를 위해서 잘한 일이란 생각이 들었다.

그는 벌떡 일어서서 뜰 아래로 내려가 패공의 손을 덥석 잡고 말했다.

"내가 그대를 의심할 리가 있겠소! 그대의 좌사마 조무상이란 자가 내게 그런 고자질을 했기 때문에 잠깐 의심을 했을 뿐이오. 지금 직접 해명을 들으니 내 마음이 참으로 기쁘오. 올라갑시다."

그리고는 패공을 데리고 단상으로 올라왔다. 패공은 항우에게 두 번 고개를 수그려 감사의 뜻을 표하고 자리에 나아가 항우와 마주 앉았다. 그와 동시에 모든 사람이 자리에 착석하고 범증·장량·항백·진평은 항우와 패공 가까이에 자리를 정했다.

악사들이 풍악을 울리자 조금 전까지 살기 가득하던 방은 순식간에 화기애애한 연회장으로 변하고, 음식 접시 위로 서로 권하는 술병이 오갔다. 이 세상에서 모든 백성이 미워하던 진나라가 망해 없어지고 태평한 세상을 꾸미게 되었다는 유쾌한 잔치가 벌어지고 있었다.

이때 범증이 항우를 건너다보았다. 항우의 얼굴은 조금 전과는 전혀 달라져 패공을 죽이고자 하는 뜻이 조금도 보이지 않았다.

시간은 흘러간다. 오늘 연회의 목적을 이루지 못하면 안 된다. 이렇게 생각하니 범증은 마음이 조급해졌다.

그는 항우를 건너다보면서 암호로 작정한 바와 같이 가슴에 차고 있는 옥패를 세 번씩이나 쳐들었다. 한 번만 옥패를 쳐들어도 장막 뒤에 숨어 있는 이백 명의 군사를 항우가 불러내어 패공을 죽이기로 약속된 일이건만 항우는 그 암호를 지키지 않았다.

항우도 범증과의 암호 약속을 잊어버린 것이 아니었다. 범증이 옥패를 세 번이나 쳐드는 것을 보았지만 마주 보고 앉아 있는 패공의 호인 같은 얼굴을 보고 있자니 죽이고 싶은 생각이 나지 않았다. 이렇게 겸손하고 이렇게 온화하고 이렇게 유약해 보이는 인물이 살아 있은들 무슨 대수로운 일을 하겠느냐? 걱정할 인물이 못 되지 않느냐? 이같이 생각되었다. 그래서 항우는 범증의 암호를 보고도 모르는 체했다.

범증은 항우가 자기의 암호를 못 본 체해 버리자 더욱 조바심이 생겼다.

항우의 호령 소리가 떨어지지 않으면 뒤에 숨겨 둔 군사는 나오지 못할 것이므로 이제는 세 번째 계획을 시행할 수밖에 없다고 생각하고 진평을 바라보고 눈짓을 했다. 연회를 시작하기 전에 미리 진평에게는 약속해 두었던 일이므로 범증이 눈짓만 하면 진평이 패공에게 술을 자주자주 권해서 취하도록 만들고 급기야 실례를 하도록 마련된 것이었다.

진평은 범증의 암호를 눈치채고 큰 잔과 술병을 들고 패공 앞으로 갔다. 패공의 얼굴을 가까이 들여다보니 번듯한 이마, 둥근 코, 큰 귀, 의젓한 입술, 뚜렷한 두 눈, 온화하고 인자한 태도가 가히 왕자의 기상이 엄연한 것을 보고 진평은 마음속으로 놀랐다. 이런 사람은 드물게 보는 사람이다. 범증 노인의 말을 듣고 이 사람을 해친다는 것은 옳은 일이 아니다. 진평은 이렇게 생각했다.

마침내 진평은 패공의 술잔에 술을 따르는 체하면서 조금씩 붓고, 항우의 술잔에는 가득히 붓기 시작했다. 옆에서 술을 권하는 사람이 이같이 하니 패공은 술에 취할 까닭이 없었다. 패공도 진평의 의사를 모르지 않았다. 자기를 위해 조심시키는 것임을 깨닫고 조금도 실수하지 않았다.

범증은 이때나 저때나 하며 기다리고 있었지만 도저히 자기의 계책이 이루어지지 않는 것을 보고 더욱 조바심이 생겼다. 오늘 기회를 놓치면 안 된다. 그런데 이미 세 가지 계교는 실패로 돌아갔다. 이렇게 된 바에야 비상한 방법으로 대담하게 패공을 이 자리에서 처치해 버려야 한다. 그는 이렇게 생각하고 자리에서 일어나 뒷문을 열고 근처를 살펴보았다.

마침 거기에는 항우의 일가인 항장이 있었다.

범증은 항장에게 오늘 연회의 목적을 자세히 이야기했다.

"자네가 검무를 추겠다 하고 대번에 패공의 목을 베어 버리게."

범증은 끝으로 이렇게 부탁했다.

"잘 알았습니다. 선생께서 시키는 대로 하겠습니다."

항장은 칼을 잡고 방으로 성큼성큼 걸어 들어갔다.

"군중에서 풍악을 울리는 것은 우리 무인들에게는 그다지 흥취 있는 일이 아닙니다. 그래서 제가 여러 어른들의 흥취를 돕기 위해 검무를 추어올리겠으니 보시고 웃어 주시기 바랍니다."

항장은 중앙에 와서 이같이 한마디 하고는 칼을 뽑아 들고 춤을 추기 시작했다.

장량이 항장의 모양을 바라보니 그 뜻이 다른 데 있는 것이 아니고 패공에게 있는 것이 분명했다. 가만히 보고 있을 일이 아닌 것을 짐작하고 그는 마주 앉은 항백에게 눈을 끔뻑했다.

항백도 장량의 뜻을 알아들었다. 그는 즉시 자리에서 벌떡 일어나서 말했다.

"옛날부터 검무라는 것은 홀로 추는 것보다 적수가 있어서 두 사람이 추는 것을 일컬어 왔습니다. 서릿발 같은 칼날이 서로 얽히니 보는 눈이 황홀하다고들 일컫지 않았습니까? 지금부터 쌍무를 추겠으니 흥겹게 보아 주십시오."

"아, 좋고말고…… 아주 좋지요."

항우는 자기의 일가 동생인 사람과 숙부가 쌍무를 춘다니까 흥겨워하면서 검무를 허락했다. 두 사람은 좌우에서 칼을 휘두르며 춤을 추었다.

항장이 칼을 날리면서 패공 가까이 가면 항백이 패공을 자기의 몸으로 가로막아 버렸다. 검무에 맞추는 풍악이 끝나도록 항장은 몇 번이나 패공을 노렸으나 번번이 항백 때문에 목적을 이루지 못했다. 범증은 주먹에 땀을 쥐고 입속으로는 이를 갈았다.

장량은 아무리 보아도 항장의 기운을 항백이 당하지 못할 것 같았다. 급히 자리에서 일어나 문밖으로 나왔다.

장량은 문밖에 나가 거기서 기다리고 있는 번쾌를 불러 패공의 위태함을 자세히 이야기했다.

"내가 먼저 들어갈 터이니 곧 따라 들어와 화를 면하게 하시오."

하고 장량은 부탁했다.

"염려 마십시오. 내가 죽은들 어김이 있겠습니까."

번쾌는 호탕했다.

장량이 자리에 돌아와 보니 항장과 항백 두 사람은 아직까지 칼춤을 추고 있었다.

장량이 들어간 뒤에 번쾌는 방패를 한옆에 끼고 허리에 칼을 차고 문 앞으로 뚜벅뚜벅 걸어와 큰소리로 고함을 쳤다.

"오늘 홍문 잔치에 따라온 사람은 사람이 아니고 무쇳덩어리인 줄 아시오? 이른 아침부터 지금까지 술 한 방울 안 주니 이런 법이 어디 있소? 내가 직접 노공을 만나 술을 얻어먹고 나오겠소!"

이렇게 한마디 하고 뚜벅뚜벅 걸어갔다. 그러자 문을 지키던 정공·옹치 두 사람이,

"어디를 함부로 들어가는 거야!"

하며 문을 쾅 닫았다. 번쾌는 이까짓 것쯤이야 하고 어깨로 문을 쾅 밀었다. 진문은 부서져 땅 위에 넘어졌다. 문이 넘어지는 바람에 사졸 두 명이 즉사해 버렸다.

번쾌는 그 길로 쏜살같이 큰방으로 달려가 장막을 제치고 방 안으로 쑥 들어갔다. 항우의 정면에 들어와 우뚝 서 있는 번쾌의 얼굴에는 성난 눈이 화등잔같이 밝았으며 머리카락은 곤두서서 하늘을 찌르는 것 같았고, 한편 옆구리에는 방패를 끼고 한편 손은 칼자루를 쥐었는데 입을 꾹 다문 채 버티고 있는 모

양이 항우가 처음 보는 아주 용맹한 장사였다.

"이 장사는 웬 사람인가?"

항우는 놀라서 좌우를 보며 물었다.

장량이 얼른 자리에서 일어나 대답했다.

"패공의 참승驂乘 번쾌입니다."

항우는 장량의 대답을 듣고 정면에 서 있는 번쾌를 건너다보았다. 번쾌는 움직이지 않고 여전히 딱 버티고 서 있었다.

"왜 들어와 섰는 거야?"

항우는 그 모양을 보고 이같이 물었다.

"말씀드리겠습니다. 제가 듣기에 오늘은 노공께서 진나라 망한 것을 기뻐하기 위해 축하연을 베풀고 상하가 없이 모든 사람에게 술을 하사하셨다는데 오직 저 한 사람은 이른 아침부터 문 밖에 와서 있건만 지금 점심때가 지나도록 술 한 방울 주는 사람이 없습니다. 뱃속에서 쪼록 소리가 들리도록 목마르고 시장하기에 노공께 하소연하려고 이렇게 들어온 것입니다."

번쾌의 대답을 듣고 항우는 화를 내기는커녕 오히려 심부름하는 사람을 시켜 한 말들이 술통에 술을 가득 채워 번쾌에게 갖다주라고 했다.

번쾌는 갖다주는 술통을 두 손으로 받아 벌떡벌떡 쉬지 않고 한숨에 다 마셔 버렸다.

그리고 심부름하는 사졸 두 사람이 돼지를 통째로 잡은 것을 양 어깨에 메고 들어와 그 앞에 놓자 번쾌는 칼을 뽑아 돼지 다리를 썩 베어 들더니 잠깐 동안에 오둑오둑 다 깨물어 먹었다.

항우는 그 모양을 바라보고 탄복을 금치 못했다.

"참 장하다! 또 먹겠느냐?"

항우가 이같이 묻는 말에 번쾌는 입 가장자리를 주먹으로 씻으면서 대답했다.

"제가 지금 이 자리에서 죽는 것도 사양하지 않았는데 어찌 술 주시는 것을 사양하겠습니까?"

항우는 그의 말이 무엇을 의미하는 것인지도 모르면서 재미있다고 생각했다.

"그래 죽는 것도 사양치 않다니 누구를 위해 죽는단 말이냐?"

항우는 이같이 물었다.

번쾌는 서슴지 않고 대답했다.

"진나라가 호랑이같이 함부로 사람을 죽이는 까닭으로 천하가 궐기했습니다. 그래서 우리 회왕께서는 제후와 약속하기를 먼저 함양에 들어가는 사람을 왕으로 삼으시겠다고 말씀하셨습니다. 그런데 지금 패공이 먼저 함양에 들어왔건만 재물과 부녀를 추호도 건드리지 않았고 군사는 패상에 주둔시킨 채 노공께서 함양에 들어오시기만 기다렸습니다. 고생도 고생이려니와 패공의 공은 크다고 봅니다. 그런데 작을 봉하고 상을 주는 일은 없이 소인의 간계에 빠져 공 많은 사람을 죽여 버리려고 하니 이것은 망해 버린 진나라의 길을 따라가는 것밖에 안 됩니다. 노공께서는 이렇게 하지 마십시오! 지금 항장과 항백 두 분이 칼을 휘두르며 춤을 추시는데 그 목적이 어디 있느냐 하면 우리 패공의 목을 베려고 하는 데 있습니다. 제가 이 때문에 죽음을 무릅쓰고 이 자리에 들어온 것입니다. 첫째는 출출한 배를 채우기 위해, 둘째는 우리 패공을 위해 노공께 하소연하려고 들어온 것입니다. 그러니까 죽는 것도 사양치 않는다는 말씀입니다."

번쾌는 하고 싶은 말을 쏟아 놓고 방안을 한 바퀴 휘둘러 보았다. 칼춤을 추고 있던 항장과 항백 두 사람은 어느 틈에 검무를 멈추고 어디로 사라졌는지 보이지 않았다.

항우는 번쾌의 장황한 사설을 듣고 유쾌하게 웃었다.

"장하다! 패공은 훌륭한 참승을 두었구나! 참말로 천하에 제일가는 장사로다!"

그는 번쾌를 처음 보는 장사라고 칭찬하면서 자기도 큰 잔으로 술을 연거푸 마셨다.

얼마 지나지 않아 항우는 술기운을 이기지 못해 탁자 위에 쓰러져 버렸다. 좌우에 있던 사람들이 항우를 부축하여 옆방으로 옮겨 침상에 눕혔다.

장량이 이 상황을 보고 패공 곁에 와서 가만히 말했다.

"지금 이 틈을 타서 돌아가십시오!"

패공은 즉시 변소에 가는 체하고 본진에서 나왔다. 문 앞에 오니 정공·옹치 두 사람이 길을 막고 못 나가게 했다.

진평이 쫓아 나와 뒤에서 재촉했다.

"속히 문을 열어드리시오."

정공·옹치 두 사람은 그제야 옆으로 비켜서 패공을 나가게 해주었다.

패공은 번쾌를 데리고 문밖으로 나갔다. 기신·근흡·하후영 세 사람이 문밖에서 기다리고 있다가 패공을 모시고 샛길로 빠져 말을 달려 패상으로 돌아왔다.

항우는 한동안 잠을 자고서야 술이 조금 깨었다. 눈을 뜨고 좌우를 보면서 물었다.

"패공은 어디 있느냐?"

큰 방에 들어와 앉았던 장량이 소리를 듣고 얼른 항우 앞으로 다가갔다.

"패공은 술을 너무 많이 마셨기 때문에 앉아 있을 수 없어서 조금 전에 패상으로 돌아가고 제게 대신 여기 있다가 노공께서 잠이 깨시거든 오늘 은혜를 사례드리라 하였습니다."

"무엇이라고?"

항우는 침상에서 벌떡 일어나 앉으면서 노기를 띠었다.

"아니! 패공이 내게 인사도 안 하고 제 맘대로 돌아갔다고?"

항우는 자기의 허락 없이 돌아가 버린 패공을 분하게 생각했다.

이때 범증이 항우가 크게 노하여 큰소리 내는 것을 듣고 급히 들어왔다.

"보십시오! 제가 뭐라고 말씀했습니까? 패공은 겉으로 유약한 체하지만 내심으로는 간웅奸雄스러운 인물입니다. 노공의 허락 없이 홍문을 떠난 것은 노공을 업신여기는 까닭입니다. 이것은 모두 장량이 그렇게 시킨 까닭이지요. 그러니 장량의 말도 곧이듣지 마십시오. 큰일납니다!"

이렇게 부채질을 했다. 항우의 성난 마음에는 불이 붙었다.

"여봐라! 장량을 잡아다가 목을 베어라!"

항우의 호령이 떨어지자 옆방에서 장사 두 사람이 들어왔다. 장량의 목숨은 위기일발危機一髮(눈앞에 닥친 위기)의 순간이 되었다.

그러나 장량은 천연스럽게 항우를 바라보며 말했다.

"잠깐 고정하시고 제 말씀을 들어 주십시오. 패공은 본시 장량의 주인이 아닙니다! 때문에 패공을 위해 제가 노공께 거짓말할 까닭이 없습니다. 더구나 지금 노공께서는 위엄이 천하를 진압하고 있는데, 누가 감히 섣불리 거짓말을 하겠습니까. 모든 사람이 복종하고 두려워하는데도 불구하고 잔치를 베풀고 술을 대접하다가 패공을 죽인다는 것부터 그 계획이 잘못된 것입니다. 그렇게 한다면, 천하 사람들이 뭐라고 말하겠습니까. 노공이 패공을 이기지 못할 것 같으니까 홍문연 잔치에 청하여 별안간 대항하지 못하는 사이에 죽여 버렸다고 이야기를 하면서 노공을 조소할 것입니다. 그러지 마시고 저를 패상으로 돌려보내 주시면 나라를 대대로 전하는 옥새라든지 그 외의 여러 가지 보물을 패공에게 말하여 모두 노공께 갖다드리겠습니다. 노공께선 진나라 자영이 패공에게 바치고 항복한 옥새를 받아 위에 오르신다면 대의명분大義名分이 번듯하여 원근이 모두 복종할 것입니다. 그러나 만일 지금 노공께서 저를 이 자리에서 죽여 버리신다면, 패공은 옥새를 가지고 다른 나라로 도망가 딴 사람에게 주어 버리든지, 깨뜨려 버리든지 할 것입니다. 그렇게 되면 노공께서는 나라를 전하는 보배를 잃어버리고 마는 것이 아닙니까?"

항우는 장량의 말을 여기까지 듣고 고개를 끄덕였다.

"자방의 말이 옳아. 천하를 제압하고 사해가 이제는 내게 돌아왔는데 패공이야 사실 초개 같은 것이지! 범증 선생의 말대로 했더라면 일을 그르칠 뻔했어. 자방! 네가 가서 옥새를 가져오겠느냐?"

"예, 염려 마십시오. 지금 곧 가서 가져오겠습니다."

장량이 홍문에서 빠져나와 패상으로 돌아오니 패공은 반색하며 그를 맞았다.

"감사합니다. 오늘 선생의 계책과 주선이 아니었으면 살아나지 못했습니다. 참말 어려운 지경을 무사히 모면했습니다."

패공은 이렇게 장량에게 감사의 말을 하고 좌사마 조무상을 끌어내어 그 죄목을 밝히고 참형에 처했다.

서초 패왕 항우,
패공 유방을 한漢왕에 봉하다

이튿날 장량은 진기한 보물을 가지고 홍문으로 갔다.

"패공은 어제 과음한 탓으로 오늘까지 자리에 누워 계십니다. 저더러 대신 뵈옵고 사죄의 말씀을 드리라 했습니다. 여기 옥새와 보물을 가져왔습니다."

장량은 이같이 말하고 항우에게 보물과 옥새를 바쳤다.

항우는 이것을 받아 탁자 위에 벌려 놓고 만족한 표정으로 한참 동안 들여다보더니 그중에서 제일 광채 은은하고 밝은 구슬을 한 개 집어 범증에게 내밀었다.

"이중에서 이것이 제일 특이하게 광채가 좋습니다. 이것을 선생이 가지시고 즐기십시오."

범증은 항우의 손에서 구슬을 받더니 뜻밖에 그 보물을 땅바닥에 던져 칼로 부숴 버리면서,

'아! 이제는 일이 다 틀렸구나! 아마도 우리는 패공에게 사로잡히게 될 거야. 포로가 되는 신세에 이 같은 보물이 무슨 소용이란 말인가!'

하며 혼잣말처럼 중얼거렸다.

항우는 이 광경을 보고 크게 노했다.

"선생! 이게 무슨 짓이오. 어디서, 감히 누구 앞에서 이런 무례한 행패를 한단 말씀이오."

"노공이 저에게 주시는 것을 경시하는 것이 아닙니다. 자고로 귀중한 것은 물건이 아니라 사람입니다. 지금 우리가 보물과 함께 빼앗아 와야 할 것은 패공의 목입니다. 이따위 구슬이 아닙니다."

범증은 흥분해서 대들 듯이 대꾸했다. 항우는 도리어 노기를 억제하면서 범증을 위로하는 듯이 입을 열었다.

"패공은 유약한 인물이올시다. 큰일을 저지르지 못할 테니 너무 염려 마십시오."

항우가 이같이 말하자 범증도 가까스로 흥분한 마음을 진정시켰다. 항우는 홍문의 진영에서 앉아 지난날을 회상했다.

그동안 적과 싸운 기록은 수백 회이건만, 한 번도 패한 일이 없는 항우였다. 오추마를 타고 앉아 무기를 높이 쳐들고 벽력같은 소리를 지르며 달려드는 항우 앞에는 당해낼 장수가 없었다.

'내가 제일이다'하는 생각은 지금 항우의 가슴속, 머릿속, 오장육부, 사지의 혈맥 구석구석에까지 팽창되어 있었다. 특히 홍문연에서 패공을 죽이지 않은 것도, 범증의 충심으로 권하는 말을 듣지 않은 것도, 장량을 죽이려 하다가 도리어 자기를 섬기라고 붙들어 둔 것도 모두 그의 생각으로는 상대가 안 되는 힘없는 것들로 생각되었기 때문이었다.

그는 천하를 평정했다. 함양에 먼저 입성한 패공까지 자기를 섬기기로 되었으니, 이제 진 삼세이었던 자영을 없애고 왕위에 오르기만 하면 천하가 손아귀에 들어오는 것이었다.

자영은 또다시 흰 옷을 입고 흰 수레를 타고, 입에는 항복 문서를 적은 글을 물고, 패공의 진영에서 나와 항우의 진영으로 갔다.

항우는 홍문의 진영 앞에 나와 항복 문서를 받아보고 호령을 추상같이 했다.

"너의 할애비가 육 국을 멸하고, 천하의 백성을 해롭게 한 죄가 네게까지 내려온 것을 너는 아느냐?"

"육 국을 멸망시킨 것은 조부 시황이 한 일이옵고 소신의 죄가 아니니, 소신의 소원은 다만 한 가지, 함양의 백성들이 이세에 이르기까지 밝은 햇빛을 못 보았사오니 백성들만 편안하게 해주시기 바랍니다."

항우의 호령을 듣고 자영은 땅 위에 꿇어앉아 이같이 대답했다.

항우는 영포를 내려다보고 눈짓을 했다. 그와 동시에 영포는 칼로 자영의 목을 쳤다. 자영의 머리는 땅 위에 굴렀다.

멀리서 이 모양을 바라보고 있던 함양 주민들은 통곡하기 시작했다. 청명하던 하늘은 금세 어두워지고, 항우를 원망하는 울음소리가 천지를 진동했다. 항우는 함양 백성들의 이 같은 광경을 보고 분한 생각에 피가 끓었다.

"패공은 유덕하고 노공은 저렇게 잔인무도하니 노공을 망하게 해주소서."

백성들의 통곡하는 울음소리 속에서 이같이 지껄이는 소리까지 들렸다. 이 소리를 들은 항우는 더 참을 수 없었다.

"저놈들을 모두 죽여 버려라!"

항우는 말 위에서 부르짖었다. 영포가 항우의 명령에 따라 행동을 시작하려 하자 범증이 항우 앞으로 나와 그의 말고삐를 붙들었다.

"안 됩니다! 안 됩니다! 패공은 관중에 들어와서 약법 삼장을 공포했는데, 지금 노공께서는 자영을 죽이고 또 백성들까지 모두 죽이시겠다니……, 백성들의 마음이 떠나 버린다면 천하를 어떻게 얻을 수 있겠습니까?"

범증은 항우의 무도한 행위를 극구 말렸다.

범증이 더 뭐라고 길게 말하기 전에 백성들의 욕하는 소리, 고함치는 소리가 더욱 크게 들려왔다. 항우는 범중의 말을 더

들을 수 없었다.

"비켜나십시오."

항우는 한소리 크게 지르고 말을 달려 영포와 함께 떠드는 백성들 가운데로 쫓아 들어갔다.

홍문 근처 높은 언덕과 길가에 모여 서서 웅성대던 함양 백성들과 자영이 삼십삼 일간 황제 노릇을 하던 때 벼슬을 하던 진나라 관리들이 이 구석 저 구석에서 쑥덕공론을 하다가 영포가 지휘하는 군사들에게 발견되는 대로 모조리 참살당하고 말았다. 항우와 영포는 군중을 도살하는 일을 동서남북으로 쫓아다니면서 지휘하고 호령했다. 큰길에는 삽시간에 시체가 산같이 쌓이고 좁은 골목에는 사람의 피가 도랑물처럼 흘렀다.

항우는 이렇게 많은 사람의 관리와 백성 모두 합해서 사천육백여 명을 참살하고서도 분이 풀리지 않았다.

"이왕이면 함양 백성을 한 놈도 남기지 말고 모두 죽여 버리자!"

항우는 말 위에서 영포를 돌아보며 이같이 소리쳤다. 이 소리를 듣고 범증은 항우 앞으로 쫓아갔다.

"안 됩니다! 참으십시오! 옛날에 탕왕湯王은 날이 몹시 가물어서 곡식이 타는 고로 몸소 삼림 속에 들어가 일신을 희생하기로 하고 기도를 드렸더니 과연 큰비가 쏟아졌다 합니다. 첫날 임금들은 백성을 위해 이같이 자기를 버렸거늘 죄 없는 함양 백성을 모두 죽인다니, 이게 될 말입니까!"

범증은 항우가 타고 앉은 말머리에 자기 이마를 찧으며 울었다.

범증이 이같이 말머리를 붙들고 울면서 말리는 소리를 듣고서야 항우도 분한 생각이 조금 진정되었다.

날이 어두워진 뒤에 항우는 촛불을 밝히고 범증을 청해 앞으로 할 일을 의논했다. 그의 생각에 의하면 함양궁을 빼앗고, 옥새를 얻고, 항복을 받고, 자영을 죽였으니 이제는 관중에서 하루속히 왕위에 오르는 것이 급한 일이 아니냐는 것이었다.

그러나 범증은 항우와 유방이 똑같이 초 회왕의 신하이므로 회왕에게 이 뜻을 알려 회왕의 조칙을 받은 후에 왕위에 올라가는 것이 옳은 일이며, 이렇게 순서를 밟아서 해야만 이름이 번듯하고 천하에 뒷공론이 없게 된다고 대답했다.

이 말을 듣고 항우도 찬동했다.

그러나 항우의 숙부 항백이 정성으로 가서 회왕을 찾아보고 항우가 관중에서 왕이 되고 싶어하오니 재가해 주십사고 간청해 보았건만 실패하고 돌아왔다. 먼저 함양에 입성하는 자를 왕으로 한다. 이것이 최초의 약속이었으니 약속대로 해야 한다는 것이, 나이 어린 회왕의 고집이었다. 이 같은 결과에 항우는 분개했다.

"무엇이 어떻다고요? 아니 회왕은 우리 집에서 세워 준 왕인데, 지금 와서 자신은 아무 공로도 없이 선약이 제일이라고 선약만 주장하다니! 그까짓 것, 내가 남에게 굴복하고 또 명령까지 받아야 하겠습니까! 내 마음대로 하는 것이 대장부의 할 일이지!"

항우는 항백에게 이같이 쏘아붙이고는 범증에게 택일하여 왕위에 오르는 절차를 꾸미라고 했다.

항우는 장량과 함께 있다가 잠시 동안 무엇을 생각하는 듯하더니 불쑥 장량에게 말을 던졌다.

"만일 고금을 합쳐서 칭호를 쓴다면 패왕霸王이라 하는 것이 좋겠군! 나는 본시 초나라 태생이고 회하淮河 이북을 서초西楚라 부르니 지금부터 나를 '서초패왕西楚霸王'이라고 칭하여라! 이와 같이 조서를 꾸며서 천하에 반포하여 백성들에게 알리도록 하시오."

항우는 스스로 자기의 존호를 서초패왕이라 결정한 후 장량에게는 후하게 상금을 내리고 길일을 택하여 대례를 거행하고, 조칙을 반포하여 천하에 알렸다. 그리고 회왕을 의제義帝라 존호를 받들게 하는 동시에 도읍을 팽성에서 강남의 침주郴州로 옮기게 하라 한 후, 부하 군사들에게 상금을 주어야겠는데 재물이 없었다.

서초패왕 항우는 범증을 불렀다.

"짐이 부하 사졸들에게 은상을 주고자 하는데 재물이 없으니 경은 무슨 계책이 없소?"

"어려운 일이 아니외다. 패공이 먼저 함양에 입성했으므로 재물이 어디 있다는 것을 잘 알 것이니 패공을 불러 하문하소서."

항우는 패공에게 사람을 보내어 곧 오라고 했다.

장량이 이 일을 알고 급히 편지를 써서 심복하는 사졸을 주어 패공에게 보냈다. 항우가 재물이 어디 있느냐고 묻거든 자세한 것은 장량이 알고 있을 뿐 아무도 아는 사람이 없다고 대답하라는 내용이었다. 패공은 장량의 편지를 받아 보았는지라 안심하고 홍문으로 갔다.

"그대가 먼저 함양에 입성했으므로 진나라 재물이 어디 감추어 있는지 자세히 알 터이니 짐에게 말하라."

항우는 패공에게 이같이 말했다.

"신은 관중에 들어와서 다른 일이 바쁜 고로 재물을 점검하지 못했습니다. 오직 장량이 진의 재물이 어디 있는지 알고 있을 것입니다."

패공은 이같이 대답했다. 항우는 즉시 장량을 불러들였다.

"네가 진의 재물이 어디 있는지 알고 있다는데 어찌해서 지금까지 짐에게 알리지 않았느냐?"

항우는 꾸짖듯이 물었다.

"대왕께서 하문하신 일이 없으므로 아뢸 겨를이 없었습니다. 진의 금은보배는 효왕孝王, 소왕昭王 때부터 축적되어 시황에 이르러서는 그 부富가 천하에 제일이었습니다. 그러나 시황이 죽은 후 여산에 능을 축조하느라고 막대한 금은을 흩었습니다. 그리고 나머지 재물을 전부 무덤 속에 집어넣었고, 또 이세 호해가 유흥하느라고 물 쓰듯 낭비해 버린 까닭에 지금은 텅 비었습니다. 그런고로 감추어진 것으로는 여산의 시황묘에 있는 것뿐입니다."

항우는 이 말을 듣고 한참 생각하는 듯하더니 뒤에 서 있는 범증을 돌아보면서 말했다.

"시황묘를 파헤치고 재물을 파내어 사졸들에게 나누어 줍시다."

"시황묘에는 시황이 평생에 애호하던 물건만을 묻었습니다. 무슨 재물이 있겠습니까?"

범증은 이같이 반대했다.

"장군께서 모르시는 말씀! 시황묘는 주위 팔십 리, 높이 오십 척에 주옥으로 일월성신日月星辰을 꾸미고, 수은水銀으로 관곽을 보호하고, 천만 가지 보물, 주와 산호, 비취 등 없는 것이 없으므로 밤중에도 시황묘에서는 서광이 하늘에 뻗칩니다. 사실이올시다."

항우는 장량의 이 말을 듣고 마음이 동하여 가슴속이 시원했다.

이튿날 항우는 친히 군사 십만 명을 인솔하여 여산의 시황묘로 갔다. 울울창창한 수림은 맹수와 교룡이 숨어 있음직하고, 웅장하게 조각한 돌사자와 쇠로 만든 문무文武의 사람이 좌우로 늘어섰는데, 능 안에 들어와서는 어느 길이 시황묘로 통하는 길인지 알 수 없도록 교묘하게 설계되어 있었다.

항우는 말 위에서 내려 사방으로 연결된 돌난간의 길을 걸어다녔다. 그러나 어디서부터 땅속으로 뚫리는, 시황묘의 정면으로 통하는 구멍이 있는지 알 길이 없었다.

"시황묘로 통하는 지하도地下道가 있을 것이다. 이것을 알아내는 자는 상을 주겠다."

항우는 한참 동안 둘러보고 이같이 말했다.

"신이 그 길을 짐작합니다. 신이 전일에 이곳에서 인부 감독을 한 일이 있어 대강 짐작합니다."

영포가 이같이 말하자 항우는 즉시 공사에 착수하라고 명령했다. 영포는 수많은 사람으로 하여금 여산의 북쪽에서부터 남향해서 깊이 오십 척, 길이 백 척의 땅을 파헤치게 했다.

사졸들은 침전 속에 들어가 시황의 석관을 쇠망치로 부수려고 했다. 그러자 영포가 큰소리로 그것을 제지시켰다.

"안 된다! 건드리지 말아라. 그 속에서 철포가 쏟아져 나와 여기 있는 사람은 모두 죽는다!"

영포의 이 소리에 사졸들은 질겁해서 도로 나왔다. 영포의 설명을 들으면, 시황의 석관 속에는 총알과 화살촉이 엄청나게 많이 들어 있고, 그것이 석관을 때리기만 하면 석관 속에 들어 있는 자기황이 폭발하는 바람에 자동적으로 석관이 열리면서 발사되게 장치되었으므로 건드릴 수 없다는 것이었다. 시황의 시체를 안전하게 방어하는 치밀한 설계와 정교한 기술에 항우는 탄복했다.

"금은보물만 가지고 나가자!"

항우는 하는 수 없이 시황의 시체를 꺼내 볼기를 치려던 생각을 버리고, 보물만 운반해 내기로 했다. 시황의 침전에는 금·은 합해서 육십만 근, 석관 주위에 장식된 천하의 귀중한 보물 일백이십 종류, 이것들을 전부 운반시키니 수레로 수십 차에 달하는 재물이었다.

금은보물을 운반해 낸 뒤에 시황묘를 다시 묻어 버리게 한 후, 항우는 영포와 함께 아방궁에 들어가 보았다. 여산에서부터 함양까지 누각과 복도가 연속되어 있으니 아방궁의 건물은 길이 삼백 리에 뻗쳐 있었다. 그 규모의 장대함과 막대한 물자와 인공을 생각하니 시황의 궁사극치窮奢極侈(매우 심한 사치 행위)에 항우는 더욱더 얄미운 생각을 떨칠 수 없었다.

"진시황은 이렇게 사치했구나! 천하의 재물을 이따위로 모두 없애 버렸구나!"

항우는 영포를 돌아보고 이같이 탄식하다가 명령했다.

"이것을 그냥 둘 수 없다. 죄다 불살라 버려라!"

영포는 사졸들을 불러 아방궁에 불을 질렀다. 삽시간에 화광은 충천했다. 이날부터 타기 시작한 아방궁의 불은 삼 개월간이나 계속되었다.

항우는 홍문으로 돌아와 시황묘에서 꺼내 온 금은보물로 부하들에게 상을 주고 모든 막료에게 논공행상論功行賞을 하기 위해 범증과 의논을 했다.

"먼저 패공을 어떻게 하면 좋을까요?"

항우의 제일 큰 문제는 패공이었다.

"파촉巴蜀은 함양에서 서남으로 수천 리 떨어져 있는 진나라의 요해지입니다. 산세가 험준하고 도로가 기구하므로 그전부터 귀양 보내는 땅이 아니었습니까? 그러니 패공을 한왕에 봉하여 촉 땅에 가 있도록 하십시오. 그런 다음 진의 항장인 장한·사마흔·동예 이 세 사람을 삼진三秦 왕에 봉하시어 촉 땅에서 나오는 길을 지키고 있게 하십시오. 이렇게 하시면 관중에서 왕이 되게 하는 것과 모양새도 그럴듯할 뿐만 아니라 패공이 모반하고 싶어도 꼼짝 못하고 촉 땅에서 늙어 죽을 것입니다."

범증은 이같이 계책을 말했다.

"그것 참 상책입니다!"

항우는 범증의 계책에 찬성하고 즉시 군정사軍政司를 불러 논공행상을 기록하게 했다.

항우가 논공행상을 기록시킨 것은 대략 다음과 같았다.

패공은 한왕이 되어 촉 땅의 사십일 현縣을 통치하고, 장한은 옹왕雍王이 되어 상진上秦 삼십팔 현, 사마흔은 새왕塞王이 되어 하진下秦의 십일 현, 동예는 곽왕霍王이 되어 중진中秦의 삼십 현, 신양을 하남왕河南王, 사마앙을 은왕殷王, 영포를 구강왕九江王, 공오共敖를 임강왕臨江王, 오예吳芮를 형산왕衡山王, 전안田安을 제북왕濟北王, 위표를 서위왕西魏王, 장이를 상산왕常山王, 장도藏荼를 연왕燕王, 조헐趙歇을 조왕趙王, 전횡田橫을 상제왕上齊王, 전욱田郁을 중제왕中齊王, 정창鄭昌을 한왕韓王, 진승을 양왕梁王, 전영田榮을 전제왕前齊王, 전경田慶을 전조왕前趙王, 전여를 함안군咸安君, 항장을 교동왕交東王, 항정을 춘승군春勝君, 항원을 안승군安勝君, 범증을 승상으로 하고 존칭을 아부亞父라 했으며, 항백을 상서령尙書令, 종리매를 우사마, 계포를 좌사마, 옹치를 우장군, 정공을 좌장군, 용저를 대사마, 진평을 도위都尉, 한생韓生을 좌간의左諫議, 무섭武涉을 우간의右諫議, 환초를 대장군, 우영于英을 인전장군引戰將軍, 우자기를 대장군, 한신을 집극랑으로 각각 발령했다.

천하 제후로부터 서초패왕 항우에 딸리는 미관말직에 이르기까지 논공행상이 끝난 뒤에 큰 잔치가 베풀어졌다.

잔치가 끝난 뒤에 패공은 패상으로 돌아갔다. 장량도 홍문의 진영을 떠나 패공을 따라갔다.

패상에서는 패공이 한왕이 되어 촉 땅으로 가게 된 것을 알고 모든 장수가 울근불근했다.

"그래! 최초의 약속이 먼저 함양에 입성하는 사람이 관중에서 왕이 되기로 한 것인데 항우가 나를 촉 땅으로 쫓는다는 것은 도대체 말이 안 된다! 싸워 보자!"

패공도 이렇게 흥분했다.

"안 됩니다. 한왕으로 계시는 것과 헛되이 항우에게 죽는 것과는 비교할 수 없지 않습니까? 한왕이 되어 백성을 잘 기르고, 군사를 양성하고, 인재를 등용하여 먼저 삼진三秦을 공략한 뒤에 서서히 천하를 도모하는 것이 좋습니다."

소하가 패공의 흥분을 제지시키면서 이렇게 말하자 장량도 소하의 의견에 첨부해서 이같이 설명했다.

"촉 땅은 진나라에서 좌천시키는 지방입니다만 안으로 들어가면 중산의 보호가 두텁고, 밖에서는 험산준령이 막아 주고 있으므로 초 패왕의 백만 대군이라도 침범해 들어오기는 어렵습니다. 흥분하지 마시고 빨리 한중漢中으로 들어가십시오. 범증이 낮이나 밤이나 패공을 해치려고 계획하는 줄을 잊으셨습니까?"

장량의 말을 듣고 패공도 흥분이 가라앉았다.

"선생의 말씀이 과연 옳습니다."

역이기 노인이 또 장량의 설명에 보충해서 패공을 위로했다.

"지금 한왕이 되어서 촉 땅으로 가시면 이로운 점이 세 가지가 있고, 안 떠나시고 함양에 계시면 해로운 점이 세 가지 있습니다. 파촉은 산세가 험준해서 교통이 어렵기 때문에 남이 허실虛實을 모르니 이로운 것이 그 하나요, 군마를 양육하고 훈련하는 데 좋으니 이로운 것이 그 둘이요, 부하들을 이끌고 공격해 나올 때에는 모두 제 고향에 가고 싶은 생각에 용기백배할 것이니 이로운 것이 그 셋이올시다. 그 반대로 함양에 있으면 우리의 실정을 세세하게 남들이 알게 될 것이니 해롭고 초나라를 공격하려고 해도 범증이 우리의 허실을 잘 알고 방어할 것이요, 또 우리를 반격할 것이니 해롭고, 항우가 점점 형세가 커지면 우리의 군사들이 초나라로 달아나는 놈도 많이 생길 것이니 해롭습니다. 그러니까 파촉으로 들어가셔서 왕업을 일으키는 것이 제일입니다."

역이기 광야군의 설명을 듣고서야 패공은 기쁜 얼굴을 하였다.

"잘 알았습니다. 속히 떠나도록 준비하십시다."

패공은 마음을 결정했다.

군마가 패상에서 출동하여 구십 리를 가서 안평현安平縣, 그리고 부풍현扶風縣을 지나 봉상군鳳翔郡까지 구십 리, 그리고 미혼채迷魂寨, 보계현寶鷄縣을 거쳐 대산관大散關에 드니 백이십 리 길이었다. 그리고 청풍각淸風閣을 지나 봉주鳳州에 드니 또 백이

십 리였다. 여기서부터 길은 깎은 듯한 낭떠러지에 나무다리를 한쪽 언덕에 붙여서 가설했으니, 이것이 천하에 가장 험준하기로 유명한 잔도棧道이다. 태산준령은 나는 새도 넘어가지 못할 만큼 구름 위에 솟아 있고, 나무다리의 잔도는 한량없이 연달아 뻗쳐 있으니 그 길이 몇백 리나 되는지 알 길이 없었다. 한쪽으로 천 길 낭떠러지를 내려다보며, 한쪽으로는 구름 밖에 솟은 층암괴석과 울창한 수림을 보면서 험산궁곡險山窮谷(험한 산과 깊은 산골짜기)을 지나노라니 분한 생각이 모든 장수의 가슴에 북받쳤다.

"우리가 무슨 죄로 이렇게 험한 땅으로 간단 말이냐?"

"구사일생으로 전쟁을 치르고 살아난 목숨이 고향에 못 돌아가고 이런 땅에 가다니! 다시는 살아서 고향에 못 가 보겠구나!"

"아니, 그래 왜 우리가 촉 땅으로 귀양 가야 할 신세가 되었나! 회왕의 말씀대로 하자면 먼저 함양에 입성했으니 관중에 있어야 할 팔자가 아닌가 말이다!"

여러 사람이 이렇게 떠들어대자 번쾌도 그만 분함을 참지 못하고 말했다.

"그래라! 초 패왕과 싸워 사생결단을 내자!"

하고는 말머리를 돌려 돌아오면서 고함을 질렀다. 패공도 분통을 억제하지 못하고 함께 소리를 지르면서 항우를 욕했다.

장량·역이기·소하 세 사람은 급히 말에서 내려 패공의 말을 붙들고 타일렀다.

"대왕은 고정하십시오! 일을 그르치면 안 됩니다!"

"안 됩니다. 흥분하시면 안 됩니다."

"한중은 험지입니다만 대왕이 흥하실 땅은 그 땅입니다. 한중에서 인마를 양성하여 먼저 삼진을 공략한 뒤에 천하를 도모하시면 족히 초 패왕을 이기실 것입니다. 만일 지금 이대로 돌아가다가는 초 패왕의 백만 대군에게 대패하고 말 것이니, 그때 후회한들 무슨 소용이 있겠습니까? 철모르는 여러 사람들이 소동할지라도 대왕은 진정하셔야 합니다."

세 사람이 번갈아가며 이같이 간하는 말을 듣고서야 패공은 다시 마음을 진정하고 번쾌로 하여금 행군을 재촉하게 했다.

이튿날 잔도를 다 지나와서 장량은 패공에게 작별 인사를 했다.

"신은 여기서 대왕을 하직하고 고국으로 돌아가겠습니다."

패공은 천만 뜻밖의 일로 말문이 막힌 듯 잠시 동안 어안이 벙벙하더니 가까스로 마음을 가다듬었다.

"아니, 그게 무슨 말씀이시오? 선생이 여기서 나를 버리고 가시면 나는 어떻게 한단 말이오."

장량은 패공을 위로하듯 가만히 말했다.

"신이 지금 고국으로 간다 하지만, 고국에 가서는 잠시 고주故主께 인사만 올리고 바로 되돌아 나와 대왕을 위해 중요한 일을 세 가지 할 생각입니다. 그 하나는 항우로 하여금 도읍을 팽성으로 옮기고 함양은 대왕을 위해 비워 두게 하는 일이요, 둘째는 천하의 제후들을 설복시켜 초 패왕을 배반하고 대왕께 가담하게 만드는 일이요, 셋째는 초楚를 멸하고 한漢을 홍하게 할 만한 대원수大元帥 재목의 큰 인물을 구하여 대왕께 보내드리려고 하는 것입니다. 대왕께서는 신이 보내는 인물과 더불어 은인자중隱忍自重(자신을 드러내지 않고 참으며 몸가짐을 신중하게 행동함)하시며 군사를 교련하신 후 관중關中으로 오시면, 신은 그때 관중에서 뵙겠습니다. 앞으로 길어야 삼 년, 짧으면 일 년 이내에 대왕은 촉 땅에서 나오시게 될 것입니다."

장량의 말을 들으니 패공의 서운한 마음이 조금 진정되었다.

"선생의 말씀과 같이 되기만 한다면 무슨 고생이든 원망하지 않고 참고 있지요! 그러나 선생이 천거하시는 그 인물을 무슨 증거로써 알게 해주셔야 하지 않겠습니까?"

"그것은 미리 만들어서 소하에게 주었습니다. 신이 천거하는 인물이 엄표[割符]를 가지고 한중으로 찾아오면 소하가 가지고 있는 엄표와 맞추어 보는 것으로 증거물이 되게 되어 있습니다. 소하가 그때에 천거하거든 대왕께선 대원수로 봉하시면 되겠습니다."

"잘 알았습니다. 그러면 안심하겠습니다."

장량이 절을 하고 패공의 수레 앞에서 물러서려 하자 패공은 눈물을 흘리면서 장량의 손을 붙들고 놓으려 하지 않았다.

"선생이 지금 약속하신 말을 천만 번 부탁건대 절대 저버리지 마시기 바랍니다. 그리고 풍패에 계신 태공을 만나거든 자세한 이야기를 들려주십시오."

"그리하겠습니다. 염려 마시기 바랍니다."

패공은 장량의 손을 놓았다. 장량은 소하에게 뭐라고 귓속말을 하고 작별 인사를 마친 뒤에 역이기·조참·번쾌 이하 몇몇 사람들과 작별하고, 사졸 오륙 명을 신변 보호로 데리고 각기 말을 타고 다시 잔도를 넘어 관중으로 향했다.

패공은 장량을 돌려보내고 앞일을 생각하느라 때가 가는 줄도 모르고 수레에 몸을 흔들리면서 온종일 길을 갔다.

이튿날 식전에 갑자기 후진後陳에서 고함 소리가 요란하게 들렸다. 패공은 수레를 멈추고 뒤를 돌아다보았다. 난데없는 화광이 충천하고 시커먼 연기가 길바닥 위에서 온 산골짜기를 뒤덮어 올라오고 있었다.

"잔도가 탄다!"

"불 지른 것이 분명하다!"

"저걸 어쩌나!"

모든 사람이 떠들어댔다. 패공도 한참 동안 불구경을 했으나 기가 막혔다.

"장량이 돌아가면서 잔도를 불태워 버리는구나! 장량의 짓이로다! 아아, 언제 다시 잔도를 수축한 뒤에 동쪽으로 간단 말이냐!"

패공은 이같이 탄식했다. 다른 장수들과 사졸들도 이 말을 듣고 모두 통곡했다. 장량을 원망하는 소리가 사방에서 들렸다.

이것을 보고 소하가 급히 패공 앞으로 와서 가만히 말했다.

"대왕께서는 장량을 원망하시지 마십시오. 잔도를 태워 버리는 데는 네 가지 이익이 있다고 어제 장량과 의논이 있었습니다. 하나는 초 패왕이 알면 잔도가 끊어졌으니 한왕이 동쪽으로 돌아올 생각이 없을 것이라고 생각하고 자기 스스로 우리를 경계하지 않을 것이요, 둘째로는 삼진의 왕도 게을러질 것이요, 셋째로는 우리 편의 사졸들도 도망갈 생각을 안 하게 될 것이요, 넷째로는 제후가 저희끼리 다투고 경쟁하는 일이 있더라도 우리에게 영향이 없을 터이므로 잔도를 태워 버리기로 약속했던 것입니다."

소하의 설명을 들으니 장량의 깊은 생각을 그제야 깨닫게 되었다.

한편, 한왕 패공과 작별하고 돌아선 장량은 잔도에 불을 질러 삼백 리의 잔도를 모조리 잿더미로 만든 뒤에, 봉주를 지나서 익문益門으로 나와 보계산에 당도하니 맞은편에서 오륙 명의 일행이 그를 마중해 왔다. 그들은 항백이 보낸 사람들이었다.

수일 후, 항백의 집에 도착하여 그들은 옛정을 나누었다.

이튿날 항백이 조정에 나간 사이에 그 집의 문객에게서 장량은 슬픈 소식을 들었다. 장량이 패공을 따라 촉 땅으로 들어갔다는 소문을 듣고 항우가 노엽게 생각하고 있는데 장량의 고국 한나라 임금 희성姬成이 다른 나라 제후들보다도 늦게 찾아와 인사를 한 까닭으로 항우가 용서 없이 죽여 버렸으며 한왕의 시체는 어제야 수렴하여 본국으로 송환했다는 것이었다. 장량은 통곡해 마지않았다. 그는 자기의 가문이 오대조 할아버지 때부터 한왕을 섬겨왔으며 대대로 한 왕실에서 받은 부조의 은혜를 생각하니 슬프기도 하려니와 자기가 패공을 전송하기 위해 잔도까지 따라가지만 않았더라도 고국의 임금을 죽게 하지는 않았을 것이라는, 자신을 책망하는 생각에 가슴이 미어지는 것 같았다.

장량은 하루 밤새도록 눈물로 베개를 적시고 이튿날 항백에게 작별 인사를 했다. 항백은 깜짝 놀랐다.

"그게 무슨 말씀이오? 떠나시다니, 내 집에 오신 지 며칠 되었다고! 우리가 그동안 국사에 다망해서 조용히 옛정을 즐길 겨를이 없었던 것이 한인데 좀 더 내 집에 머무르시오."

항백은 그를 붙들었다.

"소문을 들으니 한나라 임금은 패왕을 늦게 찾아뵈었다고 해서 죽임을 당하셨다더군요. 장량은 지금 임금을 따라서 죽지 못하는 것이 한이 될 뿐입니다. 속히 본국에 돌아가 임금을 안장하고 가족을 안치한 다음 한 달 안에 다시 오겠습니다."

"그러시겠습니까? 그러면 붙잡지 않겠습니다. 오실 때쯤 사람을 마중 보내겠습니다."

"도중까지 마중 보내실지라도 아무에게도 알리지는 마십시오."

"말씀대로 하겠습니다."

항백은 이렇게 약속하고 장량을 떠나보냈다.

장량은 고국으로 돌아와 옛 임금의 영전에 통곡하고, 왕자들과 함께 장사를 지낸 후에 함양으로 되돌아왔다. 그 기간은 한 달도 채 안 되었다.

파초 대원수 감을 찾은 장량

장량이 항백의 집에 머문 지도 벌써 오륙 일이 지났다. 하루는 주인이 조정에 출사하고 없는지라 장량은 홀로 뒤뜰에 나가 만발한 여름 장미꽃을 구경하고 있었다. 기암괴석奇巖怪石으로 흡사 깊은 산속같이 꾸민 후원의 좁은 길가에는 난초가 심겨 있고, 높은 언덕 위에는 누각이 서 있고 그 처마에는 '만권서루萬卷書樓'라는 현판이 걸려 있었다.

장량은 꽃 구경을 하다가 그 위로 올라가 보았다. 누각 좌편으로는 참말로 만 권이나 되어 보이는 서적이 쌓여 있었다.

'항백은 상서령尙書令이니까, 무슨 문서든지 먼저 항백이 받아 보고 나서 초 패왕에게 상달되렷다…….'

장량은 이같이 생각하고 그곳에 쌓인 문서들을 하나씩 하나씩 펴 보았다. 몇 장을 훑어보았건만 제대로 된 것이 하나도 없었다.

어떤 것은 한쪽 말만 한 것, 어떤 것은 고집불통의 수작, 어떤 것은 이간 중상하는 소리, 어떤 것은 자기 쪽 사람을 천거하는 소리…… 이런 것들을 주섬주섬 보다가 그중에서 장량은 깜짝 놀랄 만큼 눈에 띄는 글을 한 장 발견했다.

신은 듣자오니, 천하를 다스리는 도道는 천하의 형세를 살피는 것을 귀하다 했으며 형세를 살핀다 함은 천하의 기틀을 아는 것으로 귀하다 했는데, 형세라 함은 허실虛實을 알고 강약强弱을 밝히고, 이해利害를 알고, 득실得失을 밝히는 것이니 이같이 한 연후에라야 가히 천하를 얻을 수 있는 것이옵니다. 만일 그렇지 못하면 비록 강하나 일시 강한 것뿐입니다. 기틀이라 함은 흥망興亡을 분별하고, 치란治亂을 결정하고, 기미機微를 뚫고, 은복隱伏을 밝히는 것이오니, 이같이 한 연후에라야 천하를 도모하는 것이옵고, 그렇지 못하면 풀 끝의 이슬과 같아서 비록 나라를 얻었으되 오래도록 편안하기 어려운 법이옵니다. 이제 폐하께서는 관중에서 으뜸가시오나 아직 인심이 복종하지 않고, 근본이 세워지지 못했습니다. 백성들은 다만 그 강한 것을 무서워할 뿐, 그 위엄을 두려워할 뿐, 그 얼굴을 꾸밀 뿐입니다. 강한 것은 약해질 수 있는 것이며, 위엄은 눌릴 수 있는 것이며, 얼굴은 마음이 아니건만 폐하께서는 이 세 가지를 믿으십니다. 만일 일이 생기는 날이면 천하는 하루아침에 없어지는 것입니다. 욕심으로는 오래도록 통치해 보고 싶지만 그렇게 되지 못할 것이오니 이것이 신이 한심하게 여기는 바입니다. 그러하온데 유방은 그 전날 산동 땅에 있을 때에는 재물을 탐하고 색을 좋아하던 사람이었으나 관중에 들어와서는 부녀와 재물을 건드리지 않고 '약법 삼장'을 공약하여 인심을 거둔 고로 관중 백성이 모두 열복하여 유방이 관중에서 왕이 되지 못한 것을 원망하고 있습니다. 그 반면에 폐하께서는 관중에 들어오시어 선정을 베푸시지 못하고, 주민을 살육하시고, 자영을 죽이시고, 시황묘를 파시고, 아방궁을 불 질러 버리시어 민심을 크게 잃었으니, 이 같은 일은 천하의 형세와 기틀을 밝히 살피지 못하신 연고입니다. 만일 유방이 파촉 땅에서 일어난다면 제후가 향응하여 유방은 강해지고, 유방은 저절로 이기게 될 것이니 폐하께서 잃고 계시는 것을 유방은 얻어 가지고 있습니다. 폐하께서는 홀로 강한 것만 믿고 이길 것만 아시지만, 패망하는 기틀이 불측한 가운데서 싹트고 있는 것을 깨달으시지 못하니, 이것이 감히 신이 여러 사람의 꾸지람을 돌보지 않고 폐하께 말씀드리고자 하는 바이옵니다. 이제 세 가지 계교가 있사오니, 첫째는 강한 군사로 하여금 변방을 엄중히 수비하는 동시에 장한 등 세 사람을 불러들이고 지혜 있는 장수를 삼진의 왕으로 보내 두시고, 둘째는 유방의 가족을 연곡(임금이 타는 수레) 아래 두시고 인의仁義로써 시정施政을 하시며, 군사의 훈련을 엄하게 하시며, 셋째는 함양의 도읍터를 떠나시지 말고 지혜 있고 어진 사람을 정승 자리에 앉게 하여 천하를 다스리게 하시옵소서. 이렇게 하셔야만 사직은 반석과 같이 견고할 것이요, 유방은 동쪽으로 나오지 못할 것이옵니다.

장량은 문서를 읽고 나서 탄복을 금치 못했다. 항우가 이 글을 받아 보고 이같이만 한다면 한왕은 파촉 땅에서 늙어 죽을 때까지 꼼짝 못 하게 될 것이요 자기도 옛 임금의 원수를 갚지 못하고 포기할 수밖에 없다고 생각했다. 그와 동시에 '처음 보는 인물이구나! 이 사람을 얻으면, 이 사람이 파초 대원수破楚大元帥 감이구나!'하고 입속으로 부르짖었다. 먼저는 놀랐고 다음으론 기뻤다. 이처럼 훌륭한 인물이 항우의 부하 중에 있음을 놀란 것이요, 패공을 도와 파초 대원수가 될 수 있는 인물을 발견한 것이 기쁜 일이었다.

장량은 그 상소문을 도로 접어 전과 같이 놓아두고 누각에서 내려왔다. 점심때가 지나서 항백이 퇴청하여 돌아왔다.

"혼자 계시느라고 적적하셨겠습니다."

그는 이같이 인사하고 자리를 베풀어 술상을 들였다.

장량은 술이 거나하게 되자 항백을 이끌고 후원으로 나왔다. 해는 서천에 넘어가고 저녁놀이 푸른 하늘을 물들이고 있는데 장미꽃은 더한층 아름다웠다. 이쪽으로 저쪽으로 거닐다가, 장량은 누각을 손으로 가리키면서 물었다.

"만권서루가 있습니다그려. 무슨 서적을 그렇게 애독하십니까?"

"애독이라니요! 게으르고 또 겨를이 없고 해서…… 구경이나 하시렵니까?"

"그러지요. 존형이 애독하시는 서적을 조금 봅시다."

장량은 마음속으로 기다리던 말인지라 이같이 대답하고 누각으로 올라갔다.

"여기는 책만 두고, 저기는 문서만 두는 곳이군."

장량은 처음 들어와 보는 듯이 말했다.

"그렇습니다. 별로 많지도 못한 서적입니다. 이쪽에 있는 문서는 대부분 상소하는 글을 모아 둔 것입니다."

"이것은 문장은 훌륭한데 남을 꼬집는 글을 지었습니다그려."

하고 도로 놓고, 아까 혼자 들어와서 보던 그 글을 집어 들고 보는 체하다가 물었다.

"누가 쓴 것인가요? 총명한 사람의 글인 것 같습니다."

"그 사람이야말로 때를 못 만난 사람이지요. 범증 선생이 여러 번 천거했지만, 항왕이 듣지 않아 아직까지 집극랑으로 있는 한신韓信이라는 사람입니다."

"집극랑이면 항상 궁중 안에 있는 사람입니까?"

"그렇지요. 본시 회음淮陰 땅 사람인데, 무인의 아들로 조실부모하고 가세가 곤궁하여 낚시질하다가 표모漂母(빨래하는 늙은 여자)에게 밥을 얻어먹은 일이 있고, 저잣거리에서 부랑배에게 협박 조롱을 당하다가 가랑이 밑으로 기어서 나갔다고 해서 모르는 사람들은 이 사람을 겁쟁이, 빙충맞은 사내라고 알지만, 재주가 비상한 인물입니다."

항백은 칭찬을 아끼지 않았다.

"그래서 이 상소문을 항왕이 보셨는가요?"

"암, 보았지요. 보고는 항왕이 대로하여 상소문을 꾸겨서 내버리고 한신을 옥에 가두라고까지 하는 것을 내가 여러 가지로 말해서 간신히 죄를 면하게 했답니다."

"그렇습니까? 하마터면 아까운 사람을 그르칠 뻔했습니다그려."

장량은 이렇게 말하고 그 상소문을 아무렇지도 않은 것처럼 도로 그 자리에 놓고는 다른 책들을 뒤적거리다가 밖으로 나왔다.

이튿날 장량은 항백의 집에서 나왔다.

항백은 함양성 밖까지 따라 나와 정처 없이 산림 속으로 돌아다니겠다는 장량을 전송하면서 섭섭해 했다.

장량은 항백과 작별하고 촌가에 들어가 거처할 곳을 정한 뒤, 누런 빛깔의 도포와 허리띠와 관을 만들어 도사의 의복같이 지어 입고, 완전히 변장을 하여 다시 함양성으로 들어갔다. 도포 속 허리에는 돈 꾸러미를 차고 소매 속에는 밤과 배를 가득 넣고, 풍증 걸린 사람 모양 입을 씰룩씰룩해 가면서 중얼거리며, 삼베로 얽어서 만든 신을 질질 끌면서 손에는 목탁을 들고 두드리는 모양이 흡사 절반 미친 사람이었다.

그리고 장량은 저잣거리에서 항우가 고향으로 금의환향錦衣還

鄕(비단옷을 입고 고향으로 돌아옴)해야 하는 것이 진리인 것처럼 유행가를 지어 사람들에게 가르쳐 소문을 내었다.

그 후 얼마 안 있어 항우도 그 노랫소리를 알게 되었다.

'도읍을 팽성으로 천도하려는 생각은 하늘이 가르치는 일이로다.'

항우는 이같이 생각하고 이튿날 모든 막료를 소집했다.

"짐이 경들을 모은 것은 이즈음에 하늘에서 노래를 내려보내 성중의 아이들이 모두 '금의환향' 노래를 부른다 하는데도 경들은 이 일을 짐에게 고하지 않아서 모이라 한 것이다. '사람 사람 무슨 사람 담장 밖에 키 큰 사람, 딸랑딸랑 무슨 소리 들리느니 방울소리, 그 사람은 안 보이네'하는 것은 짐이 천하에 우뚝 솟아 높은 사람으로 이름을 떨치건만, 형체를 고향 사람들이 못 보고 있다는 뜻이요. '부귀 부귀 높은 부귀 고향 고향 우리 고향 아니 가고 무얼 하나 아니 가는 저 사람은 비단 입고 밤길 가네'라는 것은 짐이 고향으로 돌아가지 않는 것이 비단옷을 입고 캄캄한 밤길을 걷는[금의야행錦衣夜行] 것 같아서 아무도 알아주지 않는다는 뜻이야. 이 노래의 뜻이 짐의 뜻과 같으니 천도할 준비를 속히 하고 길일을 택하기 바란다."

항우는 이렇게 명령했다.

간의대부諫議大夫 한생韓生이 항우 앞으로 나와 간했다.

"폐하께서는 재고하시기 바랍니다. 노래라는 것은 모두 사람이 짓는 것이옵니다. 팽성도 회하 이북으로 아홉 고을이 있고, 옥야천리의 중심지이오나 함양에 비교할 수 없습니다. 함양은 동으로 황하·함곡관, 서로 대농관大朧關·산란현山蘭縣, 남으로 종남산·무관武關, 북으로 경經·위渭·동관瞳關이 있어 산과 강이 일백이개, 옥야 천리, 가위 제왕의 도읍지입니다. 옛날에 주나라가 여기서 일어났고, 진나라도 이 땅에서 패업을 완성하였사온데, 폐하께서는 어찌하여 어린아이들의 노랫소리를 믿으시나이까."

한생의 이같이 아뢰는 소리를 듣더니 항우는 껄껄 웃었다.

"경은 천도를 말리고자 하는 말이나 짐은 이미 결정했소. 짐이 천도하기로 결정한 것은 세 가지 이유 때문이오. 삼 년 동안 정벌하느라 고향에 못 가 본 것이 그 하나요, 관중에는 산이 많고 평야가 적어서 안계가 좁은 것이 또 그 하나요, 그리고 셋째는 하늘이 노래로써 알리는 까닭이오."

"폐하께서 사해에 군림하시어 하늘의 해가 중천에 있는 것 같으신데 어느 누가 우러러 받들지 않겠습니까. 고향으로 도읍을 옮기시는 것은 결코 영화로울 것이 없을 줄로 아뢰옵니다."

"하늘 아래가 모두 짐의 것이니 짐이 그 어느 땅에 가서 있든지 짐의 마음대로 할 것이다."

"범승상께서 팽성으로 떠나갈 때 폐하께 사뢰기를 함양에서 떠나시지 말라고 하지 않았습니까?"

한생의 이 말에 항우는 얼굴빛이 달라졌다.

"짐이 천하를 종횡하였으나 가는 곳마다 무적인데, 범아보가 어찌 짐의 흉중을 다 알 수 있으랴! 경은 길게 말하지 마라."

한생은 항우가 듣기 싫어하자 더 이상 말하지 않고 항우 앞에서 물러 나오면서 혼잣말처럼 중얼거렸다.

"초인楚人은 목후이관沐猴而冠(원숭이가 관을 씀)이라더니, 할 수 없구나!"

그 소리를 항우가 들었다.

"지금 한생이 중얼거리는 소리가 무슨 말이냐?"

진평을 내려다보며 이같이 물었다.

진평은 대답하기 어려웠다. 사실대로 말하면 항우가 한생을 살려둘 리 만무하고, 그렇다고 거짓말을 꾸밀 수도 없어 입장이 무척 난처했다.

"황송하옵니다. '원숭이가 관을 썼으되 원숭이일 뿐 사람은 아니다'라는 뜻과, '원숭이는 성질이 조급해서 관을 오래 쓰고 있을 수 없다'는 뜻과, '원숭이는 필경 관을 벗어버리든지 못 쓰게 만들고야 만다'라는 세 가지 뜻이 있는 말이온데, 세상에서 초나라 사람을 비방하는 말이옵니다. 폐하께서 초나라 태생이기 때문에 비방하는 말씀인 줄로 아뢰옵니다."

진평은 사실대로 이렇게 고했다.

항우는 크게 노했다.

"저런 죽일 놈! 쥐새끼 같은 놈이 짐을 욕하다니! 저놈을 기름 가마에 끓여 죽여라!"

항우는 함양 시장에 있는 가마솥에 기름을 끓이고 한생의 옷을 벗겨서 삶아 죽이도록 집극랑 한신에게 명령했다.

집극랑 한신이 명령을 받아 한생을 붙들고 시장거리로 나왔다.

길거리에는 구경꾼이 모여들었다. 간의대부가 초 패왕을 간하다가 기름에 끓여 죽이는 형벌을 당한다는 소문이 순식간에 군중을 모아놓았다. 장량도 군중들 사이에 끼어 그 광경을 보고 있었다.

한생은 옷을 끄르면서 구경꾼들을 둘러보고 큰소리로 이렇게 외쳤다.

"함양 백성들은 내 말을 잘 들으시오. 나는 간신 역적이 아니다. 초 패왕이 어린아이들의 노랫소리를 듣고 도읍을 팽성으로 옮기겠다기에 그것을 간하다가 이 모양을 당한다. 두고 보아라, 앞으로 백날 안에 패공이 한중에서 나와 삼진三秦을 공략할 것이다."

길에서 지키고 섰던 한신이 이 말을 듣고 한생을 나무랐다.

"떠들지 마시오! 위에서 들으시면 불덩어리가 내게까지 튀어오겠소!"

그러나 한생은 옷을 다 벗고 하늘을 우러러보면서 소리쳤다.

"황천후토皇天后土(하늘의 신령과 땅의 신령)는 굽어살피소서! 한생은 지금 죽나이다! 억울합니다! 원통하외다!"

한신은 또 한생을 나무랐다.

"대부는 억울하다 하시지만, 나는 이 결과가 당연하다고 생각합니다."

"어째서 당연하단 말이오?"

"대부가 오랫동안 간의직에 있으면서, 연전에 항왕이 경자관군 송의를 죽일 때 부하로서 주장을 죽이건만 간하지 않았고,

자영을 죽이고, 시황묘를 발굴하고, 아방궁을 불태우고, 제후를 좌천할 때는 왜 간하지 않았소? 또 진의 항졸 이십만을 땅속에 파묻었기 때문에 진의 백성들의 원한은 골수에 사무치게 되었는데 그때는 왜 간하지 않았소? 범증 선생과 대부를 비교해서 누구의 말이 위력이 있습니까? 범증 선생으로도 간하지 못하고 내려왔거늘, 일은 이미 다 글러진 뒤에, 지금 와서 대부가 간한다는 것이 대부 스스로 죽여달라고 한 말이나 마찬가지외다! 그러니 항왕을 원망하지 말고, 그 노래를 지어낸 사람을 원망하시오! 아마 이 구경꾼 속에 그 노래를 지어내고 또 파촉에 들어가는 잔도를 불 질러 버린 사람이 숨어서 구경하고 있는지도 모르지요!"

장량은 한신의 말을 듣고, 얼른 자기 몸을 다른 사람의 등 뒤에 숨겼다. '무섭게 대단한 사람이다!' 장량은 몸을 감추면서 탄복했다. 그리고 진정으로 마음이 기뻤다.

'저 사람이 홍문 잔치에서 혼잣소리로 나의 행동을 비웃는 것을 먼 발치에서 보았던 사람이다. 그리고 항백의 집에서 발견한 상소문을 지은 사람이다. 한신韓信이다. 파초 대원수감이다!'

그는 한생을 기름 끓는 가마솥에 넣어 죽이는 광경을 끝까지 보지 않고 그 자리를 떠났다. 그는 주막거리로 다니면서 한신의 집을 염탐했다. 얼마 걸리지 않아 한신의 집을 알아냈다. 그리고 전일 진나라 궁궐에 패공과 함께 들어가서 얻어 나온 보검寶劍을 찾아 그날 밤으로 한신의 집을 찾아갔다.

장량은 한신의 집을 파수보는 병정에게 한신의 고향 친구라고 자신을 소개했다. 때마침 한신은 집에 있었다.

'고향 친구가 찾아왔다고?'

문간을 지키고 있는 병정의 전갈을 받은 한신은 기억을 더듬어보았으나 자기를 찾아올 만한 고향 친구라고는 있을 것 같지 않았다. 집이 가난해서 친구라고는 사귀지 못하고 낚시질해서 잡은 물고기를 저자에 갖다 팔아서 죽이나 끓여 먹고 지내던 자기를, 고향 친구가 찾아오다니, 그는 이같이 생각하다가 좌우간 들어오게 하라고 병정에게 일렀다.

"댁은 누구이신데 나를 만나보시겠다고 찾아오셨습니까?"

한신은 장량을 방으로 청해 들였다.

장량은 주저하지 않고 방으로 들어와 입을 열었다.

"이 사람은 장군과 동향 사람입니다만, 어려서 회음 땅을 떠나 외국으로 다녔기 때문에 고향에 친한 사람이 없고, 집안에 여러 대 가보로 내려오는 보검이 세 자루 있기에 널리 천하로 다니면서 영웅을 찾아, 먼저 그 사람을 보고 그 다음에 칼을 팔아오고 있습니다. 그래서 그동안 두 자루는 팔고, 칼 한 자루가 남아 있건만, 이 칼을 가져야 할 인물을 찾지 못했기 때문에, 장군께서는 저와 동향이시고 또 영웅이신지라 오늘은 장군에게 팔려고 아침부터 문밖에 와서 기다리고 있었습니다. 이 칼이 어둠 속에 있을 때는 강물 속에서 용의 울음소리가 들리는 것 같고, 산속에 가지고 가면 산속의 귀신들도 놀라 자빠지는 터인데, 이 칼은 땅속에 파묻혀 있기를 십만 년, 값으로 말한다면 수천 금입니다마는, 영웅을 만나면 칼이 저절로 쩡하니 웁니다.

이 세상 물건이란 각각 임자가 있는 것이어서 억지로 그 값을 받지 못합니다. 장군께서 이 칼을 가지시면 이 칼은 그 임자를 만나는 것입니다."

장량은 여기까지 쉬지 않고 변설을 토했다. 한신은 그 말을 듣고 마음이 기뻤다.

"내가 초나라에 와 있은 뒤로 나를 알아주는 사람이 없었는데, 선생이 이렇게 찾아주시니 고맙습니다. 그 자랑하시는 칼을 구경이나 시키십시오."

한신은 이렇게 말하고 칼을 보기나 하자고 청했다.

장량은 들고 들어온 큰 칼을 탁자 위에 올려놓고 그 속에서 보검을 꺼내 두 손으로 한신에게 주었다.

"이것입니다. 보십시오."

한신은 장량에게 칼을 받아 칼집에서 칼을 뽑았다. 순간, 고상한 기운이 칼날에서 풍기면서 찬 기운이 방안에 가득 찼다.

한신은 불빛에 칼날을 비추어보면서 정신이 황홀해지는 것을 느꼈다. 그는 칼집 위에 가느다랗게 새겨진 글을 읽어보았다.

> 곤륜산 쇠를 달구어 칼을 치니 붉은 무지개 하늘에 뻗치는 것을 그대는 보지 못하는가. 이루어진 보검은 서리와 눈의 기운을 뿜으며, 갑 속에 넣어두면 얼음꽃이 갑 위에 서리고 명월이 갑 위에 생기며, 영웅을 만나서는 천하에 풍운을 일으키니 조화무궁하도다.

이 글은 이 칼을 자랑하는 내용이었다. 한신은 어려서부터 칼을 몹시 사랑했다. 오늘 밤에 이 같은 보검을 구경하니 무한히 기쁘고 갖고 싶건만 값이 엄청나게 비쌀 것이 분명한지라 주머니 속을 생각하니 마음만 안타까웠다. 그래서 그는 차마 값이 얼마냐고 묻지도 못하고 딴말을 물었다.

"댁의 말씀은, 칼이 모두 세 개가 있었는데 두 개는 벌써 팔아버리셨다니 그것을 얼마씩 받고 파셨는지요?"

"아까 말씀드린 바와 같이 먼저 그 인물을 보고, 나중에 그 값을 의논하는 것입니다. 만일 진정 그 칼의 주인 될 사람이라면 값을 받지 않고 그냥 드릴 수도 있습니다. 장군은 오래전부터 천하의 영웅이시라는 말을 듣고 일부러 찾아와서 뵈옵는 터이니 장군이 이 칼의 주인이시지요!"

"말씀은 감사하지만 나는 이 칼의 주인이 될 인물이 못 됩니다."

"아니올시다. 만일 이 칼의 주인이 될 사람이 아니라면 수천 금을 주신다 해도 나는 이 칼을 장군에게 드리지 않습니다."

한신은 장량의 말을 듣고 마음이 흡족했다. 그는 술을 들여오라고 하여 장량에게 술을 권하면서 물었다.

"그런데 이 칼은 이름이 없습니까?"

"있습니다. 세 자루에 각각 이름이 있으니 하나는 천자검天子劍, 하나는 재상검宰相劍, 하나는 원융검元戎劍으로, 지금 장군께 드린 것은 원융검입니다. 그리고 천자검·재상검·원융검은 모두 팔덕八德이 없는 사람은 갖지 못합니다."

"무엇이 팔덕입니까?"

"천자의 팔덕은 인仁·효孝·총聰·명明·경敬·강剛·검儉·학學입니다."

"재상검에도 팔덕이 있나요?"

"있지요. 충忠·직直·명明·변辨·서恕·용容·관寬·후厚, 이것이 재상검의 팔덕입니다."

"천자검, 재상검에 이미 팔덕이 있는 것을 가르쳤으니, 원융검의 팔덕도 말씀해 보시지요."

한신은 장량의 술잔에 다시 술을 따르면서 이같이 물었다.

"염廉·과果·지智·신信·인仁·용勇·엄嚴·명明, 이것이 원융검의 팔덕입니다."

"참으로 천하의 보검입니다. 그런데 천자검과 재상검은 누구에게 파셨습니까?"

"천자검은 지금 한왕이 된 풍패 땅의 유 패공에게 팔았습니다."

"한왕에게 무슨 덕이 있다고 보셨기에 천자검을 그에게 파셨는지요?"

"한왕 패공은 성탕成湯과 같은 큰 덕이 있지요. 인물도 잘생겼을 뿐 아니라, 큰 뱀을 죽인 자리에서 밤에 신모神母가 울었으며, 가끔 하늘에 왕기가 뻗친 일이 있어 진실로 천자의 기운을 가졌다고 봅니다. 전일 망탕산에서 그분이 뱀을 죽였을 때 그분에게 천자검을 팔았습니다."

"재상검은 누구에게 파셨는가요?"

한신은 또 물었다.

"패현에 있던 소하에게 팔았습니다."

장량은 술을 마시고 한신에게도 술을 권하면서 대답했다. 한신은 잔을 비우고 또 물었다.

"그 사람한테서는 무엇을 보셨습니까?"

"그 사람은 운수를 계산할 줄 아는 원훈, 무기를 쓰지 않고도 인의仁義를 세우고, 악법을 고치고, 백성을 구하는 큰 그릇입니다."

한신은 유쾌한 듯이 껄껄 웃었다.

"댁이 천자검과 재상검은 그 칼 주인을 잘 찾아주신 것 같습니다만, 이 사람은 이름 없는 졸장부, 그같이 덕이 없으니 원융검의 주인 노릇을 못하겠습니다."

"장군은 겸손의 말씀을 하십니다. 장군의 흉중에 들어있는 것은 훗날의 손자孫子·오자吳子도 못 당할 것입니다. 그렇건만 아직 좋은 임금을 만나지 못했습니다. 옛날에 천리마도 백락伯樂(말을 잘 보는 사람)을 만나지 못했을 때는 마구간에서 보통 말과 함께 구유통의 여물을 먹고 있었지만, 백락을 한 번 만나매 그만 하루에 천 리를 달리는 기린麒麟이 되었습니다. 지금 장군은 때를 못 만나서 불우한 처지에 있으나, 만일 때를 만나면 가만히 앉아서 풍운조화를 일으켜 천지를 진동하고, 천하를 진정시키고 가장 높은 지위에 올라앉아 계실 분입니다."

한신은 자기에게 이같이 말해 주는 사람을 생전 처음 만났다.

그는 그만 긴 한숨을 쉬었다.

"댁의 말씀은 과연 이 사람의 마음을 꿰뚫어보는 말씀입니다. 지금 패왕 밑에는 더 있기 싫고, 또 천하 대사는 이미 글렀기 때문에 빨리 몸을 은신하는 것이 좋겠다고 생각했으므로 머지않아 고향으로 돌아갈까 합니다."

"장군의 말씀은 진실이 아니올시다. 나는 새들도 나무를 골라 둥지를 틀고 현신은 임금을 택하여 보좌한다 하거늘, 장군과 같은 인재까지 회음 땅에 돌아가 낚시질하는 어부로 일생을 마칠 리 있겠습니까!"

장량의 말에 한신은 감동을 받았다. 그는 또 한 번 한숨을 길게 내쉬었다.

"댁이 오늘 밤에 찾아와서 하는 말이 사람을 감동시키고 또한 그 의논이 출중하니, 필시 칼만 팔려고 온 것이 아니라 깊은 뜻이 있어서 온 것 같소이다. 아까부터 언어 동작을 살펴보건대 아무래도 한나라의 장자방 선생인 것 같습니다. 그렇지 않습니까?"

장량은 이 말을 듣고 자리에서 일어나 옷깃을 여미고 말했다.

"그렇습니다. 장군의 고명을 들은 지는 오래이나 뵈옵기 늦었습니다. 이미 본인을 알고 물으시니 낸들 감추겠습니까? 말씀과 같이 나는 한나라의 장자방입니다."

한신은 장량의 대답을 듣고 유쾌하게 웃었다.

"선생은 과연 인간 중의 용龍입니다! 나는 여기서 떠나 한왕에게로 가겠습니다. 청컨대 계책을 가르쳐 주십시오."

"한왕은 관인장자입니다. 지금 포중에 몸을 굽히고 들어앉아 있지만 다음 날에는 반드시 대사를 이룰 것입니다. 장군이 지금 한왕에게로 가신다면 내가 장군에게 드릴 물건이 하나 있습니다."

장량은 이같이 말하고 품속에서 소하와 함께 만들어 지니고 온 엄표를 꺼내어 한신 앞에 놓고 말을 계속했다.

"이것은 전일 한왕과 작별할 때 소하와 만일 내가 '파초 대원수'될 만한 인물을 구하면 이것을 증거물로 삼아서 천거하겠다고 약속한 것입니다. 장군이 이것을 가지고 포중으로 들어가면 한왕이 반드시 장군을 중용할 것입니다."

"그런데 선생께서 이미 촉 땅으로 들어가는 잔도를 불태워 없애버렸으니 어느 길로 포중에 들어갈 수 있습니까?"

한신이 장량에게 엄표를 받으며 이같이 묻자, 장량은 얼른 품속에서 지도 한 장을 꺼내어 탁자 위에 펴 놓았다.

"이 지도는 여기서 포중으로 들어갈 수 있는 산협소로의 지도입니다. 이쪽 가늘게 그린 산길로 해서 사분斜岔을 지나 진창陳倉으로 들어가서 고운孤雲·양각산兩脚山을 돌아 계두산鷄頭山으로 나온 다음 거기서 똑바로 내려가면 포중褒中입니다. 거리가 약 이백 리가량 가까워지는 길입니다. 장군이 이 다음 날 군사를 인솔하여 천하를 취하러 나오실 때 이 길로 나와 먼저 삼진三秦을 장중에 집어넣으십시오. 그러면 장래는 탄탄대로입니다. 그리고 이 길은 세상에서 모르는 길이니 장군 혼자 심중에 감추고 계셔야 합니다."

한신은 탁자 위에서 지도를 접어 품속에 감추었다.

"선생의 가르치심을 진정으로 감사하고, 또 그대로 이행하겠습니다. 그런데 선생께서는 앞으로 어느 방향으로 가실 겁니까?"

"나는 항왕이 도읍을 팽성으로 옮기는 것을 보고, 소진蘇秦(육국을 합종한 유세객)의 옛일을 본받아 제후들을 찾아다니면서 초패왕을 배반하게 만들어 항왕으로 하여금 힘을 서쪽에 기울이지 못하도록 만들겠습니다. 그렇게 해야만 포중으로 들어가서 장군이 마음놓고 군마를 훈련하여 삼진을 먼저 취하고, 관중을 평정하고, 서서히 천하를 도모하여 보실 수 있지 않겠습니까?"

한신은 장량의 말을 듣고 자리에서 일어나 예를 표하고 다시 앉았다.

"감사합니다. 선생의 가르치심, 어김이 없겠습니다. 될 수 있는 대로 속히 한왕에게로 떠나겠습니다."

두 사람은 밤이 깊도록 천하의 일을 의논했다.

한편, 팽성으로 천도하려는 것을 못하도록 간하는 한생을 삶아 죽인 항우는 더한층 황급히 서둘렀다. 팽성에 가 있는 범증에게 항우는 연거푸 재촉하는 신하를 보냈다. 그러나 의제 초 회왕은 범증의 말을 듣지 않을 뿐 아니라, 범증을 꾸짖기까지 하므로 범증도 하는 수 없이 항우에게 돌아가 경과를 보고했다.

항우는 대로하여 구강왕 영포·형산왕 오예·임강왕 공오 등 세 사람을 시켜 침주 동쪽에 있는 강가에 매복하고 있다가 의제가 내려오면 강물 속에 던져 죽여 버리고 의제가 타고 오던 배가 강에서 전복되었다고 세상에 발표하게 하고 다시금 범증과 계포를 팽성으로 보냈다.

범증이 함양으로 갔다가 다시 가져온 항우의 글을 받아 본 의제는, 기어코 자기를 침주로 옮기고 팽성을 도읍지로 삼으려고 하는 항우의 말을 듣지 않다가는 불행한 일이 있을 것으로 생각하고 팽성을 떠났다. 배를 타고 강물을 따라 하류로 내려가다가, 침주 못 미쳐서 영포의 일행을 강중에서 만나 욕을 당하게 되는 것을 깨닫고 의제는 스스로 자기의 몸을 강물에 던져 버렸다.

이같이 해서 항우는 의제를 죽이고, 여러 신하들이 연속해서 간하는 것도 듣지 않고 성화같이 천도 준비를 시켰다. 천도를 반대하는 자는 한생과 같이 삶아 죽인다는 바람에 아무도 다시는 반대 의견을 항우에게 아뢰지 못했다.

이와 같은 정세 가운데 한신은 진평에게서 관문을 통과하는 엄표를 받아 항우를 배반하고 포중을 향해 말을 달렸다.

닷새 만에 안평관을 무사히 통과한 한신은 똑같은 방법으로 대사관을 통과한 후 포중으로 들어가는 산길을 찾고자 장량에게 받은 지도를 꺼내 보려고 할 때 등 뒤에서 말발굽 소리와 함께 사람의 고함치는 소리가 들려왔다.

"이보시오. 당신은 누구요?"

한신은 말을 돌려 세우고서 대답했다.

"나는 이가 성을 가진 사람으로 지금 포중에 있는 친척 집에 찾아가는 길이외다."

"그러면 관문을 통과하는 증명을 가졌소?"

"네, 여기 있소이다."

한신은 품속에서 엄표를 꺼내어 관원에게 주었다. 보사관報事官은 관문 밖에서 경계선을 순찰하는 관원이다. 보사관이 한신에게서 관문 통과증을 받아 펴보려고 할 때 한신은 장량에게서 받은 보검을 날쌔게 뽑아 보사관을 찔러 죽였다. 이것을 보고 검문소 안에 있던 사졸 다섯 명이 쫓아나오는 것을 한신은 그들 다섯 명을 모조리 죽여 버리고 서쪽을 향해 말을 달렸다.

한참 가다가 한신은 뒤에서 또 추격해 오면 어쩌나 하는 생각이 들었다.

천인절벽千仞絕壁(천길 낭떠러지) 밑으로 가느다란 길이 한 가닥 있고, 그 길을 나무꾼이 나무를 한 짐 짊어지고 내려오는 것이 한신의 눈에 띄었다. 한신은 나무꾼이 내려오는 앞으로 갔다.

"말 좀 물읍시다. 진창으로 가려면 어떻게 가야 합니까?"

나무꾼은 짊어졌던 나뭇짐을 내려놓고 이마에 흐르는 땀을 닦으면서 친절히 일러주었다. 한신은 나무꾼이 일러주는 대로 장량의 지도를 펴들고 살펴보았다. 나무꾼의 설명은 지도와 다름없었다.

"참으로 고맙소이다."

한신은 인사를 하고 말머리를 돌려 고개로 올라가기 시작하고 나무꾼은 다시 나무를 짊어지고 아래로 내려가기 시작했다.

한신은 한참 가다가 큰일이 한 가지 생각났다.

'조금 전에 보사관과 검문소의 사졸 다섯 명을 죽였으니 추격하는 관원이 있을 것이며 지금 저 나무꾼이 그대로 가다가 추격해오는 관원을 만난다면 나의 행방은 탄로 나는 것이 아닌가.'

한신은 이같이 생각하고 다시 말머리를 돌려 나무꾼을 쫓아가 나무꾼의 머리채를 한 손으로 움켜잡고 한 손으로 칼을 뽑아 나무꾼의 목을 잘라 버리고는 나직이 중얼거렸다.

"나를 용서하여 주십시오!"

그는 가슴이 아팠다.

그는 말에서 내려 부드러운 흙이 있는 곳을 파헤쳐 나무꾼의 시체를 묻었다. 다른 사람이 보아서는 무덤인 줄 알지 못하도록 표나지 않게 흙을 덮은 뒤에 큰 바윗돌 한 개를 그 자리에 굴려다 놓고, 자기만은 그것을 암표를 해서 어느 때고 그 무덤을 알아볼 수 있도록 한 다음 무덤 앞에 두 번 절하고 무릎을 꿇었다.

"한신이 인정이 없는 것이 아니라, 형편이 어렵게 되어서 자네를 죽였네. 이 다음 날 내가 잘되면 은혜를 갚겠네. 용서하게!"

그는 이렇게 맹세하고 눈물을 뿌렸다.

그는 나무꾼의 영혼에 사죄한 후 다시 말을 타고 산을 넘었다.

나무꾼의 말처럼 고개를 넘으니 솔밭이 있고 솔밭을 지나니까 개울에 돌다리가 있었다. 돌다리를 건너 아미령의 큰 재를 넘어가니 태백령이 나타났다. 저녁때가 다 되어 태백령을 간신히 넘어서니 나무꾼의 말과 같이 인가가 보였다. 그는 말을 주막집 마당에 매어두고 안으로 들어갔다. 주막에는 마침 다른 손님이라고는 없었다. 그는 노파에게 술을 주문했다.

한 잔 두 잔 서너 잔 마신 뒤에 한신은 시장기도 없어지고 거나하게 취하여 불현듯 무량한 감개가 가슴속에서 끓었다. 그는 붓을 꺼내 들어 벽에다 노래를 쓰기 시작했다.

기구하도다 태산준령이여, 괴이하도다 사람의 가는 길이여. 홀연히 나타난 나무꾼이여, 나의 갈 길을 가르치도다. 살아서 그대 돌아감이여, 나의 종적이 위태하도다. 어이하리오. 본의 아니나, 그대 죽이고 종적을 감추리. 측은하도다 그대 죽음이여, 원통하고 가슴이 답답한 것은 나의 가슴이로다. 무거운 죄를 용서하라. 그대의 은혜를 평생 갚으리.

한신은 벽에 이렇게 적어 놓고 소리 내어 노래를 읊었다. 이때 방안으로 장사 한 사람이 성큼 들어서더니 큰소리로 외쳤다.

"네가 초를 배반하고 한왕에게로 오다가 나무꾼을 죽이고 내 집에 와서 노래를 적어 놓았으니 이제는 내가 너를 붙잡아 초패왕한테 보내어 상금을 받아야겠다!"

한신은 놀라기는 했으나 겁내지 않고 장사를 꾸짖었다.

"너도 포중의 백성이 아니냐? 한왕의 백성으로 그럴 수가 있단 말이냐!"

한신의 호령 소리를 듣고 새로 들어온 장사는 얼른 땅바닥에 꿇어앉았다.

"그럴 까닭이 있겠습니까? 지금 말씀드린 것은 공연한 말입니다. 저의 조부는 신뢰辛雷라고 부르며 저의 부친은 신금辛金이라 합니다. 조부 때는 주나라의 벼슬도 했었지만 부친 때는 진시황이 잔인무도했기 때문에 벼슬을 하지 않고 여기 와서 사냥질이나 하고 살았답니다. 어젯밤 꿈에 큰 호랑이가 동북방에서 고개를 넘어 저의 집으로 들어오기에 오늘은 사냥도 안 나가고 귀한 객이 오시기를 온종일 기다렸습니다. 아까 말씀한 것은 농담이오니 용서하십시오."

그 장사는 공손한 어조로 한신에게 사죄했다.

"보아하니 자네는 힘도 세고, 무예도 출중한 것 같은데 지금 한왕이 인재를 등용한다 하니 포중에 들어가 벼슬이나 하지 않고 왜 집에 있는 겐가?"

한신은 그 장사에게 이같이 말했다.

"저도 그런 생각을 해보았습니다. 그러나 오늘 장군께서 저의 집에 오셨으니 장군이 포중에 들어가셔서 크게 되신 다음에 군사를 일으켜 이리로 나오시면 그때부터 장군을 따라다니겠습니다. 이 길은 가까운 길이고 아무도 모르는 길입니다. 제가 길을 인도하여 먼저 삼진을 공략하시는 데 도와드리겠습니다."

한신은 그의 손을 잡으며 물었다.

"쉬, 그런 소리는 경솔하게 입 밖에 내지 말게. 후일 초나라를 공략할 때는 자네가 선봉을 서야겠네. 자네 이름은 무엇인가?"

"저는 신기辛奇라고 부릅니다."

이렇게 해서 주막집 젊은 사내 신기와 한신은 친해졌다. 주막의 노파는 신기의 모친이었다. 한신은 신기와 함께 그날 밤을 지냈다.

이튿날 한신은 주막을 떠났다. 신기도 창을 들고 따라나섰다.

"이 너머 고운산·양각산에 가면 굉장히 큰 호랑이가 출몰합니다. 제가 한계寒溪까지 모셔다 드리겠습니다."

한신은 그의 말에 따랐다. 두 사람은 무예에 관한 이야기를 나누면서 말을 타고 고운산을 넘어 양각산 아래에서 하룻밤을 지내고, 이튿날 한계에 도착했다.

"여기서 남정관까지 얼마 안 됩니다. 집에서 노모가 기다리고 계시므로 장군을 더 이상 모시지 못하겠습니다. 그러나 험한 지경은 다 넘어왔습니다."

신기는 한신에게 작별 인사를 했다.

"그렇게 하게. 빨리 돌아가게. 그리고 얼마 후에 초나라를 공략하는 군사가 포중에서 떠났다는 소문이 들리면 자네는 나를 찾아오게."

"맨 먼저 찾아가 뵙지요! 그럼 조심히 가십시오."

한신은 신기와 작별했다.

파초 대원수가 된 한신

포중 땅에 들어섰다. 활짝 열린 이백 리의 평야 가운데 벌여져 있는 육가 삼시六街三市는 한신이 생각하던 바와는 달리 풍경도 좋은 수도首都였다. 그는 아문衙門 앞에 이르렀다. 초현전招賢殿이라는 현판이 붙어 있고, 그 좌우에 십삼 개 조의 인물 채용人物採用의 요령이 적혀 있었다.

1. 병법에 능통한 사람

2. 용맹무쌍하여 선봉이 될 사람

3. 무예가 출중한 사람

4. 천문에 능통한 사람

5. 지리에 밝은 사람

6. 심성이 공평·정직한 사람

7. 군사 정탐을 잘하는 사람

8. 변설이 훌륭한 사람

9. 계산을 잘하는 사람

10. 박학·박식한 사람

11. 의술이 뛰어난 사람

12. 비밀을 잘 알아오는 사람

13. 살림살이를 잘 보는 사람

이상 열세 개 조 중에서 그 하나에 해당한 사람은 중용할 것이니 서슴지 말고 출두하라.

이 같은 방문이 붙어 있었다. 한신은 초현전 앞에서 그 방문을 보고 지나가는 사람에게 물어보았다.

"초현전의 인물 채용을 맡아보는 분이 누굽니까?"

"등공滕公 하후영夏侯嬰입니다."

"그 영감의 댁이 어디쯤 되나요?"

"저기 저 댁이 바로 등공댁입니다."

지나가던 사람이 손으로 그 집을 가리켰다. 한신은 생각해 보았다.

'파초 대원수로 천거하는 장량의 엄표는 지금 품속에 감추고 있다. 이것을 한왕에게 보이면 나를 중용할 것은 틀림없다. 그러나 사내자식이 남이 써 준 천거장을 가지고 소개를 받아 벼슬을 얻는 것은 정당한 방법이 아니지. 제자신의 능력으로 남이 알아주도록 하여야 할 것 아니냐? 등공을 직접 만나 나를 알리자!'

한신은 이렇게 생각하고 종이에 자기 성명을 써서 등공의 집으로 찾아갔다. 등공은 한신의 명함을 보고 하인을 시켜 들어오라고 했다. 그는 한신이 초 패왕의 집극랑으로 있는 사람인데 웬일인가, 마음속으로 이상하게 생각했다.

한신은 등공 앞에 와서 예를 올렸다.

"저는 초 패왕의 신하였었는데 패왕이 저를 알아주지 않기에 함양에서 이리로 왔습니다."

"잔도가 끊어졌는데 길을 어떻게 알고 오셨소?"

"천신만고였습니다. 그러나 괴로운 줄은 모르고 왔습니다."

"장하시오! 그런데 초현전에 써 붙인 방문은 보았소? 그중에서 어떤 재주에 능하시오?"

"방문에는 열세 개 조가 적혀 있던데 그 열세 가지 재주에 능통한 외에 한 가지 재주가 더 있습니다."

등공은 한 가지 재주가 더 있다는 한신의 말에 조금 놀라는 표정이었다.

"열세 개 조 외에 또 한 가지 재주라는 것은 문무겸전해서 나아가면 장수 되고, 들어오면 정승 되고, 가만히 앉아서도 천하를 다스리며, 백 번 싸우면 백 번 이겨 천하를 빼앗기를 손바닥을 뒤집는 것같이 마음대로 할 수 있는 파초 대원수破楚大元帥의 재주입니다.

이것이 열세 개 조 외에 한 가지 더 있다는 것입니다. 지엽말단枝葉末端(가지와 잎과 같은 끝자락)의 열세 개 조보다는 필요한 이 조목이 방문에 빠져 있습니다."

한신의 말을 들은 등공은 놀랐다. 그는 자리에서 일어나 한신에게 공손히 예를 취했다.

"그런데 장군은 큰 재주와 포부를 가지고도 초 패왕에게서 크게 중용되지 못한 것은 무슨 까닭입니까?"

등공은 한신의 말을 듣다가 궁금한 조목이 생각난 것처럼 이같이 물었다.

"옛날에 백리해百里奚가 우虞나라에 있을 때 이 사람을 쓸 줄 몰라서 우나라는 망해 버렸고, 진나라에서는 백리해를 쓸 줄 알았기 때문에 패업을 완성했습니다. 초 패왕이 나를 쓸 줄 모르니까 내가 초를 배반하고 이리로 온 것입니다."

"내일 한왕께 아뢰어 장군을 중용하도록 하겠습니다."

"아닙니다. 한왕께 먼저 아뢰지 마시고 나를 소상국蕭相國과 대면시키신 후 상국과 영감 두 분께서 한왕께 천거하셔야 한왕께서도 나의 재주를 알아주실 것입니다."

"참, 그렇겠습니다. 그러면 내가 승상과 상의해서 장군을 승상과 만나게 하겠습니다."

한신의 의견대로 등공이 소하에게 한신을 먼저 소개하기로 약속했다. 한신은 객줏집으로 돌아가서 기별이 있을 때까지 기다리기로 하고 등공의 집에서 물러갔다.

이튿날 등공은 소하를 찾아가 한신이 어제 자기를 찾아온 이야기를 하고, 소하에게 만나보기를 권했다.

소하도 한신의 이름은 듣고 있었던 터였다.

다음 날 등공은 객줏집에 있는 한신을 불러 함께 승상부로 갔다. 등공은 승상부 대문 앞에서 초현전으로 돌아가고 한신 혼자만 승상부 사람에게 안내되어 당상堂上으로 들어갔다.

한신은 당중堂中에 들어서서 둘러보았으나 손님을 맞이하는 자리를 베풀어 놓지 않아 약간 불쾌했다.

이때 소하가 안에서 나왔다.

"어제 등공에게서 귀하를 극구 칭찬하는 소리를 들었습니다. 다행히 이같이 뵈오니 반갑습니다."

소하는 한신에게 첫인사를 이렇게 하였다.

한신은 예를 올리고 그 말에 이같이 대답했다.

"초 패왕은 도읍을 함양에서 팽성으로 옮겼습니다. 의제를 강물에 빠뜨려 죽였습니다. 백성들은 원한을 품고 있으며 제후는 기회를 보아 배반하려는 마음이 있건만, 패왕은 이것을 모르고 있습니다. 그리고 강한 것만 믿고 있으니 이야말로 천하를 잃어버리고 있는 것이지요. 지금 한왕 패공은 포중에 좌천되어 있으나 '약법 삼장' 이후 천하의 민심을 얻고 있으므로 군사를 일으켜 동으로 향한다면 천하는 한왕을 따를 것입니다."

한신은 천하의 형세가 이미 결정된 사태인 것같이 말했다.

"만약 귀하의 말씀처럼 형세가 결정되어 있다면, 지금 이때가 군사를 일으킬 때라고 봅니까?"

"그렇습니다. 한이 초를 칠 때는 바로 지금입니다. 만일 때를 놓치면 제·위·조·연 이 네 나라 중에서 지혜 있는 자가 먼저 함양을 빼앗고 진을 평정한 뒤에 요해지를 막아 버린다면 한나라 군사는 늙어 죽을 때까지 포중을 벗어나지 못할 것입니다."

"잔도가 이미 타 버리고 길이 없어졌으니, 우리 군사가 나아갈 길이 없지 않습니까?"

한신은 이 말을 듣고 껄껄 웃었다.

"승상께서는 나를 속이려고 하십니다마는 나는 알고 있습니다. 군사가 나올 수 있는 다른 길이 있음을 알고 지혜 있는 사람이 승상과 더불어 비밀히 약조하고 잔도를 불사른 것 아닙니까? 초 패왕으로 하여금 서쪽으로 마음을 기울이지 않게 하고, 한 패공의 군사로 하여금 동쪽으로 돌아가고자 하는 마음을 끊게 하려고 잔도를 불사른 것인데, 이런 것에 초 패왕은 속아 넘어갈지 모르지만 지혜 있는 사람은 속지 않습니다."

소하는 놀랐다. 자기와 장량 두 사람밖에는 알지 못하는 사실을 이렇게 똑똑히 알고 있는 사람을 그는 처음 보았다. 그는 자리에서 일어나 재차 한신에게 깍듯이 예를 취하고 경의를 표했다.

"만일 귀하가 대장이 된다면 어떻게 하시겠습니까?"

'훌륭한 인물이다. 과연 대장의 재목이다. 지난날 장량과 작별할 때 나누어 가진 엄표를 가지고 장량의 천거로 찾아올 사람

만 없다면 이 사람이야말로 파초 대원수감이다!'

소하는 이렇게 생각했다. 그러나 한신은 장량에게서 받은 엄표를 소하에게 보이지 않았다.

소하는 한신을 자기 집에서 묵게 했다.

이튿날 소하는 등공과 함께 한왕에게 나아가 초현전에서 훌륭한 인물을 한 사람 발견했는데 이 사람이야말로 고금에 통하고 병법에 능통한, 파초 대원수감이라고 칭찬하고 정중히 건의했다.

"대왕께서는 이 사람을 중용하시옵소서."

"그 같은 인재가 있다니 이름이 무엇이며, 어디 사람인가?"

"회음 땅의 한신이라는 사람이라고 합니다. 초나라에 있을 때 집극랑으로 있었는데, 누차 계교를 상소했으나 초 패왕이 써 주지 않아 초를 배반하고 대왕을 모시고자 찾아왔다고 합니다."

등공이 이같이 아뢰었다.

"짐이 한신의 이야기를 들은 일이 있소. 가세 빈한하여 표모에게 걸식한 일이 있고, 저잣거리에서 욕을 보고 가랑이 밑으로 기어나갔대서 사람들이 웃었다 하오. 이런 사람을 대장으로 한다면 삼군이 복종하지 않을 것이며, 제후가 조소할 것이오."

승상 소하와 대부 등공이 극구 칭찬해서 추천하는 인물이 한왕 패공의 마음에는 조금도 신기하게 들리지 않는 눈치였다.

그러나 한왕은 소하의 말에 마지못해 승낙했다.

"경들이 그 사람을 이렇게 간곡히 천거하니 그렇다면 한신을 불러오시오."

소하는 즉시 금문禁門에 있는 위관을 불러 한신을 청해 오라고 명령했다.

한신은 한왕이 부른다는 소식을 듣고, '한왕이 나를 대수롭지 않은 듯이 부르는 것을 보니 크게 생각하지 않는 모양인데 좌우간 한왕을 대면해 보고 꼴이나 구경하기로 하자.'라고 생각하고 한왕 앞에 나아갔다.

"불원천리하고 네가 찾아왔으나 갑자기 너를 중용할 수는 없다. 재주와 인물을 본 연후에 등용하겠다. 우선 연오관連傲官으로 임명할 터이니 군량미를 점검하여 그 직분을 다하도록 하라."

패공은 한신에게 이같이 분부했다.

"황공하옵니다."

한신은 조금도 얼굴빛이 변하지 않고 태연하게 머리를 조아리면서 은혜에 감사했다.

소하와 등공은 이 모양을 보고 마음에 딱하기 한량없었다. 대원수감이라고 천거한 인물이 겨우 쌀을 검사해서 창고에 저장하는 미관말직에 임명되다니! 한신에게 미안하기도 하고 아까운 인물이라는 생각도 들었지만 이미 왕의 분부가 내린 뒤니 어찌해 볼 도리가 없다고 두 사람은 생각했다.

한신은 그날부터 연오관 직무를 맡아보았다. 산같이 가득 쌓인 쌀 포대를 한눈으로 훑어보고는 얼마얼마라고 척척 계산해내는데 그 수효가 하나도 틀리지 않았다.

며칠 후에 이 소식을 소하가 들었다. 그는 오래전부터 한신에게 미안한 마음을 품고 있었기 때문에 그날로 한신을 찾아갔다.

"승상께서 웬일이십니까?"

"내가 귀하를 천거하여 대원수에 임명하도록 애썼지만 한왕께서 귀하가 큰 그릇이라는 사실을 모르고 작은 벼슬을 주신데 대해 미안하기 짝이 없소이다."

"천만의 말씀입니다."

한신은 소하의 뜻을 알고 고마워했다.

소하는 그 길로 한신을 작별하고 조정으로 들어가 한왕에게 또 한신을 중용해야 한다고 아뢰었다. 한왕은 처음에는 소하의 말에 반대했으나 소하가 진심으로 한신은 큰 그릇이라고 천거하는 말을 듣고 한신의 벼슬을 한 등급 올려 치속도위治粟都尉에 임명했다. 치속도위는 전국의 양곡을 총괄하는 직책이었다.

치속도위가 된 한신은 각 지방에서 창고를 지키고 있는 자들 가운데 그동안 수량을 속인 자, 부정한 짓을 한 자들을 모조리 추방해 버리고, 백성들에게 도조를 받는 부과를 공평하게 개정했다.

그가 직책을 수행한 지 십여 일이 못 되어 농민들 사이에서 그를 칭송하는 소리가 높아졌다.

소하는 이 같은 소문을 듣고 크게 기뻐했다.

그리고 그 길로 한왕을 찾아뵙고 한신을 크게 중용해 쓰라고 적극 추천했다.

"아니, 그 사람은 승상이 두 번이나 말하기에 짐이 치속도위로 등용했는데 어찌 등용하지 않았다고 하시오?"

"치속도위 같은 직책은 한신의 재주를 시험하는 벼슬이 못 됩니다. 대원수의 직책을 맡겨야지만 그 사람은 우리나라에 오래 있을 것입니다. 그렇지 않으면 반드시 타국으로 갈 것입니다."

"작爵은 함부로 내리지 않는 것이요, 녹祿은 가볍게 더하는 것이 아니거늘, 한신은 불과 한 달 동안에 두 차례나 등용하지 않았소? 지금 척촌尺寸의 공훈도 없는 사람에게 원융元戎의 대임을 맡긴다면 오래전부터 공로가 많은 대장들이 원망하며 상벌이 분명치 않다고 할 것 아니오?"

"그러하오나 옛날부터 성제명왕聖帝明王들은 사람을 쓰되 그 재목에 따라서 썼고, 그 힘에 따라서 직책을 맡겼습니다. 한신으로 말씀하오면 대들보나 기둥감이지, 서까래감이 아니옵니다. 지금 맡기신 직책은 너무 작은 것이옵니다. 패현에서부터 따라다니는 여러 대장들은 공훈이 많으나 한신과 같은 재목에 비교가 안 되는 줄로 아뢰오."

"승상은 좀 더 기다리시오. 장량이 짐과 작별할 때 천하를 두루 찾아서 파초 대원수의 인물을 구해 보낸다 했으니, 수개월만 더 기다려 보다가 장량이 천거하는 인물이 오거든 한신과 비교해 본 연후에 한신을 대원수로 봉하는 것이 옳다고 생각되오."

한왕이 이렇게까지 말하므로 소하는 더 이상 고집하기도 어려웠다. 한신이 집으로 돌아와 곰곰이 생각해 보았다.

'이대로 있다가는 한 패공이 언제 나를 중용할지 모르겠구나. 그렇다고 장량에게서 받아온 엄표를 내놓고 중용된다 할지라도 여러 사람들이 모두 진심에서 따른다는 보장이 없으니…….'

그는 한참 동안 고심하다가 마침내 계책을 하나 생각해 냈다.

그는 객줏집 주인에게 말 한 필을 준비시키고, 날이 밝기 전에 먼 곳에 가야 할 일이 있다고 거짓말을 하고 밤중에 말을 타고 동쪽으로 달아났다.

아침때가 지나도록 한신이 집으로 돌아오지 않는 것을 보고서 객줏집 주인은 승상부로 가서 이 일을 보고했다.

소하는 이 보고를 듣고 몹시 당황했다.

'이 사람이 달아났구나! 이 사람을 잃으면 우리는 영원히 포중에서 나가지 못할 터인데!'

그는 황급히 자리에서 일어나 그 길로 말을 타고 동문으로 달렸다. 그는 대궐에 조회하러 들어갈 때 입고 나온 조복朝服을 벗지도 못하고 승상부에서 바로 이곳으로 왔던 것이다.

조복을 입은 채 홀로 말을 달려 동문에 이르러 파수 보는 이졸들에게 물었다.

"너희들은 흰말을 타고 칼을 찬 사람이 동문으로 나가는 것을 못 보았느냐?"

"예, 그런 사람이 오늘 새벽 오경이 지나서 이 문으로 나갔습니다. 아마 그동안 오십 리는 갔을 것입니다."

소하는 더 묻지 않고 말을 달렸다.

그는 아침밥도 먹지 못했다. 점심때가 훨씬 지나도록 말을 달리노라니 배가 몹시 고팠다.

그는 하는 수 없이 민가에 들어가 음식을 얻어먹고 다시 말을 달리기 시작했다.

어느덧 해는 저물었다. 태양이 서산에 숨어 버리고 땅이 어두워지기 시작할 때, 한계寒溪의 냇가에 이르렀다. 때는 늦여름 7월 중순이었다. 낮에는 햇볕이 따가우나 아침저녁에는 쌀쌀한 기운이 추위를 느끼게 했다. 초저녁의 한기는 피부를 찌르는 것 같고 골짜기의 좁은 길은 험악하여 말도 겨우 길을 찾아갔다. 얼마 지나지 않아 산모퉁이에 달이 솟았다. 여름 장마에 물이 불은 한계의 냇물이 눈앞에 보이는데, 저 아래 어딘가에서 말 울음 소리가 들리고, 사람의 그림자가 보였다.

'옳지, 저게 한신인가 보다! 물 얕은 곳을 찾아서 물을 건널 작정이구나.' 소하는 이렇게 짐작하고 소리를 질렀다.

"여보시오! 거기 있는 분은 한신 장군 아니오? 어쩌면 그렇게 말도 없이 달아나시오! 나 좀 봅시다."

소하는 말을 달려 냇가 아래쪽으로 한신의 그림자를 찾아 쫓아 내려갔다. 이때 뒤에서 또 말발굽 소리가 나면서 웬 사람이 소하를 쫓아왔다.

"저올시다. 하후영이올시다."

뒤에서 말 타고 쫓아온 사람은 하후영이었다.

"등공도 한신을 쫓아오는 중입니까?"

"예, 아침에 초현전에 있으려니 창문倉門에서 보고가 오기를 한신 장군이 밤 오경에 동문으로 나갔는데 돌아오지 않는다 하기에, 가만히 생각하니 왕께서 중용하시지 않으니까 타국으로 달아난 것이 틀림없을 것 같아 제가 붙들어 보려고 뒤쫓아 나왔지요. 승상을 여기서 만나니 다행입니다."

이때 한신은 냇가에서 자기를 뒤쫓아 온 승상과 등공이 이같이 말 위에서 문답하는 소리를 듣고 크게 감탄했다. 그는 두 사람이 오는 앞으로 걸어갔다. 두 사람이 말에서 내리자 한신은 그들에게 예를 올렸다.

"참으로 감복합니다. 이 세상에 재상 된 사람으로서 두 분과 같으신 분은 아마 없을 겁니다! 저 혼자서 권력을 잡고 어진 사람, 총명한 사람, 능한 사람을 미워하고 시기하는 것이 오늘날의 재상들이요. 아첨하고 비위 맞추는 사람이나 좋아하고, 되지 못한 고집이나 부리고, 위에 가서는 '지당합지요' 할 줄만 아는 것이 오늘날의 인물들인데, 두 분께서는 나라에 충성을 다하시고, 훌륭한 사람은 극력 천거하시고, 자기를 굽혀서까지 선비를 대하시니, 이것은 고금에 드문 일이올시다. 황차 저 같은 사람을 붙들려고 조복을 입으신 채 이 밤에 험한 산길을 이같이 찾아오시니, 저는 재주 없고 무능한 사람이올시다만, 진심갈력盡心竭力(마음과 힘을 다함)하여 문하에서 도와드리겠습니다."

한신은 두 사람에게 이같이 말했다. 달빛 아래 보이는 그의 표정은 진지했다.

소하는 한신의 손을 잡았다.

한편, 그날 아침에 조정에서는 백관이 승상의 모습이 보이지 않자 모두 이상히 생각하고 있을 즈음에, 주발周勃이 한왕 앞에 나와 아뢰었다.

"요즈음 군사들 가운데 고향 생각을 못 잊어 달아나는 사람이 많사옵니다. 승상 소하도 어제 아침에 홀로 동문으로 나가서 지금까지 돌아오지 않고 있습니다."

한왕은 깜짝 놀라더니 곧이어 대로했다.

"뭐라고? 소하도 달아났단 말이냐? 패현에서 의병을 일으킨 후 소하는 삼사 년 동안 짐과 더불어 떨어져 본 일이 없는데, 다른 사람들은 중간에 모여든 사람이니까 짐을 버리고 도망한다 해도 용혹무괴容或無怪(혹시 그럴지라도 괴이할 것이 없음)하지만, 소하는 이름이 군신君臣지간이나 정은 부자형제나 마찬가지인데……."

한왕은 처음에는 노한 음성으로 시작했으나 나중에는 혼잣말처럼 탄식하면서 안절부절못했다. 왕은 자기의 두 손이 끊어져 버린 것같이 허전했다. 서 있어도, 마음을 진정하고자 앉아 있어도, 허전하기는 마찬가지였다. 왕은 아침도 점심도 걸렀다.

점심때가 훨씬 지나서 금문에서 위관이 들어와서, 승상 소하와 등공 하후영이 돌아왔다고 아뢰었다. 왕은 기쁨이 절반, 노여움이 절반이었다. 급히 두 사람을 불러들여 꾸짖었다.

"그래, 경이 짐을 버리고 달아나다니 그럴 수가 있소? 다른 사람이면 몰라도 경이 그럴 수 있느냐 말이오?"

"신은 대왕의 지우知友로서 일국의 승상이 되어 어찌 마음을 변하오리까. 일간日間(하루 동안) 밖에 나가서 돌아오지 못한 것은 밤을 새워가며 도망가는 사람을 쫓아가 그 사람을 데리고 옴으로써 대왕께서 천하를 도모하시도록 하려고 그리된 것입니다."

소하는 국궁하고 이같이 아뢰었다.

"도망간 사람이 누구란 말이오?"

"치속도위 한신입니다."

한왕은 소하의 대답을 듣고 웃음이 터지려는 것을 간신히 참고 물었다.

"아니, 그동안 포중에서 도망한 장수가 한둘이 아닌데, 그때는 승상이 그 장수들을 쫓아갔었소? 지금 한신을 쫓아갔었다는 것은 거짓말 아니오?"

"열 명의 대장은 얻기 쉽사오나 한 사람의 한신은 다시 구하기 어렵습니다. 대왕께서 포중에서 노사老死하시려 한다면 모르오나 항우와 더불어 천하를 쟁탈하시려 한다면 한신이 있어야지만 일이 성사되옵니다. 대왕께서 한신을 중용하시지 못하오면 신도 관을 벗어 버리고 고향으로 돌아가 후일에 항우에게 사로잡히는 욕을 면하겠습니다."

소하의 태도는 몹시 근엄했다.

"승상이 아뢰는 말씀은 실로 국가를 위해 아뢰는 것이옵니다. 대왕께서는 저 같은 충성스러운 말씀을 들으시어 한신을 중용하여 주시옵소서."

곁에서 등공 하후영도 소하의 말에 뒤이어 이같이 아뢰었다.

"경들이 한신의 말 잘하는 것을 듣고 그같이 말하는 것인 줄로 아오만 일국의 원융은 국가의 안위, 삼군의 존망, 그 한 사람에게 달려 있으므로 지금 그를 중용하여 대장으로 한다면 삼십 만의 국군과 칠십 명의 문무文武를 모두 그 한 사람에게 맡기는 것이 되오. 그래서 삼진을 평정하고, 항우를 격파하고, 천하를 빼앗는다면 좋거니와, 만일 그렇지 못하면 짐이 포로가 되는 것은 논외로 하고, 삼십만의 군사가 죄없이 죽어야 하지 않소? 그런 까닭에 짐은 한신을 얼른 중용하지 않는 것이오."

한왕은 소하와 등공을 번갈아보면서 이같이 왕으로서의 고충을 털어놓았다. 소하와 등공은 아무 말도 하지 않고 왕의 말이 계속되기를 기다렸다.

한왕은 두 신하가 아무 말이 없자 오늘은 날이 저물었으니 내일 아침 조정에서 상의하자고 하여 자리를 피했다.

이때 한신은 늦은 저녁을 마치고 밤늦게까지 잠들지 못하고 이런 생각 저런 생각에 잠겨 있을 때, 하인이 들어와 승상이 찾아왔다고 아뢰었다. 그는 자리에서 일어나 의관을 단정히 차려입고 소하를 맞아들였다.

"밤이 깊었을 터인데 승상께서는 아직까지 주무시지 않으셨습니까?"

소하를 상좌로 모시고 한신은 이같이 인사했다.

"국사가 걱정이 되어 잠을 이룰 수 없어서 나왔소이다. 귀하가 초나라에 있을 때 범증이 귀하의 재능을 알고 항왕에게 천거했었다던데, 그때 귀하가 헌책한 방침은 무엇이었습니까?"

한신은 자기가 한왕이 포중으로 들어오면서 촉 땅에서 관중으로 연결되어 있는 잔도를 불살라 버린 것을 듣고서 항우에게 올린 상소문의 내용을 자세히 이야기했다. 소하는 한신이 헌책한 방침을 듣고 경탄을 금치 못했다.

"만일 귀하의 방침을 초 패왕이 채용했더라면 우리는 늙어 죽을 때까지 포중에서 벗어나지 못할 뻔했소이다그려."

"그런데 패왕은 이 사람의 상소문을 보고 도리어 죄를 주려고 하는 것을 항백이 구해 주었습니다. 제가 초를 배반하려는 마음은 이때부터 생겼습니다. 오늘 저녁에 이같이 밤이 깊어서 승상이 저를 찾아오신 것은, 그리고 이와 같은 말을 물어보시는 것은 범증이 범상치 않은 사람이므로 혹시나 범증이 저를 일부러 한왕의 동정을 염탐해 오라 해서 보낸 것이나 아닌가, 어제 밤중에 제가 홀로 포중에서 도망가는 것을 보시고 더욱 이같이 생각되어 의심하시는 것 같습니다. 승상께서 국가를 위해 이같이 노심초사하시니, 제가 여러분에게 미안함을 느낍니다. 제가 가지고 있는 물건을 보시고 마음을 놓아주시기 바랍니다."

한신은 이렇게 말하고 그제야 품속에서 장량에게 받은 엄표를 꺼내 소하에게 주었다.

소하는 그것을 받아 불 앞에 가까이 놓고 보았다. 그것은 장량과 작별할 때 만들어서 나누어 가진 엄표가 분명했다.

소하는 얼른 자리에서 일어나서 한신에게 공손히 예를 올렸다.

"놀랐습니다! 장군이 여기에 오신 지 수개월이 되도록 이렇게 오랫동안 이것을 안 보이시다니! 그 때문에 나와 등공은 얼마나 고심했는지 아십니까? 한왕이 이것만 보시면 확연히 깨닫고 주저하심이 없어질 것입니다."하고 만면에 희색을 띠었다.

"저는 본시 빈천한 사람인지라, 한나라에 갑자기 들어와 아무런 공도 세운 것 없이 대장이 된다면 여러 사람이 업신여길 것이므로 장량의 엄표를 감추고 다만 여러분이 저의 인물을 알아주고 또 저를 천거할 때까지 기다렸다가 이 엄표를 내놓겠다고 생각했던 것입니다."

"참말 장군이야말로 천하의 호걸이올시다! 심상한 사람으로는 흉내도 못 낼 일이올시다."

소하는 탄복했다. 그는 한신에게서 받은 장량의 엄표를 가지고 총총히 자기 집으로 돌아갔다.

이튿날 아침에 소하는 이 사실을 등공에게 통지하고 조정에 나가 한왕에게 사실을 고하며 장량의 엄표를 왕에게 바쳤다.

한왕은 깜짝 놀랐다.

"과연 경탄할 일이로다! 천하의 호걸들을 보는 눈이 이와 같단 말이냐! 이러고 보니 한신은 천하의 대재大才가 틀림없는 모양이구나! 속히 한신을 대원수로 봉하라!"

한왕은 크게 기뻐하면서 한신을 대원수로 봉할 것을 명했다.

"대왕께서 한신을 참으로 중용하시려면, 목욕재계하시고 단壇을 높이 쌓아 천지신명께 고하시어 주무왕周武王이 여망呂望을 배拜하듯이 예를 갖추어 거행하셔야 합니다."

"만사를 경이 마련하여 거행하도록 해주오. 짐은 다만 경의 말대로 하겠소."

한왕은 소하가 시키는 대로 따라가겠다고 승낙했다.

소하는 즉시 대궐에서 집으로 돌아오기 무섭게 한신을 청하여 한왕과 문답하던 경과를 이야기하고 대장단大將壇을 축조하는 법을 부탁했다.

한신은 소하에게 감사의 말을 표하고 대장단의 도면圖面을 그려서 보내주마 하고 여관으로 돌아갔다. 사오일 후에 소하는 한신에게서 대장단의 도면을 받아 대궐로 들어갔다.

한왕은 즉시 관영灌嬰을 불러, 이대로 모든 절차를 거행케 하는 책임을 맡겼다.

한왕이 대장단을 축조케 하고 대원수를 봉한다는 소식이 처음에 소문났을 때 여러 장수들은 각기 누가 대원수로 될 것인가 궁금해서 저희끼리 수군거리기를 '번쾌다! 번쾌일 게다. 번쾌야말로 패현에서부터 오늘날까지 대왕께 공로가 제일 많지!' '그러나 승상이 천거한 사람은 우리가 모르는 사람이라더라!' '모르는 사람이라면 생각 안 되지만, 공훈 많은 구신들 중에서 고른다면 번쾌·주발·조참…… 그 밖에는 인물이 없지?' 이 같은 비평이 돌고 있었는데, 이날 급기야 한왕이 승상부에서 영접하여 나오는 인물은 다른 사람이 아닌 한신이라 모든 사람이 그만 대경실색하고야 말았다. 의외라 해도 이 같은 의외는 다시 없었다.

한왕과 한신이 대장단 앞에 내려서자 세 발의 철포 소리가 하늘을 흔들었다. 이에 따라 문무백관이 정렬해 서 있는 가운데로 인례관引禮官이 나와 한신을 인도하여 대장단으로 올라갔다.

등공 하후영은 서쪽으로 향하고, 한신은 북쪽으로 향하여 부동의 자세를 취했다. 태사관太史官은 축문을 크게 읽었다.

대한 원년 중추 무인삭戊寅朔 병자일 포중 한왕은 여음후汝陰侯 하후영을 보내어 오악사독五岳四瀆(다섯 영산인 대산·화산·형산·항산·숭산과 제사 지내는 네 강) 명산대천의 신께 감히 고하노니, 슬프다 하늘이 중생을 내시고 기르는 자로 하여금 중생을 다스리게 했거늘,

여정呂政(진시황)이 포악한 뒤에 항적項籍(항우)이 또한 그 같은 종류인지라, 임금을 죽이고 항졸을 파묻고 하늘의 뜻에 크게 어긋나게 하므로 이제 신, 유방은 이것을 참지 못하여 의로운 깃발을 세우고 한신을 대원수로 봉하여 백성을 구하고 천하를 편안히 하고자 하오니 바라옵건대 신명은 도와주시고 살펴주시옵소서.

축문의 낭독이 끝나자 하후영이 활과 화살을 한신에게 건네주며 말했다.

"한왕의 명하심이니 이것을 가지고 정벌을 할지어다."

한신은 무릎을 꿇고 그것을 받아 좌우에서 부축하는 사람에게 주었다. 인례관이 또 한신을 인도하여 이층으로 올라갔다. 승상 소하가 서쪽을 향하고 한신은 북쪽을 향해 서 있자 태사관은 또 축문을 읽었다.

축문의 낭독이 끝나자, 소하는 도끼와 큰 칼을 한신에게 건네주었다.

"한왕이 명하심이니 장군은 이것으로써 오늘 이후 천하에서 무도한 것을 제거하고, 백성의 해를 없애고, 만민에게 복이 오게 할지어다."

한신은 꿇어앉아 그것을 받아 다시 좌우에서 부축하는 사람에게 주었다. 인례관이 다시 한신을 삼층으로 인도했다.

한왕은 북쪽을 향하여 용장봉전龍章鳳篆을 쳐들고 있으며, 악대가 주악하는 중화곡中和曲의 음률이 그치자, 태사관은 축문을 낭독했다.

축문 낭독이 끝나자, 한왕은 서쪽을 향하고 한신은 북쪽을 향하여 섰다. 한왕은 친히 호부옥절虎符玉節과 금인보검金印寶劍을 집어 한신에게 건네주며 말했다.

"지금 장군을 파초 대원수로 봉하노라. 위로는 하늘, 아래로는 물속에 이르기까지 모조리 장군에게 맡기노니, 허한 것을 보고 나아가고, 실한 것을 보고 그치고, 다수한 것을 믿고 경거하지 말지며, 명령을 중히 알고 죽음을 가볍게 알지 말고, 스스로 높은 체, 꾀 있는 체, 강한 체하지 말고 사졸들과 감고한서甘苦寒暑(온갖 풍상)를 한 가지로 할지어다."하고 한왕은 남쪽을 향해 자리에 앉았다.

한신은 한왕에게 두 번 절하고 그 앞에 꿇어앉아 아뢰었다.

"대왕께서 내리시는 중임, 중책을 폐부에 새겨 목숨이 다할 때까지 충성을 바치겠나이다."

한왕은 희색이 만면했다.

"소하로부터 누차 장군의 큰 재주를 찬양하는 소리를 들었는데 장군은 어떠한 계책으로써 과인寡人에게 보답하려 하오?"

"대왕께서는 지금 곧 동쪽으로 향하시어 항왕과 전쟁하시고자 하시나이까?"

한신은 도리어 이같이 되물었다.

"과인은 오래전부터 그 같은 욕망을 가지고 있었소."

"그러하오면 대왕의 용맹하심이 항왕과 비교하여 어떠하다고 생각하십니까?"

"과인이 어찌 항왕과 비교가 되겠소! 비교가 안 되오."

"소신도 또한 대왕께서 항왕을 못 당하실 줄로 알고 있나이다. 그러하오나 신이 전일에 항왕을 모신 일이 있으므로 그 인물 됨을 아옵니다. 항왕이 큰소리로 호령을 하면 수백 명이 넘어져 버리는 형편이오나 훌륭한 인물을 쓸 줄 모르니 이 같은 용맹은 필부匹夫의 용맹입니다. 항왕이 어느 때는 다정하고 동정하는 태도를 부하에게 보이나 공功을 상賞 줄 때는 인장 찍기를 아까워하니, 이 같은 인정은 부인들의 인정입니다. 관중에 있지 못하고 팽성으로 옮기고 의제를 죽이고 이름은 자칭 패왕이라 하였으나, 기실은 천하의 마음을 상실했습니다. 지금 대왕께서 항왕을 정벌하시려 한다면 장한·사마흔·동예 등이 삼진의 왕이라 하지만 삼진의 백성들은 마음으로 복종하고 있는 것이 아니므로 삼진은 격문 한 장으로써 평정할 수 있습니다. 그 후에 동정하면 항왕은 대왕을 못 당하고 천하는 대왕께 복종할 줄로 압니다."

한신은 꿇어앉은 채 이같이 아뢰었다.

한왕은 만족한 미소를 얼굴에 가득 머금었다.

"모두 장군만 믿겠소."

한왕이 자리에서 일어났다. 그러자 한신도 따라 일어났다.

한왕이 단 위에서 내려가자 식은 끝났다. 문무백관도 왕의 뒤를 따라 조정으로 돌아왔다.

이튿날부터 한신은 군사들을 다시 편성하여 법제 있게 훈련을 시켰다. 명령을 어기는 자는 즉시 목을 베어 버리는지라 각 부대가 엄숙해지고 사기는 늠름해졌다. 이같이 매일 훈련하기를 사십여 일, 하루는 한왕의 거동을 청했다. 이만큼 새롭게 되었으니 군사들의 모양을 어람하시기 바란다는 뜻이었다.

한왕은 중신들을 인솔하고 교군장으로 나왔다. 한신이 책 한 권을 두 손으로 받들어 왕에게 바치며 말했다.

"성람하신 후 삼군에게 이같이 반포하시옵기를 비옵니다."

한왕은 한신에게서 받은 책을 근신으로 하여금 모든 군사가 알아듣도록 큰소리로 읽으라 했다.

> 서초 패왕이 천명을 어기고 백성들에게 포악하니 의제를 살해하여 그 죄악이 하늘에 사무치는 터이므로 짐이 이것을 정벌하기 위하여 한신을 파초 대원수로 하고 너희들 장수와 사졸들로 하여금 그 지휘에 복종케 하며 짐의 명령 없이도 참형을 행하게 하는 바이다. 그의 명령에 복종하는 자에게 영광이 있을 것이요, 복종치 않는 자에게는 죽음이 있을 것이다. 너희는 이를 알고 짐의 뜻을 어기지 말지어다.

낭독이 끝나자 전 군사가 엄숙해졌다. 왕의 전권을 한신이 군중에서 대행하는 것임을 알고 그들은 두려운 마음이 생겼던 것이다.

한왕은 사열을 끝내고 대궐로 돌아갔다.

이튿날 한신은 오경五更 무렵에 일어나 교군장으로 나와 중군에 좌정한 후 모든 장수를 집합시켰다. 아침 시각을 보고하는 직책을 맡은 군사가 한신의 앞에 나와 시각을 보고했다.

한신은 집합하고 있는 장수들을 일일이 점검했다. 군사를 관리, 감독하는 감군의 직책에 있는 은개가 보이지 않았다.

한신은 점검을 마친 후 군사 조련을 시작했다.

점심때가 조금 지나 은개는 교군장으로 들어오려고 원문에 이르러 안으로 들어가려다 파수 보는 사졸에게 제지당했다.

"못 들어가십니다. 원수의 분부이십니다. 들어가시려면 원문을 지키는 아장牙將께 보고하여 아장께서 군정사께 보고한 후 군정사께서 허락하신 다음에야 들어가실 수 있습니다."

보초병이 이같이 말했다.

"무엇이라고? 되지 못한 것이 함부로…… 쓸데없는 까다로운 법을 만들어가지고!"

은개는 한신에 대한 불평을 하면서 그대로 문 안으로 들어가려 했다. 그러나 은개는 보초병에게 가로막히고 말았다.

이 보고가 차례차례로 중군에까지 보고된 뒤에 순초관巡哨官이 '진進' 자를 쓴 나무패를 들고 문을 열어 주었다.

은개는 눈을 부릅뜨고 몹시 성난 얼굴을 보이면서 뚜벅뚜벅 들어갔다. 은개는 한신이 앉아 있는 원수 장막 앞에 가서 예를 갖추고 섰다.

"왕의 조칙을 받들어 내가 이미 법령을 제정했는데, 너는 감군의 직책에 있으면서 어찌해서 늦게 왔느냐? 지금이 몇 시이냐?"

한신은 은개를 꾸짖고 시각을 보고하는 군사에게 물었다.

"지금은 미시未時올습니다."

"묘시卯時에 집합하라는 법령을 어기고 오시午時도 지나서 나오다니, 말이 되는가!"

"오랜만에 친척이 찾아왔기에 대접을 하느라고 늦어졌습니다. 용서해 주십시오."

은개는 뻔뻔스럽게 이렇게 청했다.

한신은 좌우를 보며 호령을 하고 그 자리에서 은개를 결박지어 꿇어앉혔다.

"은개는 듣거라! 대장 된 자는 임명을 받은 날부터 제집을 잊어야 하며, 군에 나와서 약속하면 제 부모를 잊어야 하며, 북소리가 급하게 울리는 때에는 제 목숨을 잊어야 하는 것이다. 감군의 직책에 있는 자로서 친척을 대접하느라고 군법을 위반해?"

한신은 이같이 꾸짖고 군정사에게 물었다.

"은개의 죄는 무슨 죄에 해당하는가?"

"만군慢軍의 죄입니다. 참형하여 중인에게 보여야 합니다."

조참이 이같이 대답했다.

"그러면 원문에 끌고 나가 은개의 목을 자르고 중인에게 이것을 보여라."

한신은 군정사의 대답을 듣고 즉시 이같이 명령을 내렸다.

이때까지 '설마 어떠하랴'하고 대수롭지 않게 생각하고 있던 은개는 한신이 이같이 명령하는 소리를 듣고 간담이 서늘해졌다.

한신의 명령이 떨어지자, 무사들은 은개를 일으켜 세워 밖으로 끌고 나갔다. 은개는 끌려 나가면서 번쾌를 보고, 살려달라고 눈짓을 했다. 그러나 번쾌 또한 어찌해 볼 도리가 없는 터이라 보고도 못 본 체하고 슬그머니 다른 문으로 나와 은개가 죽게 되었다는 사실을 한왕께 보고케 했다. 왕의 칙명이 내리면 행여나 은개의 목숨을 건질 수 있으려니 생각했던 것이다.

한왕은 이 소식을 듣고 깜짝 놀랐다. 즉시 소하를 불러 의논했으나, 소하는 한신이 군법을 세우기 위해서 하는 일이니 막을 수 없다고 고집하므로 시각을 다투는 일에 의논만 하고 있을 수 없어 역이기에게 친필로써 은개의 목숨을 살리라고 적어 이것을 한신에게 갖다주라고 했다.

역이기는 말을 달려 교군장으로 왔다. 원문 밖에서는 이때 은개의 목을 자르려고 하는 순간이었다.

"대왕께서 조칙을 내리셨으니 잠시 형의 집행을 정지해라!"

역이기는 이같이 소리쳤다. 무사들은 그 소리를 듣고 손을 멈추었다. 역이기는 그대로 말을 달려 본진으로 들어가는 것을 원문의 보초병이 막아섰다.

"원수의 명령입니다. 군중에서는 말을 달리지 못하는 법입니다."

보초병들은 역이기 노인을 붙들고 원수의 장막 앞에까지 왔다.

"역대인께서 법을 어기고 군중에서 말을 달리므로 저희가 붙들어왔습니다."

한신이 역이기에게 물었다.

"군중에서 말을 달리지 못하는 법쯤은 병법兵法을 잘 아시는 대인으로서 짐작하실 터인데 어찌해서 법을 어기셨습니까? 혹시 대왕의 칙명을 가지고 오시는 길이 아닙니까?"

"역대인께서는 칙명을 가지고 오셨습니다."

원문의 위관이 이같이 보고했다. 한신은 군정사를 불렀다.

"지금 역대인께서 법을 어기셨는데 이것은 몇 조에 해당하는 위법이지요?"

"그것은 경군輕軍의 죄항으로서 군법 제5조에 해당하니까 목을 베기로 되어 있습니다."

조참이 이같이 대답했다.

"역대인의 죄는 참형에 해당하나 대왕의 칙서를 가지고 오신 몸이므로 그 죄를 용서하고, 대신 타고 온 말의 마부의 목을 잘라 은개의 머리와 함께 원문 밖에 공시하도록 하오."

한신은 이같이 명령했다. 위관은 즉시 원수의 명령대로 집행하여 은개의 머리와 마부의 머리를 원문 밖에 높이 걸었다. 어느 누가 이 광경을 보고 몸이 떨리지 않으랴. 대장도 사졸도 모두 한가지로 엄숙해졌다. 역이기는 죽을 뻔하다 살아난 몸이 되어 급히 돌아가 한왕에게 경과를 보고했다.

"신이 만일 칙서를 가지지 않았다면 신 역시 살아나지 못했을 것으로 아뢰오."

역이기의 보고를 듣고 한왕은 대로했다.

"한신은 어찌해서 이다지 무례하냐! 짐이 친서로 은개의 목숨을 살려주라 했거늘!"

왕은 한신이 눈앞에 있는 것처럼 호령을 했다.

"아뢰옵니다. 대장 된 자가 군명君命이 있을지라도 이를 받지 않는다는 것이, 바로 이것을 이름이옵니다. 이야말로 곤외閫外(문지방 밖, 성 밖)의 권權이옵니다. 한신의 처사를 과히 나무라지 마시기 바랍니다."

승상 소하가 한왕에게 한신의 행위는 정당하다고 두둔했다.

"은개의 목을 자른 것은 무슨 까닭이란 말이오?"

한왕은 소하를 보고 이같이 물었다.

"살권귀이 위중심殺權貴而威衆心이옵니다. 세력 있고 지체 높은 자를 법으로써 처단하여 버리므로 더욱 위엄이 떨쳐지는 것이옵니다. 이렇게 해야만 삼군은 저희의 주장主將 있음만 알고 적국을 모릅니다. 병법에 말하기를 '주장을 무서워하는 자는 반드시 이기고, 적을 두려워하는 자는 위태롭다'고 일컫지 않았습니까? 대왕께옵서 한신을 얻으셨으니 이제 초 패왕의 강한 것을 근심하지 마옵소서."

소하가 이같이 말하자 칙서를 가지고 교군장에 갔다가 살아서 돌아온 역이기도 소하의 말에 동조했다.

"신의 마부가 신 대신 죽었으나 신은 진심으로 한신에게 경복합니다. 앞으로 초를 멸하게 할 사람은 한신뿐입니다. 이럴 때 대왕께서는 칙서를 내려 한신을 칭찬하시면 모든 장수가 경거망동輕擧妄動(경솔하게 함부로 행동함)을 삼갈 것이며 군법은 더욱 엄정해질 것이요, 한신의 위신은 더욱 떨쳐질 것입니다."

한왕은 두 신하의 말에 고개를 끄덕였다.

"옳은 말이오!"

그리고 즉시 근시를 불러 양과 술을 내리면서 한신을 칭찬하는 글을 내렸다. 한신은 수많은 장수들을 집합시키고 향불을 피워 한왕의 칙사를 맞았다.

한漢,
함양성에 재입성하다

이튿날 한신은 번쾌를 불러 대군의 출동을 알렸다.

"그동안 사십여 일 인마의 조련이 끝났으므로 불일간 택일하여 어가御駕를 모시고 동정東征할 것이니, 그대는 일만 명의 군사를 이끌고 불태워 없어진 잔도를 수축하기 바라네."

번쾌는 눈이 휘둥그레졌다.

"언제까지 잔도를 완성해야 하는 것입니까?"

"주발과 진무陣武 두 사람을 데리고 한 달 동안에 잔도를 완성해 놓아야지!"

한신의 대답이었다.

"어렵습니다! 잔도는 천하에 제일 험한 곳이며 길이가 삼백 리나 되는데 일만 명을 가지고 한 달 동안에는 수축하지 못합니다. 십만 명을 가지고도 한 달 동안에는 못할 것입니다. 원수께서 그냥 저를 죽이신다면 저는 조용히 죽었지 그 일은 못하겠습니다."

번쾌는 진정 어려운 표정으로 이같이 말했다.

"어려운 일을 당해서 이것을 피하려는 것은 불충不忠이오! 그대는 충성스러운 마음을 가진 사람이니 족히 이 일을 감당할 수 있을 것이오."

한신은 웃는 얼굴로 이같이 말했다. 번쾌는 더할 말이 없었다.

못하겠다고 계속 고집만 하다가는 또 어떤 군법 위반을 범하게 될는지 알 수 없는지라 변쾌는 어쩔 수 없다는 듯이 "그렇게 해보겠습니다!"라고 말하며 한신의 앞을 물러나왔다.

이틀 후에 번쾌는 일만 명을 거느리고 고운산을 향해 떠났다. 고운산 너머서부터 금우령金牛嶺까지 삼백 리의 잔도를 다시 수축해야 할 일을 걱정하면서 그는 산을 넘기 시작했다.

며칠 후 번쾌는 장정 오십 명씩 한 대隊를 편성시켜 나무를 베고, 켜고, 운반하여 잔도의 길을 닦기 시작했다.

그럭저럭 열흘이 지났다. 산은 높고 골은 깊고 이대로 하다가는 십 년을 해도 잔도를 완성하기가 힘들 것 같았다.

'어찌할까? 군법은 엄하고 잔도는 삼백 리나 되고…….'

번쾌가 번민하고 있을 때 포중에서 중대부 육가陸賈가 수행원 오륙 명을 데리고 찾아왔다.

"어려운 길에 잘 오셨습니다. 어서 오십시오."

번쾌는 반가웠다.

"일이 얼마나 성취되었는가 보고 오라는 대원수의 명령으로 찾아온 것입니다. 기한 전에 완성되겠소?"

육가의 묻는 말에 번쾌는 기가 막혔다.

"말씀 마십시오! 바위를 쪼개고, 돌을 쌓아 올리고, 다리를 놓고. 대부는 돌아가셔서 기한을 늘려달라고 말씀을 잘 해주십시오."

"군법이 엄합니다. 한 달 내에 완성해야 합니다."

가까이 서서 일하고 있던 사졸들도 육가의 이 소리를 듣고 낙심하는 표정이었다.

"너희는 저리로 물러가거라!"

육가는 사졸들과 자기의 수행원을 물리치고 번쾌에게 가까이 가서 귀에 입을 대고, 무엇인가 수군거렸다. 한참 동안 귓속말을 듣던 번쾌의 낯빛이 금세 명랑해졌다.

"그러면 나는 돌아갑니다."

육가는 조금 떨어져서 큰소리로 이같이 인사의 말을 했다.

"평안히 가십시오."

번쾌는 웃는 낯으로 작별했다.

육가가 돌아간 뒤에 번쾌는 한왕에게 상소문을 썼다. 공사가 너무 힘들고 인부가 부족하니 인부를 더 보내달라는 상소문이었다.

그 후 열흘 만에 어사御史 주가周茄는 인부 일천 명을 인솔하여 번쾌에게 왔다. 번쾌는 기뻤다.

이튿날 밤에 번쾌는 주발과 진무 두 사람을 불러 가만히 꾀를 일러주었다. 번쾌의 이르는 말을 자세히 듣고 두 사람은 즉시 밖으로 나왔다.

그날 밤이 깊어서 주발과 진무 두 사람은 인부 백여 명을 추려 소리소문 없이 도망해 버렸다.

이때 한나라와의 국경 대산관大散關을 지키는 장수는, 삼진의 옹왕 장한의 부하 장평章平이었다. 초 패왕 항우가 도읍을 팽성으로 옮기고 천하가 태평하건만 범증에게서 삼진의 왕에게 한왕을 엄중 경계하라는 공문이 자주 내려왔다. 장평은 한왕이 한신을 대원수로 봉하고 번쾌를 시켜 잔도를 다시 수축하는 중이라고 두 차례나 장한왕에게 보고했었다.

그러나 장한은 코웃음만 쳤다.

"한신 따위를 대원수로 임명해? 삼백 리의 잔도를 일만 명의 인부로 수축한다니!"

장한은 이렇게 비웃으며 베개를 높이 하고 대산관의 장평에게 엄중한 명령도 내리지 않았다.

하루는 대산관의 경계선을 파수 보는 사졸이 장평에게 번쾌의 인부가 도망해 왔음을 보고했다.

"몇 명이나 도망해 왔다더냐?"

장평이 보초병에게 물었다.

"백여 명가량이랍니다."

장평은 보초병의 대답을 듣고 잠깐 생각해 보더니 분부를 했다.

"한나라의 허실虛實을 알아 두어야겠다. 그놈들을 이리로 데려오너라."

보초병은 잠시 후 항복해 온 인부들을 데리고 들어왔다.

장평은 추상같은 호령으로 한나라의 여러 상황을 물은 후 질문했다.

"잔도는 얼마나 수축되었느냐?"

"저희 두 사람이 도망해 올 때까지 그동안 수축된 것은 약 사오십 리가량 됩니다. 그러나 인부와 사졸들 가운데 도망가는 사람이 계속 늘어나므로 일이 점점 더디어질 것입니다."

장평은 그 말이 옳다고 생각했다.

"너희는 오늘부터 내게 있으면서 일을 하도록 해라."

장평은 마침내 이같이 허락하고 요룡과 근무 두 사람을 도망해 온 인부의 두목으로 삼고 심부름을 시켰다.

두 사람은 그날부터 열심히 일했다.

이즈음 파초 대원수 한신은 한왕에게 택일한 날이 내일이므로 대군을 약정한 날에 출동할 수 있도록 허락해 달라는 상소문을 올렸다. 한왕은 놀랐다. 번쾌를 시켜 잔도를 수축하면서 대군은 내일 출동한다는 것이 도무지 알 수 없는 노릇이라고 생각되었기 때문이었다.

한왕은 즉시 소하를 불러들였다.

"한신이 대군을 내일 출동시킨다 하니 대체 어느 길로 나아간단 말이오? 경이 한신을 만나서 물어보고 짐에게 알려주시오."

소하는 칙명을 받들고 그날 밤에 본진영으로 한신을 찾아갔다.

"대왕께서는 원수가 내일 동정하자고 올린 상소문을 보시고 지금 근심하고 계십니다. 우리의 대군이 어느 길로 행군한단 말이오? 잔도가 아직도 완성되지 못하지 않았습니까?"

소하는 이렇게 물었다.

"승상께서는 왜 그런 말씀을 하십니까? 장자방 선생과 함께 의논하시고 잔도를 불살라 버릴 때, 다른 길이 있는 것을 잘 아시고 하신 일이 아닙니까?"

한신은 도리어 이같이 되물었다.

"그러나 그때 다른 길이 있다는 말만 들었지 자세한 것을 모르고 있을 뿐만 아니라, 원수가 지금 번쾌를 시켜 잔도를 수축하고 있기 때문에 더욱 의심하는 것이외다."

"그거야 삼진으로 하여금 잔도의 수축 공사를 한다고 믿게 함으로써 삼진의 방비를 허술하게 함이지요. 우리는 저들이 모르게 진창陳倉으로 빠지는 좁은 길로 나아가서 닷새 후면 대산관에 도착할 수 있습니다. 대산관에서는 한왕의 군사가 하늘에서 나왔는가, 삼진은 놀라서 허둥댈 것이 아닙니까. 승상께서는 비밀히 이 말을 대왕께 아뢰어 착오가 없도록 해주십시오."

소하는 이 말을 듣고 크게 기뻐하며 돌아갔다.

한편, 밤이 상당히 깊었건만 한왕은 잠도 자지 않고 기다리고 있었다. 자정이 훨씬 지나 소하가 들어와 한신이 했던 말을 듣고서야 한왕도 무한히 기뻐했다.

한편, 대산관을 수비하는 장평은 모든 일을 요룡과 근무 두 사람만 믿고 한신의 부대가 대규모로 진격해 오는 줄을 모르고 있었다. 그는 가끔 요룡과 근무 두 사람을 불러 건성으로 묻기만 했다.

"이즈음 한나라의 정황은 어떠하더냐?"

그러면 요룡과 근무는 정색을 하고 대답했다.

"걱정 없습니다. 잔도를 수축하는 것이 늦어진다고 번쾌를 불러들이고 그 대신 손흥孫興을 대장으로 잔도에 보냈는데, 인부들은 점점 줄어들어서 지금은 몇천 명밖에 남지 않았다고 합니다."

장평은 이 말을 듣고 태평했다. 매일 술만 마셨다.

그런데 하루는 뜻밖에 한나라 군사가 오십 리 밖에서 개미떼같이 몰려온다고 부하가 허겁지겁 달려와 보고했다. 장평은 눈이 휘둥그레졌다.

"아니, 한나라 군사가 어디로 나왔단 말이냐?"

그는 이같이 되물었다. 그도 그럴 것이 손흥이 대장으로 새로 와서 잔도의 수축 공사는 아직도 완성될 날이 까마득하다고 장평은 믿고 있었기 때문이었다.

"아마 오보誤報일 것입니다. 혹시 잔도 공사를 하기 싫어서 한나라를 배반하고 초나라에 항복하러 오는 인부들일지도 모르니 좀 더 기다렸다가 허실을 완전히 파악한 다음에 대적해도 늦지 않을 것입니다."

요룡과 근무가 곁에서 이같이 말했다. 장평은 그 말에 동감하고 내버려 두었다. 이튿날 아침에 '번쾌'라고 쓴 기를 선두에 나부끼면서 한왕의 선봉대가 대산관 관문 앞까지 진격해 왔다. 장평은 그만 기절할 듯이 놀랐다.

"이거 큰일났구나! 삼진왕에게 급히 보고를 올려라! 요룡과 근무, 너희 두 사람은 사대문四大門을 꼭 닫고 엄중히 방비하게 해라. 나는 저놈들과 일전一戰을 치르고 돌아오겠다."

장평은 요룡·근무에게 이같이 이르고 사졸 삼천 명을 거느리고 관문을 열고 번쾌를 향해 출동했다.

번쾌는 장평이 관문 밖으로 군사를 거느리고 나오자 앞으로 뛰어나가 큰소리로 외쳤다.

"장평은 듣거라! 장한·사마흔·동예 세 놈이 진나라의 항졸 이십만 명을 죽이고도 뻔뻔스럽게 세 놈만 삼진의 왕 노릇을 하고 부귀를 누리고 있으니, 하늘이 그대로 내버려 둘 리가 있느냐? 지금 천병天兵이 내려왔으니 빨리 항복해라! 그렇지 않으면 모조리 죽여 버리겠다!"

장평은 번쾌의 말을 듣더니 껄껄 웃으며 대꾸했다.

"야 이놈아! 한왕이 포중에 들어가서 한왕이 되었거든, 왕으로 가만히 앉아 있을 것이지 함부로 기어오르다니 간덩이가 부풀어 올랐나 보구나!"

장평이 이같이 대답하고 있을 때 이때까지 그의 뒤에 서서 그를 호위하고 있던 요룡과 근무 두 사람이 별안간 장평의 덜미를 잡아 제치면서 순식간에 장평을 결박지어 버렸다.

이와 동시에 뒤에 섰던 백여 명의 사졸들이 일제히 허리에서 칼을 뽑아 들었다.

요룡과 근무가 큰소리로 선포했다.

"한왕은 인자하신 분이다. 천하가 한왕을 따르고 있으니 항복하면 목숨을 보전할 것이다."

모든 사람이 일제히 꿇어앉아 두 손을 들었다. 이 모양을 보고 요룡과 근무는 관문을 활짝 열어젖히고 한신의 군사를 맞아들였다. 원래 이 두 사람은 한신의 부하 장수 주발과 진무였다. 그들은 수십 일 전에 잔도를 수축하고 있는 번쾌에게 한신이 육가를 보내어 계교를 꾸미게 하여 인부 백 명을 데리고 탈주시킨 두 사람이었다. 이것을 모르고 장평은 그들을 자기 부하로 채용하여 이런 비참한 결과를 초래하게 된 것이다.

한신의 대부대는 성안으로 들어왔다. 그는 오천 명의 대산관 수비병의 항복을 받고 장평을 끌어내어 꿇어앉혔다.

"너는 장한의 친척으로 초나라를 섬기면서 감히 천병에 항거했으니 당연히 목을 잘라야 할 것이로되, 너 같은 놈의 피로써 칼을 더럽히기가 싫다! 그래서 죽이지 않는 것이니 옥에 들어가 있거라."

한신은 군정사에게 장평을 가두어 두라고 명령을 내렸다.

이튿날 한왕이 친히 거느리고 행군하여 도착했다는 보고가 들어왔다. 한신은 모든 장수를 인솔하고 나가 한왕을 맞아들였다.

한왕은 무한히 기뻐했다. 왕은 성안에 들어와 당상에 좌정한 후 한신을 침이 마르도록 칭찬했다.

"대산관은 삼진의 요해지要害地인데 장군이 힘들이지 않고 빼앗았으니 삼진이 이 소식을 들으면 간담이 서늘해질 거요."

"대산관은 이미 공략했으나 삼진이 아직은 방비를 엄중히 하지 않고 있을 터이니 이 틈에 신이 속히 폐구廢丘로 진격하여 먼저 장한을 사로잡은 후 짧은 시일 내에 삼진을 평정하겠습니다. 폐하께서는 그동안만 이곳에 머물러 계십시오."

한왕은 한신의 말에 쾌히 승낙했다. 왕은 한신을 완전히 믿게 되었다.

이 무렵, 대산관이 이같이 쉽사리 한신에게 점령된 줄은 모르고 한신의 군사가 대산관을 공격해 왔다는 사실만 부하로부터 보고 받은 옹왕 장한은 대경실색했다.

"아니, 잔도가 아직 완성이 안 되었는데 한신의 군사가 어디로 나왔단 말이냐?"

장한은 이 사실을 사마흔과 동예 두 사람에게 황급히 통고하고, 대책을 강구하기 시작했다.

장한이 즉시 군사를 거느리고 출동하려는데, 한왕의 대군이 하후영을 제일대로 하여 폐구를 향해 진격하여 온다는 보고가 들어왔다. 사실 폐구성에서 이십 리 떨어져 있는 곳에서 하후영은 진을 치고 있었다.

장한은 군사를 거느리고 쫓아나갔다.

그러자 한신은 하후영을 불렀다.

"장한은 진나라 때부터 유명한 장수로 힘만 가지고 싸우기 어려운 적이니, 이렇게 하시오."하고 가만가만히 계책을 일러주었다.

이튿날 하후영은 군사를 거느리고 폐구성을 향해 가다가 장한의 군사와 만났다. 장한은 하후영의 군사와 만나자 큰소리로 호령했다.

"한왕이 포중에서 분수를 지키고 있으면 그만이지, 어찌해서 한신 따위의 말을 듣고 나온단 말이냐? 빨리 포중으로 다시 들어가거라. 그렇지 않으면 한 놈도 살아남지 못할 것이다."

하후영은 이 소리를 듣고 웃으면서 대답했다.

"의제께서 처음에 약속하시기를 먼저 함양에 들어가는 자가 천하의 임금이 되라 하셨는데도 항우는 강포해서 제 맘대로 제가 천하의 임금이 되고 의제를 죽이고 대역무도했기 때문에 지금 인의의 군사를 일으킨 것이다. 너 같은 것은 모가지를 깨끗이 닦고 와서 내 칼을 받을 준비나 하지 않고 혓바닥을 함부로 놀리느냐?"

장한은 이 말을 듣더니 화가 머리끝까지 치밀어 창을 겨누면서 하후영에게 덤볐다. 두 장수는 십여 합 접전을 하다가 하후영은 장한을 못 당하는 듯이 말을 돌려 달아나기 시작했다. 장한은 군사를 휘동하여 그 뒤를 추격했다.

하후영은 산모퉁이를 돌아 언덕 위로 말을 몰고 올라가더니 그곳에서 아래를 내려다보면서 고함을 쳤다.

"장한아, 너는 여기서 나와 승부를 겨뤄 볼 용기가 있느냐?"

장한은 언덕 위를 바라보며 껄껄 웃었다.

"이놈아, 너는 패군敗軍의 장수다! 승부를 하자고 말할 자격이 없다!"

"너는 이제 늙어서 껍질만 남은 놈이 큰소리는 무슨 큰소리냐!"

하후영은 또 이같이 약을 올렸다. 장한은 이 소리를 듣고 벌컥 성을 냈다. 즉시 말을 달려 언덕 위로 올라가 창으로 하후영을 찌르려 했다. 하후영은 칼을 휘두르며 장한과 십여 합 접전하더니, 또 달아나기 시작하여 솔밭 속 좁은 길로 들어가 버렸다.

장한은 전군 총진격 명령을 내리고 산골짜기로 쳐들어갔다. 해는 이미 서산에 넘어가고 날은 점차 어두워지기 시작했다. 그리고 한왕의 군사는 어디로 갔는지 보이지 않았다.

'아뿔싸, 속았구나!'

장한은 그제야 깨닫고 군졸들에게 퇴각 명령을 내렸다. 그러나 워낙 많은 대군을 이끌고 들어왔는지라 속히 후퇴 행군이 되지 않았다. 이럴 즈음에 저 너머 산꼭대기에서 '쾅'하고 철포 소리가 터지더니 사방에서 불이 일어났다.

장한은 크게 놀랐다. 인마를 휘동해서 속히 후퇴하는 통에 장한의 군사는 서로 떠밀고 넘어지고 밟혀 수없이 많은 사졸이 죽었다. 적은 산 위에서 횃불 덩어리를 빗방울처럼 내리던졌다. 좌우의 초목은 불이 붙어서 활활 타올랐다. 장한의 군사는 골짜기 속에 갇히고 말았다. 뒤로 물러서려 해도 빠져나갈 길이 없었다. 앞과 뒤가 불이요, 좌우의 산골짜기도 불이었다.

"큰일이다!"

장한은 길게 탄식했다.

이때 계량·계항 두 장수가 가까이 와서 산 중턱에 좁은 길이 있어 그 길로 가면 봉령鳳嶺으로 넘어가게 된다고 말했다. 장한은 두 장수의 말을 듣고 그렇게 하자고 한 후 말을 버리고 걸어서 칡덩굴을 붙들고 바위 위로 기어 넘어 산꼭대기에 올라 아래를 내려다보니 온 천지는 불바다가 되어 있었다.

장한과 두 장수가 초죽음이 되어 있을 무렵, 횃불을 든 사졸들 앞으로 장한의 부하 대장 여마통呂馬通의 모습이 나타났다. 여마통은 계량과 계항 두 장수를 보더니 얼른 말에서 내려 인사를 하고 두 사람과 함께 옹왕 앞에 나갔다. 장한은 그들을 보고 안심했다.

"가자! 속히 성으로 가자!"

장한은 그들을 데리고 폐구로 돌아가기 시작했다. 장한의 군사는 죽고 불에 데고 칼과 창에 상하고 살아남은 군사가 이천명가량에 불과했다.

이튿날 한신은 사졸들에게 철포와 불화살을 맹렬히 쏘게 했다. 그러나 워낙 폐구성은 사방이 산으로 에워싸여 있고 백수白水라는 큰 강이 성에서 북으로부터 동남으로 산 밑을 감돌고 있는 오지여서 언제 함락될지 알 수 없었다. 화살에 상처를 입은 장한은 사마흔과 동예 두 사람의 구원병을 기다리는 모양이고, 응원병이 도착하면 더욱 성을 공략하기 어려울 것이라는 걱정이 한신의 부하 장수들 간에 생기기 시작했다.

한신은 말을 달려 산꼭대기에 올라가 지형을 살펴보고 내려와서 군정사 조참을 불러 명령했다.

"장군은 오늘 밤부터 군사 일천 명을 데리고 나아가 백수의 강물을 성 밖에서 흘러내리지 못하도록 서쪽 어귀에서 막아버리는 공사를 하시오."

"갑자기 무엇을 가지고 강을 막는 공사를 하라는 것입니까?"

한신의 명령을 듣고 조참이 물었다.

"헝겊으로 전대를 짓고 전대 속에 흙을 가득 담아 그것으로 강물을 막는 방죽을 만들면 되지 않소? 그래서 서북에서 동남으로 휘어드는 그 자리를 단단히 막은 후 강물이 윗방죽 안에 가득히 찼을 때, 그 방죽을 끊어 버리시오. 그러면 요사이 강물이 불어서 가득히 찼던 물이 동남으로 흐르지 못하고 곧장 성 안으로 흘러 들어갈 것이오."

한신의 설명을 듣고 조참이 말했다.

"알았습니다."

그는 즉시 군사 일천 명을 거느리고 폐구성의 서북방으로 올라갔다. 한신은 본진을 높은 고지 위로 이동시켰다. 그것도 모르고 장한은 성안에서 구원병이 오기만 기다리고 있었다.

이틀 후에 폐구성은 물바다가 되었다. 조참이 동남으로 흘러내리던 백수의 강물을 폐구성 안으로 흘러 들어가도록 공사를 한 까닭이었다. 비는 오지 않는데 큰 장마가 졌다.

강물은 성안에 고이기 시작했고, 모든 집이 물속에 잠기게 되었으며, 사람과 가축이 물에 빠져 죽게 되었다. 장한은 크게 놀라 부하 장수들과 사졸들을 겨우 일천 명가량 거느리고 북문으로 헤엄쳐서 물바다가 된 폐구성을 탈출하여 도림挑林으로 들어갔다.

한신은 고지의 본진에서 장한이 성안에서 도망하는 것을 보고 즉시 위관을 조참에게 연락시켰다. 백수의 강물을 동남으로 흐르지 못하게 막았던 방죽을 헐어 버리니 강물은 전과 같이 성 밖으로 순조롭게 감돌아 흐르기 시작하고 성안에 들어왔던 강물도 반나절 동안에 빠져 버렸다.

한신은 군사를 휘동하여 성안으로 들어가 백성들을 위로했다.

이튿날 한신은 대산관에 주둔하고 있는 한왕에게 폐구성의 점령을 보고하고 한왕으로 하여금 폐구성으로 이동하도록 아뢰었다. 그리고 그는 휴식할 겨를도 없이 역양礫梁으로 진군했다. 역양은 탁왕 동예가 지키고 있었다.

이즈음 동예는 한신이 대산관을 점령하고 사흘 만에 폐구성을 함락시키고 승승장구하여 온다는 소식을 듣고 한편으로 새왕 사마흔에게 구원병을 청하고 한편으로는 초 패왕 항우에게 급히 보고를 올리는 동시에 탐창耽昌·오륜吳倫 두 장수로 하여금 군사 일만 명을 거느리고 성 밖 오십 리 밖으로 나가 진을 치게 한 후 자기는 일만 명을 인솔하여 삼십 리 밖으로 나가 후진을 지키고 있었다.

이럴 때에 한신의 대군이 역양 가까이 도착했다. 한신의 군사는 점점 가까이 와서 쌍방이 마주 보게 되었다.

"한왕의 군사는 천하무적이다! 너희는 빨리 항복해라!"

한신의 부하 장수들은 이같이 고함을 쳤다. 이 소리를 듣고 탐창·오륜 두 장수가 돌격해 나왔다. 한신의 등 뒤에서는 번쾌·주발 두 장수가 쫓아나갔다. 네 장수는 칼날과 창끝에서 불똥이 떨어지도록 격렬하게 접전을 했는데 접전 이십여 합 만에 번쾌의 한칼에 탐창의 목이 말 위에서 떨어졌다. 오륜은 이 광경을 보고 혼비백산하여 달아나기 시작했다. 한신은 대군을 휘몰아 급히 추격 작전을 벌였다.

이때 후진을 지키고 있던 동예가 일만 명을 거느리고 나와 오륜을 구원했다. 한신은 징을 쳐서 추격을 정지시켰다.

이때 동예는 한신을 보고 호령을 했다.

"옹왕이 실수해서 폐구성을 너한테 빼앗겼다만 너 같은 졸장부가 함부로 기어오르느냐? 너는 나한테 사로잡히고 말 것이다."

한신은 이 소리를 듣고 껄껄 웃었다.

"너는 장한의 부하가 아니냐. 장한도 나와 더불어 한번 싸워보다가 대패했으니 너 같은 거야 문제도 안 된다."

동예는 더 이상 대꾸하지 않고 즉시 창을 겨누고 한신에게 달려들었다. 한신은 창으로 동예의 창을 막았다.

두 사람이 오륙 합 접전을 하고 있을 때 번쾌와 주발 두 장수가 한신의 뒤에서 쫓아와 동예를 쳤다. 동예는 당할 수 없어서 말을 돌려 달아났다. 그런데 뜻밖에 한신의 부하 신기와 관영 두 장수가 역양성 동쪽 길로 해서 동예의 후방을 휩쓸면서 몰려왔다.

동예는 포위된 형편이 되어 버렸다.

동예는 사선을 넘어 홀로 포위망을 벗어나 역양성 밑에까지 왔다. 이때 한신의 군사가 또다시 조수같이 몰려와 동예를 이중으로 포위하고 말았다.

"속히 항복해라! 속히 항복해라!"

동예는 생각해 보았다. 옴치고 뛸 재간이 없었다.

그는 말 위에서 뛰어내려 두 손을 들었고 무릎을 꿇었다. 한신의 군사들은 동예를 결박 지어 한신 앞에 데려갔다. 한신은 친히 동예의 결박을 풀어주고 상좌로 올라오게 했다. 동예는 황송해서 그 앞에 엎드렸다.

"이 사람은 망국의 포로! 죽이지 않는 것만도 큰 은혜인데 어찌 장군께서 이다지 우대하십니까?"

"천만의 말씀. 그대는 진나라의 맹장, 초 패왕을 섬기면서 왕위에 있었고, 지금은 다시 전비前非를 뉘우치고 한왕에게 항복하였으니 이미 한왕의 신하가 되지 않았소? 그러니 그대와 나 사이에는 고하高下가 있을 수 없소이다."

한신이 동예를 붙들어 일으키자 동예는 감격했다.

"제 목숨을 바쳐서 한왕과 원수의 은혜를 갚겠습니다."

동예는 진심으로 이같이 사례했다.

이때 장한은 도림에서 화살 맞은 어깨의 상처를 치료하고 있다가 한신이 도림을 공격해 온다는 보고를 받고 놀랐다. 그의 상처는 거의 쾌차되었지만, 항우에게서 아직 구원병이 오지 않았고, 잃어버린 폐구성을 탈환하려는 마음으로 무척 초조했다.

'걸식표모乞食漂母하던 이놈이……!'

장한은 입속으로 이같이 부르르 떨면서 분을 참지 못하고 즉시 부하들을 소집했다.

"한신이 쳐들어오고 있다니 너희는 힘을 다해서 이번에는 지난번의 패배를 설욕해야겠다."

장한은 즉시 여마통·계량·계항·손안 네 사람의 장수를 데리고 그동안 거두어 모은 사졸 오천 명을 인솔하여 성 밖으로 나갔다. 한신은 장한이 나오자 조롱하는 어조로 말했다.

"장한아, 너는 폐구성을 빼앗기고도 나와 더불어 싸워볼 용기가 남았느냐? 속히 항복해라! 그러면 목숨만은 살려 주마!"

장한은 이 말을 듣고 분통이 터져 고함을 지르며 말을 달려 한신에게 덤벼들었다.

한신의 등 뒤에서 조참과 주발이 얼른 뛰어나와서 양편의 군사가 번갯불을 날려가며 한참 동안 싸웠다. 북소리와 꽹과리 소리가 천지를 진동했다.

장한의 군사는 기운이 점점 떨어졌다. 이 같은 기색을 보고 한신은 더욱 급하게 진격 명령을 내렸다. 장한은 도저히 당하기 어려운 것을 깨닫고 도림의 성안으로 도망해 들어가려고 말머리를 돌렸다. 그러나 벌써 신기·시무 두 장수는 그의 후퇴하는 길을 막고 군사를 몰아왔다. 앞길에서는 조참과 주발이 군사를 몰아오고 뒷길은 이같이 막혀 장한은 여마통·손안 등과 힘을 합쳐 겨우 십여 명이 포위망을 뚫고 나오려고 죽을힘을 다해 보았으나 한신의 군사가 워낙 겹겹이 에워싸고 있는지라 벗어날 구멍이 없었다. 장한은 상처로 인해 더욱 고통스러웠다.

'사로잡혀 욕을 당하느니 차라리 죽어 버리자!'

어깨가 쑤시고 저리는 바람에 장한은 마침내 이같이 결심하고 한 손에 들었던 칼로 자기의 목을 베어 버렸다. 진나라의 명장, 항우와 대적해서 아홉 번 싸워 아홉 번 지기는 했으나 그 용명勇名을 날렸던 장한은 마침내 여기서 이같이 자결하고야 말았다.

이 통에 계량과 계항도 정신이 흐려지고 기운이 떨어져서 한신의 부하들이 휘두른 칼에 맞아 죽었다.

여마통과 손안 두 사람은 이 광경을 보고 말 위에서 내려 두 손을 들고 항복했다. 한신은 멀찍이서 이 광경을 바라보고 있다가 징을 치게 하여 군사들을 집결시켰다. 그리고 항복한 여마통과 손안을 앞에 불러세웠다.

"너희는 항복을 하니 가히 천명天命을 아는 자이다. 그런데 도림 성내를 수비하는 병정은 몇 명이나 되느냐?"

"성을 지키는 사졸은 오백 명에 불과하고 그 외는 모두 백성들입니다."

여마통이 이같이 대답했다.

"그러면 너희 두 사람이 인도해라. 내가 성내에 들어가 직접 확인해 보겠다."

한신은 여마통을 앞세우고 도림 성중에 들어가 백성들을 위로하고, 이튿날 항복한 사졸들을 이끌고 고노성으로 돌아갔다.

이 무렵 함양에서는 야단법석이 났다. 한왕의 군사가 삼진을 빼앗은 후 진격하여 온다는 정보를 받고, 성을 지키는 사마이司馬移, 여신呂臣 두 장수는 급한 형세를 팽성에 보고하고, 속히 구원병을 보내달라는 구조 요청과 사방의 문을 단단히 닫고 방어하기에 바빴다.

그와 반대로 함양 성중의 백성들은 한왕의 군사가 하루바삐 함양에 들어와 주었으면 하고 목을 길게 빼고 기다렸다. 그들은 한왕 패공이 처음에 진 삼세 자영의 항복을 받고 조금도 백성을 해하지 않았으며 도리어 '약법 삼장'으로 그들의 마음을 안심시켜 준 것을 그리워하고 있었다. 한신의 대군이 부풍扶風을 지나 함양성에 점점 가까이 접근함에 따라 한신은 성중의 동향을 정탐했다. 성중의 실정을 파악한 한신은 장한의 부하였던 여마통을 불렀다.

"네가 한왕께 항복한 지 며칠 되지 않았다만, 공을 세운 것이 없지 않느냐? 그래서 지금 공을 세울 기회를 주겠다. 네가 항복할 때 넘어온 항졸들을 데리고 초나라 군복을 입혀 팽성으로부터 구원병이 오는 것처럼 꾸미고 그전에 항왕에게서 받은 부찰符札을 보여 함양 성문을 열게 한 후, 우리의 군사가 일제히 돌격해 들어가도록 해라. 이렇게 해서 싸우지 않고 함양성을 빼앗기만 하면 이것은 너의 공훈이 될 것이다."

"알겠습니다."

번쾌·주발·시무·근흡 네 장수는 일만 명의 정병을 인솔하고 여마통의 뒤를 따라 천천히 행군했다.

여마통은 함양 성문 앞에 도착했다. 팽성에서 항왕이 보내는 응원 부대임을 알아보도록 초나라의 기치를 앞세우고 대오 정숙하게 행진했다.

함양성 척후병은 이 사실을 즉시 사마이와 여신에게 보고했다. 두 장수가 문루 위에 올라가 내려다보니 초나라의 깃발을 날리면서 응원병의 부대가 문 아래에 도착해 있었다.

"항왕의 명령을 받들고 범아보께서 계책을 내리시어 함양성을 구하려고 지금 우리가 왔으니 속히 문을 열어 주시오."

성 밑에서 이렇게 고함치는 소리가 들렸다. 문루 위에서 사마이는 이 소리를 듣고 팽성에서 온 응원 부대라면 항왕이 내려주신 부찰이 있을 터이니 그 부찰을 내어 보이라고 말했다. 여마통은 부찰을 올려 보냈다. 사마이와 여신이 자세히 살펴보니 틀림없는 항왕의 인印이었다. 사마이와 여신은 문루에서 내려와 성문을 열어 주었다.

"우리는 한왕의 대장 번쾌와 주발이다. 항복하는 놈은 목숨을 살려주마!"

별안간 뛰어들어와 자기들의 대장을 죽여 버린 사람이 이같이 외쳤다. 함양성을 지키던 모든 사졸이 땅바닥에 주저앉았다.

"어서 오십시오! 저희는 한왕의 인자하신 덕을 사모하고 있었습니다!"

번쾌는 말할 수 없이 감개무량했다. 그립던 함양! 보고 싶던

내 고향에 들어가는 관문! 더구나 함양을 지키고 있던 군사가 이같이 반가이 환영해 주다니!

번쾌는 신이 나서 문루에 올라가 한왕의 큰 기를 꽂아 놓고 내려왔다. 그리고 성중의 시가로 들어갔다. 함양의 시민들은 늙은이나 젊은이나 어른이나 아이나 모두 길에 나와 밤기운이 쌀쌀하건만 추운 줄도 모르고 한나라 군사의 입성을 환영했다.

한漢,
형세가 크게 팽창하다

함양성의 보고를 받은 한왕은 그 이튿날 입성했다. 함양 주민들은 환호성을 질렀다.

한왕은 그전에 들어와 본 일이 있는 함양궁으로 들어갔다. 그야말로 감개무량했다. 용상에 앉아 한신을 비롯해서 문무백관들의 배례拜禮를 받았다.

그리고 함양궁에서 잔치를 베풀었다. 모든 장수를 위로함이었다. 한왕이 기쁜 얼굴로 술잔을 기울이고 있을 때 한신이 그 앞에 나아갔다.

"지금 함양을 도로 빼앗았다 하오나 아직 위왕 위표가 평양平陽에 있고, 하남왕 신양이 낙양洛陽에 도읍하고 있으므로 만일 항왕이 군사를 거느리고 내려와 위표와 신양과 일시에 공격해 온다면 우리는 세 곳으로 적을 대적해야 됩니다. 지금 함양이 떨어졌으므로 항왕이 급히 우리를 공격하러 올지도 모릅니다. 그러니 속히 기모奇謨 있는 사람을 보내어 항왕으로 하여금 먼저 제齊나라를 치게 해야 합니다. 지금 육 국이 모두 초를 배반하고 있으나 그중에서 제나라의 기세가 왕성하니 항왕의 마음을 그리로 쏠리게 설득說得하면 그 사이에 신이 평양과 낙양을 공략하여 위표와 신양의 항복을 받아 놓겠습니다. 이렇게 하면 관동關東이 모두 한나라의 판도 안에 들어오게 되며, 그런 후에는 항왕과 더불어 족히 천하를 쟁탈하여 근심됨이 조금도 없을 줄로 믿습니다."

이같이 당면한 정세에 대해 의견을 아뢰었다.

"그럴 것이오. 그같이 하면 좋을 줄로 생각되나 과연 누가 적임자가 될 것인가?"

한왕은 한신의 의견에 찬성하면서, 이 같은 계책을 가지고 항우를 설득시킬 사람이 누구냐고 물었다. 이때 대부 육가가 한왕 앞으로 나왔다.

"폐하께옵서 지난날 진나라를 정벌하실 때 낙양에서 신이 처음으로 폐하를 뵈었습니다. 낙양은 신의 고향이므로 부모처자가 모두 낙양에 있습니다. 폐하를 모시고 오늘날까지 삼 년 동안 고향 소식을 모르는 처지인지라 신이 고향에 가서 부모도 찾아볼 겸 하남왕 신양을 설복시키고 다음으로는 그 길로 평양에 가서 위표를 설득하여 모두 폐하께 복종하도록 해보겠습니다."

한왕은 한동안 깊이 생각에 잠기더니 고개를 끄덕여 찬성했다.

"그것도 좋은 계책이다!"

신양과 위표를 싸우지 않고 항복을 받아 둔다면 우리의 계책이 저절로 이루어지는 것이라고 판단한 것이다.

잔치가 끝난 후 한왕은 육가에게 황금 열 근斤을 주어 노자로 쓰라 하고, 신양과 위표의 설득을 당부했다. 이리하여 육가는 고향으로 돌아갔다.

그러나 삼 년 만에 고향에 돌아간 육가는 자기 집에 들어가서 하남왕 신양이 그동안 자기 집을 극진히 보호해 준 사실에 감복했고 또 왕을 찾아보고 사례하러 갔을 때에 신양이 육가를 친절하게 대접하는 바람에 신양을 설득하여 한왕에게 복종시키겠다는 생각이 약해졌다. 신양이 자기와 함께 일을 하자고 붙들고 권하기도 하고, 또 삼 년 동안이나 자기 집 생활을 보호해 준 은혜도 커서 육가는 마침내 하루, 이틀, 열흘, 보름이 가고 달이 바뀌도록 한왕에게 돌아갈 것을 잊어버리고 있었다.

그런 줄도 모르고 함양에서는 한왕은 물론, 모든 사람이 궁금히 생각하고 기다렸다. 하남왕과 위왕이 한왕에게 복종하게 되느냐 안 되느냐 함은, 장차 본격적으로 전개되어야 할 초 패왕 항우와의 천하 쟁탈전에 있어서 세력 균형에 중대한 결과를 가져오는 선결 문제인 까닭이었다.

하루는 조정에서 한왕이 한신 이하 모든 신하를 모아 육가의 일을 걱정하고 있을 때 근시가 들어와 아뢰었다.

"장량이 요사이 남전藍田에서 신풍新豊으로 왔다가 지금 들어오는 길이라 합니다."

한왕의 얼굴에는 금세 희색이 만면해졌다.

"장량이 돌아온다면 내 무엇을 근심하랴. 속히 나가 장량을 맞아들이도록 하라!"

한왕은 무릎을 치면서 반가워했다.

한왕은 조참·관영 두 사람을 지명하여 성 밖에까지 나가 장량을 환영하게 했다. 한신도 설구薛歐와 진패陳沛 두 사람에게 주안상을 차리게 하고 나가 장량 선생을 모셔오라 명령했다.

한식경이 지나 장량이 들어왔다. 한왕의 얼굴은 기쁨을 참지 못하여 웃음이 가득 찼다.

장량은 땅에 무릎을 꿇고 엎드렸다.

"신이 대왕의 어전을 물러난 지도 벌써 일 년, 그러나 그동안 마음은 항상 대왕의 어전에 있었습니다. 대왕이 포중에 들어가실 때 잔도에서 신이 하직하면서 세 가지 큰일을 대왕께 약속했습니다. 항왕으로 하여금 도읍을 팽성으로 옮기게 하고, 육 국을 설득시켜 항왕을 배반하게 하고 파초 대원수의 인물을 구해 대왕께 보내드린 후에 함양에서 대왕을 모시어 뵈옵겠다고 하였습니다. 오늘 과연 그같이 되었습니다."하고 감개무량해 했다.

"일어나시오! 들어갑시다. 이것이 모두 선생의 힘이외다! 선생의 공훈은 금석金石에 새겨 천추만세에 전해야 할 것이외다."

한왕은 장량의 손을 붙들어 일으켜 정전으로 들어갔다.

장량은 조금 뒤에 한왕 앞에서 물러나와 한신과 모든 대장이 기다리고 있는 곳에 가서 반갑게 인사를 나누었다.

한신이 말했다.

"선생이 나를 천거하여 주신 덕분으로 대왕께서 나를 중용하여 주시고, 오늘날 마침내 소원을 이루었으니, 선생의 공덕을 평생 두고 잊지 않겠습니다!"

"공덕이라니, 천만의 말씀이외다. 원수가 누차 대공을 세우고 위엄이 천하에 진동해 있으니 과연 이 사람이 천거해 올린 보람이 있을 뿐 아니라, 이것은 참으로 한왕의 홍복입니다!"

이날 하루는 장량 환영연으로 홍겹게 지내고, 이튿날은 한왕이 군사평정軍事評定의 회의를 주재했다. 모든 신하가 착석한 가운데 한왕은 입을 열었다.

"하남왕 신양과 위왕 위표가 아직 복종하지 않았고, 육가는 고향에 간 지 오래이건만 돌아오지 않으니 이를 어찌하면 좋은고?"

한왕의 묻는 말은 육가의 일이었다. 이에 대해 장량이 먼저 의견을 말했다.

"육가가 낙양으로 간 것은 저의 부모의 고향이니까 핑계를 대고 고향에 돌아간 것일 뿐이옵니다. 신양에게 항복할 것을 설득시키려고 간 것이 아닙니다. 더구나 위왕 위표는 위인이 거만하고 제 스스로 존대하는 인물인데, 육가로서는 도저히 설득하지 못할 상대이옵니다. 신이 친히 신양과 위표를 만나보고 임기응변臨機應變하여 저들의 마음을 움직여 기어코 한왕께 항복하도록 설득하겠습니다. 그런 뒤에 한신 원수가 군사를 거느리고 동정북진東征北進하면 천하는 평정될 것입니다."

한신도 장량의 의견에 찬성했다.

한편, 팽성에 도읍하고 있는 초 패왕 항우는 천하에 근심이 없는 듯 매일매일 즐겁게 보내고 있었다.

"한나라 패공이 군사를 일으켜 진격해 오고 있습니다."

하고 아뢰는 말을 듣고도 항우는 그까짓 소리는 들으려고도 하지 않았다.

"잔도가 타 버리고 없어졌는데 한왕이 어떻게 나온단 말이냐!"

그런데 어느 날 벌써 삼진을 정복하고 한왕의 군사는 함양에 입성했고, 한신이 한왕 군사의 대원수로서 동쪽을 향해 진격해 올라오는데, 이미 한왕에게 정복된 지방의 면적은 수천 리에 달한다는 놀라운 보고가 올라왔다. 항우는 큰 눈을 더 크게 뜨고 이를 갈며 분하게 생각했다.

"한신이란 놈이 무슨 힘으로 삼진을 빼앗고 함양을 공략하여 한 패공의 위엄을 세운단 말이냐! 내 이놈을 당장 죽여 이 치욕을 씻으리라!"

항우는 이렇게 큰소리쳤다.

"대왕께서 지난날 한신을 중용하시지 않으시려면 죽여 없애시라고 신이 여러 번 아뢰었건만 듣지 않으시더니, 오늘날 이 같은 화근이 되었습니다."

범증이 곁에서 이같이 말했다. 분해서 성난 얼굴을 하고 있던 항우는 범증의 말을 듣더니 비웃는 웃음을 웃었다.

"삼진의 왕이 모두 늙어빠진 쥐새끼 같은 것들이니까, 오늘날 한신 따위에게 격파당했지 만일 짐의 대군이 진격한다면 한왕이나 한신이 모두 부스러져 가루가 되고 말 것이오!"

그는 눈앞에서 한왕과 한신을 금세 가루가 되도록 부숴 버리는 듯한 통쾌한 기분을 느끼는 듯했다.

이때 군사가 들어와 한나라 장량의 상소문과 제나라에서 각국에 띄운 격문을 보내왔다고 보고를 했다.

"장량의 사자使者를 이리 불러들여라."

항우는 그 사람을 불러들여 장량의 상소문을 펴보았다.

한나라 사도 신 장량은 머리를 숙여 초 패왕 황제 폐하께 아뢰옵니다. 폐하께서 신을 죽이시지 않은 은혜를 받아온 후 신은 본국에 돌아와 산에 들어가 나물을 캐고, 내에 내려와 물을 보며, 세월을 한가히 보내고 있습니다. 비록 이같이 멀리 숲속 샘가에서 지내건만, 하루도 폐하의 성덕聖德을 잊은 날이 없습니다.

이즈음 한왕이 사자를 보내어 신을 부르나 신은 신병을 핑계 삼아 나가지 않았으며, 앞으로 백 번을 부른다 할지라도 듣지 않을 것입니다. 또한 제齊·양梁 두 나라에서도 신을 불렀으나 신은 듣지 않았습니다. 그 후로 제·양 두 나라에서는 신이 공명에 뜻이 없음을 알고 다시 부름이 없더니 격문을 보내왔는데 그 말이 광망狂妄(미친 사람처럼 망령스러움)하고 의도하는 바가 천하를 도모하고자 함에 있으므로, 신이 폐하의 성은聖恩을 입고 어찌 이웃 나라에서 난을 일으킴을 알고도 모른 체할 수 없어 폐하께 말씀드리는 것입니다. 신의 소견으로는 한왕의 견식見識은 관중 지방이나 얻으면 멈출 것이나, 그와 반대로 제·양 두 나라는 격문을 각국에 산포하는 것으로 보아 그 뜻이 결코 작지 않아 폐하께 큰 후환을 일으킬 것이라 생각됩니다. 바라옵건대 대군을 거느리시고 속히 제와 양을 정벌하여 후환이 없게 하소서. 이렇게 하면 대사는 결정될 것이며, 만약 한왕이 다른 짓을 한다 하면 그 후에라도 머리를 돌려 북소리 한 번으로도 족히 사로잡을 수 있을 것입니다. 신의 얕은 소견을 아뢰었사오니 폐하께서는 깊이 살피시기를 바랍니다.

항우는 장량의 상소문을 읽고 나서 옆으로 밀어치우고, 다시 제나라에서 각처에 산포했다는 격문을 펴 보았다.

제왕 전영, 양왕 진승은 각국 왕에게 글을 보내노니, 우리는 일찍이 들어 알기를 대위大位는 그 사람에게 덕 있은 연후에 그 자리에 앉게 하는 것이며, 높은 덕은 크게 공명함으로써 이루는 것이어늘, 덕이 없고 부족한 자가 천자의 지위에 있는 것은 공정한 일이 못 되도다. 항우와 유방은 회왕의 약속으로 먼저 함양에 들어가는 사람이 왕이 될 것임을 천하가 다 아는 사실이었는데, 유방이 먼저 함양에 들어갔으므로 회왕의 약속대로 한다면 그가 당연히 천하의 임금이 될 것이건만, 항우가 약속을 어기고 제후를 좌천시키고, 의제를 몰래 죽이고, 그 무도함이 걸주桀紂와 같도다. 천하는 무도하고 강포한 놈의 독차지가 아닐지니 모든 백성은 이 사실을 알고 서로 힘을 합쳐서 무도한 놈을 죽여야 할 것이로다. 여기 사람을 시켜 격문을 보내니 속히 군사를 일으켜 제후와 회합하여 함께 항우를 격멸하여 그 죄를 밝히고 덕 있는 사람에게 그 위를 넘겨 줌이 천하 만민의 행복일 것이로다. 격문을 보고 즉시 시행할지어다.

항우는 격문을 보고 이를 부드득 갈았다.

"이놈, 전영을 제왕에 봉하고 진승을 양왕에 봉하여 짐이 저들에게 은혜를 베풀었건만, 지금 와서 도리어 망자존대妄自尊大(함부로 잘난 체함)하여 짐을 배반하다니! 내 요사이 이놈들이 배반한다는 소문은 들었지만 뜬소문이리라 믿었었는데, 이 같은 격문을 전달한 것으로 보아 분명한 사실이구나. 이놈들을 속히 없애 버리지 않았다가는 내 후환이 커질 것이다!"

"아니올시다. 이것이 장량의 계책일 것입니다. 장량은 한왕과 둘도 없는 긴밀한 사이입니다. 함양을 빼앗고는 지금 대왕께서 급히 저들을 정벌할 것이 두려워 대왕으로 하여금 먼저 제와 양을 치게 하여 그동안 시일을 지연시키자는 계책이 틀림없습니다."

항우가 노발대발하는 것을 보고 범증이 이같이 간했다.

"아니오. 장량은 짐에게 마음이 있는 사람이오. 다만 신병이 있어 공명을 떠나 살고 있을 뿐이오. 그렇게 말하는 것은 범아보의 억측일 거요. 짐에게 이 사실을 알려준 것은 지난날 저를 홍문에서 죽이려다가 살려 준 은혜를 생각해서 하는 일일 게요. 내 속히 제와 양을 토벌하고 다음에 한왕을 격멸하겠소."

"장량을 신용하지 마시기 바랍니다. 그렇지만, 제왕 전영이 모반한 지는 오래되었습니다. 대왕께서 함양으로 진격하신다면 전영은 팽성을 침공할 것이니 이같이 되면 뒤에 후환이 있으니까 한왕을 이기시기 어려울 것입니다. 그렇다면 급히 제를 격멸시키고 또 급히 한왕을 격멸시킬밖에 도리가 없습니다. 한왕은 진실로 우환거리이므로 이번에 꼭 없애 버려야 합니다."

"아보의 말대로 하리다. 내 속히 전영을 죽이고 함양으로 들어가 유방을 죽이겠소!"

장량의 사자는 항우와 범증이 이같이 상의하는 것을 모두 듣고 그곳에서 물러나왔다. 장량의 사자는 이런 모든 상황을 살핀 다음 팽성을 떠나 위나라의 서울인 평양으로 급히 치달렸다. 수일 후에 평양성 근처 노상에서 사자는 장량을 만났다. 그는 초패왕이 격문을 받아보고 장량의 뜻대로 먼저 제나라를 정벌하기로 했다는 경과를 보고했다. 장량은 그 보고를 듣고 만족해했다.

평양은 위표가 왕으로 앉아서 다스리고 있는 위나라의 서울이다. 산천이 수려하고 토지가 비옥한 지방인지라 백성들도 풍족하게 살고 있었다. 장량은 성안으로 들어가 곧장 위왕을 찾아갔다.

"한나라의 장량이 위왕을 뵈오러 왔으니 위왕께 아뢰어라."

이같이 궁문을 파수 보는 무감에게 일렀다.

위왕 위표가 궐내에서 이 소식을 듣고서 그를 모시고 있던 대부 주숙周叔에게 물었다.

"장량이 무슨 일로 왔을까?"

"장량은 세객說客이옵니다. 옛날의 소진과 장의도 장량의 변설을 따르지 못할 것이라는 것이 세상의 정평입니다. 아마도 한왕을 위해 대왕께 뭔가 설득을 하고자 찾아온 것일 겁니다."

"장량이 나를 꾀러 왔다면, 내게 좋은 칼이 있으니 들어서자마자 그 자리에서 이따위 미친 선비의 목을 자르겠다!"

"아니올시다. 장량의 이름은 지금 천하에 높습니다. 초 패왕도 죽이지를 못했으니 대왕께서도 그 사람을 예로써 만나보시고, 그의 말만 곧이듣지 마십시오."

"그렇다면, 그렇게 할 밖에……."

위표는 주숙의 말을 듣고 장량을 불러들이라고 명령했다.

장량은 전상에 들어와서 위표에게 공손히 인사를 한 다음 왕이 권하는 자리에 앉았다.

"귀하는 한왕의 신하인데 지금 이곳에는 무슨 일로 오셨소?"

위표는 장량과 마주 앉아서 이같이 물었다.

"저는 본시 한韓나라의 신하였지, 한漢왕의 신하는 아닙니다. 삼 년 전에 한왕이 저를 차용하여 진나라를 멸망시킨 뒤에 일이 끝났으므로 저는 본국에 돌아가 있었습니다. 이즈음에 한왕이 포중에서 나와 함양을 공략하고 사람을 보내어 저를 청했습니다만, 저는 오래전부터 이 세상에 뜻이 없어 한왕의 청에 응하기는 싫으나 한왕은 인덕仁德이 있는 사람인지라 한번 찾아가서 인사나 하고 오려고 이번에 한왕한테 갔다가 본국으로 돌아가는 길입니다. 마침 돌아가는 길에 이곳을 지나다 대왕의 위명威名이 육 국 가운데 높으시고, 길 가는 사람들까지 대왕의 성덕을 찬양하는 터이므로, 저 역시 평소에 갈망하던 정을 풀어보려고 이렇게 찾아와 뵙는 것일 뿐입니다."

위표는 장량의 말을 듣고 기쁨을 금할 수 없었다. 그는 장량과 같은 고명한 선비가 진심으로 자기를 존경한다는 말에 그만 감격한 모양이었다. 그는 즉시 술을 내오게 했다.

술상을 벌이고 위표는 장량에게 물었다.

"지금 육 국이 종횡縱橫하며, 한漢과 초楚가 쟁패하는데, 선생이 보시기에는 어느 쪽이 흥할 것 같습니까? 선생은 아는 것이 많으므로 반드시 흥망존폐興亡存廢의 앞일을 짐작하실 것이니 말씀해 주십시오."

"제가 보기에는 한왕은 흥하고 초 패왕은 망하게 되리라고 봅니다. 이것이 오늘날 천하의 형세입니다."

장량은 천연스럽게 이같이 대답했다.

"초 패왕은 한왕과 비교해서 어떤 점이 부족하다고 보시오?"

"한왕과 비교하면 초 패왕은 회왕과의 공약을 무시하고 스스로 패왕이 되어 각국의 제후를 좌천시키고 의제를 몰래 죽였습니다. 이 때문에 천하 백성들이 원망하고 있습니다. 지금은 초 패왕의 세력이 강대하지만, 망할 날이 멀지 않았습니다. 이것은 어리석은 자나 총명한 자나 모두 알고 있는 사실입니다."

장량은 항우에 대한 자기의 소견을 이같이 말했다. 위표는 그의 설명을 듣더니 자기의 술잔을 집어 들며 말했다.

"장 선생! 내가 항왕으로부터 작爵을 받기는 했소만 항왕은 장구하지 못하고 한왕은 선생의 말과 같이 천하에 군림할 것 같소이다! 지금부터 한왕에게 항복하고 싶으니 나를 한왕에게 천거해 주시오."

장량은 천연스럽게 그에 응했다.

"좋습니다! 저는 평소에 대왕을 사모해 왔는데 오늘 우연히 이 나라에 왔다가 대왕을 뵈옵고 이 같은 말씀을 듣고 어찌 대왕의 말씀대로 하지 않겠습니까. 대왕께서 만일 진심으로 한왕에게 항복하신다면 한왕은 관인대도寬仁大度(마음이 너그럽고 인자하며 도량이 큼)한 사람이므로 대왕을 중하게 여겨 환난상부患難相扶(근심과 재난을 함께 도움)하고, 부귀富貴를 같이할 것입니다. 제가 주제넘지만 천거해 올리겠습니다."

이튿날 위표는 한왕에게 항복한다는 표문을 가지고 주숙으로 하여금 장량과 함께 함양에 가서 한왕께 올리라고 분부했다. 이렇게 해서 장량은 주숙과 더불어 함양으로 돌아와 한왕에게 위왕과의 경과를 보고했다. 한왕은 크게 기뻐하며 주숙을 불러들여 위왕의 항복 표문과 예물을 받았다.

일이 이같이 되어 위왕 위표가 이미 한왕에게 항복했는지라, 장량은 또다시 하남왕 신양의 항복을 받기 위해 길을 떠났다.

얼마 후 장량의 책략으로 위왕 위표를 설득하고, 하남왕 신양을 사로잡아 그의 항복을 얻은 후 육가의 죄를 너그럽게 용서해 주고, 삼진과 하남의 모든 백성이 한왕에게 이미 귀순했는지라, 한왕의 세력은 함양에 들어온 이후 점차 강대해졌다.

이 무렵, 항우는 제·양 두 나라에 군사를 보내어 정벌을 하고 있었다. 그런데 하루는 다음과 같은 보고가 올라왔다.

"위왕 위표와 하남왕 신양이 한왕에게 항복하였고, 인근 지방에서는 서로 다투어가면서 한나라에 귀순하고 있습니다."

항우는 크게 놀랐다.

"이놈, 한신이란 놈이 포중에서 나온 이후로 짐이 잃어버린 지역이 칠천여 리나 된다! 제·양 두 놈이 짐의 명령을 배반한 지가 오래인지라 이것을 먼저 정벌하려 하던 터이지만, 이제는 이것을 중지하고 먼저 한신을 죽이고 위표와 신양을 정벌해야겠다!"

항우는 이를 갈면서 분해했다.

"고정하시기 바랍니다. 지금 우리나라 대장들이 제와 양을 정벌하면서도 아직 승리를 얻지 못하고 있으며, 다른 지방의 제후들도 우리나라를 배반하는 자가 속출하고 있는데, 대왕께서 경솔히 함양을 향해 떠나시면 팽성이 공허해집니다. 차라리 풍패 땅에 있는 한왕의 일족을 사로잡아 인질로 해두고 제와 양 두 나라의 평정이 끝난 뒤에 한왕을 정벌하심이 좋을 듯합니다."

항우가 조급히 서두는 것을 보고 범증은 이같이 의견을 내었다. 항우는 그 의견을 듣고 과연 그러는 것이 좋겠다고 찬성하고 대장 유신劉信으로 하여금 사졸 이천 명을 인솔하고 패현에 가서 한왕의 가족들을 모조리 잡아오라고 명령했다.

항우의 명령을 받은 유신은 쏜살같이 풍패에 달려가 한왕의 본가를 포위한 후 태공 이하 한왕의 일가친척 일백이십 명을 붙들어 풍패 땅을 출발했다.

유신이 풍패를 떠나 삼십 리가량 왔을 때 건너편 수림 속에서 별안간 철포 소리가 터지더니 말 탄 장수 세 사람이 뛰어나오며 고함을 질렀다.

"이놈아! 한왕의 가족들을 우리에게 넘겨 주지 않으면 너희 놈들을 모조리 죽여 버리겠다!"

세 장수의 뒤에는 무기를 들고 있는 사졸이 삼천 명가량이나 되어 보였다.

"이놈아, 나는 초 패왕의 명령으로 태공을 붙들어가는 중인데 너희는 무엇하는 놈들이기에 이따위 무례한 행동을 한단 말이냐!"

유신은 대로하여 도리어 이같이 꾸짖었다. 그러나 왕릉은 껄껄 웃으며 달려들어 유신을 찔렀다. 유신은 몸을 피하면서 왕릉을 상대로 십 합가량 접전을 하다가 그만 창에 찔려 죽었다.

이것을 본 초나라 군사 백 명은 혼비백산하여 도망쳤다.

이렇게 하여 태공의 수레는 무사히 한왕에게로 돌아왔다.

이 무렵, 초 패왕 항우는 태공의 일행을 추격하여 하남 땅의 낙양성까지 갔다가 한나라 군사에게 쫓겨 돌아온 영포와 종리매에게서 경과 보고를 듣고 몹시 분개했다.

"왕릉이란 놈이 어떻게 된 놈이기에 감히 이따위로 무례하단 말이냐?"

항우는 분해서 못 견디는 모양이었다.

"왕릉은 패현 출신입니다. 사오 년 전에 남양 땅에서 군사를 모아 도둑질을 했었는데 무용이 출중해서 한왕에게 채용되었습니다. 왕릉과 함께 한 주길과 주리는 그 잔당인데 이번에 영장군이 없앴으니 이야말로 근심을 덜어 버린 것입니다. 왕릉의 아우 왕택王澤이 노모를 데리고 지금 패현에 있으니 이 노파를 붙들어놓고 노파로 하여금 왕릉에게 편지를 쓰게 하면 왕릉이 대왕께 항복해 올 것입니다."

항우가 분해하는 것을 보고 범증이 이 같은 의견을 말했다. 항우는 금세 성난 얼굴빛이 풀어졌다.

"좋은 말이오. 그리합시다."

항우는 범증의 의견에 찬성하고 무사를 패현으로 보내어 왕릉의 모친을 잡아오게 했다.

이튿날 무사들이 왕릉의 모친을 팽성으로 잡아왔다. 항우는 노파의 몸에 묶여 있는 결박을 손수 풀어주며 말했다.

"남양은 짐이 거처하는 팽성에서 가까운 지방인데도 너의 아들 왕릉이 짐을 섬기지 않고 멀리 함양에서 역적 노릇을 하고 있는 유방을 섬기고 있으니, 이것은 천도天道에 어긋나는 일이다. 짐이 그전부터 네가 현숙한 것을 아는 터이니 속히 너의 아들에게 편지를 써라. 그래서 왕릉으로 하여금 짐을 섬기도록 하면, 너의 아들을 만호후萬戶侯에 봉하여 자자손손에 이르기까지 부귀를 누리게 하리라."

왕릉의 모친은 항우가 부드러운 음성으로 이같이 말했지만 고개를 푹 수그리고 앉아서 아무 대답도 하지 않았다.

한참 동안 기다려도 대답이 없자 범증이 참견했다.

"일을 서두르실 필요 없습니다. 왕릉의 모친을 이곳에 두시고, 은혜를 베풀어 보양하시면 신이 뒷일을 주선하겠습니다."

"그리합시다."

항우도 그럴 듯싶어서 범증의 말대로 왕릉의 모친을 궁문 밖의 민가를 치우고 그곳에서 보양하도록 명령했다.

이때 진평陳平은 항우와 같이 지내는 동안 자기의 의사가 반영되지 않고 항상 불같은 항우가 화만 내는데 불안하기 그지없었다. 그러던 차 사소한 일이 시빗거리가 불화살이 되어 항우로부터 그의 관직을 박탈당하고 조정에서 추방되어 팽성에 있는 자기 사택으로 돌아왔다. 그는 아무리 생각해도 초 패왕의 땅에서 한시바삐 벗어나서 한왕한테로 가는 길밖에 좋은 길이 없다고 생각하고, 아무도 모르게 여행 준비를 했다.

어느 날 새벽에 그는 집을 나와 무양武陽으로 해서 낙양으로 빠지는 길로 걸음을 재촉했다. 해는 이미 서쪽으로 기울었고 앞에는 황하黃河의 강물이 가로막고 있었다. 사방을 둘러보니 길 가는 나그네 한 사람도 없었다.

'이 강을 어떻게 건너가나?'

진평은 강가에 이르러 걱정을 하면서 아래위를 살펴보았다. 마침 저쪽에 조그만 배 한 척이 보였다. 사공도 타고 있는 모양이었다. 진평은 그 배를 향해 손짓을 하면서 큰소리로 불렀다.

노를 저으면서 강변에 가까이 오는 뱃사공의 얼굴을 보고 진평의 마음은 섬뜩했다. 이 세상에 이같이 험하고 추한 인물이 또 있을까? 나이는 스물댓 살가량 되어 보이는 도둑놈 같은 젊은 놈 두 놈이 타고 있었다.

'아하…… 이들은 필시 황하의 도둑놈들인 모양인데 지금 저 놈들을 불러놓고 그대로 달아나다가는 도리어 해를 받을 것이니 이를 어찌하면 좋단 말이냐?'

진평은 이같이 생각하면서 가만히 서 있었다.

뱃놈들은 진평의 얼굴과 의복을 보더니 만족한 듯 강변으로 올라와 진평을 배 가운데로 안내했다. 진평은 천연스럽게 배에 탔다.

"어두워지는데 빨리 건네주게. 수고들 하네."

진평은 한복판 자리에 앉으면서 이같이 말을 붙였다.

두 놈은 뱃전에서 힘 있게 노를 저으면서 진평과 수작을 하더니 배가 황하 중간쯤 건너오자 허리에 차고 있던 칼을 뽑으려고 한 손으로 겉옷을 훔치적거렸다. 진평은 그들이 입고 있는 겉옷 속으로 칼자루가 허리에 붙어 있는 것을 보았다.

'이놈들이 나를 죽이려는 것은 내가 금은을 가진 까닭이렷다! 금은만 내 몸에 없다면 나를 죽여 이로울 게 없을 것이니 죽이지 않으리라.'

진평은 이렇게 생각하고 즉시 옷을 훌훌 벗었다.

"여보게, 자네들 힘이 없어 보이네. 내가 이래 보여도 어려서 강가에 살았기 때문에 사공 노릇을 잘한다네. 내가 노 젓는 것을 보려나?"

이같이 말하고는 전신에 걸쳤던 옷과 옷 속에 들어 있는 금은보화를 둘둘 뭉쳐 강물 속에 풍덩 던져 버리고 사공의 노를 빼앗아 쥐었다. 이 모양을 보고 뱃사공 두 놈은 어안이 벙벙해졌다. 진평은 벌거벗은 몸으로 뱃전에 올라서서 힘 있게 노를 저었다.

진평을 죽이고 그의 재물을 뺏을 욕심으로 칼을 뽑으려 하던 황하의 도적들은 일이 글러져 버렸다. 재물은 강물 속에 들어가 버렸으니 벌거벗고 서 있는 놈의 목을 찌른대야 나올 것은 피밖에 없었다. 죽인들 소용없는 것을 죽여서 무엇하랴. 도둑놈들은 이같이 생각하고 뽑았던 칼을 도로 꽂고 말았다. 배는 어느덧 강가에 닿았다.

진평은 배에서 내려 두 놈과 작별하고는 주막집을 찾았다. 행길로 올라와 얼마를 걸어가니 주막집이 보였다. 진평은 몸도 피곤하고 비록 여름철이지만 밤기운이 쌀쌀하여 벌거벗은 몸이 떨리는 것을 참으면서 그 집의 문을 두드렸다.

주인은 문밖에 서 있는 손님이 벌거숭이인 것을 보고 놀라는 표정을 지었다.

"이게 웬일이오? 당신은 황하에서 도적을 만났던 모양이군요. 얼른 들어오시오."

주인은 진평을 끌어들이고 문을 닫았다.

"저는 하남河南의 상인으로 초나라에 가서 장사를 하다가 이번에 고향에 돌아오는 길에 황하를 건너다가 도둑에게 옷과 재물을 모조리 빼앗겼습니다. 주인장께서 불쌍히 여기시고 옷 한

벌만 주시면 이 다음에 은혜를 갚겠습니다."

진평은 쪼그리고 앉아 이같이 애원했다. 주막집 주인은 진평의 얼굴을 유심히 바라보았다.

흰 얼굴, 검은 눈, 붉은 입술, 사내자식의 얼굴로는 드물게 보는 화려한 얼굴이요, 골격도 잘생겼다.

"그렇게 하시오. 어려울 것 없소."

주인은 성큼 일어나 아랫간으로 가더니 옷 한 벌을 가지고 와서 진평에게 주었다.

옷을 입고 몸을 단정하게 차리는 동안에 주인은 술상을 내왔다.

"시장하실 터인데 한잔 드십시오."

"감사합니다."

주인과 진평은 이리하여 옛친구처럼 수작을 해가며 밤이 깊도록 이야기를 나누었다.

날이 밝은 뒤에 진평은 주인에게 작별 인사를 하고 나와 이튿날 함양에 도착했다.

'누구를 찾아야 할까?'

진평은 함양성에 들어서면서 찾아야 할 사람을 생각해 보았다. 허물없이 만나서 털어놓고 이야기할 수 있는 친구라고는 옛친구 위무지魏無知밖에 없었다. 그는 위무지의 관사로 찾아갔다.

초나라에서 진평이 찾아왔다는 청지기의 말을 듣고 위무지는 그를 반가이 맞아들였다. 두 사람은 여러 해 만에 서로 만나는 기쁨을 금치 못했다.

"참 반갑소! 초나리를 버리고 오셨다니 더욱 좋소이다."

위무지는 이렇게 환영하는 뜻을 표했다.

"초 패왕이 간하는 말은 듣지 않고 선비를 업신여기고 나라의 정사는 엉망인지라, 내 그전부터 한왕이 인자하고 결단성이 있고 자기를 굽히면서 선비를 존경할 줄 아는 그런 분임을 알고 있던 터이라, 이번에 불원천리하고 찾아왔소이다. 선생이 옛정을 생각하고 나를 친구로 생각하거든 한왕께 나를 천거하여 주시오. 그러면 내 평생 은혜를 잊지 않겠습니다."

진평은 자신의 속마음을 숨김없이 허심탄회하게 털어놓았다.

"한왕께서는 천하의 선비를 널리 구하시는 터이요, 그전부터 선생의 재능이 출중한 것을 아시는 터이니 새삼스레 내가 천거할 필요도 없소이다. 반드시 한왕께서는 선생을 중용하실 거외다."

위무지는 이렇게 대답했다.

이튿날 위무지는 조정에 나아가 한왕에게 진평의 이야기를 했다. 한왕은 진평이라는 사람이 그전에 홍문연에서 항우에게 욕을 당할 때 자기를 보호해 준 바로 그 사람이 아니냐고 묻고 속히 진평을 불러들이라고 했다.

위무지는 즉시 진평을 불러들였다. 한왕은 그의 얼굴을 보고 무척 반가워했다.

"전일 홍문연에서 하마터면 항우에게 해를 당할 뻔했는데, 다행히 그때 경의 주선으로 짐이 호구虎口를 면했소. 평소에 짐이 사모하던 터인데 오늘 이같이 만나니 반갑소."

한왕은 이같이 말하고는 그날로 진평을 도위都尉로 임관하고 참승전호군參乘典護軍을 겸임하게 했다. 이를테면 육군 준장에 시종무관侍從武官이 된 셈이다. 이 소식을 듣고 오랫동안 한왕을 모셔온 번쾌와 주발 등 대장들의 마음에 불평이 생겼다.

조정에서 진평의 임관 발표가 있기도 전에 번쾌와 주발은 서로 만나 상의했다.

"소식 들었는가? 진평이 말일세."

"그래, 들어서 알지!"

"이럴 수가 있나? 초 패왕에게 추방당해 벌거벗고 황하를 건너온 사람을 그래 단번에 높은 벼슬을 주시니 이래도 좋은가?"

"그러게 말일세. 높은 벼슬일 뿐만 아니라 대왕을 모시고 한시도 떠날 사이가 없이 좌우에 있어야 할 참승전호군을 겸하지 않았나! 일이 잘못되어 혹시나 변괴가 있을까 그것이 걱정되네!"

"허허, 참말 그렇군! 이대로 있을 수 없는데!"

"대왕께 나아가 간하여 보세!"

두 사람은 이렇게 말을 주고 받다가 결국 진평을 중용하는 것을 온당하지 못하다고 한왕께 간하기로 의논하고 함께 대궐로 들어갔다. 그들은 한왕에게 나아가 그들의 의견을 솔직하게 아뢰었다.

한왕은 번쾌와 주발이 간하는 말을 듣고 급히 위무지를 불러 경솔하게 조정에 인물을 천거했다고 꾸짖었다. 위무지는 자기가 진평을 천거한 것은 그의 재주 있음을 천거한 것일 뿐이요, 그 사람의 사사로운 행위까지 칭찬할 만한 인물이라고 천거한 것은 아니라 했다. 한왕은 번쾌와 주발이 진평을 반대하는 뜻과, 위무지가 진평을 천거한 뜻이 서로 다르다는 것을 깨달았다.

한왕은 다시 진평을 불러들였다.

"짐이 들으니, 일찍이 경은 위魏나라에 있으면서 아무런 공도 세우지 못하고 초나라로 갔다가 이제 또 초를 배반하고 짐에게 항복해 왔으며, 황하를 건너오면서부터 뇌물을 많이 받았다 하니, 이 어찌 충忠과 신信이 있는 사람의 행동이라 말할 수 있겠소."

한왕은 진평을 가까이 불러 세우고 이같이 조용히 말했다.

"아뢰옵니다. 무릇 군신君臣 간에는 우불우遇不遇(형편이 좋음과 좋지 않음)가 있사옵니다. 위왕이 암둔하여서 신을 사용하지 못하므로 신이 위를 떠나 초를 섬겼습니다. 초 패왕은 자기의 강함을 자랑하고 선비를 업신여기므로 신이 다년간 대왕의 성덕을 사모하여 불원천리하고 와서 복종하는 것입니다. 신이 어둠을 버리고 밝은 곳으로 나온 것뿐입니다. 그러하온데 신이 황하수를 건널 때 도둑을 만나 벌거벗은 몸이 되었습니다. 그 후로 뇌물을 받지 않고서는 벌거벗은 몸을 무엇으로 감추겠습니까. 그러한 형편이오니 대왕께서는 잠시 동안 신을 두고 보아 주십시오. 만일 대왕께서 신을 무용지물無用之物이라 판단하신다면 신은 지금 수중에 있는 약간의 재물까지 국가에 바치고 고향으로 돌아가겠습니다."

진평은 꿇어앉아 이같이 아뢰었다. 한왕은 진평의 경우에 있어서는 그의 말이 당연하다고 생각되었다.

"짐이 현인賢人을 놓칠 뻔했소! 잘 알아들었으니 물러가오."

한왕은 이같이 말하고 새삼스레 진평에게 상을 내리고 호군도위에서 호군중위로 승진시켰다. 일이 이같이 되매 이제는 아무도 감히 불평을 말하는 사람이 없었다.

이때 한신으로부터 사자가 도착했다.

한왕은 한신의 사자가 무슨 일로 급히 왔는가 궁금하여 즉시 불러들였다.

"하내 지방이 평정되고 사마앙이 항복했다고 아뢰오."

한신이 보낸 사자의 보고였다. 한왕은 얼굴에 웃음을 띠고 기뻐했다. 또 이때 근시가 들어와 하후영이 들어왔다고 아뢰었다. 한왕은 즉시 그를 불러들였다.

등공 하후영은 한왕 앞에 나와 새로운 사건을 아뢰었다.

"아뢰옵니다. 상산왕常山王 장이張耳는 본시 함안군咸安君 진여陳餘와 더불어 문경지교刎頸之交(생사를 함께할 만큼 절친한 벗)의 사이였는데, 전일 항왕이 장이를 상산왕으로 봉하자 진여는 이것을 원망하고 저 자신은 아무런 봉작封爵에 참여하지 못한 것에 격분하여 제왕齊王 전영田榮을 꾀어 조趙의 상산을 침공하여 장이의 일족을 죽여 버려 장이는 지금 갈 곳이 없게 되었습니다. 그래서 지금 신을 찾아 이곳으로 왔기에 데리고 왔습니다."

한왕은 하후영의 보고를 듣고 또 기뻐했다.

"불러들이오."

하내 지방이 평정되고 사마앙이 자기에게 항복했다는 보고를 받고 있는 그 시간에 상산왕 장이까지 자기에게 귀순해 온 것은 모두가 유쾌한 일이었다. 장이가 들어왔다.

"짐이 평소에 상산왕의 용명을 듣고 한번 만나기를 소망하던 중 이같이 만나니 기쁘오."

한왕은 장이를 보고 이같이 말했다.

"신은 어려서부터 생사를 같이하기로 사귀어오던 진여에게 화를 당하고 폐하께 와서 뵈오니 부끄러워 몸 둘 바를 알지 못하겠습니다. 폐하의 위엄으로써 진여에게 신이 원수를 갚게 되면 폐하의 성은을 일평생 잊지 않겠습니다."

장이는 한왕 앞에 서서 눈물을 흘리며 이같이 소회를 아뢰었다.

이렇게 하여 날이 갈수록 한왕의 위엄은 높아갔다. 함양에 입성한 지 불과 두 달 만에 위왕 위표, 하남왕 신양, 은왕 사마앙이 귀순하고, 지금 또 상산왕이 귀순했는지라, 한왕의 형세는 크게 팽창되었다. 군사는 사십만 명이 넘었다. 하루는 여러 신하를 모아놓고 의견을 물었다.

"짐의 병력이 사십만이 넘고, 초 패왕을 미워하는 백성들은 짐이 오기를 고대하고 있네. 짐이 대군을 통솔하여 한신과 함께 만민을 도탄에서 구하려 하는데 경들의 생각은 어떠한가?"

"지당하옵니다. 무도한 초 패왕은 결국 망할 것입니다."

모든 신하가 이같이 대답했다. 그러나 여러 사람이 찬성하는 소리를 듣고 있던 장량은 한왕 앞으로 가까이 나와 그 의견에 반대했다.

"지금 우리의 군위軍威가 장대해졌다 할 수 있으나 아직은 때가 아닙니다. 잠시 더 기다리시기 바랍니다."

한왕은 장량이 반대하자 무척 못마땅한 표정을 지었다.

"짐은 낮이나 밤이나 고향 생각을 하고 있소. 이곳에 더 머물러 있기가 싫소."

한왕은 그전에 없던 고집을 부려 장량이 간하는 말을 듣지 않고 모든 대장에게 출동 명령을 내렸다.

초 패왕을 정벌하는 대군의 출동 명령에 모든 장수는 의기등등하여 기뻐했다. 수일 동안에 모든 준비가 끝났다.

대장이 이백여 명, 군사의 총수가 사십삼만.

한왕은 태공을 모시고 여후와 두 아들을 데리고 전군을 인솔하여 낙양으로 향했다. 낙양에는 한신의 군사가 하내 지방을 평정하고 이곳으로 이동하는지라 한왕은 한신과 합세하기 위함이었다.

하남왕 신양과 한신은 낙양성 밖까지 멀리 나와 한왕을 봉영했다. 낙양성을 멀리 바라보면서 신양과 한신의 선도로 한왕은 서서히 입성하기 시작했다. 이때 선두에 있던 위관이 어가 앞으로 달려와 아뢰었다.

"낙양의 백성들 가운데 노인들이 나와서 대왕을 봉영하겠다고 합니다."

한왕은 어가를 멈추고 백성들의 대표를 불러오게 했다. 그러자 수십 명의 노인들이 어가 앞으로 나와 땅에 꿇어 엎드렸다.

한왕은 그들의 인사를 받았다. 그러자 노인들 가운데서 팔십여 세 되어 보이는 노인 한 사람이 어가 앞으로 나와 말했다.

"대개 덕이 높은 자는 흥하고 덕이 없는 자는 망하는 법입니다. 항우는 무도하여 의제를 죽였으므로 천하의 적이 되었습니다. 어진 사람은 용맹으로써 다스리지 않고 의로운 사람은 힘으로써 다스리지 않는다고 했는데, 대왕께서는 이름 없는 군사를 일으켰으나 이것은 다만 토지를 쟁탈하는 행동일 뿐인지라 싸움에 이겨 천하를 얻을지라도 백성의 마음은 심복시키지 못합니다. 어느 때든지 군사에는 정당한 이름이 있어야 하오니 대왕께서는 의제의 상喪을 발상하시고 제후에게 이 뜻을 알리시면 누가 감히 대왕의 뜻을 어기겠습니까!"

한왕은 노인의 말을 듣고 마음속으로 탄복했다. 그 노인은 의제의 시체를 짐주에 장사 지내 준 동삼로董三老였다.

"그대의 말이 과연 옳소."

한왕은 한신과 더불어 의논하고 친히 붓을 들어 각국 제후에게 보내는 격문을 썼다.

> 의제義帝를 받들어 천하가 함께 섬겼건만, 항우는 의제를 시弑하였으니 대역무도大逆無道(사람의 도리에 벗어나 막됨)함이 이보다 더함이 있을까 보냐. 과인寡人이 이제 관중의 군사를 일으켜 천하에 의를 바로잡으려 하노니 제후들은 한가지로 의제를 죽인 자를 처단하기 바라노라.

한왕은 격문을 한신에게 주고 이것을 모든 지방에 배포하라

했다. 한 달이 지났다.

초 패왕 항우를 못마땅하게 생각하던 여러 지방의 제후들은 한왕의 격문을 보고 다투어 찾아왔다. 이 때문에 한왕의 군사는 십삼만이나 증가되어 오십육만에 달했다.

한왕은 의기가 등등했다. 이만하면 항우를 넘어뜨릴 수 있을 것이다. 이 같은 자신감이 생겼다.

그는 한신을 불러들였다.

"우리의 병력이 지금 육십만에 가까우니 원수는 하루속히 초 패왕을 멸하여 천하의 마음을 안정하게 하오."

한왕의 부탁은 정중했다.

"황송합니다. 무릇 군사는 흉기凶器이옵고, 전쟁은 위태로운 일입니다. 삼군의 생사와 국가의 안위安危가 모두 이에 달렸으므로, 훌륭한 장수는 먼저 하늘의 때를 살피고 그 다음엔 땅의 지리地利를 밝히고, 그 다음엔 그 해의 운기運氣를 요량한 다음에 군사를 일으키는 것입니다. 어찌 사졸의 수효가 많다고 해서 경솔히 군사를 일으키겠습니까. 신이 요사이 천문을 보니 대단히 불길합니다. 아직 군사를 움직여서는 안 될 때입니다. 그러니 병량兵糧을 저장하고 군마軍馬를 훈련했다가 명년(내년)에 초 패왕을 정벌하십시오."

한신은 한왕에게 이같이 반대 의견을 아뢰었다.

"경이 작년에 포중에 온 뒤에 원수가 되어 두 달도 못 되어 짐을 권하여 동정東征케 한 후 이미 관중을 수복하고 군위軍威는 팽창했는데 지금은 도리어 지체하고자 함이 무슨 연유인고?"

한왕의 말소리는 한신을 책망하는 것같이 들렸다.

"지금 초 패왕이 제와 양을 정벌하는 중 아직도 승리하지 못하고 있는데 연燕·조趙가 또 초 패왕을 배반하여 그 형세가 매우 강대합니다. 초 패왕은 필시 병력을 나누어 연과 조를 정벌하게 될 것이니 이때 대왕께서 초의 허虛한 곳을 치면 되므로 신은 그때를 기다리는 것이 옳다고 생각합니다."

"아니오! 지금 초 패왕이 제와 양을 정벌 중이므로 공허하다, 이들에 대군이 진격하면 반드시 이길 것이니 경은 본부의 군마를 거느리고 관중을 지켜라! 만일 짐이 패하거든 속히 나와 짐을 구하라."

한왕은 한신의 말도 듣지 않고 이같이 고집했다. 장량이 곁에서 듣다가 참을 수 없는 듯이 한왕 앞으로 가까이 나왔다.

"한 원수의 말이 옳을 줄로 신도 생각합니다. 대왕께서는 너무 조급히 처사하시지 마십시오."

장량은 이같이 한신의 편을 들었다.

"짐은 이미 결심했소! 경들은 더 길게 말하지 마시오!"

한왕은 끝까지 자기 고집을 세웠다.

한신은 일이 어긋나는 것을 안타깝게 생각하는 듯이 말을 계속했다.

"초 패왕의 무용은 대적할 사람이 없을 만큼 훌륭합니다. 우리 편에서 누가 상대로 나아가서 접전해 볼 만한 장수가 있겠습니까?"

한신이 이같이 아뢸 때에 광야군 역이기 노인이 자기의 의견을 말했다.

"원수가 그같이 생각했으면 대왕을 모시고 나아가 싸워 공을 세울 일이지, 본부의 군마를 가지고 관중을 지킬 일이 아니지요."

"아니올시다. 이곳은 우리에게 소속된 지 오래지 않고 민심이 아직 복종되지 않았습니다. 대왕께서 만일 패하신다면 변괴를 일으킬 수도 있습니다. 이 사람이 본부의 군마를 가지고 삼진을 수비하고 관중을 안정하게 하는 것이 근본을 잃지 않는 일이며 또한 만전지책萬全之策(조금도 허술한 데가 없는 완전한 계책)입니다."

한신은 이같이 대답하면서 허리에 차고 있던 대원수의 인장印章을 끌러 두 손으로 한왕에게 바쳤다. 그는 자기가 간하는 말을 한왕이 듣지 않는 이상, 그리고 역이기 노인이나 기타 장수들도 한왕의 주장에 찬동하는 이상, 자기 의견을 고집하기 싫었던 것이다.

한신은 이튿날 한왕에게 작별 인사를 하고 함양으로 돌아갔다.

삼일천하로 끝난
유방의 팽성 차지

한왕은 대군을 동원하여 낙양을 떠났다. 낙양성을 나와 사흘 만에 진류陳留 지방에 가까이 왔을 때 장량이 한왕의 수레 앞으로 가까이 다가와 아뢰었다.

"신의 고주故主인 한왕韓王이 초 패왕에게 멸망을 당하고, 그 후손 희신姬臣이 지금 살아남아 있는데 민간에서 명색 없이 살고 있는 형편이오니 대왕께서 측은히 생각하시어 희신을 세워

왕으로 봉하시고 진류 지방을 다스리게 하시면 이 또한 대왕의 신하이니 어떠할지, 신으로서는 고주에 대해 은혜를 갚는 것이 되겠습니다."

수레 속에 앉아 장량의 말을 듣던 한왕은 만족한 얼굴빛을 띠면서 말했다.

"참 좋은 생각이오. 잘 생각했소이다. 그렇게 하지요."

한왕은 즉시 행군을 멈추고 부절符節을 장량에게 주었다. 장량의 소망대로 희신을 진류 지방의 왕으로 봉하는 절차를 밟도록 한 것이다.

이렇게 하여 한왕은 장량을 떠나보냈다.

이튿날 한왕의 군사는 변하汴河의 강을 건너게 되었다. 큰 배를 모아 사졸들을 수없이 날랐다. 몇 차례를 수백 척의 목선이 왕복하는 동안에 뱃전에서 사졸 한 명이 강물에 떨어져 죽었다.

사졸들은 고함을 지르고 중구난방으로 떠드는 것이 마치 불난 집에서 떠드는 것 같았다.

한왕은 이 광경을 보고 역이기와 육가를 불러 의견을 물었다.

"이거 어디 군사가 이럴 수가 있나! 이렇게도 군중에 기율紀律이 없으니 무슨 일이 되겠나. 대장들 가운데서 인망이 높은 사람을 선택하여 총대장을 세워야겠다. 위표는 본시 위왕의 후손으로 모든 사람이 존중하는 터이니 짐은 위표를 총대장으로 임명하고 이 사람에게 대원수의 인장을 주고 삼군을 지휘하고자 하는데 경들은 어떻게 생각하는가?"

"위표는 위왕의 후손으로 언사言辭는 교묘하게 잘하나 실행이 부족한 사람이니, 부적당할 것 같습니다."

육가의 의견이었다.

"그리고 장량도 항상 위표에 대해서는 부족하게 생각했습니다. 그 위에 다른 대장들과도 좋은 사이가 아닙니다. 대왕께서는 깊이 생각하십시오."

역이기의 의견이었다.

"위표는 조그마한 재주는 있으나 큰 그릇이 못 됩니다. 삼군을 그에게 맡기는 것은 불가한 줄로 압니다."

이것은 진평의 의견이었다.

"아니다. 위표는 위왕의 후손으로 인망이 다른 장수들보다 높다. 한신이 저잣거리에서 가랑이 밑으로 기어다니고 표모에게서 밥을 얻어먹은 것에 비하면 위표는 비교가 안 될 만큼 훌륭한 인물이다! 위표가 대원수가 된다면 누가 감히 복종하지 않는단 말이냐!"

한왕은 세 사람의 반대 의견을 물리치고 강 언덕에서 위표를 불러 즉시 총대장에 임명했다.

위표는 기다리던 일인 것처럼, 대원수의 인을 한왕에게서 받았다. 그리고 그는 각 부대의 대장을 모아 인마를 점검한 뒤에 팽성을 향해 행군을 계속했다.

한참을 가다가 한왕은 육가를 불러 물었다.

"지금 팽성을 지키는 장수는 누구냐?"

"팽월彭越이라고 아뢰오."

육가의 대답을 듣고 한왕은 곧 명령을 내렸다.

"짐의 서간을 가지고 네가 먼저 팽성으로 가서 팽월을 달래어 항복하게 하여라."

한왕은 싸우지 않고 초 패왕의 수도 팽성을 빼앗아 보려 했다.

"분부대로 하겠습니다."

한왕은 즉시 팽월에게 보내는 편지를 써서 육가에게 주고, 육가는 말 등에 채찍질을 하면서 팽성으로 들어갔다.

팽월은 육가가 전하는 한왕의 편지를 펴보았다.

> 한왕은 팽장군에게 편지를 부치노니, 항우는 무도하여 의제를 모살하고 천하에 죄를 지었는지라, 이제 내가 천하에 이 뜻을 포고하고 군사들은 의제의 명복을 비는 뜻으로 소복하고 일어났도다. 천하 제후는 이 뜻을 알고 통쾌히 생각하지 않는 자 없다. 장군은 본시 큰 뜻이 있는 사람으로 또한 용맹이 있거늘 어찌하여 역적 항우와 더불어 일을 같이 하리요. 이는 장군의 수치일 것이로다. 장군은 의를 짚고 한나라와 힘을 합하여 역적을 토벌한 후 공을 이루어 이름을 천대 만대에 남기고 자손만대에 왕작의 복록이 연면하게 할지니, 이야말로 대장부의 할 일이 아니겠는가. 장군은 깊이 생각하라.

한왕의 이 같은 편지를 보고 팽월은 생각했다. 옳은 말이다. 팽월은 즉시 이같이 깨달았다. 이미 마음으로 항복하기를 결정한 팽월은 성문을 활짝 열고 육가와 함께 나가 한왕의 군사를 맞아들였다.

"신은 오랫동안 대왕의 인자하심을 앙모하던 중 이같이 용안을 우러러 뵈오니 감회만만이옵니다."

팽월은 한왕에게 이같이 인사를 드리고 땅에 꿇어앉았다. 한왕은 기뻐했다. 그리고 팽월을 일으켜 팽성 시내로 들어갔다.

그는 먼저 위표에게 입성하는 군사들의 각 부대를 지휘하여 안정하게 하라 한 후 초 패왕 항우의 후궁에 들어가 보았다. 어여쁜 여자가 후궁 속에 꽃같이 가득히 들어 있었다. 항우가 이같이 아름다운 여지들의 꽃밭 속에서 세월을 보내온 일을 생각하고, 자기가 지금 힘 안 들이고 항우의 꽃밭을 빼앗은 일을 생각하니 입이 저절로 딱 벌어질 지경이었다.

한왕은 즉시 잔치를 베풀게 했다.

그리고는 매일 술을 마시면서 즐거워했다. 총대장이 된 위표도 매일 술타령만 했다.

소식을 들은 항우는 눈을 부릅뜨고 이를 갈면서 분해했다.

"유방이란 놈이 짐의 궁중에 들어오다니!"

그는 두 주먹을 불끈 쥐고 부르르 떨면서 급히 용저와 종리매를 불러 명령했다.

"짐을 대신해서 너희 두 사람이 이곳 일을 맡아라. 짐은 한왕을 사로잡아 이 치욕을 씻겠다!"

그리고는 즉시 정병 삼만 명을 인솔하여 풍우같이 팽성으로 몰아갔다. 팽성 삼십 리 밖에 수수睢水라는 강물이 흐르고 있었다. 항우는 강변에 진을 쳤다.

이튿날 식전에 한왕은 팽성에서 십 리 밖까지 나가서 진을 치고, 북과 꽹과리를 치면서 초나라의 진영을 습격하기 시작했다.

그러자 초나라의 진문이 활짝 열리더니, 용과 봉과 달을 그린 깃발이 좌우에서 펄렁거리는 가운데로 새까만 말을 타고 항우가 달려 나오면서 고함을 질렀다.

"유방, 이놈아! 속히 와서 항복하라!"

항우는 군사를 휘몰아 추격을 했다. 수없이 많은 사졸들이 초 패왕의 군사에게 죽어 넘어졌다. 제1대장 은왕과 제2대장 하남왕이 항우에게 죽고, 제3대장 상산왕이 패주하고, 이제는 제4대가 항우의 앞에 나타났다.

붉은 기, 누른 기, 광채 찬란한 깃발을 펄럭이면서 쇠북소리가 천지를 진동하는 가운데 좌우에 대장을 거느리고 한왕이 흰 말을 타고 섰다. 항우는 한왕을 바라보고 이를 갈았다.

"이놈! 너 이놈, 본시 사상의 정장이던 놈이 한왕이 되었거든 서촉 땅에서 과분히 생각하고 조용히 있을 것이지 어찌해서 짐의 강토에 침범해 왔느냐? 네가 만일 짐을 상대로 삼 합만 싸울 수 있다면 짐은 너에게 항복하겠다! 그러나 네가 삼 합도 못 싸운다면 네 목을 내놓아라."

초 패왕은 한왕에게 이같이 두 사람의 운명을 간단히 결정짓자고 큰소리로 말했다. 그러나 한왕은 초 패왕을 상대해서 싸울 엄두가 나지 않았다.

"아서라! 어리석은 놈이나 뚝심이 제일인 줄 알고 함부로 큰소리치지만 천병을 막을 수는 없다!"

한왕은 조용한 얼굴빛으로 이같이 대답했다. 항우는 이 소리에 격분하여 왼손에 방천극方天戟을 쳐들고, 오른손에 용천검龍泉劍을 쥐고 오추마를 달려 한왕에게로 몰았다.

이와 동시에 한왕의 등 뒤에서 번쾌·주발·시무·근흡·노관 다섯 사람의 대장이 일시에 뛰어나왔다. 고함 소리는 땅을 흔들고 먼지는 하늘을 덮었고 사방은 보이지 않았다. 다섯 장수를 상대로 자기의 위치를 적에게 포위당하지 않으면서, 항우는 정신 또렷하게 조금도 후퇴하지 않고 싸움을 계속했다.

한참 동안 항우가 다섯 명의 장수를 상대로 격전을 계속하고 있을 때 초나라의 진영에서는 항장·계포·환초·우자기 네 장수가 대군을 거느리고 한왕의 군사를 사방으로 헤치면서 돌격해 왔다.

한왕의 군사는 풍비박산되다시피 흐트러졌다.

한왕은 장수들이 싸우는 동안에 간신히 도망하여 초나라의 군사가 보이지 않는 곳으로 피신했다. 그는 나무 그늘 밑에 숨어서 사방을 둘러보며 살폈다. 자기의 군사는 절반이나 죽어 버린 것 같았다. 넓은 벌판을 허옇게 덮은 것이 자기 군사의 시체요, 피는 쏟아져 도랑물처럼 흐르고 있었다. 그리고 자기의 주위에서 자기를 호위하고 있는 군사는 불과 백여 명뿐이요, 번쾌 이하 여러 사람의 장수도 어떻게 되었는지 알 수가 없었다.

이때 팽성을 지키고 있던 유택이 어떻게 알고 찾아왔는지 한왕이 있는 곳으로 달려와 보고했다.

"죄송합니다. 사마흔과 동예가 초 패왕에게 항복을 해버렸습니다. 태공과 왕족이 모두 사로잡혀 갔습니다."

한왕은 기가 막혔다. 이 일을 어찌하면 좋지? 그는 한신과 장량이 간하는 말을 듣지 않고 항우를 치려고 대군을 인솔하여 팽성에 들어온 일을 후회했다. 육십만에 가깝던 그의 군사는 절반이나 줄어들었다. 그보다도 그의 마음을 아프게 하는 것은 그의 부친과 모든 가족이 적에게 사로잡혀 갔다는 사실이었다.

"짐의 잘못이로다! 한신과 장량의 말을 들었으면 좋았을 것을!"

한왕이 혼잣말처럼 이같이 중얼거리고 있을 때, 사방에서 고함 소리와 북소리가 천지를 진동하는 듯이 들리고, 초 패왕의 군사가 개미떼같이 몰려들었다. 한왕은 급히 말을 타고 달아나려 했다.

그러나 초의 군사는 철통같이 사방을 에워싸고, 초의 대장들은 선두에서 각각 한왕을 겨누면서 달려왔다.

'아하! 만사휴의萬事休矣(이제 더 손쓸 방도가 없이 모든 것이 끝장남)로다! 날개가 있은들 내 어찌 이 속에서 벗어나리오!'

한왕은 길게 탄식했다.

바야흐로 한왕의 신세가 위태롭게 되었을 때, 갑자기 동남방으로부터 미친바람이 불면서 모래가 눈같이 쏟아져 내려오고, 돌멩이가 풀풀 날아 떨어지고, 안개가 두껍게 내리깔리더니 순식간에 지척을 분별할 수 없을 만큼 사방이 캄캄해졌다. 한왕이 피신하고 있는 곳을 탐지하고 몰려들던 초 패왕의 군사들은 눈을 뜨지 못하고 모래와 돌멩이에 휩싸여 어쩔 줄을 모르고 이리 비틀 저리 비틀하다가 사방팔방으로 쥐구멍을 찾다시피 풍비박산해 버렸다.

별안간에 발생한 천지조화에 한왕은 정신을 잃지 않고 어느 틈으로든지 빠져 달아나갈 길을 찾았다. 아직도 안개가 자욱하여 동서와 전후를 분간하기 어려웠다.

한왕이 눈을 비비면서 안개 속으로 빠져나갈 길을 찾고 있을 때, 이상하다! 한 줄기 빛이 그의 눈앞을 비추었다.

'이것이 무슨 빛인고?'

한왕은 눈을 씻고 다시 살펴보았다. 분명히 한 가닥 광명이었다. 그는 용기를 얻었다. 이어서 그는 말 등에 채찍을 가하여 그 한 줄기 광명을 향해 돌진하기 시작했다. 초 패왕의 군사도, 들판에 서 있는 백 년 묵은 고목도, 바윗돌이나 냇물도 아무것도 그의 앞길을 가로막지 못했다. 그는 쉬지 않고 이십 리가량 달렸다.

이때부터 바람이 가라앉고 안개가 걷히기 시작했다.

항우는 그제야 대장들을 모았다. 그리고 한왕을 죽이지 못하고 놓쳐 버린 것을 알고 발을 굴렀다.

"이놈을 놓치다니! 유방을 잡아야 한다!"

항우는 소리를 질렀다.

정공과 옹치는 명령을 받고 급히 추격을 시작했다.

한왕은 이때까지 쉬지 않고 말을 달리면서 마음속으로 기이하게 생각했다. 얼마 전에 그 무섭게 불던 일진광풍이 아니었더라면 초나라 군사의 포위망에서 어떻게 벗어날 수 있었을까?

아무리 생각해도 신기한 일이다. 이런 생각을 하면서 달려오고 있을 때, 또 갑자기 뒤에서 자기를 추격하는 군사들의 말발굽 소리가 요란하게 들리기 시작했다.

'나를 잡으러 오는 적병이다!'

한왕은 이렇게 직각했다. 아니나 다를까 북을 두드리며 고함을 지르는 요란한 소리가 점점 가까이 들렸다. 한왕은 간담이 서늘해졌다. 어찌할까, 어찌할까 하면서 채찍질만 했다.

'이제는 피할 길이 없다! 차라리 자살해 버릴까?'

한왕은 문득 이런 생각을 했다. 그러나 그 다음 순간에 그는 '아니, 아니야! 일이 안 될 때에 죽어 버리기란 제일 쉬운 일이다. 우선 몸을 감춰 보아야지!'라고 생각하고 사방을 둘러보았다. 풀과 가시덤불이 무성한 벌판 속에 옛날에 쓰던 우물이 있었다. 가시덤불을 헤치고 캄캄한 우물 속을 들여다보니 물은 없는 듯싶었다. 그는 돌멩이를 떨어뜨려 보았다. 그래도 풍덩 하는 물소리는 들리지 않았다.

'옳다, 이 속에 들어가 숨어보자!'

한왕은 이같이 생각하면서 타고 왔던 말을 수풀 속 깊숙이 끌어다 감추고 다시 우물가로 와서 가시덤불의 한편 구석을 가만히 헤집고 우물 속의 돌담을 조심스럽게 디디고 내려섰다. 그리고 팔을 뻗어 머리 위에 가시덤불을 다시 덮어 놓고 우물 바닥으로 뛰어내렸다.

그 무렵 옹치와 정공은 한왕의 뒤를 추격하여 이 앞으로 풍우같이 군사를 몰고 지나가 버렸다. 캄캄한 밤이 되었는지라 이런 벌판 가운데 우물이 있는 것도 보이지 아니할 뿐더러, 밤이 아닐지라도 가시덤불이 쌓여 있는 우물 모양을 발견하기는 어려웠을 것이다.

한동안 우물 속에 앉아 때가 지나가기를 기다리던 한왕은 한 식경이 지나서야 우물 속에서 겨우 기어 나왔다.

밖으로 나온 그는 수풀 속에 있는 자기의 말을 찾아 다시 전신의 기운을 쥐어짜면서 달리기 시작했다. 그의 팔과 다리와 허리는 말할 것도 없거니와 전신이 솜같이 풀린 것 같았다. 그렇건만 그는 이삼십 리가량 달려왔다.

이때 건너편에서 개가 컹컹 짖는 소리가 그의 귀에 들렸다. 의외의 일이었다.

'아마 사람 사는 집이 이 근처에 있나 보다.'

한왕은 정신만은 또렷했다. 그는 말머리를 개 짖는 소리가 들리는 쪽으로 돌렸다. 사방은 캄캄하여 아무것도 보이지 않았으나 큰 수풀 하나를 오른편으로 돌아서니 희미하게 불빛이 비치는 집 하나가 눈에 띄었다.

한왕은 불빛이 보이는 곳으로 말을 몰았다. 과연 사람이 살고 있는 큰 집인 것이 분명했다. 안채에서 흘러나오는 불빛이 넓은 뜰을 희미하게 비추고 있었다. 한왕은 문을 두드렸다.

한왕이 한 손으로 말고삐를 쥐고 대문 밖에 서 있노라니 조금 있다가 신을 끄는 소리가 들리더니 큰 대문이 열리며 백발노인이 등불을 들고 문밖을 내다보았다.

"누가 오셨소?"

"예, 미안하지만 하룻밤 쉬어가게 해주시오. 그러면 고맙겠소이다."

노인은 등불을 쳐들고 한왕의 모양을 아래위로 살펴보았다. 노인은 한왕이 금포錦袍 위에 금갑金甲을 걸치고 의젓하게 서 있고 그 곁에 큰 말이 서 있는 것을 보고, 이 사람은 보통 사람이 아니라고 생각한 모양이었다.

"어서 들어오십시오."

노인은 주저하지 않고 한왕을 대문 안으로 안내했다. 그리고 하인을 시켜 말을 마구간에 끌어가게 한 후 한왕을 자기의 처소로 안내했다. 한왕이 자리에 좌정한 뒤에 노인은 조심스럽게 나지막한 목소리로 물었다.

"뵈옵건대 왕공王公이신 것 같은데, 어느 땅에 계시며 이곳에는 어찌해서 이렇게 홀로 오시게 되었는지……."

"나는 포중에 있던 한왕이오. 초 패왕과 팽성에서 대전을 하다 대패大敗하여 밤은 되고 길은 알 수 없고, 그리하여 오다 보니 이곳이오그려!"

한왕은 자기의 본색을 감추려고 하지 않는 태도로 이같이 대답했다. 이 말을 듣고 주인 영감은 어쩔 줄을 모르는 듯이 엎드렸다.

"소신이 평소에 대왕의 인덕을 앙모하고 있었습니다. 오늘 뜻밖에 누추하기 짝이 없는 소신의 집에서 대왕을 뵈옵다니, 이렇게 황송할 데가 없습니다."

노주인은 머리를 쳐들지 못하고 이같이 말했다.

"과도한 겸사의 말을 하지 마시오. 일어나서 이리로 오시오."

한왕은 주인을 일으켜 손을 붙들고 자리로 돌아왔다. 뜻밖에 자기가 사모하던 어진 임금이 자기의 집에 머무르게 된 영광을 주인은 더없이 기뻐했다. 그는 즉시 술과 음식을 내왔다.

"그동안 음식을 드시지 못했을 터이니 오죽이나 시장하시겠습니까."

주인 영감은 하인이 갖다놓는 음식을 한왕 앞으로 가까이 옮기고 은근하게 이같이 권하고는 그 앞에 국궁하고 섰다.

한왕은 사양하지 않고 음식을 받았다.

"노인은 성씨가 어떻게 되시오?"

"신의 성은 척戚가입니다."

"이 마을에 일가들이 있소?"

"이 마을은 오륙십 호밖에 안 되는 조그마한 마을인데 거의가 척 씨들이 살고 있습니다. 그래서 마을 이름도 척가장戚家莊이라 하옵지요. 신의 대에 이르기까지 벌써 오 대째 이 마을에서 살고 있습니다."

한왕은 주인의 말을 들으며 한동안 음식을 먹고 나서 상을 밀어놓았다.

"그래, 노인은 아들을 몇 형제나 두시었소?"

"자식이라고는 오직 딸이 하나 있을 뿐이고, 아들은 없습니다."

"그거 적적하시겠소."

한왕은 동정해 마지않았다.

"신의 여식은 금년 십팔 세인데, 전일 유명한 관상쟁이가 여식을 보고서 이 여아가 장차 대귀大貴하리라고 했습니다. 뜻밖에 대왕께서 오늘 신의 집에 오시게 된 것을 생각하고, 신은 여식을 대왕께 드리기로 마음먹고 있습니다."

주인 영감이 뜻밖에 이 같은 말을 했다.

한왕은 약간 놀랐다.

"당치 않은 말을 마오! 짐이 패군敗軍하여 우연히 이곳에 왔으니 하룻밤 베개를 베고 잠자기만 바랄 뿐, 결코 그 같은 생각은 없소이다!"

"그러하오나 소신의 여식이 이미 그 같은 팔자를 타고났다 하오면 이는 하늘이 정한 것 아니겠습니까. 원하옵건대 소신의 충정을 받아주십시오."

한왕은 딱 거절해 놓고서도 늙은이가 이같이 진심으로 원하는 말에 얼른 대답할 말을 몰랐다. 한왕이 잠시 동안 침묵하고 있는 사이에 노주인은 자기의 딸을 불러들였다.

한왕은 뜻밖에 자기 앞에 와서 절을 하고 얌전히 서 있는 꽃 같은 처녀를 바라보았다. 한 송이 복숭아꽃같이 탐스럽고 복스러운 처녀의 얼굴은 푸른 눈썹, 붉은 뺨, 검은 머리에 유난히 빛나는 금과 비취로 만든 장식이 휘황한 촛불에 어여쁘고 찬란하게 보였다.

한왕은 잠시 동안 처녀를 바라보다가 금포錦袍 속에 매었던 옥띠를 끌러 주인에게 주면서 말했다.

"짐이 이것으로 표를 하는 것이니 받아두시오."

노인은 두 손으로 그것을 받아 그릇 속에 소중하게 감추었다. 그리고 기쁨을 참을 수 없는 듯이 다시 한왕 앞으로 가서 술을 권했다. 한왕은 피곤하던 몸도 회복되고 마음이 흡족해져 여러 잔 거듭하여 술을 마셨다. 그는 나이 아직 삼십 미만이다. 척 씨의 집을 찾아오기 전까지는 간신히 걸었으나 이제는 피로가 완전히 회복되어 술을 취하도록 마셨다.

그러는 사이에 밤은 깊어졌다.

"이제 밤이 깊었으니 잠자리에 드시지요."

노주인은 이같이 말하고 한왕을 자기의 딸 척희로 하여금 모셔가도록 했다. 한왕은 그날 밤 척희의 규중에서 지냈다. 척희는 한왕으로부터 사랑을 독차지하고 아들을 낳았으나 한왕이 죽은 후 여후로부터 눈과 코, 팔다리가 잘리는 수모를 당하고 죽는다.

이튿날 아침 일찍 한왕은 세수하고 조반을 마친 뒤에 주인에게 작별 인사를 했다.

"고맙소이다. 그러나 한나라 군사가 사방으로 흩어지고, 문무의 대장들이 어찌 되었는지 알 수 없는 이때에 여기 오래 머물러 있을 수 없는 일이오. 우선 패군한 장수들을 다시 모아 진지陳地를 정하고, 그런 연후에 불원간 사람을 보내어 척희를 데려가겠소."

이같이 분명하게 자기의 방침을 설명했다. 주인 영감도 이에는 더할 말이 없는지라 한왕을 붙들지 못했다.

한왕은 척 씨와 작별하고 말 위에 올라앉아 남쪽을 향해 달음질했다. 그는 태공과 기타 가족들의 안위를 비롯해서 여러 가지 생각을 하며 십 리가량 왔을 때, 맞은편에서 한 떼의 인마가 먼지를 일으키면서 이리로 달려오고 있는 것을 보고 놀랐다. 초나라 군사가 아닌가? 한왕은 가슴이 서늘해졌다.

그는 말을 몰아 급히 수풀 속에 들어가 나무 뒤에 숨어서 가만히 내다보았다. 맞은편에서 먼지를 일으키며 달려오는 군사의 한 떼가 점점 가까이 오는 것을 보니, 그 선두에서 등공 하후영을 발견했다. 그는 수풀 속에서 뛰어나왔다.

"어떻게 팽성에서 빠져나왔느냐?"

하후영은 한왕을 보고 깜짝 놀라서 그 앞에 엎드렸다.

"무사하시니 천만다행입니다."

"대체 어떻게 되었느냐?"

"사마흔과 동예가 변심하여 태공과 기타 제위諸位를 인질로 삼아 초의 군사를 끌어들여 신이 기를 쓰고 초병과 싸움을 해 보았으나 중과부적衆寡不敵이라 어쩔 수 없이 서문으로 도망해 나오려니까, 이 두 분 전하殿下를 말에 실어서 초의 진영으로 가려 하는 자들이 있어 신이 그놈들과 싸워서 모조리 죽인 뒤에 패군을 모으니 일천여 명이 되기에 두 분 전하를 수호하면서 동남의 소로小路로 해서 여기까지 오는 길이었는데, 천행으로 여기서 이같이 용안을 뵈오니 반갑기 짝이 없습니다."

한왕은 하후영의 이 같은 보고를 듣고 비로소 아들과 딸을 제외한 태공과 여후와 가족 전부가 사로잡혀 갔다는 사실을 알고 비통한 감정이 북받쳐 흐느껴 울기 시작했다.

그는 잠시 동안 울음을 금치 못하더니 길게 탄식했다.

"태공과 여후가 강포한 항우에게 붙들려 가셨으니 짐은 이제 어찌하면 좋을고!"

"대왕께서는 비참해하시지 마십시오. 태자가 건재하지 않습니까. 태자는 천하의 근본입니다. 대왕께서 천하를 얻으신다 할지라도 만일 태자가 안 계시면 만사가 일장춘몽이 아니겠습니까. 그러하오니 과히 상심 마십시오."

등공 하후영은 한왕이 슬퍼하는 것을 보고 이같이 위로했다.

한왕은 그제야 자기의 아들과 딸이 곁에 있는 것을 깨달았다. 그는 어린 아들과 딸의 머리를 쓰다듬으며 당부했다.

"너희는 하후영 장군의 은혜를 평생 잊지 말아야 한다! 이같이 난중에 목숨을 아끼지 않고 너희를 구원해 주신 그 은혜를 뼈에 새겨두어라!"

한왕은 하후영을 재촉하여 군사를 데리고 길을 떠났다.

일행은 변하汴河의 강 언덕을 따라 삼십 리가량 내려오다가 날이 저물었는지라 언덕의 동쪽에 진영을 치고 쉬기로 했다. 그런데 진영의 설비가 끝날 때쯤 되어 강 언덕의 아래쪽에서 또 한 부대의 군사가 이쪽을 향해 올라오고 있다는 보초병의 보고가 있었다. 이것은 또 어느 쪽의 군사일까? 적이 아닐까? 여러 사람의 마음속에는 이런 의심이 생겼다. 그러나 한왕은 근심하는 빛이 없이 하후영에게 말했다.

"염려할 것 없다. 구원병이 오는 것이리라."

하후영은 한왕이 근심하지 않는 것을 보고 과연 한왕의 군사인가 의심스러워 밖으로 나와 보았다. 얼마 지나지 않아 가까이 오고 있는 부대의 선두에서 펄렁거리는 깃발이 먼저 눈에 띄었다.

'파초 대원수 한신' 이 같은 글자가 뚜렷했다. 그리고 한신의 깃발 뒤에는, '사도 장량'이라는 깃발도 보였다. 하후영은 막사 안으로 뛰어들어가 한왕에게 흥분된 어조로 보고했다.

"한신 대원수와 장자방 선생이 지금 오고 있습니다."

한왕은 기쁜 얼굴로 하후영을 따라 밖으로 나갔다. 한왕이 진영의 정문 앞에 가까이 나가자 장량과 진평 두 사람은 땅 위에 꿇어앉아 절을 했다.

"한 원수도 같이 왔는가?"

한왕은 두 사람의 인사를 받으며 이같이 물었다.

"대왕께서 크게 패군하신 뒤에 행방불명이 되었다기에 급히 군사를 모아 한 원수의 깃발을 일부러 차용해 오다가 진평이 또한 구원병을 데리고 오므로 서로 만나 길을 재촉하여 여기까지 왔습니다. 이렇게 용안을 뵈오니 천행인가 하옵니다."

"선생이 여러 차례나 짐을 충간했건만 짐이 우둔하여서 그것을 깨닫지 못하고 수많은 인마를 상실하고 일가족이 전부 적에게 생포되었으니, 이 일을 어찌하면 좋겠소! 분하고 원통하고 후회되는 심사를 억제할 길이 없소이다. 위표가 지혜도 없고 용맹도 없고 군의 기율도 없어서 오십육만의 대군을 절반이나 상실했으니, 이 또한 어찌하면 좋단 말이오!"

한왕은 장량을 보고 하소연하는 듯 이같이 탄식했다.

"신이 깊이 생각하옵고 계책을 세웠습니다. 대왕께서는 조금도 근심하시지 마십시오. 지금 이곳은 앞으로 큰 강이 흐르고 있으므로 만일 적군이 추격해 온다면 갈 곳이 없습니다. 그러니 속히 이곳을 떠나 영양榮陽으로 들어가 다시 제후의 군사를 모아 한신으로 하여금 이번 수수睢水의 한恨을 설욕하시기 바랍니다."

장량은 이같이 권했다.

그날 밤으로 한왕은 장량·진평·하후영 등을 데리고 영양성에 입성했다. 성을 지키는 장수 한일휴韓日休는 한왕의 일행을 공손히 받들었다. 하루이틀 지나는 동안에 번쾌·주발·왕릉·위표 등 각 대장이 오천, 삼천씩 패군을 거느리고 한왕을 찾아왔다.

한왕은 위표를 불러 꾸짖고 그에게 주었던 대원수의 인장을 도로 빼앗았다. 위표는 부끄럽고 두려워 쥐구멍을 찾는 것처럼 제가 있던 곳 평양으로 도망해 돌아갔다.

한왕을 잡으려고 추격해 오던 초 패왕의 대장 정공과 옹치는 한왕을 잡지 못하고 하릴없이 돌아갔다.

두 장수는 항우 앞에 국궁하고 보고를 올렸다.

"신 등은 명을 받들고 주야를 분간하지 않고 추격했으나 한왕의 행방을 찾지 못해 부득이 회군했습니다. 아마도 한왕은 멀리 도망한 것 같습니다."

항우는 아무 말도 하지 않고 노한 얼굴로 두 신하를 내려다

볼 뿐이었다.

"한왕이 이번에 대패했으나 이는 모두 위표 한 사람의 잘못 때문입니다. 위표라는 사람은 본시 재주 없고 계책 없고 실행이 없는 사람인데, 한왕이 잘 알지 못하고 위표를 총대장으로 임명했던 것입니다. 그러나 한신이 아직도 함양에 있으면서 군마를 양성하고 군량도 산같이 저장하고 있다 하니 이번의 패전을 설욕하려고 불일간 군사를 거느리고 쳐들어올지 모릅니다. 한신은 위표와 같은 인물이 아니니 폐하께서는 신중히 생각하시기 바랍니다."

항우의 곁에서 범증이 이같이 말했다. 항우는 노한 얼굴로 정공과 옹치를 보고 있다가 범증의 이 말을 듣더니 금세 껄껄 웃었다.

"한신은 짐이 데리고 있던 인물이오. 짐이 벌써부터 그 재주를 아는 터이오. 만일 한신이 재주가 있다 할 지경이면 이번에 한왕과 함께 팽성에 왔을 것이오. 수수의 한을 한왕으로 하여금 머금지 않게 했을 것 아니오? 그러므로 한신은 재주 없는 인물이란 말이야!"

범증은 달리 더 뭐라고 말하려 하다가 그만 입을 다물었다. 말해야 소용없다고 생각한 모양이었다.

이때 근시가 들어와 아뢰었다.

"사마흔과 동예가 한왕의 일가족을 결박해 왔습니다."

"불러들여라!"

사마흔과 동예 두 사람이 들어와 공손히 절을 했다.

"짐이 너희 두 사람을 삼진의 왕으로 봉해 주고 관중에 들어오는 관문을 지키라 했건만 폐구성이 포위당해 위태하게 되었을 때에도 이것을 구원하지 않고 장한을 죽게 하고, 더구나 적국에 항복해 짐으로 하여금 삼진을 잃게 하고는 지금 와서 한왕이 패하니까 의지할 곳 없으므로 다시 어쩔 수 없이 짐에게 항복해 왔단 말이냐? 너 같은 반복소인反覆小人(언행을 이랬다저랬다 하는 변변치 못한 사람)을 무엇에 쓴단 말이냐!"

항우는 뜻밖에 이같이 꾸짖고 호령했다.

"여봐라! 이 두 놈을 속히 내다가 죽여 버려라!"

좌우에 있던 근시가 달려들어 무사들을 불러 사마흔과 동예를 끌고 나갔다. 두 사람의 목은 대궐 밖에서 떨어져 버리고 말았다.

항우는 사마흔과 동예를 죽인 뒤에, 한왕의 가족들을 모조리 뜰 아래로 끌어오라고 명령했다. 한왕의 부친을 비롯해서 전 가족이 그 앞으로 붙들려 나왔다.

항우는 그들을 내려다보고 있다가 한왕의 부친을 불러일으켜 세웠다.

"네 아들 유방은 본시 사상의 정장이 아니었더냐? 그래, 그런 것을 짐이 한왕으로 봉했으면 마땅히 직분을 지키고 짐의 은혜를 감사히 생각해야 하겠거늘, 유방이란 놈이 감히 군사를 일으켜 관중을 빼앗고 짐을 치려 했다. 옛날부터 모반하는 신하는 그 구족九族을 멸하는 법이다. 그러므로 너희들은 한 사람도 그 죄를 면치 못할 것이다!"

항우는 태공을 보고 이같이 호령한 뒤 무사들에게 한왕의 가족들을 끌고 나가 사형에 처하라고 명령했다.

범증이 이것을 보고 급히 항우 앞으로 나왔다.

"잠시 고정하시기 바랍니다. 한왕은 지금 패군했으나 한신이 관중에 있고 군사가 아직도 수십만이 되므로 폐하께서는 태공과 여후를 인질로 붙들어 두시면 한왕이 재차 침범해 온다 할지라도 속히 결정을 못할 것 아닙니까. 지금 만일 태공을 죽여 버리면 적은 한사코 원한을 풀려고 침공해 올 터이니, 그때에는 폐하께서 후회하셔도 소용이 없습니다. 죽이지 마시고 인질로 잡아 두시기 바랍니다."

항우는 범증의 이 말을 듣고 일리 있는 말이라 생각했다.

"그렇다면, 범아보의 말대로 하는 것이 좋겠소."

그는 우자기를 불러 한왕의 일가족을 전부 수용한 후 그들을 감시하도록 명령했다.

항우는 이와 같이 한왕과 싸워서 이긴 뒤의 뒷일을 조처하고 다시 제나라를 정벌하는 종리매·용저 두 장수가 있는 진지로 떠났다. 제왕 전광田廣은 초 패왕이 한왕과 대접전을 한 후 크게 승전하고 대군을 인솔해 온다는 소식을 듣고 그만 기운이 빠졌다.

그래서 제왕은 성문을 크게 열고 항복하고 말았다. 항우는 이리하여 오랫동안 제나라를 정벌하던 일을 마치고 다시 팽성으로 돌아갔다.

한왕은 영양성에 주둔하고 있으면서 계속하여 군사를 모으기에 힘썼다. 항우에게 참패당한 분한 생각도 있으려니와 가족들이 모두 항우에게 붙들려 있는 것이 가슴 아팠다. 하루라도 속히 형세를 만회하여 팽성으로 쳐들어가 가족을 구해 와야겠다고 그는 밤낮으로 생각하고 있었다.

초 패왕 항우의 첫 패전

어느 날 지난날의 패배에 의기소침하던 한왕이 결심한 듯, 장량을 불렀다.

"그동안 흩어졌던 군사들이 모두 모이고, 새로 참가해 온 사졸들도 많아 형세는 바야흐로 강대해졌으나 이들을 지휘할 인물이 없으니 걱정이외다. 짐이 한신을 다시 대원수로 하여 삼군을 통솔 지휘하도록 하고 싶으나, 전일에 대원수의 인장을 짐에게 바친 뒤로 오늘날까지 짐이 패전했건만 구원도 오지 않고, 또 설사 짐이 부른다 해도 오지 않을 모양 같으니, 선생에게 무슨 묘책이 없소이까? 그가 자진해서 짐에게 찾아오도록 만들어 주시오."

지금 한왕의 형편으로는 한신이 다시 와 주어야만 할 사정이었다. 한왕은 자기의 진정을 솔직하게 말한 것이다.

"그야 어렵지 않습니다. 신이 한번 함양으로 가서 한마디 말만 하면 한신이 자진해서 찾아올 것입니다. 그러나 한신 외에 또 두 사람의 명장名將이 있는데 대왕께서는 아직 그들을 모르십니다."

장량은 즉시 이같이 대답했다.

"또 두 사람의 명장이 있다니 그 사람이 누구란 말이오? 가르쳐주시오."

"하나는 구강왕九江王 영포英布이고, 하나는 양왕梁王 팽월彭越입니다. 만일 이 두 사람이 한신과 함께 협력해 준다면 천하는 바로잡기 쉽지요."

"팽월은 벌써 항복했으니까 짐이 부르기만 하면 즉시 오겠지만, 영포는 오랫동안 초 패왕을 섬겨 왔으므로 용이하게 짐에게 항복할 것 같지 않소."

장량의 대답을 듣고 한왕은 이같이 의견을 말했다.

"그러나 영포는 초 패왕에게서 떠나려는 생각을 하고 있습니다. 지난번에 왕릉이 풍패에 가서 태공을 모시고 올 때에 영포가 초패왕의 명령을 받들고 추격해 오다가 낙양 근처에서 되돌아갔다고 해서 영포는 초 패왕한테 꾸중을 들었습니다. 초 패왕은 본시 우락부락한 사람이니까 함부로 욕을 했을는지 모르지요. 그때부터 영포의 마음속에는 모반하고 싶은 생각이 싹트기 시작했을 것이니, 지금 말 잘하는 사람을 한 명 보내어 영포에게 이해관계를 타일러 한나라로 마음을 돌리게 하면, 의심 없이 성취될 것입니다."

한왕은 장량의 이 같은 말에 동의했다. 구강왕 영포가 자기의 가족을 추격해 오다가 다시 쫓겨간 까닭으로 그 같은 일이 생겼을 것이라고 믿어졌다.

"그러면 누구를 세객說客으로 보낼까?"

한왕은 이렇게 말하다가 이렇게 말했다.

"수하隨何가 본시 육안 사람이니, 수하를 보내는 것이 좋겠다."

그리고는 수하를 불러들여 즉시 영포를 만나러 가게 했다. 장량은 수하에게 여러 가지 계책을 일러 주었다.

수하는 사명을 받아 구강으로 갔다. 그는 곧장 영포의 왕궁으로 찾아갔다. 그러나 수하는 궁문 밖에서 면회를 거절당하고 말았다.

'이것은 필시 영포의 뜻이 아니고, 그의 모사로 있는 비혁費赫의 장난일 것이다. 먼저 비혁을 만나 이 자를 설득하지 않고는 영포를 만나지도 못할 것이다.'

그는 이렇게 생각하고 발길을 돌려 객줏집을 찾아갔다. 객줏집에 들어가 날이 저물기를 기다린 뒤에 그는 비혁의 집을 찾아갔다.

비혁은 수하가 자기를 찾아왔다는 말을 듣고 무슨 까닭으로 이 사람이 찾아온 것인지 그 뜻을 알아차렸지만, 그래도 친히 대문에 나가 수하를 맞아들였다. 수하를 데리고 들어와 자리에 좌정하게 한 후 비혁은 인사를 마치고 나서 단도직입적으로 물었다.

"이렇게 멀리 찾아오셔서 나를 만나 무슨 말씀을 하실 작정이신지요?"

수하는 서슴지 않고 대답했다.

"나는 본래 육안 땅 사람으로 고향이 그리웠으나 그동안 겨를이 없어 한 번도 고향에 못 갔었는데 요즈음 한왕이 영양에 주둔하고 여러 사람이 고향으로 돌아가는 까닭에 이 사람도 고향에 가서 성묘나 하려고 육안 땅으로 돌아가는 길에 구강왕의 위명을 평소에 사모하고 있던 터라 오늘 찾아가 뵈오려 했더니, 뜻밖에 영왕英王께서는 이 사람을 한나라의 세객으로 아시고 꾀병을 핑계 삼아 만나주시지 않았습니다그려. 그래서 그대로 육안으로 떠나가려 하다가 다시 생각하니 영왕께서 나를 세객으로 오해하신 것을 풀지 않고 그대로 떠나 버린다면 일평생 의심을 풀지 못할 것 같기에, 오늘 저녁에 일부러 선생을 찾아와 자초지종 말씀이나 하고 가려고 온 것입니다. 그러니 이 사람이 떠나간 뒤에 선생께서 영왕께 말씀이나 잘 전해 주십시오. 지금 영왕께서 구강 지방을 진수하시고, 사방의 현사賢士를 즐겁게 만나주시므로 진실로 당대當代의 명주明主라고 천하 사람들이 일컫는 터입니다. 더구나 선생이 항상 영왕의 좌우에 계시며 보필輔弼의 중임을 밝게 하시는 터인데, 이 사람이 의를 사모하여 뵈오려 왔건만 도리어 의심을 받고 돌아가게 되었으니 이렇게 되면 예禮에서 벗어나는 일이 아닙니까? 사방의 현사들이 소문을 듣는다면 앞으로는 아무도 영왕을 뵈러 오지 않을 것이요, 선생 또한 보필의 책임을 다하는 것이 되지 못할 것입니다."

비혁은 수하의 말을 듣고 오늘 낮에 자기가 영포로 하여금 면회를 거절케 한 일은 잘못한 짓이라고 생각했다.

이튿날 비혁은 영포 앞에 나아가 어젯밤에 수하가 자기를 찾아와 서로 말을 주고 받던 이야기를 자세히 보고하고 이렇게 말했다.

"세객으로 온 것이 아닌 것을 신이 잘못 알았습니다."

"그렇다면 잘못이지! 나를 사모하고 찾아온 사람을 만나지 않는 것은 누구를 막론하고 무례한 일이야. 속히 그 사람을 찾아가 데리고 오게."

영포는 비혁에게서 보고를 듣고 즉시 이같이 명령했다.

수하는 영포가 자기를 만나보고 싶다고 사람을 보낸 것을 알고 마음속으로 웃었다. 영포와 비혁 두 사람이 자기의 꾀에 넘어간 것을 유쾌히 생각하면서 그는 영포의 궁중으로 들어갔다.

영포는 자리에서 일어나 수하를 맞아들여 인사를 마친 뒤에 넌지시 물었다.

"귀하는 오랫동안 한왕을 모시고 있었으니 그동안의 경과를 잘 아실 것입니다. 이번에 어찌하여 한왕이 한신을 쓰지 않고 위표를 써서 그렇게 무참히 패전하였나요? 지금 한왕은 영양성에 주둔하면서 무슨 계획이 있습니까?"

"한왕께서는 관중에 들어와서 먼저 천하에 선포하기를 의제를 죽인 자는 초 패왕이므로 의제의 몽상을 입고 역적을 토벌하겠다고 하여 초 패왕을 원망하는 제후들이 한왕을 도와 패왕을 정벌하기로 했습니다. 그래서 한왕은 한신으로 하여금 삼진을 수비하게 하여 근본을 견고히 한 다음 팽성으로 들어갔었는데, 초 패왕은 각처로 밀사密使를 보내어 의제를 강중에서 죽인 자는 구강왕 영포이니, 불공대천의 구강왕을 정벌하는 것이 합당한 일이라는 통문을 돌렸기 때문에 한왕과 협력하려던 제후들이 이때부터 대왕을 의심하고 한왕을 돕지 않아 팽성에서 한왕이 패한 것입니다. 더구나 제·양·조·연 이 네 나라에서는 피차에 굳게 결속하고 대왕을 정벌하여 의제를 죽인 역적의 죄를 밝히기로 했다고 합니다. 불일간 아마 대군이 이곳으로 올 것입니다. 무도한 항우가 자기의 죄명을 대왕께 뒤집어씌우고 자기는 죄명을 벗어 버리고 있는데 이것을 대왕께서는 전혀 모르고 계시군요."

수하의 말을 여기까지 듣고 있던 영포는 흥분하였다.

"항우는 무도해서 여러 사람이 간하는 말을 듣지 않고 나에게 명령하여 의제를 죽이게 하고서 지금 와서는 도리어 그 죄를 내게 뒤집어씌우니 내 맹세코 이 분함을 복수하고야 말겠다!"

"고정하십시오, 혹시 이 소식이 흘러 대왕이 지금 하신 말씀을 초 패왕이 알면 큰일이 아닙니까?"

수하는 얼른 또 이렇게 말했다.

"아니! 나는 원한이 골수에 사무쳤소! 항우의 명령으로 내가 진왕 자영을 죽이고, 의제를 강중에서 방시放弑하고, 진시황의 묘를 파헤치고, 이 세 가지 무도한 일을 내가 한 것을 항상 후회하고 있었는데 지금 와서 그 죄를 모두 내게 씌우려 하니 내 어찌 죽어서 눈을 감을 수 있겠소?"

영포는 이같이 탄식했다.

"이미 대왕께서 그같이 생각이 깊으시다면 천하 사람들의 의심을 풀어 주시는 것이 상책일 것이며 또 그 길은 어렵지 않습니다. 한왕을 도와서 초 패왕을 쳐 버리면 절로 청탁淸濁(사리의 옳고 그름)이 분명해질 것 아닙니까? 이대로 가만히 앉아 계시다가 한왕이 사방의 제후들과 함께 이리로 온다면 대왕께서는 초 패왕으로부터 봉작을 받으신 터이니 대왕은 변명하실 길이 없을 것입니다. 그러므로 이 사람에게 소견을 말하라 한다면 대왕께서는 한왕과 협력하여 초나라를 정벌하는 데 가담하시면 천하 사람들은 자연히 의제를 죽인 사람은 구강왕이 아니라 무도한 항우임을 믿을 것이 아닙니까? 지금 한왕은 영양에 주둔하면서 포중으로부터 군량을 운반해 오기를 산같이 하여 비록 지난번에 팽성 싸움에서 패했다 할지라도 군세는 강대해져 있고 관중의 백성들은 끝까지 한왕의 승리를 믿고 있으니, 이야말로 민심民心은 천심天心이라고 한왕은 만전萬全한 지위에 있습니다. 위급한 초 패왕을 대왕께서는 언제까지 섬기실 작정입니까?"

수하는 이같이 장광설長廣說을 토했다. 영포는 그의 말을 듣더니 자리에서 일어나 수하 앞으로 왔다.

"내 요즈음 초왕과 화목한 처지가 아니오! 전부터 한왕은 관인대도한 줄 알고 있었으니 선생이 잠시 이곳에 머물러 있으면 내 몇몇 신하들과 상의하여 마음을 결정한 후, 선생과 함께 한왕을 찾아가 뵙겠소."

영포는 수하에게 자기의 심정을 이같이 말했다. 이때 좌우의 신하들이 들어와 초 패왕에게서 조서詔書가 내려왔다고 보고 했다.

영포는 사신을 불러들여 조서를 받아 읽어 보았다.

상감이 군사를 일으키면 신하는 이를 돕는 것이 합당한 일이건만, 구강왕 영포는 앉아서 구강 땅을 지키면서 홀로 편안히 지내고 있구나. 일찍이 제나라를 정벌할 때는 짐짓 꾀병하고 드러누웠으며, 이번 팽성 대전 때는 앉아서 승부를 구경만 하고, 짐이 오랫동안 군사를 이끌고 남쪽으로 다니기에 피로하건만 한마디 위로의 말도 없으니 이 어찌 군신君臣간의 의리라 할 수 있느냐? 우정으로도 이럴 수는 없을 것이다. 너는 다만 너의 무용武勇만 믿고 이같이 교만하니 짐은 네게 죄를 묻겠노라. 지금 군사를 모아 한왕을 정벌하려 하는 터이니 밤을 새워 빨리 오라!

영포는 항우의 조서를 읽고 어찌하면 좋을지 몰라 한참 동안 고개를 숙이고 생각에 잠겼다.

이때 수하가 초 패왕의 사신을 향해 입을 열었다.

"구강왕께서는 벌써 한왕에게 항복하기로 결심하셨는데, 지금 초 패왕을 도우실 이치가 있겠소?"

이 말을 듣고 초 패왕의 사신은 깜짝 놀랐다.

"너는 누구냐?"

"나는 한왕의 사신 수하라는 사람이다. 지금 영왕과 약속을 하고 의제를 방시한 항우를 정벌하기로 결정했다. 너는 아무것도 모르느냐?"

수하는 의기양양하게 이렇게 대답했다. 영포는 이때까지도 아무 말을 하지 못하고 침묵하고 있었다.

초 패왕의 사신은 영포가 아무 말도 안 하는 것을 보고 수하의 말이 사실인 줄로 알고 급히 뜰 아래로 내려갔다. 사신은 얼른 돌아가려는 눈치였다.

그러자 수하가 얼른 영포를 충동질했다.

"대왕께서는 어찌하여 가만히 계십니까? 초 패왕의 조서를 제가 보건대, 자기의 죄를 모두 대왕께 씌우고 대왕을 살해하려는 심사가 분명합니다. 그러니 대왕께서는 먼저 초 패왕의 사신을 죽여 버리고 한왕을 도와 초 패왕을 정벌하겠다는 증거를 천하에 보여 주셔야 하지 않습니까?"

영포는 그제야 분연히 일어나 뜰 아래로 쫓아 내려가더니 칼을 뽑아 한칼에 사신의 목을 잘라 버렸다. 그리고 항우의 조서를 찢어 버리고 다시 자리에 돌아와 비혁에게 명령을 내렸다.

"내 이미 한왕에게 항복하기로 결심했다! 그러니 비혁은 내 가족을 수호하고 있다가 후일 영양성으로 오너라."

그리고는 즉시 인마를 점검하여 수하와 함께 영양성으로 갔다.

한왕은 옷을 단정하게 입고 관을 반듯하게 쓰고 자리에 앉아 있다가 일어서서 영포의 인사를 받은 후, 좌우로 벌여져 있는 자리에 영포와 다른 신하들을 착석하게 했다.

"영왕이 이같이 와 주시니 흔행欣幸(매우 기쁨)하외다."

"대왕께서는 천하의 민심을 깊이 아시고 인덕仁德하심을 만민이 우러러보는 터이니, 신이 대왕께 지금 찾아온 것이 오히려 늦었습니다."

영포는 이같이 대답했다.

"한왕께서는 오래전부터 영왕의 무용이 초 패왕에게 못지않으며 거기다 겸손하고 검소하심을 찬양하셨습니다. 영왕께서 이제 성명聖明하신 한왕을 보좌하시니 이것은 천하를 위하여 다행한 일이외다."

장량은 영포에게 이같이 듣기 좋은 말을 했다. 영포의 마음은 한없이 기뻤다.

환영연이 끝난 뒤에 영포는 한왕이 미리 마련해 둔 처소로 들어갔다. 한왕은 영포를 얻음과 동시에 삼만 명의 군사를 얻은 것이었다. 한왕은 만족했다.

영포가 자기에게 항복했으니 이제는 팽월로 하여금 초 패왕의 군량軍糧을 수송하는 길만 끊어 버리게 하면 된다고 생각했다. 그리하여 그는 양나라로 사신을 보냈다. 팽월에게 초 패왕의 수송도로를 단절하라고 부탁하기 위함이었다.

한편, 조서를 가지고 영포에게 갔던 사신이 영포의 칼에 맞아 죽은 뒤에, 사신을 따라갔던 하인은 구강 땅에서 급히 돌아와 이 사실을 항우에게 보고했다.

항우는 크게 노했다.

"이놈, 얼굴 검은 영포란 놈이 감히 짐의 사신을 죽이고 한왕에게 항복했단 말이냐! 맹세코 이놈을 죽이고 한신이란 놈을 사로잡아 오겠다!"

"폐하께서는 생각을 돌리십시오. 양나라의 팽월이 우리의 양도를 끊지 못하게 마련하신 다음에 한신을 무찔러 버리시면, 그 다음엔 영포 같은 것은 문제도 아닙니다."

항우는 범증의 말을 듣고 주저앉았다.

한편, 한왕은 팽월에게 보냈던 사신으로부터 팽월이 한왕의 부탁대로 초 패왕의 수송로를 끊을 것을 약속했다는 보고를 받았다.

'이제는 한신을 불러와야 하겠는데……?'

한왕은 이렇게 생각하고 장량을 불렀다.

"선생이 일전에 한원수로 하여금 스스로 자진해서 짐에게 오도록 할 수 있다 하지 않았소? 무슨 계책이 없소?"

그는 답답한 듯이 장량에게 이같이 물었다.

"알았습니다. 다행히 지금 포중에서 승상 소하가 군량을 운반시키고 함양에 들어와 있사오니, 신이 소하와 상의하여 한신을 데리고 대왕께 돌아오겠습니다."

이튿날 장량은 영양을 떠났다.

수일 후에 장량은 함양성에 도착하여 먼저 승상부로 갔다.

소하는 장량이 도착했다는 보고를 받고 맞아들였다.

두 사람은 일 년 동안 서로 만나지 못하고 지내왔지만, 십 년 만에 만나는 친구처럼 서로 반가워했다.

인사말을 끝내고 술상을 내오게 한 후 지난 일 년 동안 경과한 일과 정담을 서로 주고받다가 장량이 먼저 한신의 안부를 물었다.

"한신은 잘 있습니까? 요즈음은 소식을 전혀 듣지 못해 궁금한데, 별일은 없겠지요?"

"나도 오륙일 동안 그 사람을 만나지 못했습니다. 처음에는 낙양에서 돌아와 날마다 불평 있는 것처럼 침울해 하다가, 하루는 나를 보더니 하는 말이 주상主上께서 삼진을 공략하고 함양을 점령한 자기의 공훈을 잊어버리고, 충심으로 간하는 말씀을 듣지 않고 원수의 인을 빼앗은 후 아무 계책도 없는 위표를 총대장으로 삼으셨으니, 자기 마음이 좋을 수 없다고 말하더군요. 그러더니 주상께서 팽성에서 대패하시고 영양에 주둔하시게 된 후부터 한신은 문을 닫아걸고 한 사람도 문 안에 들이지 않고, 내가 찾아가도 만나주지 않고 있습니다. 주상께서 친히 오셔서 깍듯이 대우하셔야 나오겠다는 속셈인 모양인데, 이래서야 어디 인신人臣의 도리이겠습니까? 아마, 선생이 찾아가신다 할지라도 한신은 만나지 않을 것입니다. 제가 스스로 우리를 찾아오도록 만들기 전에는 못 만납니다. 무슨 계책이 없을까요?"

소하는 여기까지 말하고 장량을 바라보았다. 장량은 열려 있는 창문 밖으로 멀리 내다보이는 대문을 바라보면서 입술을 물고 앉아 있었다. 한참 동안 두 사람은 말이 없었다. 장량은 무엇을 신중히 생각하는 모양이었다.

얼마 후, 장량은 소하의 곁으로 가까이 다가가 속삭였다. 옆방에서 사무를 보는 관원들이 듣지 못하게 하기 위함이었다.

"어떨까요. 이러면 한신이 자진해서 우리에게 찾아오겠지요?"

장량은 이같이 물었다.

"됐습니다! 정말 기막힌 묘책입니다."

소하는 즉시 찬성했다. 그리고는 심복으로 믿는 교리校吏 두 사람을 불러들여 여차여차하라고 자세히 일러주었다.

그날 밤 함양성 사대문에는 크고 높은 공시판이 세워졌다.

주상께서 금차 팽성 대전에 참패하시고, 태공 이하 제위께서 항왕에게 인질이 되었으므로 이제 관중의 각 지방을 도로 항왕께 바치고 항복하기로 했으니, 군민軍民은 이 뜻을 알지어다. 승상부.

한편, 한신은 영문 안에 있는 자기의 처소에서 문밖에 한 발짝도 내놓지 않고 지내지만 모든 소식은 다 알고 있었다. 그런데 뜻밖에 사대문에 이 같은 공시가 붙은 것이었다.

'이것으로 보건대 사대문에 공시판을 걸고 초 패왕에게 항복하기로 했다는 것이 사실인지도 모른다. 만일 사실이라면 포중에서 군사를 일으켜 삼진을 공략하고 함양을 수복해 나온 나의 공훈이 모두 수포로 돌아가는 것이 아닌가? 한왕이 패했다는 소식을 들은 뒤부터 내가 두문불출하고 있는 까닭은 한왕이 본시 거만한 태도가 있는 인물로 신하를 가볍게 생각하는 바가 있기 때문에 이번에는 한왕으로 하여금 예를 베풀고 나를 맞아 가도록 해야지만 앞으로는 나의 인망이 두터워지고, 부하 장수들도 심복할 것이라고 생각하여 일부러 이렇게 행동했는데 사태가 이미 나의 예상과 어긋나 뜻밖에 이와 같이 되었다면 가만히 앉아서 보고만 있을 수 없다. 속히 승상부에 나아가 소하와 장량 두 사람을 만나보고 사실의 진부眞否를 물어보아야겠다.'

한신은 마침내 이렇게 생각하고 좌우의 부하들에게 출동 준비를 명령했다.

소하는 한신이 자기에게 찾아오는 길이라는 보고를 받았다.

"과연 뜻대로 되었소이다그려! 한 원수가 지금 온답니다!"

소하는 장량을 보고 무릎을 치며 이같이 말했다.

"잘되었지요! 속히 계책을 쓰는 사람들을 좌우에 늘어앉게 마련하십시오! 실제로 항복 준비를 하는 것처럼 한신에게 보여 주어야 합니다."

장량도 웃으면서 이같이 말했다. 그리고는 소하가 거처하고 있는 방으로 들어가 숨어 버렸다.

소하가 준비를 다 하고 기다리고 있을 때 한신이 들어와 말에서 내렸다. 소하는 일어나 뜰 아래로 내려가 한신을 맞아들였다.

인사를 마치고 나서 소하가 먼저 한신에게 물었다.

"여러 날 전부터 내가 원수를 찾아가 뵈려고 했으나 원수부에서는 나를 들이지 않아 만나뵙지 못했소이다. 오늘은 무슨 일로 갑자기 여기까지 오셨는지요?"

"저는 이미 주상께 버림받은 사람이라 뵙기도 부끄러운 생각이 듭니다. 그래서 두문불출하고 아무도 만나지 않고 지내왔습니다."

한신은 이같이 대답했다.

"원수가 여러 번 주상께 간하였건만 주상께서 원수의 간언을 듣지 않고 원수를 버리고 위표를 대장으로 세워 팽성에서 대패하셨으니, 이는 오로지 주상의 과실이요, 원수의 허물이 아닙니다. 그러니 원수가 부끄러워하실 게 없지 않습니까?"

"아니올시다. 오늘 듣자니 장자방 선생이 여기 와서 관중 지방을 초 패왕에게 반환하고 주상께서는 항복하기로 되었다 하니 어찌 부끄럽지 않은 일이겠습니까? 도대체 이게 어찌된 일입니까?"

"팽성 대전에서 주상께서 대패하셨을 때, 태공 이하 제위께서 항왕에게 사로잡힌 까닭에 관중을 항왕에게 반환하고 그 대신 태공 이하 제위를 돌아오게 하시겠다하므로 모든 대장은 주상께 이같이 처사하심을 반대했으나, 장자방이 주상께 그렇게 하라고 권하는 까닭에 주상께서도 마침내 이같이 하시기로 결정한 모양입니다. 장자방은 본시 한나라 사람으로서 자기만 부귀를 누리면 만족할 뿐 전쟁하기를 좋아하지 않습니다. 이미 삼진과 함양의 인구수를 점검하여 항복할 서책을 꾸미는 터이니, 나도 이렇게 되는 일에 찬성하지는 않지만 왕명이니 어찌할 도리가 없소이다그려. 지금 이 마당에서 내가 홀로 반대 의견을 제시한댔자 주상께서 내 말을 용납하지 않을 테니 어떻게 해볼 도리가 없지 않소?"

소하의 이 같은 말에 한신은 정색을 하며 앉았던 자리에서 분연히 일어섰다.

"승상께서는 그게 무슨 당치 않은 말씀입니까! 그같이 협량狹量하신 말씀을 하실 줄은 몰랐습니다. 제가 포중에서 진군해 나와 주상의 위덕威德으로 인하여 관중 지방을 십 중 칠팔을 얻었는데, 지금 헛되이 이것을 반환하고 항복할밖에 도리가 없다는 말씀은 당치 않은 말씀입니다. 무릇 승부는 병가상사兵家常事입니다. 팽성 대전에서 패하여 태공과 제위께서 항왕에게 생포된 것은 물론 통분할 일이지만 그렇다고 근심할 것은 아닙니다. 항왕이 잔인무도한 인물임에는 틀림없지만 그 대신 범증은 용의주도한 인물이므로 태공 이하 제위를 살해하지는 않을 것입니다. 그러므로 다른 계책으로써 능히 태공을 모셔올 수 있는 일인데, 어찌해서 무도한 역적에게 항복을 하겠다는 말씀입니까! 원컨대 다른 장수들로 하여금 이곳을 수비하게 한 후 이 사람이 본부의 군마를 인솔하고 나아가 초적楚賊을 멸하고 태공 이하 제위를 모셔오겠습니다. 승상께서는 어떻게 생각하십니까?"

한신이 흥분된 어조로 이같이 말하는 소리를 병풍 뒤에 숨어서 듣고 있던 장량이, 이제는 됐다고 생각하고 병풍 뒤에서 나왔다.

장량은 한신과 수인사를 마친 후 조심스럽게 입을 열었다.

"원수께서 이렇게까지 반대하시는 이상 우리가 더 이상 뭐라고 하겠습니까? 우리야 원수의 의사를 반대할 수 없지 않습니까! 그러나 만일 원수의 말씀대로 해서 항복하는 데 소용되는 계책을 꾸미지 않는다면 주상께서는 우리 두 사람을 왕명에 거역했다는 죄로 다스리실 테니, 이 일은 또 어찌하면 좋겠습니까?"

이 말을 듣고 한신이 얼른 대답했다.

"그것은 염려 마십시오! 제가 두 분 선생을 모시고 영양성으로 가서 주상을 뵙고 이 같은 말씀을 드린 다음, 초 패왕의 사신을 죽여 버리고 이쪽의 위엄을 보이겠습니다. 조금도 걱정하지 마십시오."

"아니, 아니. 그럴 것까지는 없지요! 지금 한·초 두 나라가 싸우는 이때, 그까짓 이름 없는 사신을 한 사람 죽이는 것이 무슨 도움이 되겠습니까? 그보다는 먼저 항복하려고 꾸미고 있는 계책을 없었던 것으로 하고 사대문에 붙인 공시판을 걷어치우기나 하지요!"

소하가 한신에게 이렇게 말했다. 한신도 그 말에 찬성했다. 그리하여 세 사람의 의견이 합치되어 승상부의 교리들은 즉시 모든 준비를 취소하고 사대문의 공시판도 치워 버렸다.

이튿날 한신은 장량·소하와 함께 함양성을 떠났다.

장량은 도중에서 자기가 일행보다 먼저 영양에 입성하겠다면서 한신보다 앞서서 영양성으로 갔다.

그는 한왕에게 나아가 함양에 가서 소하와 의논하여 한신을 데리고 온 경과를 보고하고 한왕으로 하여금 한신에게 어떻게 말씀하라는 말까지 자세히 일러주었다. 한왕은 대단히 기뻐했다.

얼마 후 소하와 한신이 들어오고 있다는 보고가 들어왔다. 한왕은 두 사람을 맞아들이게 했다. 소하와 한신이 한왕 앞에 와서 예를 올렸다.

"짐이 포중을 떠난 이후 후방의 정사가 태평하고 짐의 백만 대군 또한 군량의 부족이 없었으니, 이는 오직 승상의 공로외다."

한왕은 먼저 소하를 보고 이같이 말했다.

"황송합니다. 적지 않은 지방을 공략하고 제후가 다수히 항복해 온 것은 오로지 대왕의 인자하고 후덕한 때문입니다."

한왕은 소하와 인사말을 마친 후 한신에게 시선을 돌렸다.

"짐이 불명不明하여 원수의 충간忠諫을 듣지 않아 참패했으니, 원수를 대할 면목이 없소이다."

한신은 너무 황송하여 그 자리에 꿇어 엎드렸다.

"황송합니다. 신은 대왕의 하명을 받들고 삼진을 진수하여 다행히 무사했으나 그동안 대왕께서는 수수睢水의 한恨을 겪으셨으니 죄송하기 짝이 없습니다. 그런데 뜻밖에 이번에 장자방이 함양성에 이르러, 대왕께서 초 패왕에게 항복한다는 뜻을 알리므로 신이 소견을 아뢰고자 합니다. 포중에서 진군하여 관중 지방을 수복한 지 불과 수개월인데, 단 한 번 패했다고 얻은 땅을 모조리 반환하고 항복하신다 함은 너무도 허망한 일이 아닙니까? 대왕께서는 깊이 생각하시기 바랍니다."

한신은 이같이 충정을 말했다.

"짐이 대패했을 뿐 아니라 태공과 일족一族이 모두 생포되고 연·제 두 나라가 초나라에 항복하여 초 패왕은 더욱 강대해졌건만 짐이 의뢰하는 힘은 오직 원수 한 사람밖에 없으니, 한 사람의 힘으로 어찌 초 패왕을 당하겠소? 그래서 항서降書를 패왕에게 보냈더니 패왕이 사신에게 하는 말이, 한신이 늙어빠진 장한을 격파했다고 해서 함부로 무서운 줄 모르고 관중에 들어와 날뛰고 있지만, 내가 만나기만 하면 그놈을 단번에 사로잡아 버리겠다고 하니 짐이 이 말을 듣고 더욱 겁이 나 속히 항복하기로 결심하고 장량으로 하여금 소하와 함께 호구를 점검하여 책을 만들게 했소. 그런데 원수가 처음 삼진을 공략했을 때는 적의 방비가 없을 때인지라 쉽게 격파했지만 지난번 수수합전睢水合戰 때는 항우 혼자 우리의 장수 육십여 명을 대적하여 싸우는 그 거동은 뭐라고 형용할 수 없이 무서운 거동이었소. 아마 원수도 이 같은 인물과는 대적하지 못할 것이오!"

한왕은 이같이 자기의 경험을 과장해서 말했다. 한신은 꿇어앉아 있다가 이 말을 듣고 벌떡 일어섰다. 그의 얼굴은 흥분되고, 이마 위에는 땀방울이 맺혔다.

"대왕께서는 지금 적의 위풍을 과장하여 신의 예기銳氣를 꺾으시지만 신이 지금 당장 본부 군사를 거느리고 나가 일전一戰하여 자웅雌雄을 결정하고 초 패왕을 생포하여 대왕에게 바치겠습니다! 만일 신의 이 말에 어김이 있을 때에는 군법으로 신의 죄를 다스려 주십시오!"

한신의 말소리는 크고 떨렸다.

한왕은 자리에서 일어나 한신의 손을 쥐었다.

"적에게 항복을 하다니, 이 어찌 짐의 마음이 기뻐서 하는 일이겠소! 부득이하여 이같이 하려던 터였는데 원수가 맹세코 초패왕을 격멸하겠다 하니 그렇게 되면 오죽 좋겠소! 어떤 묘책이 있는지 금옥金玉 같은 말을 들려주오."

한왕의 이 말에 한신의 흥분된 마음이 다소 풀어졌다.

함양으로 돌아간 소하는 계속해서 군량을 영양성으로 수송하고 사방에서 군사를 모아 영양성으로 보냈다. 이와 같이 준비하는 동안에 두 달이 지나갔다.

한왕의 군대는 오십만 명에 달했다. 그래서 한신은 이제 자신이 생겼다.

이튿날 한신은 한왕에게 나아가 자신을 다시 대원수로 임명하여 준 데 대해 사례했다.

한편, 항우는 범증으로 하여금 팽성을 수비하도록 하고 친히 삼십만 명의 정병을 인솔하여 영양성 오십 리 밖에 진을 쳤다. 그런 다음 계포와 종리매를 불러 먼저 한나라 군사의 허실을 탐지해 오라고 명령했다.

이때 한신의 군사는 먼저 이 사실을 알고 한신에게 보고했다.

"초 패왕이 우리의 허실을 탐지하려는 중이다. 그대들은 내가 전일에 부탁한 바와 같이 조금도 움직이지 말고 가만히 있다가 어김이 없이 하기 바란다."

한신은 부하 장수들을 불러 이같이 부탁했다.

계포와 종리매는 한나라 진영 가까이 침투해 들어와 보았으나 적은 행적도 보이지 않자 급히 돌아가 항우에게 사실을 보고했다.

"그렇다면 짐이 먼저 공격하겠다. 너희들은 뒤에 있다가 사태가 급하거든 구원을 나오너라!"

마침내 항우는 환초·우영·항장·우자기 등 네 명의 장수와 함께 대군을 거느리고 출동했다.

한나라 진영에서는 이것을 보고 진문을 열어젖히고 먼저 한신이 말을 달려 쫓아나왔다.

"대왕을 함양에서 작별한 이래 오랫동안 못 뵈었습니다. 그동안 평안하셨습니까? 내가 지금 갑옷을 입은 고로 예를 올리지 못하니 용서하시오."

한신은 항우를 바라보면서 조롱조로 이같이 인사를 했다. 항우는 한신의 얼굴만 보아도 분을 참을 수 없는데 더구나 이같이 조롱하는 말을 들으니 견딜 수 없었다.

"이놈, 짐이 너 때문에 원한이 뼈에 사무쳤다. 맹세코 네 모가지를 잘라버리고야 말겠다!"

항우는 말도 채 끝맺지 않고 쏜살같이 한신을 향해 창을 겨누면서 달려들었다. 하마터면 한신은 그 창끝에 베일 듯했다. 그러나 한신은 항우와 접전하지 않고 말을 돌려 달아나기 시작했다.

항우는 분했다.

"저놈을 놓치지 말라!"

그는 이같이 부르짖으면서 군사를 휘동하여 맹렬히 추격하기 시작했다.

항우가 급하게 추격하면 한신도 급히 도망하고, 항우가 조금 천천히 추격하면 한신도 천천히 달아나곤 했다.

이를 보고 항우는 더욱 화가 났다.

'이 죽일 놈이 짐을 모욕하는구나.'

항우는 분통이 터질 것 같았다.

어느덧 경색하京索河까지 왔다. 한신은 강 위에 걸친 다리를 천천히 건너갔다.

항우도 뒤를 쫓아 경색하를 건넜다. 항우의 부하 장수들도 사졸들을 인솔하고 다리를 건너 이 리二里가량 추격을 계속했다.

이때 별안간 후진에서 보고가 올라왔다. 경색하의 다리가 끊어지고 물이 세차게 흘러내리는 까닭에 후진 부대의 사졸들이 강을 건너오지 못하고 있다는 것이다.

'이거 큰일났구나! 어찌하면 좋은고?'

초 패왕의 군대가 제각기 이런 생각에 갈팡질팡하고 있을 때, 한신의 모습은 이미 보이지 않았다. 땅속으로 숨었는지 하늘 위로 날아갔는지, 항우는 이 사실을 알고 그제야 후회를 했다.

'아뿔싸, 잘못했구나!'

그는 한신의 꾐에 빠졌다는 것을 깨닫고 전군에 후퇴 명령을 내렸다. 그러자 사방에서 철포 소리가 요란하게 터지면서 수천 개의 전차가 에워싸고 들어오며 한신의 복병이 사방에서 쏘아 대는 화살이 빗발같이 쏟아졌다.

항우는 크게 놀랐다.

"속히 돌파해라! 포위되기 전에 속히! 속히!"

그는 군사를 두 부대로 나누어 양쪽에서 어느 쪽으로나 돌파하고 나갈 구멍을 뚫으려 했으나 철포와 화살은 빗발같이 쏟아지고, 전차는 점점 철통같이 사방을 에워쌌다. 초 패왕의 한 사람도 빠져나갈 수 없게 되었다. 죽은 군사의 수효는 셀 수 없이 많았다.

이때 계포와 종리매는 본진에 남아 있으면서 초 패왕이 너무나 깊이 한신을 추격해 들어가 잘못하여 적에게 포위되었나 싶어 군사를 거느리고 경색하까지 달려와 보았다. 강물은 흐르고 다리는 이미 끊어진 뒤이므로, 계포와 종리매는 급히 남계南溪의 좁은 길로 돌아서 행진했다.

얼마 가지 않아 한신의 부하 조덕祖德이 군사를 거느리고 길을 막았다. 계포와 종리매는 힘을 합쳐 조덕과 더불어 이십여 합을 싸웠다. 조덕은 대적할 수 없으므로 그만 돌아서서 달아나는 것을 계포가 급히 쫓아가 창으로 찔러 떨어뜨렸다.

대장을 잃어버린 한나라 군사들은 도망하기 시작했다. 계포는 패주하는 군사들을 추격하여 모조리 죽이면서 앞으로 나아가노라니 언덕 아래로 넓은 평야가 보이고 그 속에서 초 패왕이 한나라 군사들에게 포위되어 있는 것이 보였다.

"이거 큰일났구려! 우리 두 사람이 목숨을 버리고 한 편의 구멍을 뚫지 않고는 우리나라 군사는 하나도 살아남지 못하겠소."

계포는 종리매에게 이같이 말했다.

"일이 어렵게 되었소! 자, 그래도 죽을힘을 다해 봅시다."

종리매도 이같이 말하고 두 사람은 성난 호랑이같이 초 패왕과 그 군사를 둘러싸고 있는 한나라 군사를 향해 고함을 지르면서 돌진했다. 이리 치고, 저리 치고, 두 장수가 번개같이 날뛰면서 한나라 군사를 치는 통에 포위망 속에 들어 있던 초나라의 군사도 힘을 얻고 용기를 얻었는지 외부와 호응하여 죽을힘을 다해 한편 구석을 뚫었다.

항우는 비로소 포위망을 벗어나게 되었다.

대장 우영은 죽고, 환초는 등에 화살을 맞아 움직이지 못하며, 이 외에도 쓸 만한 장수로서 죽은 사람이 부지기수였다. 그리고 팔과 다리와 얼굴에 부상을 당한 사람은 또 얼마나 많은지 알 수도 없었다.

항우는 계포와 종리매 두 장수의 구원을 받아 간신히 포위망 밖으로 빠져나와 이 꼴을 보고 한탄해 마지아니했다.

"짐이 한신이란 놈의 간계에 빠져 이 모양이 되었다!"

그는 눈을 부릅뜨고 이를 갈았다. 그는 그가 자신했던 것처럼 이삼 년 동안 수백 번 전쟁을 했건만 한 번도 이처럼 무참하게 패전해 본 경험이 없었다. 그는 분한 생각에 마음이 괴로웠다.

이때 해는 이미 저물었고, 사방에서 고함 소리는 연속해서 들렸다. 초 패왕의 군사는 잠깐 동안 휴식할 수도 없었다.

계속해서 허둥지둥 퇴각하는 이때에 맞은편에서 초나라 군사의 사졸이 달려와 보고했다.

"본진本陳을 한나라 군사에게 빼앗겼습니다!"

항우는 이 보고를 받고 완전히 기운이 빠지고 말았다.

"할 수 없다! 그러면 이 길로 팽성으로 돌아가 다시 군마를 정돈하여 한신이란 놈을 죽여야겠다! 이 한을 풀어야 살겠다!"

그런데 이 말이 떨어지자마자 한나라 군사가 또다시 가까이 추격해 오는 소리가 들렸다.

"죽여라! 죽여라!"

"쫓아가라! 쫓아가라!"

"항복해라! 항복해라!"

이같이 고함지르는 소리가 점점 가까이 들렸다.

항우는 이날 식전부터 지금까지 하룻낮 하룻밤 동안 이백여리를 달린 셈이었다. 물 한 모금 마시지 않고 잠시도 쉬지 않았으니 몸은 극도로 피곤했다. 뿐만 아니라 그가 타고 있는 말도 그와 마찬가지로 기운이 없었다. 그런데 비가 쏟아지기 시작하더니 점점 세게 퍼부었고 뒤에서는 여전히 한나라 군사의 추격하는 소리가 들렸다.

항우는 기를 쓰면서 그대로 달렸다. 한참 가노라니까 어두운 밤중에 횃불을 밝히면서 한 떼의 군사가 맞은편 수풀 속에서 항우를 향해 급히 오고 있는 모습이 보였다.

'이제는 그만이다! 도망갈 길도 없구나! 이 꼴이 되어서 어디로 달아나야 하나! 차라리 여기 저놈들과 결전을 해서 깨끗하게 죽어 버리자!'

항우는 이렇게 결심하고 최후의 힘을 쥐어짜면서 창을 겨누고 마주 갔다. 그러나 가까이 가서 보니 적이 아니고, 초나라의 대장 포蒲 장군이었다.

"신이 범아보의 명령으로 삼만 명을 거느리고 구원하러 나왔습니다. 폐하께서는 한 걸음이라도 더 속히 이곳을 떠나십시오. 뒤에 오는 적은 신이 맞서 싸우겠습니다."

포 장군은 초 패왕에게 이같이 말했다. 항우는 쳐들었던 창을 내리고 그제야 마음을 놓았다. 범증이 항우를 심려하여 보내 준 구원병이었던 것이다.

"뒷일은 너에게 부탁한다!"

항우는 이같이 한마디 하고 그대로 지나가 버렸다. 이제야 겨우 그는 위태한 지경을 넘긴 것이다.

초 패왕을 보내고 나서 포 장군은 칼을 휘저으면서 한나라 군사의 추격병을 향하여 돌격했다.

"이놈들아, 세상에서 유명한 포 장군을 모르느냐?"

포 장군은 먼저 이같이 호령하고 칼을 휘두르며 달려들었다.

"네까짓 것이 무엇인데 내가 잡으려 하던 적을 구원해 주고 덤벼드느냐?"

이필과 낙인은 이같이 말하고 포 장군과 더불어 싸우기 시작했다. 세 장수가 한데 어우러져 칼날에서 번갯불이 튀도록 맹렬히 접전하기를 이십여 합 계속할 때 포 장군의 칼날에 이필의 목이 댕강 잘리면서 몸뚱이가 말 위에서 떨어져 버렸다. 이같이 이필이 전사하는 것을 보고 낙인은 혼비백산하여 도망쳤다.

낙인이 달아나는 것을 보고 포 장군은 급히 등 뒤에 메고 있던 화살통에서 화살을 뽑아 활시위를 힘껏 당겼다. 화살은 겨냥대로 낙인의 등허리를 꿰뚫었다. 낙인이 이같이 말 위에서 굴러떨어져 죽어 버리자 두 사람의 대장을 잃은 한나라 군사는 제각기 서로 살아나려고 본진으로 도망하였다.

포 장군은 이를 추격하여 막대한 손해를 끼치고 그 이상 추격하지 않고 군사를 거두어 돌아갔다.

이필과 낙인이 전사한 뒤에 본진으로 돌아온 사졸들의 보고를 받고 한신은 깊이 후회했다.

'나의 잘못이다! 옛날부터 붙들리지 않으려고 달아나는 도둑놈은 쫓아가지 말라 하였건만 내가 이것을 생각하지 않고 너무 멀리 추격시키다가 이필과 낙인 두 장수를 죽였구나. 과연 잘못했다.' 그는 이같이 생각하고 군사를 거두어 각 부대에 집합시킨 다음 움직이지 말라고 명령을 내렸다.

한나라 군사에게 큰 손해를 입히고 회군回軍하는 포 장군은 협하夾河의 강변에서 벌써 초 패왕이 진을 치고 패잔군敗殘軍을 수합하고 있는 것을 발견하고 즉시 말에서 내려 항우 앞으로 갔다.

"폐하께오서 한신을 너무 업신여기신다고, 범아보께서 걱정하시며 신에게 삼만 명을 주시기에 신이 구원병을 이끌고 나왔던 것입니다. 다행히 폐하의 홍복으로 신이 한나라 대장 두 명을 죽였습니다. 범아보는 신에게 말씀하시기를, 한신은 보통 심상한 인물이 아니니 쉽게 보지 말라 하시기에 신도 적이 패주하는 것을 더 깊이 추격하지 않고 회군했습니다."

포 장군은 이같이 아뢰었다.

"짐이 이삼 년 동안 전장에 나가서 싸우면 이기고, 공격해서는 빼앗고 한 번도 져본 일이 없는데, 이번에는 참으로 형언할 수 없이 참패하였다! 만일 범아보가 너를 보내 주지 않았다면 짐은 한신에게 생포되었을는지도 모른다!"

이때 계포가 항우 앞으로 나와 아뢰었다.

"폐하께서는 한시바삐 이곳을 떠나시기 바랍니다. 이곳은 적진으로부터 그다지 멀지 않으므로 또다시 적군이 공격해 오면 어찌하겠습니까."

"과연 그러하다!"

항우는 즉시 찬성하고, 팽성으로 돌아갈 것을 명령했다. 항우가 데리고 나온 군사는 삼십만 명이었건만 팽성으로 살아 돌아온 사졸을 점검해 보니 십만 명에 불과했다. 출정 부대의 삼분의 이가 섬멸된 셈이다. 항우는 생전 처음으로 크게 후회했다.

초 패왕,
반간지계에 빠져 범증을 잃다

이때에 한신은 한왕을 모반한 위왕 위표를 사로잡은 후 평양성의 백성들을 무마하고 주숙으로 하여금 위왕을 대신해 지방을 다스리게 한 후 영양성으로 회군했다.

"원수가 이미 평양을 안정되게 하였으니, 참으로 국가의 다행이오! 이제 또 어느 곳에 있는 적을 치는 것이 좋을까?"

한왕은 이같이 물었다.

"대주代州에 있는 하열夏悅과 장동張同이 오랫동안 한나라의 왕화王化를 열복하지 않고 있사오니, 신이 먼저 이 적을 무찌르고, 계속해서 조나라를 공략하고, 연나라를 격파하고, 제나라의 항복을 받은 후, 끝으로 초나라를 멸해 버려 마침내 천하를 통일하겠사옵니다."

한신은 사졸들에게 위표와 그의 가족들을 함거檻車에서 끌어내오라고 명령하여 그들을 모두 한왕 앞으로 잡아왔다.

한왕은 위표를 크게 꾸짖었다.

"네가 오십육만 명이나 되는 군사를 지휘하여 수수睢水의 일진一陣에서 삼십여 만을 상실하고, 천우신조함이 아니었다면 짐이 어찌 오늘이 있었겠느냐? 너는 본시 일국의 왕이었던 고로, 그 죄를 징벌하는 것이 차마 인정에 가혹한 것 같기에 관대히 용서해 주고 평양으로 돌아가 있게 한 것인데, 너는 이것을 은혜로 생각하지 않고 도리어 원한을 품고 모반을 꾀하다가 붙들려 왔다. 이번에는 네가 죽을죄를 면하지 못할 것이다. 알아들었느냐?"

위표는 한왕이 이같이 꾸짖건만 고개를 수그리고 아무 말도 하지 못했다. 이럴 때에 위표의 뒤에 꿇어앉았던 팔십 세가량 되어 보이는 위표의 모친이 앞으로 나와 한왕에게 공손히 절하고 슬픈 목소리로 애걸했다.

"황송하옵니다. 위표의 죄는 죽을죄이옵니다. 그러하오나 첩이 아들이라고는 이것밖에 없사옵고, 만일 지금 이 자식이 죽어 없어진다면 서위西魏의 혈맥이라고는 아주 끊어져 버리고 후손이 없어지는 터이오니, 대왕께서는 측은히 생각하시어 죽이지만 말아 주시옵소서. 대왕의 성덕을 바라옵니다."

한왕은 늙은 부인의 애걸하는 음성에 감동을 받았다.

"위표, 너는 남자로서 늙은 네 모친의 현명함에 못 미친다! 지금 너를 당연히 죽일 것이로되 노모의 면목을 생각하여 특별히 용서하는 것이니 그리 알아라."

한왕은 이같이 말하고 위표의 관작官爵을 벗기고 서인庶人을 만들어 그의 가족들과 함께 성 밖으로 내쫓게 하는 동시에 위표의 아내 박薄 씨와 관管 씨 두 여자의 얼굴이 아름답기 한량없으므로 한왕은 두 여자만을 후궁에 두게 하였다.

수일 후에 한신은 인마를 점검하여 대주를 향해 출동했다. 한왕은 왕릉을 총대장으로 하여 영양성을 엄중히 방비하게 하고, 일변 함양으로 신하를 파견하여 상국 소하로 하여금 관중 지방을 엄중히 단속하면서 법령法令을 명백히 하는 동시에, 무릇 상주上奏할 필요도 없는 일이거든 독단獨斷으로 만사를 처결하도록 명령했다. 소하는 왕의 명령대로 충심을 다해, 후방에서 모든 군용軍用을 조달했다.

한신은 대군을 인솔하고 대주성 밑으로 쳐들어갔다. 그러나 장동은 성문을 견고히 지킬 뿐 출전하지 않았다.

한신은 사졸들을 시켜 함거에서 하열을 끌어내어 성 밑에 꿇어앉힌 후에, '성 위에 있는 장동은 속히 항복하라!'고 여러 놈으로 하여금 고함을 지르게 했다.

장동이 성루 위에 올라가 성 밑을 내려다보니 과연 하열이 결박당해 땅바닥에 꿇어앉아 있었다.

장동은 슬픈 감정이 왈칵 가슴을 찌르는 것 같았다.

'하열 장군이 저 모양이 되어 괴로움을 당하고 있으니 딱하구나!'

장동의 마음은 부서지는 것 같았다.

하열은 이때 성루 위를 쳐다보고 장동이 자기를 굽어보고 있는 모습을 발견하더니 큰소리로 부탁했다.

"여보게, 그대는 사력死力을 다해 성을 지키게! 나 때문에 한신 따위에게 항복을 말게!"

이같이 부탁했다.

한신은 이 소리를 듣고 더 참을 수 없었다. 그는 즉시 사졸들에게 하열의 목을 베어 버리게 하고, 그 머리를 창 끝에 꽂아 높이 쳐들게 했다.

장동은 다락 위에서 이 광경을 내려다보고 그만 흐느껴 울었다.

'형제같이 모셔 오던 하열 장군이 죽었으니, 내 이제 누구를 위해 이 성을 지키겠느냐! 적에게 붙들려 욕을 당함보다 차라리 하열 장군과 함께 저승으로 가자!'

장동은 이 같은 생각이 마음속에서 울컥 솟았다. 그는 하열을 내려다보며 칼을 입에 물고 다락 위에서 거꾸로 성 밑으로 떨어져버렸다. 땅바닥에 떨어진 그는 두개골이 깨어지고 칼은 목구멍을 뚫고 목덜미로 빠졌다.

성중에 있던 부장副將 왕존王存과 모사 선충은 부하들로부터 하열과 장동이 죽어 버린 보고를 받고 서로 의논했다.

성안에는 강한 군사가 없고, 성 밖으로는 구원하러 올 다른 나라 군사도 없으니, 비록 수일 동안 성을 지킨다 할지라도 필경엔 함락당할 것이다. 두 사람은 이같이 앞길이 눈에 보이므로 즉시 성문을 열고 항복해 버렸다.

한신은 성중에 들어가 백성을 위로해 주고, 군사를 점검시켰다.

새로 항복해 온 사졸까지 도합 사십만 명에 달했다.

이튿날 한신은 왕존에게 대주 지방을 다스리라 하고 영양성으로는 승전 보고를 올리고, 십만 명의 군사만 인솔하여 대주성을 떠나 조나라로 향했다.

조나라의 서울 정경井徑(現, 직례성 정경구)으로부터 삼십 리 떨어져 있는 곳까지 와서 한신은 금만수錦蔓水의 강물을 등지고 진영을 설치한 후, 장이張耳를 불러 의논했다.

"조나라에는 모사 광무군廣武君 이좌거李左車가 있어 기묘한 계책을 잘 쓴다 하는데, 우리는 어떠한 책략을 쓰는 것이 좋을까?"

그는 조왕 조헐趙歇과 함께 있는 함안군咸安君 진여陳餘가, 제왕 전영田榮의 힘을 빌려 조나라 지방의 상산왕常山王으로 있던 장이를 공격해 멸망시킨 사실을 잘 알고 있는지라, 장이에게 특별히 의견을 물어본 것이다.

한신의 물음에 대해 장이는 서슴지 않고 대답했다.

"조왕한테 함안군 진여가 있습니다. 진여는 재주 없는 놈으로서 이좌거를 매사에 의심만 합니다. 그러니 이좌거가 아무리 좋은 계책을 낸다 할지라도 조왕이 쓰지 않을 것이니, 염려 마십시오."

"아니야! 우리가 먼 지방에 깊숙이 들어왔고, 적이 만일 우리의 병량兵糧의 길을 끊는다면 이때는 나아가지도 못하고, 물러가지도 못하게 된다. 그대의 말만 믿다가는 안 되겠소. 무릇 적의 허실을 상세히 알고 나아가야만 사기는 강대해지는 법이 아니겠소?"

한신은 즉시 기민한 사졸 오륙 명을 불렀다.

"너희는 지금부터 성중에 들어가 적의 허실을 탐색해 오너라."

사졸들은 원수의 명령을 받고 제각기 장사꾼처럼 변장을 하고 성안으로 들어갔다.

이때 조왕 조헐은 한신의 대군이 쳐들어왔다는 보고를 받고서 함안군 진여와 광무군 이좌거를 불러 대책을 강구하자고 의논을 하는 중이었다.

이좌거가 먼저 의견을 말했다.

"한신이 서하西河를 건너 위표를 사로잡고, 대주를 쳐서 하열을 죽이고, 승승장구하여 이곳까지 진격해 오는 터이니, 사기는 왕성하고, 또 장이가 한신을 돕고 있어 정면으로 대적하기는 어렵습니다. 그러나 천 리 밖에서 군량을 운송하므로 군사들은 항상 배가 고픕니다. 더구나 이곳까지 길은 대단히 좁아 수레바퀴를 굴리기 어렵고 기마騎馬로도 행렬하기 곤란하니 군량은 전부 후방에 두었을 것입니다. 신에게 삼만 명의 군사를 맡겨주신다면 소로小路로 빠져 적의 후방으로 가서 적의 치중輜重을 단절하겠습니다. 그리고 대왕께서 성을 견고히 방어하시오면, 한신은 앞으로도 나오지 못하고, 뒤로도 물러가지 못할 것이옵니다. 더구나 지금이 10월이라 전야田野에는 적이 훔쳐갈 오곡五穀이 없으므로 적은 군량이 떨어져서 앞으로 열흘 이내에 대왕께서는 적을 모조리 사로잡을 수 있을 것입니다. 만일 이같이 아니한다면, 우리는 아마 한신과 장이에게 전멸당할 것입니다."

조왕은 그의 말을 듣고 근심스러운 눈으로 진여를 바라보았다.

"그게 다 사람 속이는 꾀입니다! 정정당당하게 싸워야지, 어찌해서 그 따위 사모詐謀나 기계奇計 따위를 쓴단 말이오?"

진여는 이좌거를 보면서 이같이 반대한 후 말을 계속했다.

"그런고로 우리는 정정당당한 접전을 해야 할 것입니다. 한신이 위魏·대代를 격파하고 기운이 떨어진 사졸들을 거느리고 거짓말로 십만 명이라고 소문내고 왔으나, 실상인즉 오륙천 명에 불과할 것입니다. 그런데 우리는 오랫동안 인마를 조련해 왔고, 강한 군사가 십만이나 되지 않습니까? 병법에도 십즉위지十則圍之하고 적즉능전지敵則能戰之하라고 하였으니 우리는 나가 싸워야 합니다. 만일 성문을 닫고 앉아 싸우지 못한다면, 천하 제후들의 웃음거리가 될 것입니다. 그리고 불시에 다른 곳에서도 쳐들어올지도 모릅니다. 광무군의 계책은 장구지책이 아닙니다."

진여가 이같이 단호하게 반대 의견을 주장하자 조왕은 이좌거의 계책을 쓰지 않고 진여의 말대로 한신과 대전하기로 결정했다.

한신이 성중의 비밀을 탐색해 오도록 들여보냈던 탐색병들은 두 패로 나누어 이틀 동안을 술집으로, 장거리로 돌아다니며 이 같은 정보를 죄다 수집해 급히 성 밖으로 돌아왔다.

그들은 조왕이 이좌거의 계책을 채택하지 않은 전말을 한신에게 보고했다.

한신은 대단히 기뻐하며 탐색병들에게 많은 상금을 주었다. 그리고 밤이 되기를 기다렸다.

밤이 깊어지자 그는 기졸騎卒 이천 명을 선발하여 이렇게 지시해 내보냈다.

"너희들은 좁은 길로 돌아서 산속에 숨어 있다가 조나라 군사가 성을 비우고 몰려 나오거든, 급히 뒤로 돌아서 쫓아들어가 조나라 깃발을 모조리 우리 한나라 깃발로 바꾸어 꽂아라. 그런 다음 성문을 굳게 닫고 꼼짝 말고 있거라!"

이천 명을 먼저 내보낸 뒤에 한신은 각 부대장을 불러 놓고 다음과 같이 명령했다.

"오늘 밤에 합전을 할 것이니 모두 일심단합하여 용전하기 바란다. 내일 아침밥은 정경의 성안에 들어가서 배불리 먹을 터이니, 오늘 밤참은 모두 주먹밥을 서서 먹게 하여라!"

그리고 취사병炊事兵들로 하여금 주먹밥을 일제히 나누어 주게 했다. 모든 군사가 놀랐다.

'주먹밥을 서서 먹어라! 내일 아침은 성안에 들어가서 배불리 먹는다! 도대체 이게 웬일일까?'

그들은 모두 이렇게 생각했으나 명령대로 했다.

새벽이 되자 한신은 금만수의 강가에 있는 중군에서 나와, 친히 일만 명의 군사를 인솔하여 장이와 함께 대장기를 쳐들고 선두에 서서 진문을 나왔다. 북소리, 꽹과리 소리를 요란스럽게 울리며 성을 향해 공격을 시작했다.

조왕과 진여는 성문 위에서 이것을 보고 쫓아나갔다.

"한신이란 놈이 용병 작전을 잘한다더니 강물을 등지고 진을 치고 있으니 저놈들을 모조리 몰아 강물 속에 떨어뜨리자!"

진여는 이렇게 부하들에게 이르고 한신에게 달려들었다.

한신은 두어 번 싸우는 체하더니 장이와 함께 깃발도 내던지고 달아나 버렸다.

진여는 군사를 휘동하여 추격했다. 한신의 군사는 깃발과 북을 모조리 땅바닥에 함부로 내던지고 도망해 버렸다. 가지각색의 크고 작은 깃발과 북이 발에 가로 거리끼어 조나라 군사는 걸음을 걷기 어려울 지경이었다. 그러나 적의 뒤에는 강물이 흐르고 있어 쫓겨가는 적을 모조리 강물 속에 집어넣을 수 있다는 생각에 조나라 군사는 용기를 잃지 않았다. 그들은 정신없이 제각기 앞을 다투어 쫓아가다가 눈 깜짝할 사이에 한신의 그림자를 잃어 버렸다.

한신이 어느 쪽으로 도망해 버렸을까? 이렇게 의심하고 있을 때, 난데없이 한나라의 대장 조참·번쾌·주발·근흡 네 사람의 장수가 대군을 인솔하고 풍우같이 쏟아져 나왔다. 한 놈이라도 뒤로 물러서는 놈은 목을 벤다! 이같이 네 장수가 고함을 지르며 군사를 휘몰고 오는 까닭에 조나라 군사는 당해 내지 못하고 무너져 버렸다. 앞을 다투어가며 추격하던 놈들이 이제는 돌아서서 제가 먼저 성안으로 피신하려고 도망질쳐 성 아래까지 와서 성문을 열라! 고함을 질렀건만, 성문 안에서는 들은 체도 하지 않고 사람의 소리조차 없었다. 한나라 군사에게 쫓겨 도망해 온 군사들은 이상하게 생각하고 문루 위를 쳐다보았다. 어느새 한나라 깃발이 성 위에 무수히 꽂혀 있고 한나라 군사들이 성 위에서 그들을 내려다보고 있지 않는가!

조나라 군사들은 그만 혼이 빠져 서로 먼저 도망가려고 떼밀고 누르고 엎치락뒤치락 야단법석이었다.

진여는 그 모양을 보고 성이 나서 그중 오륙 명의 목을 베었다. 그래도 혼란을 일으킨 군사들을 진정시킬 수는 없었다. 그런데 벌써 한나라의 대군은 사방에서 조수같이 밀려왔다. 그리하여 삽시간에 열 겹 스무 겹 조나라 군사들은 철통같이 포위당하고 말았다.

진여는 죽을힘을 다해 좌충우돌左衝右突해 가며 빠져나갈 구멍을 찾아 보았으나 도저히 방법이 없어 마상에서 숨을 헐떡거리며 어찌할 바를 모르고 한숨을 쉬고 있을 때, 뒤에서 한나라 장수 관영이 한칼로 그의 목을 베어 버렸다. 진여의 머리는 땅바닥에 떨어졌다. 그리고 조왕은 한나라 군사에게 사로잡히는 신세가 되었다.

한신은 징을 쳐서 군사를 거두었다. 조왕이 생포되고 진여가 죽었는지라, 조나라 군사들은 모조리 항복하고 말았다.

그는 군사들을 모은 뒤에 성중으로 들어갔다. 때는 이미 아침 밥을 먹을 때였다.

한신은 군사들과 약속한 바와 같이 조나라 서울 정경구의 성중에 들어와서 조반을 배불리 먹었다. 부하들은 다만 한신의 귀신 같은 계획이 틀림없이 들어맞았다는 사실에 놀랄 뿐이었다.

조반을 먹고 난 뒤에 번쾌·조참·주발 등 여러 장수가 모두 한신 앞에 꿇어앉으면서 물었다.

"병법에서 가르치기를, 진을 칠 때엔 '산은 오른쪽으로 등지고 물은 왼쪽 앞으로 두라[右背山陵·前左水澤]'하였는데 원수께서는 오늘 강물을 등 뒤에 두고 진을 치고 도리어 이같이 대승大勝하신 까닭을 모르겠사옵니다. 가르쳐 주십시오!"

부하들이 알고 싶어 진심으로 이같이 묻는 것을 보고 한신은 마음에 기꺼웠다.

"모든 장군은 병법에 있는 말을 기억하지 못하는가? '죽을 땅에 떨어뜨린 연후에야 살아나며, 망하는 처지에 그대로 두어야 그 뒤에 일어난다[陷之死地而後生, 置之亡地而後存]'라는 것이, 즉 이 같은 것이란 말일세. 모든 사졸이 후퇴하다가는 강물 귀신이 되겠으니 분투할 것 아닌가? 더구나 지금 우리 군대는 각처에서 항복해 온, 통일되지 못하고 교련을 받지 못한 백성들이니, 적군을 상대하다가 도망가기 쉬운 것들이란 말이야! 그런 까닭에 일부러 내가 등 뒤에 강물을 놓고 진을 치게 한 것이야. 이 때문에 죽어도 앞으로 나가다 죽으려고 목숨을 내놓고 싸웠더란 말이지! 그래서 과연 기대하던 바와 같이 승리를 얻은 것일세."

한신의 설명을 듣고 모든 장수가 탄복했다.

"과연 귀신도 알지 못하는 원수의 묘책이십니다!"

그들은 이렇게 칭송했다.

"이것이 이른바 배수背水의 진陳이란 것일세!"

한신은 자기가 처음으로 그전에 없던 새로운 전법戰法을 써서 크게 성공한 것을 스스로 만족해 했다.

아침의 회식이 끝난 뒤에 한신은 군령을 내렸다.

"광무군 이좌거를 생포해 오는 자에게는 천 냥을 내리리라."

한신은 조왕을 도와 모사 노릇을 하고 있던 이좌거를 평소에 경모하고 있었던 까닭이다.

이삼 일 후에 광무군은 군사들에게 붙들려 왔다. 한신은 잡아온 군사에게 상금을 주고 급히 이좌거의 몸에서 결박 지은 노끈을 풀어 주고 좌장으로 모시고 올라가 동쪽을 향한 자리에 앉게 하고, 자기는 서쪽을 향한 자리에 앉았다. 존경하는 선생을 대하는 예절을 깍듯이 지킨 것이다.

"대단히 미안하게 되었습니다. 선생께서는 널리 용서해 주시고, 북방의 연나라를 치려 하는데 저를 위해 어떠한 계책을 쓰면 좋을까, 그것을 가르쳐 주시기 바랍니다."

한신은 공손히 인사하고 이같이 물었다.

"망국의 대부는 잔명을 보존하고자 도모하는 것이 불가하며, 패군한 장수는 용맹을 말함이 불가하외다[亡國之大夫不可以圖存, 敗軍之將不可以語勇]. 그런고로 나는 할 말이 없소이다."

이좌거는 겸손하게 이같이 대답했다.

"아니올시다. 그같이 겸손하게 말씀하지 마십시오. 옛날에 백리해百里奚가 우나라에 있어서는 우나라가 망했건만, 그 후 진나라로 간 뒤에 진나라는 마침내 패업霸業을 성취하지 않았습니까? 다만 그 임금이 그 말을 들어 주느냐 안 듣느냐 하는 데 달렸을 뿐이지요. 만일 조왕이 선생이 주장하신 의견대로 말을 들었다면 저는 결국 사로잡히고 말았을 것입니다. 진여같이 재주 없는 인물의 말을 들었기 때문에 제가 조나라를 공략함에 성공할 수 있었던 것입니다. 청컨대 계책을 들려주시기 바랍니다."

한신은 이같이 말하고 재삼 이좌거에게 간청했다.

"아는 것이 많은 사람도 천 번 생각하다가 한 가지 빼놓고 생각한 것이 반드시 있고, 어리석은 놈이 천 번 생각한 데서는 반드시 얻는 것이 하나는 있다 하므로 미친놈이 지껄이는 소리에서도 성인은 택하는 말이 있는 것입니다. 그것을 본받아 나도 장군을 위해 간담을 토로해 보지요."

이좌거가 자기 의견을 말해 주겠다고 얘기를 꺼내자, 한신은 귀를 기울였다.

"장군은 이미 위표를 사로잡고, 하열을 죽이고, 이제 진여를 죽이고 십만의 조나라 군사를 격파하여 용명이 천하에 진동하는 바입니다. 농부는 호미를 놓고 경탄하고 젖먹는 아이들은 장군의 이름만 들어도 울음을 그치는 터이니 이것은 모두 장군의 성덕이겠습니다. 그러나 오랜 전장에서 인마는 이미 피폐해졌으니 앞으로는 소용되지 못할 것입니다. 피곤해지고 쇠약해진 군사를 이끌고 어떻게 연나라를 공략하시겠습니까? 연나라가 아무리 약하다 할지라도 성문을 곤고히 지키고 열흘 동안만 완강히 방비한다면 장군의 군사는 군량이 떨어져서 기운을 못 차리고 물러 나와야 할 것입니다. 연나라의 항복을 못 받게 되면, 제나라는 더욱 항복받지 못하게 됩니다. 이렇게 되면 장군을 지혜있다고 사람들이 칭송하지 아니할 것입니다. 그런고로 짧은 것으로는 긴 것을 때리지 못한다고 옛날부터 일러오지 않습니까? 제 생각으론 장군이 연나라를 격파하기 곤란하다고 봅니다."

"그러면 어떠한 계책을 써야 좋을까요?"

한신은 겸손히 물었다.

"장군을 위해 이 사람더러 꾀를 말하라 한다면, 먼저 군사를 휴양시키고, 사졸들의 예기를 기르면서 조나라의 백성을 편안하게 다스리라 하겠습니다. 이같이 하면 연나라에서는 상하가 모두 마음이 불안해서 편안히 잠을 못 잘 것입니다. 그리고 일변 장군은 말 잘하는 사람을 골라 편지 한 장을 연왕에게 보내어 이해利害를 가려 연왕으로 하여금 항복해 오도록 시키십시오. 연왕이 항복하게 되면 제왕齊王은 자진해서 따라올 것입니다. 그러면, 칼에 피 한 방울 묻히지 않고 연과 제 두 나라를 얻으실 것이요, 연후에 족히 천하를 도모할 수 있을 것입니다."

"과연 옳은 말씀이십니다. 선생의 고견탁설高見卓說(뛰어난 의견과 논설)은 병법에서 이른바 '싸우지 않고 적국의 군사를 눕히는 것[不戰而屈人之兵]'이올시다. 잘 알아들었습니다. 곧 그같이 하겠습니다."

한신은 즉시 이같이 사례하고 수하隋何를 불러들여 연왕에게 올리는 편지를 가지고 가 연왕을 설복시키고 오라 명령했다.

이좌거를 공손히 대접하여 돌려보낸 후 한신은 정경구의 성내와 성외에 대군을 주둔시키고 휴양하도록 부하들에게 지시했다.

이때 연나라의 왕은 한신이 조나라를 격파했다는 소식을 듣고 두려운 마음이 생겼다. 조를 격파했으니 그 길로 연을 침략해 오지 않을까? 연왕은 이같이 근심이 되어 신하들을 모아놓고 회의를 열었다.

"한신의 대군이 치고 들어온다면 이 일을 장차 어찌할 것인가?"

연왕 장도藏荼는 이같이 신하들을 둘러보며 입을 열었다. 그러자 신하들 가운데서 한 사람이 앞으로 나왔다.

"한신이 비록 병세兵勢를 떨친다 할지라도 그동안 접전을 계속해 왔으므로 삼군이 피로할 것입니다. 그런고로 한신은 잠시 조나라에 머물러 있으면서 움직이지 않고, 필시 사람을 대왕께 보내어 항복하기를 권해 올 것 같습니다. 이때 대왕께서는 그 사신에게 허락을 주지 마시고, 신에게 그 사신을 따라 한신에게 나가 보게 하여 임기응변臨機應變하도록 해 주시기 바라옵니다."

연왕이 이같이 말하는 신하의 얼굴을 보니, 모사로 있는 괴철蒯徹이었다. 그의 자字는 문통文通이다.

"과연 한신의 대군이 움직이지 않고 정경성에 머물러 있을까?"

연왕은 괴철의 말을 의심하며 혼잣말처럼 이같이 중얼거렸다. 그런데 때마침 근신이 들어와서 아뢰었다.

"지금 궁문 밖에서 한신의 사자 수하가 서간을 가지고 와서 대왕을 뵙고자 합니다."

연왕은 놀랐다. 괴철의 말처럼 한신의 세객이 온 까닭이다.

"불러들여라."

근신이 나가자 잠시 후에 수하가 들어왔다.

연왕은 한신의 서간을 받아 펼쳐 보았다.

한나라 대장군 한신은 연왕께 글을 올리나이다. 한신이 듣자오니 천명天命은 오직 유덕한 곳으로 돌아간다 하나이다. 진나라가 무도하여 마침내 멸망되고, 이어서 항 씨가 그 후를 이어 더욱 포악해져 의제를 방시한 그 죄악은 하늘에 사무쳐서 신인神人이 공분하므로, 한왕은 의義를 위해 군사를 일으키고 소복한 군사로 하여금 삼진을 순식간에 평정하게 하고, 위魏의 항복을 받아 위표를 사로잡았으며, 하열을 죽였으며, 조나라를 격파하고 진여를 죽였으니, 이것이 모두 군사가 강한 까닭이 아니라 덕이 높은 까닭이옵나이다. 이같이 이르는 곳마다 순조로이 복종해 오지 않는 곳이 없건만, 연나라만이 한왕께 복종해 오지 않으니 이 어찌 천명을 알고 있다 할 수 있겠습니까? 이제 군사를 조나라 성에 머무르게 하고 글을 보내는 것이오니 칼과 창을 거두고 백성들로 하여금 피비린내를 맛보지 않게 하고 국왕의 지위를 영구히 보존하심이 어떠할는지, 대왕은 깊이 생각하시기 바라나이다.

한신의 이 같은 편지를 보고 나서 연왕은 수하에게 물었다.

"한왕이 팽성에서 초 패왕 폐하께 여지없이 참패당한 후 간신히 지금 영양성에 몸을 의탁하고 있을 뿐인데, 어찌 천명이 자기에게 있다 한단 말이오?"

한신의 편지 서두에서, 천명은 오직 유덕한 사람에게 있다 하고 지금까지 여러 지방을 공략하여 모조리 성공한 것이 다만 군사가 강했던 까닭이 아니고, 오직 한왕의 덕이 높은 까닭이라고 말했음에 대해, 연왕은 먼저 이 같은 의문을 일으켰던 것이다.

"그같이 말씀하시는 것은 대왕이 잘못 생각한 것이옵니다. 우리 한왕께서 비록 팽성 대전에서 참패하셨지만 대풍大風이 돌연 일어나고, 백광白光이 길을 인도하여 천지혼돈한 가운데서 무사히 피신하였으니, 이것이 하늘이 돕는 까닭이 아니겠습니까? 그렇지 않고서야 어떻게 살아나셨겠습니까? 그러기에 자고로 성왕聖王은 백령百靈이 돕는다 하는 것이옵니다. 그리고 지금 한왕께서 영양을 지키고 계시면서 사방으로 적을 받으시건만 천하를 제복制服하시는 중이니, 이런고로 성왕은 문무 겸전한 법이옵니다. 황차 휘하에는 한신 원수가 용병 작전을 잘하고, 장자방 선생은 계교를 잘하며, 소하는 내치內治와 보급補給을 잘하여 군사는 백만, 그리고 용장勇將은 구름같이 모여 있으니, 더 말할 것도 없지 않습니까? 초나라는 비록 강대하다 할 수 있으나 초 패왕이 포악무도하고 잔인하여 사람이라 할 수 없습니다. 천하 백성들이 원한을 품고 미워하는 터이니, 대세는 이미 결정된 것입니다. 앞으로 수개월, 길어야 일 년을 못 가서 초 패왕은 멸망될 것입니다. 그러하건만 대왕께서는 시세를 살피지 못하시고, 성成과 패敗를 모르시고 경솔히 한왕의 기초가 아직 안 섰다고 말씀하시는 것은 잘못이옵니다. 하물며 지금 조나라가 이미 망해 조왕은 생포되고 진여는 전사하고 말았으니, 순망치한脣亡齒寒(입술이 없으면 이가 시림)이라, 조나라와 연접되어 있는 대왕께서는 고립되어 능히 버티시겠습니까?"

수하의 변설은 실로 청산유수같이 도도히 흘렀다. 연왕은 무어라 할 말을 알지 못하고 탄복했다. 한참 동안 침묵하고 있다가 연왕은 괴철을 가까이 불러 명령을 내렸다.

"지금 이 사람과 함께 한신 장군을 찾아가 보고 네가 주선을 잘하기 바란다."

연왕은 항복을 하는 것이 옳겠는가, 항복하지 않고 그대로 있어도 무방하겠는가, 그것을 괴철로 하여금 판단하고 오라는 것이었다. 괴철은 명령을 받들고 물러나왔다.

연왕은 수하를 대접한 후 괴철과 함께 한신에게 돌아가게 했다.

한신은 연왕의 사신을 만나보기 전에 부하들을 불러 자리를 위엄 있게 설비하도록 명령했다.

얼마 후 괴철은 무사의 안내를 받아 원수의 본진으로 들어갔다. 깃발은 무수히 나부껴 하늘의 햇빛이 보이지 아니할 지경이요, 좌우에는 무장을 견고히 한 사졸들이 도열하여 서 있었다. 원수가 거처하는 성안에 들어서니, 한신은 중앙에 조용히 앉아 있고, 오른쪽에는 장수들이, 왼쪽에는 모사들이 일렬로 늘어서 있었다. 괴철은 마음속으로 탄복하면서 한신 앞에 가 공손히 예를 했다.

괴철이 예를 마치자마자 한신은 정색을 하고 돌연히 호령하며, 무사들에게 괴철을 밖으로 데리고 나가게 했다.

"대부가 지금 나에게 온 까닭은 나를 설복시켜 합전合戰을 그만두게 함일 것이오. 그러나 연나라가 초 패왕의 번진藩鎭(제후나라)으로 있는 이상, 나는 맹세코 군사를 이끌고 연나라를 치겠소! 대부는 속히 물러가시오!"

괴철은 아무 말도 못하고 밀려나오다시피 밖으로 나왔다. 그러나 성 밖에 나와서는 공손하게 괴철을 정결한 객사로 안내했다. 그는 불안한 마음으로 객실에 들어갔다.

방 안에는 비단으로 누벼 만든 좋은 방장이 둘려 있고, 음식 기구와 그 외에 모든 필요한 물건이 빠진 것 없이 설비되어 있었다.

저녁때가 되어 저녁상이 들어왔는데 보니 매우 훌륭한 음식이었다. 그는 방장을 내리고 춥지 않게 그 밤을 지냈다.

이튿날 온종일 아무도 만나러 오지 않아 그날이 그대로 지나갔다. 이같이 지내며 삼사 일을 보냈다.

이렇게 초조한 마음으로 하는 일 없이 홀로 앉아 있을 때, 하인이 들어와 광무군 이좌거가 찾아왔다는 소식을 전하자 그는 너무나 반가웠다.

"어서 들어오시라고 해라."

그리고 그는 일어나 마중했다.

이좌거가 방 안에 들어와 인사를 하고 자리에 앉자마자 괴철은 탄식하듯 호소했다.

"이거 보십시오! 마치 감옥 속에 있는 것과 같이 이렇게 갇혀 있습니다. 본시 연나라와 조나라는 순치脣齒와 같은 사이가 아닙니까! 그런데 뜻밖에 조왕께서 생포되시고, 진여는 죽고 조나라는 멸망되었으니, 우리 연나라도 이제는 위태하게 되었습니다. 어찌하면 좋겠습니까?"

이같이 비창한 어조로 호소하는 말을 듣고, 이좌거는

"대부께서는 무얼 그리 슬프게 생각하시오! 순천자順天者는 흥興하고, 역천자逆天者는 망亡하는 것이외다. 한왕이 의제를 위해 발상發喪을 하고, 의병을 일으키고, 덕德과 사랑이 만백성에게 미치고, 위령威令은 제후들에게 시행되고 있으니 이야말로 천하의 의주義主입니다. 더구나 한신은 용병 작전을 귀신같이 하여 천하에 그 적수가 없습니다. 그러니 앞일을 밝게 내다 볼 줄 아는 사람은 간과干戈를 거두고 항복하는 것입니다. 되지 못하게 한 편만 생각하고 강포한 초 패왕만 섬기려 하는 것은 그야말로 주紂(폭군)를 도와 악惡을 행하는 인물입니다. 어찌 천벌을 받지 않겠소이까! 내가 항상 조왕에게도 천하대세를 설명하고 한왕께 항복하기를 권했건만 듣지 않은 까닭에 조나라는 멸망하고 말았습니다. 내가 아까 순천자는 흥하고, 역천자는 망한다고 한 것은 바로 이것을 가리키는 말입니다. 황차 대부는 연나라의 명사이니 마땅히 천하대세를 살피고 흥망성쇠를 짐작해야 할 것이 아니오? 대부는 지금 스스로 요량하기를, 초 패왕과 한왕을 비교하건대 어느 쪽이 진정한 임금이 될 인물 같아 보이시오?"

이같이 설명하고 괴철의 의견을 물었다.

"한왕은 인자하며 관대하고 도량이 크고, 초 패왕은 강포하며 조급하고 잔인하니, 인물을 가지고 논한다면 한왕이 진정한 임금이라 할 수 있지요. 더구나 망탕산에서 큰 뱀을 죽이고 그 자리에 밤이면 귀신이 울음 울고 하였다는 풍설이 헛된 것이 아니라면 한왕이야말로 참으로 하늘이 내린 임금이라 생각하오."

괴철은 자기의 견해를 솔직하게 말했다.

"그러면 한신·장량·소하·진평·번쾌 등과 초 패왕의 신하 범증·용저·계포·종리매 등과를 비교해서는 그 어느 쪽이 우수하다고 생각하시오?"

이좌거는 또 이같이 물었다.

"그야 두말할 것 없이 장량·한신 등이 초 패왕의 신하들보다 훨씬 훌륭하지요!"

"지금 대부의 말대로 한다면, 한나라는 흥하고 초나라는 미구에 망할 것이 엄연한 사실이 아니겠소이까? 그런데 무엇 때문에 흥하려는 한나라를 배반하고 망하려는 초나라를 섬기려 하시오? 천 명을 아는 사람이라면 이같이 하지 않을 것입니다."

이좌거의 말을 듣고 괴철은 고개를 수그렸다. 생각해 보니 과연 이좌거의 말에 대답할 말이 없었다.

이좌거는 괴철과 함께 원수의 본진에 들어와 한신에게 경과를 설명하고 이같이 권고했다.

"연왕의 사자 괴철 대부가 자기를 적국의 사자로 생각하지 않고 대단히 후대하신 원수의 인격에 감격한 모양입니다. 그래서 빨리 돌아가 연왕에게 권해 한나라에 항복하도록 하고 자기도 앞으로 휘하에 있으면서 일을 돕겠다고 하니, 아마도 군사행동을 하는 것보다는 항복해 오기를 기다리는 편이 좋을 것 같습니다."

"좋습니다! 수고하셨습니다."

한신은 이좌거에게 감사했다. 그리고 조참·번쾌 두 장수를 불러들여 이같이 일렀다.

"지금 즉시 괴철 대부를 동반하고 연나라로 가서 연왕으로부터 항복을 받고 돌아오기 바라네. 알아들었나? 군사는 일만 명만 거느리고 출동하는 것이 좋겠지!"

한편, 연왕 장도는 괴철을 한신에게 보내 놓고 돌아올 날이 여러 날 지났건만 소식이 없는지라 마음이 편치 못했다. 한신의 군사가 쳐들어오는가? 괴철이 한신을 설복하여 한신이 주저앉았단 말인가? 이렇게 생각이 갈팡질팡하면서 여러 날이 지나갔다.

그런데 하루는 근신이 연왕에게 아뢰었다.

"대부 괴철이 지금 돌아왔사옵니다."

"어서 들어오라 해라."

연왕은 괴철을 불러들였다.

"그래, 그런데 어찌하여 이다지 오래 있다 오는고?"

연왕은 괴철에게 오래 기다리게 한 것을 책망하는 어조였다.

그러나 괴철은 "황송하옵니다. 그러나 이는 신의 본의가 아니었사옵니다."라고 말하고 그동안 한신을 찾아갔다가 만나자마자 다짜고짜로 호령을 들었던 일과 삼사 일 후에 이좌거가 찾아와서 그와 문답하던 일, 자기가 실지로 한신의 진영을 보고 관찰한 바에 의한 감상, 그리고 천하대세에 대한 판단을 세세히 아뢰며 끝으로 이렇게 말했다.

"신이 생각하옵건대 한왕은 초 패왕을 멸망케 하고 천하를 통일할 것 같사옵니다. 그러므로 한왕에게 항복하는 것이 창생을 도탄에서 구하는 길이요, 또한 만전지책인가 하옵니다. 지금 성 밖에는 조참·번쾌 두 장군이 도착해 있습니다."

연왕은 크게 잔치를 베풀었다.

이튿날 연왕은 조참·번쾌 두 사람을 따라 조나라의 서울 정경성으로 갔다.

한신은 연왕을 맞이해 예를 마친 뒤에 이같이 말했다.

"이 사람이 대군을 인솔하여 연나라와 제나라를 공략해 북방 지방을 깨끗이 평정하려 했더니, 뜻밖에 이같이 현왕賢王께서 몸을 굽혀 친히 원로에 찾아와 주시니 감사합니다."

"내 평소부터 원수의 위덕威德을 사모하여 속히 항복하려 하던 터이외다. 그리하여 전일 괴철을 보내 이 뜻을 말씀하라 했는데, 다행히 원수께서 허락해 주셨으니 도리어 감사하외다. 청컨대 원수는 이 뜻을 한왕께 아뢰어 주십시오. 그리하여 영구히 휘하에서 왕업을 돕게 해주시기 바랍니다."

한신의 말에 연왕은 이같이 대답했다.

한신은 대단히 만족스러워 했다.

"그러면 항복하시는 표문表文을 적어 주십시오."

연왕은 한신의 부탁대로 항복 표문을 적었다. 한신은 그 표문을 영양성으로 보내 한왕께 경과를 보고하는 한편, 장차 제나라를 공략하기 위한 준비를 진행시키기에 분망했다.

서력 기원전 204년, 정유년丁酉年 11월, 한신이 정경구에서 조나라의 정복을 완료하자, 그 위엄은 원근 각 지방에 떨쳐 모든 백성이 두려워하고 우러러보고 칭찬하는 소리가 가득했다.

천하 정세가 나날이 변동되자 범증·종리매 두 사람은 초 패왕에게 실정을 보고하고, 한왕이 뿌리를 깊이 박기 전에 이를 제거하지 않으면 어려우니, 속히 한왕을 정벌하자고 주장했다. 항우도 이미 한신이 불과 두어 달 동안에 위표를 사로잡고 하열을 죽이고 조나라를 정복하고 연나라의 항복을 받아, 가는 곳마다 이겼다는 사실을 알고 있던 터인지라 즉시 범증과 종리매의 주장에 찬성하고 영양성을 공략할 준비를 하라고 명령했다.

한왕을 그대로 두었다가는 그 세력이 점점 커지리라는 것을 자기도 부인하기 어려웠던 때문이었다.

한나라의 정보원들은 신속히 초 패왕의 이 같은 결정을 탐지하고 영양성에 보고를 올렸다. 한왕은 이 같은 보고를 받고 급히 장량과 진평을 불러들였다.

"지금 한신이 멀리 북방에 출정 중이어서 아직 돌아오지 못하였는데 이 틈을 타 초 패왕이 대군을 출동시켜 쳐들어온다 하니 어찌하겠소? 영포는 이미 구강으로 귀환했고, 왕릉은 모친의 참변(왕릉의 모친은 항우의 진영에서 자결했다)을 당한 뒤에 신병이 나서 아직도 쾌차하지 못하고 기타 모든 대장이 한신과 함께 북국에 가 있으니 성중에는 초 패왕을 대적할 만한 사람이 아무도 없지 않소?"

한왕에게는 진실로 커다란 걱정거리였다.

장량도 얼른 대책을 말하지 못하고 있을 즈음 진평이 먼저 의견을 상주했다.

"과히 근심하시지 않아도 좋겠습니다. 신이 한 가지 계교를 생각했사옵니다. 초 패왕이 가장 신임하는 신하는 범증·종리매·용저·주은周殷 등 오륙 명에 불과합니다. 이번에 이곳으로 침공해 오는 것도 근본은 초 패왕의 주장이 아닐 것이요, 이 사람들의 주장일 것이옵니다. 그러하므로 이제 반간계反間計를 써서 초나라 장수들에게 뇌물을 먹이고 이간, 중상을 퍼뜨리게 하여 범증과 종리매가 초 패왕을 배반하려는 음모를 꾸미고 있다는 헛소문을 퍼뜨리면, 초 패왕은 본시 단순하고 우직愚直한 성품인지라 그것을 믿을 것이옵니다. 이렇게 되면 범증이 제아무리 훌륭한 계책을 낸다 할지라도 초 패왕이 의심하고 쓰지 아니할 것이옵니다. 이때쯤 해서 신이 또 한 가지 계교를 쓰면 초 패왕은 범증을 당장에 죽여 버릴 것이옵니다. 초나라에 범증만 없어진다면 초 패왕이 어떻게 그 용맹을 써볼 수 있겠사옵니까. 그때 대왕께서 급히 치시면 초나라는 당장에 멸망하고야 말 것이옵니다."

진평의 의견을 듣고 한왕은 참으로 기뻐했다.

"과연 합당한 계책인 줄 아는데, 선생은 어찌 생각하시오?"

장량을 향해 이같이 물었다.

"진평의 말씀대로 하시는 것이 상책일 것 같사옵니다."

장량도 즉석에서 이같이 찬성했다.

수일 후에 진평은 심복으로 믿는 부하 오륙 명에게 각각 황금을 나누어 주고 초나라로 들어가게 했다. 그들을 초나라에 파견하는 목적은, 범증과 종리매가 여러 번 큰 공을 세웠건만 초패왕이 공을 알아주지 않고 아무런 봉작封爵이 없자, 두 사람은 이에 원한을 품고 한나라와 내통하여 초나라를 뒤집어엎고 초나라가 망한 뒤에 그 땅을 나누어 가지려고 비밀히 음모하고 있다는 선전을 하여 항우로 하여금 범증과 종리매를 의심하게 만드는 사명을 수행하는 데 있었다.

항우는 마침내 근신들이 밀고하는 이 같은 정보를 받고 대경실색했다.

'큰일날 뻔했다! 까맣게 모르고 앉아 있다가 이제야 두 놈의 심사를 알았으니 이놈들과는 일을 의논하지 말아야겠다!'

그는 이렇게 결심하고 급히 군사의 동원령을 내렸다. 하루바삐 한왕을 격멸시켜 우선 화근을 제거하는 동시에 범증과 종리매는 우자기와 그 외에 근신 두 사람으로 하여금 은밀하게 감시하여 확증을 잡도록 했다.

장량은 한왕 앞으로 다가가 의견을 말했다.

"초 패왕의 공격이 대단히 급해졌습니다. 지금쯤 사신을 보내시어 거짓말로 싸움을 정지하고 화평하게 지내자 하신 후에 진평에게 한 가지 계교를 쓰도록 분부하시기 바랍니다."

"그러나 우리가 화평하자 해도 초 패왕이 응하지 않으면 그때는 어찌할 텐가?"

한왕은 근심스러운 듯 이같이 물었다.

"초 패왕은 성질이 조급하옵니다. 패기는 강하나 우직하고 단순한 인물이옵니다. 그간 오륙 일 동안이나 공격을 했건만 우리가 조금도 약해지지 않자, 초 패왕은 지금 초조하고 불안하며 번민하고 있을 것이옵니다. 만일 한나라 사신이 가서 화평을 제의하면 초 패왕은 반드시 휴전하고 물러갈 것입니다."

장량은 자신 있게 단언했다. 한왕은 장량의 태도에서 조금도 의심하는 기색이 없는 것을 보고 안심이 되는 듯이 말했다.

"그러면 수하를 사신으로 보냅시다."

이같이 말하고 수하를 불러들여 장량과 함께 자세히 지시를 내렸다. 명령을 받은 수하는 초나라 진영에 도착하여 항우에게 한왕의 뜻을 고했다.

"한왕께서는 폐하께 이같이 아뢰라 하시옵니다. 본시 회왕의 분부로 형제 결의를 맺고 동서 두 길로 진나라를 정벌한 뒤에 한왕은 태산준령泰山峻嶺으로 가로막힌 포중 땅에 한왕이 되어 가서 멀리 부모가 계신 고향 산천이 그리운지라 참지 못해 군사를 이끌고 쳐들어 왔으나, 본래부터 천하를 얻으려는 뜻은 없었고 지금 와서는 이미 관중 지방을 얻었는지라 평생 소원을 이룬 셈이옵니다. 그러하오니 영양을 경계선으로 하여 동쪽은 초나라, 서쪽은 한나라의 땅으로 해 주시면 한왕은 속히 한신을 불러 내부 지방만을 수비하도록 하고 백성들로 하여금 전란의 화를 받지 않도록 한 후, 폐하와 함께 영구히 부귀를 누리고자 한다 하옵니다. 폐하께서는 이 뜻을 널리 살피시고 화목하게 지내주시기 복망하나이다."

수하는 말을 마치고 절을 했다.

항우는 입을 다물고 한참 동안 말이 없었다. 그는 어찌했으면 좋을지 생각이 나지 않았고 한왕의 휴전 제의도 받아들일 수 있다고 생각되었다. 그리고 '부모가 있는 고향으로 나오고 싶었을 뿐이지, 천하를 도모하자는 의도는 없었다'는 말도 사실인 것 같았다. 그러나 회목하게 지내는 것이 과연 이롭게 될는지 해롭게 될는지 그것은 판단을 내릴 수가 없었다.

그는 범증과는 일을 의논하지 않겠다고 생각했지만, 이런 때에는 그의 의견을 물어볼 수밖에 없어 범증을 불렀다.

"한왕이 지금 수하를 사신으로 보내왔는데 짐과 화목하자 하오. 짐이 생각컨대 일시 화평하고 휴전하는 것이 좋을 것 같기도 하다만은……. 사방의 제후가 짐을 배반하여 한왕이 벌써 그 중 칠팔은 가진 셈이니 영양을 경계로 하여 동을 초나라로 하고 서를 한나라로 하자는 말도 무리한 것 같지 않고 과연 그렇게 함이 어떠하오?"

항우는 범증의 얼굴을 건너다보며 이같이 그의 의견을 조심성 있는 태도로 물었다.

범증은 항우가 이같이 조심성 있는 태도로 자기에게 의견을 묻는 것을 처음 보았다.

"결단코 불가하옵니다. 영양성이 공허하온데 폐하께서 격심하게 공격하시니까 어쩔 수 없이 화목하자는 것이옵고, 결코 한왕의 본심이 아니옵니다. 그러므로 폐하께서는 지금 수하의 한마디에 호기好機를 놓치시면 아니 되옵니다."

범증은 충심으로 이같이 말했다.

항우는 또 생각했다. 범증의 말처럼 영양성을 때려 부순 뒤에는 한신이 제아무리 백만 대군을 인솔해 온다 할지라도 한왕이 이미 없어진 뒤이니 제가 무슨 도리가 있으랴? 그러나 영양성의 공략 작전이 천연되어 시일을 허비하는 동안에 한신이 팽성으로 쳐들어간다든지 또는 영양성으로 회군하여 자기를 전후에서 협공한다든지 하면 이것도 큰 걱정이니 일찍이 화평하는 것만 같지 못하지 않은가? 이렇게도 생각되었다.

"잠시 물러가 있기를 바란다. 짐이 다시 생각해서 마음을 결정한 뒤에 부르리라."

급기야 항우는 수하에게 이같이 말했다.

"폐하께서는 친히 스스로 생각하신 바에 의해 결정하시옵소서! 결단코 신하의 말은 듣지 마시옵소서. 지금 한신이 북국 지방을 평정하고 불원간 돌아오게 되었사옵니다. 폐하께서 오랫동안 여기 나오시어 양식은 부족하고 사람들은 피곤한데, 후방에서는 한신의 대군이 몰려오고 성중으로부터는 한나라 군사가 몰려나온다면 그때 폐하께서는 어찌하겠사옵니까? 그때는 폐하께서 화평하자 할지라도 한왕은 이에 응하지 않을 것이옵니다. 그리고 모든 사람들은 조소할 것이옵니다. 신이 지금 비록 한나라에 있사오나 원래 초나라의 신하였습니다. 지금 아뢴 말씀은 심복을 토로한 것이옵니다. 폐하께 신이 어찌 감히 거짓말을 하겠나이까. 속히 올바른 판단을 내리시옵소서."

수하가 항우에게 진정을 토로하는 듯이 이같이 말하자 항우는 대단히 기뻐했다.

"그래! 네 말이 과연 합당하다. 짐이 이제는 마음을 결정했으니 너는 먼저 돌아가라. 짐이 추후로 사신을 보내 한왕과 화평을 결정하겠다."

"황송하옵니다. 그럼 신은 먼저 물러가옵니다."

수하는 초 패왕의 승낙을 받아서 물러갔다.

항우는 수하를 돌려보낸 뒤에 즉시 우자기를 불렀다.

"짐이 한왕의 소청으로 저와 화평하기로 결정했으니 너는 영양성에 들어가서 한왕을 만나보고 앞으로 사흘 안에 친히 나와 짐에게 화평을 맹세하라 말한 뒤에 성중의 허실을 살펴보아라."

우자기는 분부를 받고 물러갔다.

한편 성중으로 돌아온 수하는 초 패왕을 만나 꾀하던 바대로 그를 속여 화평의 동의를 얻은 경과를 보고했다.

얼마 지나지 않아 초 패왕의 사신 우자기가 영양성 궁문 밖에 도착했다. 그러나 궁문을 파수하는 위관이 안으로 들어갔다

나오더니, 한왕은 어젯밤에 술을 과히 마신 까닭에 아직 일어나지 못했으니 객실로 들어가서 기다리라 하는 것이었다. 우자기는 위관이 인도하는 대로 들어가서 기다리고 있었다.

얼마 후 장량과 진평이 객실로 찾아오더니 "오래간만이올시다. 저쪽으로 가십시다."하며 그를 다른 처소로 인도했다. 우자기는 두 사람이 이끄는 대로 따라갈 수밖에 없었다. 그다지 넓은 궁궐은 아니나 조그마한 언덕 위에 날아갈 듯이 세워놓은 누각이 있는데, 장량과 진평은 우자기를 그곳으로 안내해 갔다.

"자, 여기 앉으십시오. 마침 준비해 놓았던 술이 있으니 추우신데 우선 한잔 드십시오."

진평은 우자기에게 술병을 내밀고 이같이 권했다. 옥으로 깎아서 만든 술병이요, 앞에 놓인 술잔은 금으로 만든 것이었다.

"날씨가 대단히 추워졌습니다. 더운 국을 드십시오."

장량도 이같이 음식을 권했다. 산해진미가 차려져 있었다.

우자기는 너무도 융숭한 접대를 받으니 정신이 얼떨떨해졌다.

"그런데 참 요사이 범아보께서는 안녕하십니까? 오늘은 무슨 일로 갔다 오라 하시던가요?"

진평이 이같이 물었다.

"아니올시다. 나는 범아보의 심부름으로 온 사람이 아니고, 초패왕 폐하의 사신으로 온 사람이외다."

우자기는 그들이 자기를 범증의 사자로 오해하고 있는 것을 불쾌하게 생각하는 표정을 보이며 이같이 대답했다.

그와 동시에 장량과 진평의 표정도 싹 바뀌었다. 지금까지 웃고 반기던 두 사람의 얼굴빛은 금시에 냉정해졌다.

"아 그래요! 우리는 범아보의 사신으로만 생각했지요!"

그리고는 옆방에 있는 하인들을 향해 이렇게 말하고 뒤도 돌아보지 않고 그대로 나가버렸다.

"여봐라, 너희는 초 패왕의 사신으로 오신 이분을 객실로 인도해 드리고 접대를 잘해라!"

그와 동시에 하인 두 사람이 들어와 우자기에게 말했다.

"그러면 저쪽 객실로 가시기 바랍니다."

그는 심중이 불쾌하고 괴상하기 짝이 없었지만 한왕을 만나 화평 체결을 하고 오라는 사명이 있는지라 하인들이 인도하는 대로 객실로 들어갔다.

들어와서 보니 아까와는 딴판이었다.

'어찌해서 별안간 장량과 진평이 자기가 범증의 심부름으로 온 사람이 아닌 것을 알고는 이렇게도 허술하게 접대하는 게 괴상한 일이로다…….'

우자기는 이같이 의심했다.

아무리 생각해 보아도 까닭을 알 수 없는 노릇이었다. 불쾌한 마음으로 한식경이나 앉았노라니까 그제야 한왕의 근신이 찾아와서 이같이 통고했다.

"들어오시라는 분부입니다. 대왕께서 지금 일어나 계십니다."

우자기는 얼른 일어나 근신을 따라 밖으로 나왔다.

객실의 마당을 지나 한왕이 앉아 있는 정전을 향해 몇 발자국 걸어가려는데 맞은편에서 수하가 마중을 나왔다.

"어서 오십시오. 이리로 먼저 가십시다."

수하는 우자기를 환영하며 길을 인도했다. 근신은 다른 곳으로 사라지고, 우자기는 수하의 뒤를 따랐다. 수하는 우자기를 인도하여 정전의 한구석에 있는 비밀실로 안내하더니 "여기서 잠깐만 기다려 주십시오. 내가 먼저 들어가 뵈옵고 나오겠습니다."라고 말하고 우자기를 그 방에 홀로 남겨 두고 나가 버렸다. 우자기는 방 안을 둘러보았다. 사방에 책장이 있고 수천 권의 책이 쌓여 있으며 책장 밑으로 문갑이 놓이고 그 위에는 여러 가지 그릇과 서류가 수두룩하게 쌓여 있었다.

"오! 이 방이 한왕이 쓰고 있는 밀실이로구나!"

우자기는 이렇게 직감하고 얼른 서류를 들추어 보았다. 수하가 나가고 아무도 없는 틈에 한나라의 내막을 조사해 본다는 호기심이 그의 마음을 자극했다.

한 장 또 한 장 서류를 들추어 보다가 우자기는 그중에서 이름이 적히지 않은 수상한 편지 한 장을 발견했다.

초 패왕이 팽성을 지키지 아니하고 군사를 이끌고 멀리 왔으나 인심은 복종하지 아니하며 병력은 불과 삼십만이오니, 대왕께서는 항복하지 마시고 속히 한신을 영양으로 소환하소서. 노신은 종리매 등과 내응하겠사오니 초나라의 망할 날은 눈앞에 있사옵니다. 보내주신 황금은 받사옵기 황송하오며 초나라를 격멸하신 후 토지를 떼어주시어 노신으로 하여금 고국에 돌아가 왕작王爵에 봉해지도록 처분해 주시면 이보다 더 큰 소원이 없사옵니다.

우자기는 편지를 읽고 깜짝 놀랐다.

'옳거니! 이것은 틀림없는 범증의 편지로구나!'

우자기는 생각했다.

'최근에 팽성에서 군사가 출동하기 직전부터 범증과 종리매가 한나라와 내통하여 초나라를 망치려 한다는 소문이 떠돌고 있으나, 설마 그럴 리가 있으랴 하고 그 소문을 믿지 않았었다. 그렇건만 아까 장량과 진평의 태도는 확실히 이상했다. 범증과 그 두 사람 사이에는 확실히 그 무엇이 숨어 있다. 그렇지 않고서야 그렇게도 나를 대하는 태도가 금시에 달라질 수 있으랴? 그러고 보면 이 편지는 분명 범증의 편지다! 이것을 훔쳐 가야겠다.'

우자기는 혹시 보는 사람이 없나 빈 방을 또 한 번 둘러보고 다행히 인기척도 없음을 확인하고 편지를 품속에 감추었다.

쥐도 새도 모르게 범증의 편지를 훔쳐 넣었다고 우자기는 믿고 있지만, 옆방에 숨어 숨소리도 내지 않고 지켜보던 장량과 진평은 만족한 웃음을 웃었다.

'우리의 계획대로 되었소!'

두 사람의 눈은 서로 이같이 속살거렸다.

우자기는 이런 줄도 모르고 빈방에 우두커니 앉아, 범증의 편지를 감쪽같이 훔쳐 가진 것만 다행하게 생각하는 표정이었다.

이때 수하가 들어와 아뢰었다.

"대왕께서 방금 세수를 마치시고 접견하시겠다는 분부입

니다. 나오십시오."

우자기는 얼른 일어나 수하를 따라 한왕의 처소로 들어갔다. 한왕은 우자기의 인사를 받고 이같이 말했다.

"삼 년 전에 초 패왕과 내가 진나라를 공략하기 직전에 회왕으로부터 말씀이 계셔, 먼저 함양에 입성하는 사람이 왕위에 오르도록 상약되었건만 패왕이 상약을 위반하고 나를 험산 궁곡으로 몰아냈기 때문에, 나는 주야로 부모가 계시는 고향이 그리워 결국엔 군사를 일으켜 관중 지방을 얻었으니 내 평생 소원을 이룬 셈이요. 그런고로 오랫동안 고전苦戰을 했으니 이 이상 백성들을 불행하게 할 까닭이 없다 생각하고 사신을 보내 화평하기를 원했는데, 이렇게 패왕이 허락하시니 다행한 일이오. 지금부터 관서를 한나라 땅으로 하고 관동을 초나라 땅으로 정한 후 각각 군사를 거두고 강토를 지키고자 하니 그대는 나를 위해 패왕께 이 말씀을 전해주기 바라오."

우자기는 공손히 인사를 마치고 초나라 진영으로 돌아갔다.

그는 항우에게 돌아와 영양성에 도착한 후에 보고 당한 전후 시종 이야기를 세세히 고해바치고 훔쳐 온 범증의 편지를 올렸다.

항우는 그 편지를 끝까지 읽어보더니 대번에 얼굴빛이 변하고 눈이 화등잔처럼 둥그레졌다.

"무엇이라고! 이 늙은 여우 새끼 같은 놈이! 아니다, 이것을 이대로 둘 수 없다! 속히 범증을 끌어내다 고문拷問을 해서 그 죄를 자백시켜라!"

항우는 이렇게 호령을 했다.

항우가 이렇게 떠드는 것을 범증이 듣고 깜짝 놀랐다. 진중에서 거처하는 항우의 처소와 범증의 방은 가까이 있었던 것이다.

범증은 즉시 항우의 처소로 달려 들어가 꿇어앉았다.

"폐하께서는 노신의 말씀을 들어주시기 바라옵니다. 신이 삼 년간 폐하를 모시고 국가 대사에 진심갈력 해왔사온데, 지금 와서 어찌 두 마음을 품을 수 있겠사옵니까? 이것은 필시 장량과 진평이 폐하로 하여금 의심케 하여 신을 죽여 없애려는 반간지계反間之計일 것입니다. 폐하께서는 노하지 마시고 깊이 생각하시옵소서."

범증은 억울한 듯이 이같이 말했다. 그러나 항우는 소리를 높여 호령했다.

"무어라고? 듣기 싫소! 우자기는 짐의 심복이니 거짓말할 사람이 아니오. 또 확실한 증거를 가져왔는데 무슨 잔말이오!"

범증은 꿇어앉아 호령을 들으며 생각했다. 항우의 기색을 살펴도 보았다. 저렇게 성질이 조급하고 의심이 많고, 인자하지 못하고 아는 것이 없으면 결국엔 크게 되지 못할 것이니 차라리 그만두자! 그는 이같이 결심하고 항우를 바라보며 큰소리로 말했다.

"천하의 일이 다 되었습니다! 폐하께서는 만사를 친히 생각하시는 대로 처사하기를 바랍니다. 다만 노신이 폐하를 모시고 삼 년 동안 진심갈력하여 누차 큰 공을 세웠사오니, 불쌍히 여기시옵거든 고향으로 돌아가 와석종신臥席終身(자리에 누워 신명을 마친다는 뜻으로, 제 명을 다 살고 편안히 죽음)이나 하게 해주시옵소서! 노신이 죽기 전에 아뢰는 소원이옵니다!" [걸해골乞骸骨, 자신의 몸이나 해하지 말고 돌아가게 해 달라.]

범증은 하염없이 두 줄기의 눈물을 흘렸다.

항우는 범증의 늙은 얼굴에 눈물이 흐르는 것을 보고 사그라졌다. '저 노인이 삼 년 동안 자기를 따라다니면서 충성을 다해 부지런히 일해 왔구나!'하는 생각이 들면서 항우의 마음속에서는 한 움큼쯤 되는 측은한 마음이 우러나왔다.

항우는 차마 범증을 죽이지는 못하겠다 생각하고 좌우를 보고 명령했다.

"여봐라, 저 노인을 고향으로 모셔다 드리도록 하라!"

범증은 두 사람의 부축을 받으며 항우의 처소에서 물러나왔다.

영양성 오십 리 밖에 있는 초 패왕의 처소에서 쫓겨나다시피 하여 자기의 처소로 돌아온 범증은 행장을 수습하여 고향길로 떠났다.

범증은 하인을 앞자리에 앉히고 자신은 뒤에 기대어 앉아 수레에 흔들리면서 추운 밤길을 달렸다.

그는 등허리가 켕기고 아픈 것을 느꼈다. 무엇인지 종기 같은 것이 생겨 쑤시는 것 같았다.

그는 사흘 만에 팽성에 도착했다. 이때는 벌써 등에 생긴 종기가 주먹만큼 불거져 전신을 움직이지 못할 만큼 고통이 심해졌다.

"아야, 내 더 이상 못 살겠다!"

그는 너무도 쑤시고 아파 이같이 슬픈 소리를 했다.

하인들은 전일 팽성에서 범증이 거처하던 집으로 그를 인도하여 몸을 모로 드러눕히고 간호하기 시작했다.

이틀 동안 약을 바르고 약을 마셨지만, 그의 등에 생긴 큰 종기는 점점 깊이 고름이 드는 것만 같았다.

범증은 이 길로 아무 말도 못하고 벙어리처럼 드러누워 수십 일을 신음했다. 하인들이 미음을 흘려 넣으면 그것을 목구멍에 간신히 넘기기만 했다.

그의 병은 울화로 인해 생긴 심상치 않은 중병이었다. 범증은 결국 숨을 거두고 말았다. 때는 기원전 203년 무술년戊戌年 4월, 범증의 나이 칠십일 세였다.

초 패왕에 쓰러져간 한나라의 충신들

항우는 진중에서 범증이 죽었다는 보고를 받았다.

"불쌍하구나!"

그는 저절로 이 말이 입 밖에 나왔다.

항우는 자신이 잘못했다고 후회하는 마음이 생겨 즉시 근신을 팽성으로 보내 범증의 장례를 정중히 성대하게 집행하도록 했다.

이보다 수일이 더 지난 뒤에야 비로소 영양성 내에서는 범증이 죽었다는 사실을 알았다.

"이제야 심복의 화근이 없어졌구나!"

한왕은 기꺼워했다. 그리고 이 모든 일이 진평의 계책으로 성공된 일이라고 그를 칭찬하고 상을 주었으며 사방을 더욱 견고하게 방어시켰다.

범증의 장례를 거행케 한 뒤로, 항우는 낮이나 밤이나 슬픈 생각을 금할 수 없었다. 범증은 항상 아버지처럼 자기를 지도해 왔었다는 추억이 그의 머릿속에서 우러나왔기 때문이었다.

지나온 삼 년 동안의 일을 회상하니 더욱 측은한 정이 샘솟았다.

여러 가지 추억 가운데서도 가장 생생하게 지금도 그의 귀에 남아 있는 것은, '노신이 어찌 두 마음이 있겠사옵니까! 이는 필시 장량과 진평이 폐하로 하여금 노신을 의심케 하여 신을 죽이려 하는 반간지계反間之計일 것이옵니다. 폐하는 깊이 살피소서.' 라고 말하던 범증의 목소리였다. 항우는 후회했다.

'그렇게 고지식하고 부지런히 노인의 몸으로 전심갈력하던 범아보를 죽게 만든 것은 우자기가 한왕의 밀실에서 훔쳐 온 비밀 편지 때문이다. 이 편지가 범아보의 말처럼 장량과 진평의 계교인 것을 내가 알지 못했던 것이다.'

"짐의 불찰이다!"

항우는 피눈물 나는 심정으로 반성한 후, 즉시 막료들을 소집하여 한왕과의 화평 체결을 파기해 버리고 영양성을 더욱 세

차게 공격할 방침을 세웠다.

항우는 범증 대신으로 그의 숙항이 되는 항백을 군사軍師로 임명하여 모든 군무를 관리하게 했다.

팽성에 남아 있던 부대까지도 공격 작전에 증원 부대로 불러왔다. 이번에는 영양성을 빈틈없이 포위하고 깨강정을 부수듯이 전멸시키겠다는 것이 항우의 결심이었다.

한왕은 일대 공격을 당하면서 이제는 도리가 없다고 생각하는 동시에 겁까지 났다. 지난번에는 임시방편으로 화평 체결을 했지만, 이제는 항우가 자기에게 속은 것을 깨닫고 쳐들어오는 것이니 무엇으로 이것을 막아야 할지 한왕은 두려운 생각에 막료들을 소집했다.

"이제는 위태하게 되었소! 한신은 아직 돌아오지 않고 적은 이렇게 맹렬히 공격해 오는데, 성중에는 이것을 대적할 만한 용장이 없으니 이 일을 어이한단 말이오?"

한왕은 신하들을 둘러보며 이같이 한탄했다.

"과연 큰 걱정이옵니다. 초 패왕은 범증이 죽은 후로 심중이 초조해져 급히 이 성을 함락시키려는 것이옵니다. 그리고 팽성으로부터 증원 부대까지 도착했으니, 좀처럼 물러가지 아니할 것이옵니다. 성중에는 대적할 만한 용장이 없고, 한신이 하루라도 빨리 구원병을 이끌고 돌아오지 않는 한, 또한 적이 영하滎河의 물을 흐르지 못하게 막아버리고 성중으로 흘러들게 만든다면, 그때는 저희도 속수무책이옵니다!"

장량도 걱정스럽게 말했다.

이때 진평이 한왕 앞으로 가까이 나왔다.

"신에게 한 가지 계교가 있사옵니다. 신의 계교대로만 한다면 중중첩첩으로 포위되고 있는 이 성중으로부터 적을 헤치고 대왕을 모시고 탈출할 수 있사옵니다. 그러하오나 지금 저희 가운데서 대왕을 위해 이 계책을 몸소 실행할 장수가 없사오니 그것이 걱정이옵니다."

진평의 아뢰는 말을 듣고, 주발과 여러 장수들이 입을 열었다.

"대왕을 위해서는 목숨을 초개같이 생각하는 저희입니다."

"선생은 그게 무슨 말씀이십니까? 저희는 항상 의리는 금보다 중하게 생각하고, 목숨은 티끌같이 가볍게 알고 국가를 위해 충성을 다하는 터인데, 선생의 말씀은 당치 않습니다. 칼날이 목 앞에 오고, 기름 끓는 가마솥이 무릎 앞에 있다 할지라도 우리는 두려워하지 않습니다."

이같이 장수들이 말하는 소리를 듣다가, 진평은 짐짓 껄껄 웃으며 말했다.

"그야 물론 여러분의 말씀과 같이 국가를 위해서는 목숨을 초개같이 버리는 것이 인신人臣의 상지常志일 것입니다. 물론 어렵지 않지요. 그러나 이 사람의 계책을 여러분은 모르시니까 그같이 쉬운 일로 생각하실 것입니다."

한왕은 진평과 막료 장수들 간에 이 같은 말이 오고 가는 것을 듣다가 진평을 가까이 불러 가만히 물었다.

"무슨 계책이오?"

진평은 한왕의 귀에 무어라고 소곤소곤 아뢰었다.

장량은 회의를 끝마친 후 진평으로부터 계책을 듣고 완전히 동감했다. 그같이 하기만 하면 반드시 성공하겠으나 실행시킬 방도가 생각나지 않았다. 그는 일단 처소로 돌아와 곰곰 생각하다가 마침내 한 꾀를 생각해 내었다.

이튿날 모든 장수를 한 자리에 초청하고 지금 우리가 처한 입장을 세세히 설명하며 한왕을 대신해 항복할 장수를 구해 가짜 한왕을 찾아 정해야 한다고 설명하였다. 그러자 장수들은 이구동성으로 청해왔다.

"아버지가 위태한 때엔 아들이 대신하고, 임금이 변을 당하면 신하가 대신하는 것은 당연한 일이지요. 지금 우리는 주상을 위해서 모두 죽기를 아까워하지 않습니다!"

"고마운 말씀이외다! 여러분이 그 같은 충심을 가졌다면, 주상의 운명은 염려 없을 것입니다. 그러나 외양이 주상의 모습과 비슷한 사람이 아니고는 초나라 사람을 속일 수 없습니다. 지금 여러분들 가운데서 외양을 보아하니 기신紀信 장군이 오직 주상의 모습과 흡사할 뿐입니다."

장량이 여러 사람의 얼굴을 둘러보며 이같이 말하자, 기신은 일어나 앞으로 나오며 이같이 말했다.

"그렇다면 이 사람의 소원이올시다! 끓는 물 속에라도, 타는 불 속에라도 이 사람은 행복으로 알고 편히 들어가겠습니다!"

"과연 장하신 뜻! 감복할 뿐이외다!"

장량은 기신에게 경의를 표하고, 다시 앉기를 권한 후에 술을 돌렸다. 이리하여 술이 서너 차례 돌아간 뒤에 장량은 진평과 함께 자리에서 일어났다.

"사세가 급하니 우리 두 사람은 주상께 들어가 기장군의 뜻을 아뢰고 나오렵니다."

장량이 이같이 말하자 여러 장수들도 따라 일어났다.

"저희도 물러가겠습니다."

짧은 시간에 연회를 끝마치고 장량과 진평은 기신을 동반하여 한왕 앞에 나아가 그동안의 경과를 자세히 보고했다. 한왕은 그 전날 진평으로부터 비상한 방법을 사용하여 초나라 군사의 포위망을 벗어날 수 있다는 계책을 듣기는 했으나 이와 같이 기신을 자기 대신 초 패왕에게 항복하러 보낸다는 자세한 내용은 몰랐었다. 그는 이제야 비로소 자기와 흡사하게 생긴 기신을 희생시킴으로써 적의 포위망을 탈출한다는 구체적 내용을 알고 너무나 놀랐다.

"안 될 말이오! 기신이 충심을 가지고 난중에 죽겠다고 자원한다 할지라도 사람을 대신 죽이고 짐이 살아난다는 것은 인자仁者의 할 일이 아니오! 그러므로 짐은 그리하지 못하겠소."

한왕은 세 사람의 얼굴을 보면서 이같이 반대했다. 성 밖에서는 성을 공격하는 초나라 군사의 철포 소리가 요란하게 울렸다. 이 소리를 듣고 기신이 한왕 앞으로 가까이 들어서면서 아뢰었다.

"적의 공격이 저같이 맹렬하옵니다. 성이 함락되면 군신君臣이 함께 멸망될 것이옵니다. 그때 신이 죽은들 대왕께 이롭고 국가에 이로울 것이 무엇이 있겠나이까? 사태가 시급하옵니다!

오늘날 대왕을 위해 버리는 신의 목숨은 홍모鴻毛와 같이 가볍고, 대왕의 운명을 구조했다는 미명美名은 천추만세에 이르도록 썩지 않고 태산같이 우뚝할 것 아니옵니까? 그런고로 신으로 하여 금성이 깨진 뒤에 개죽음하지 않고 미명을 천추에 남길 수 있는 기회를 놓치지 않게 해주옵소서."

한왕은 기신의 아뢰는 말을 듣고도 태도를 결정하지 못했다. 영양성의 운명은 눈앞에 보인다. 그렇다고 기신을 죽이고 자기가 피신해야 옳은가? 그러나 달리 적의 포위 속을 헤쳐 나갈 방법이 없지 않은가? 한왕의 생각은 복잡해졌다.

"대왕께서는 사태 위급하온데 신을 의심하시나이까? 유예 미결하시면 신은 때를 놓치는 것이오니, 차라리 지금 자결하여 초지를 관철하겠나이다!"

기신은 이렇게 말하고 돌연히 허리에서 칼을 뽑아 자기의 목을 찌르려 했다.

한왕은 급히 일어나 기신의 팔을 붙들었다.

"장군의 충성은 과연 하늘에 뻗치겠소. 이리로 오시오."

한왕은 기신의 손을 부여잡고 한참을 흐느꼈다.

"신은 죽어도 영광이겠나이다!"

기신은 이같이 은혜에 사례했다.

장량과 진평이 한왕 앞으로 가 말했다.

"이제는 속히 일을 거행하시기 바라옵니다."

"선생들이 알아서 마련하시오."

한왕은 감개무량하여 모든 일을 두 사람에게 일임했다. 진평은 즉시 항복하는 글을 만들어 사신으로 하여금 초 패왕의 진영으로 가지고 가게 했다.

항우는 한왕의 사신이 가져온 항복 문서를 받아 보았다.

한왕 유방은 초 패왕 황제 폐하께 올리나이다. 신이 한왕이 되어 포중에 있었사오나 수토불복水土不服(물이나 풍토가 맞지 않아 위장이 나빠짐)으로 고향 생각이 간절하와 동쪽으로 나온 것이었사온데 뜻밖에 인심이 따르고, 장사가 모여들어, 마침내 관중 지방을 점거했사옵니다. 그러나 이는 팽성 대전에서 참패를 당한 후 간담이 서늘하와 영양성에 몸을 붙이고 구차히 생명을 보존하고자 할 뿐이오며 다른 뜻은 조금도 없사옵니다. 다만 한신이 지금 멀리 동정하고 있사오나 이는 한신 스스로 원정하는 것이옵고, 신이 저를 소환하건만 저는 돌아오지 아니하니 이것은 신의 죄가 아니옵니다. 폐하께서 지금 대군을 거느리고 성을 포위하였사오니 성이 깨지는 날은 눈앞에 있사옵니다. 이제 문·무 제신들의 중론을 좇아 두 손을 모으고 폐하께 항복함으로써 목숨을 건지려 하오니 폐하께서는 회왕을 모시고 상약한 것과 첫날의 정을 생각하시어 신의 생명을 불쌍히 보시고 살길을 열어주시기 바라나이다.

"그래, 유방이 어느 때쯤 성 밖으로 나와 항복을 하겠다더냐?"

항복문을 가지고 온 한왕의 사신에게 항우는 이같이 물었다.

"오늘 밤에 틀림없이 성 밖으로 나오신다 하옵니다."

항우는 즉시 근신으로 하여금 한왕에게 답장을 쓰게 한 후 그것을 사신에게 주어 성중으로 돌려보냈다.

사신이 물러간 뒤에 항우는 막료 대장들을 소집했다.

"오늘 밤에 한왕이 성 밖에 나와 짐에게 항복을 하겠다고 사신을 보내왔다. 너희는 미리 장막 뒤에 힘센 사졸들을 매복시켰다가 이놈이 북면北面하고 짐에게 인사할 그때를 놓치지 말고 뛰어나와 분쇄해 버려라! 그래야지 짐의 평생의 한恨을 씻겠다!"

항우는 이같이 부탁했다. 계포와 종리매 등은 명령을 받들고 즉시 군사들을 추려 장막 뒤에 매복시킨 후 모든 준비를 끝내고 때가 오기를 고대했다.

한편 성중에서는 장량과 진평이 한왕을 도망시킬 의논을 하고 있었다.

"어떻게 해야 무사히 탈출하실 수 있을까? 먼저 주상께서 성을 나가신 뒤에, 한참 있다가 기신 장군이 초의 진영으로 나가게 하는 것이 좋지 않을까?"

장량이 진평에게 이같이 물었다.

"아니지요. 초 패왕은 성질이 조급해서 만일 때가 늦어지면 또 공격을 할 것입니다. 뿐만 아니라 사면을 초병이 포위하고 있는데 주상께서 어떻게 나가십니까? 내 생각에는 먼저 성중에서 예쁜 계집들을 성문 밖으로 내보낸 뒤에 기신 장군을 천천히 내보내면, 그때엔 사방의 포위망이 저절로 열릴 것입니다. 이 틈을 타 주상께서는 급히 탈출하셔야 할 것 같습니다."

진평은 이같이 말했다.

"옳소! 그 계책이 가장 좋소. 속히 그렇게 합시다."

장량은 즉시 찬성하고 진평과 함께 한왕 앞으로 갔다.

"시각이 급하옵니다. 대왕께서는 의복을 고쳐 입으시옵소서."

장량은 한왕에게 이같이 말했다. 왕은 임금이 입는 곤룡포를 벗어 기신에게 주었다. 기신은 왕과 의복을 바꾸어 입었다.

장량은 한왕과 같은 고향인 주가周茄와 종공縱公 두 사람에게 이같이 부탁했다.

"대왕께서 탈출하신 후에는 즉시 성문을 견고히 방비하고 두 분은 영양성을 지키시오!"

"지키고말고! 목숨이 끊어질 때까지 싸우겠습니다."

두 사람은 씩씩한 음성으로 대답했다.

"그러면 나는 여자들을 준비시키고 오겠습니다."

진평은 이같이 말하고 밖으로 나갔다.

얼마 후에 모든 준비가 끝났다. 시각은 황혼 때였다. 진평은 먼저 동대문을 열어젖히고 예쁜 여자 이천 명을 성 밖으로 내보냈다. 여자들은 곱게 단장하고 새 옷을 입고 명절날 놀러 가는 사람들처럼 쏟아져 나갔다. 한왕 대신 용거龍車에 앉은 기신은 여자들의 행렬이 풀려 나간 뒤에 천천히 동대문을 나갔다. 진평의 계획대로 꽃같이 아름다운 여자들이 성문 밖으로 빠져나가자, 성을 포위하고 있던 초나라 군사들은 대장이거나 사졸이거나 누구를 막론하고 서로 앞을 다투어가며 동대문으로 달려왔다.

"어디 어디, 나도 좀 보자."

"가만 있거라! 내가 먼저 보아야겠다."

"왜 이리 미느냐! 사람 다치겠다."

"허어, 시끄럽다!"

초나라 군사들은 저희끼리 웅성대고 지껄이고 달음박질하고 어느새 저절로 행렬도 대오隊伍도 흩어져 버려 얼마 지나지 않아 포위망은 자연히 해산되어 버렸다.

"이때 속히 탈출하소서!"

사대문의 정세 보고를 받은 진평이 이같이 아뢰자 한왕은 즉시 말을 타고 장량 이하 모든 막료를 데리고 서대문으로 탈출했다. 서대문 밖을 포위하고 있던 초나라 군사는 한 놈도 남아 있지 않았다. 한왕의 일행은 성고成皐를 향해 숨 가쁘게 달아났다.

이처럼 한왕이 서대문으로 탈출한 줄도 모르고 항우는 동대문 밖에서 한왕의 수레가 자기 진영으로 오기만을 기다렸다.

어느덧 밤은 깊어 이경二更 때가 되었다.

항우는 조바심이 났다.

"이놈, 유방이란 놈이 왜 빨리 안 기어오느냐."

그는 방에 들어앉아 기다릴 수 없어 말을 타고 진영문까지 나갔다. 때마침 한왕이 타고 오는 용거가 초 패왕의 진영문 앞으로 천천히 다가오고 있었다. 그리고 이천 명도 더 되어 보이는 젊은 여자들이 좌우에서 한왕의 수레를 모시고 왔다.

"저놈 유방이란 놈은 저렇게도 음탕하구나. 지금이 어느 때라고……, 성중에 갇혀 있으면서도 여태껏 계집질만 하고 있었구나. 저래서야 제까짓 것이 천하를 도모할 수 있나!"

점점 가까이 이르러서도 한왕은 용거에서 내려오지 않고 그대로 앉아 있었다. 자기가 진영문 앞에 나와 있는 것을 번연히 알면서도 수레 속에서 내려오지 않는 한왕의 태도에 항우가 크게 노했다.

"유방이 이다지도 무례할 수 있느냐! 짐을 보고도 나올 줄을 모르니, 이놈이 수레 속에서 술에 취해 죽었단 말이냐? 횃불을 비춰 저놈이 죽었는가 얼굴을 자세히 보아라!"

항우는 이같이 호령했다. 근신들은 한왕이 앉아 있는 수레 앞으로 횃불을 쳐들고 가까이 달려들어 한왕의 얼굴을 똑똑히 비추었다. 그러나 한왕은 조금도 움직이지 않았으며, 한마디 말도 하지 않았다. 그는 마치 나무로 깎아 앉혀 놓은 우상처럼 꼼짝도 하지 않았다.

항우의 신하들은 괴상하게 생각했다.

"한왕은 어찌하여 아무 말도 없소이까?"

그들은 수레 속을 들여다보며 이같이 물었다.

"나는 한왕이 아니다! 나는 임금을 대신해서 여기 왔다! 내 이름은 기신이다. 우리 임금님께서는 한신·영포·팽월 기타 제후들과 상약하며 급히 팽성을 공략하시고, 초 패왕의 가족들을 생포한 뒤에 광무산 아래에서 초 패왕과 한번 싸워 자웅을 결판 지으려고 벌써 이백 리 밖에 나가셨다! 아까 편지로 항복한다고 말한 것은 모두 거짓말이다. 너희를 속이려고 한 것이다!”

기신이 이같이 꾸짖듯 대답하자 항우의 근신들은 모두 놀랐다.

이게 귀신인가? 여우한테 홀렸단 말인가? 그들은 정신이 얼떨떨해 아무 말도 못하고 돌아서서 초 패왕에게로 달려갔다.

“아뢰옵니다. 수레 속에 앉아 있는 것은 한왕이 아니옵고 한나라 신하 기신 대장이옵니다.”

그들은 이같이 보고했다.

항우는 보고를 듣고 한왕에게 속은 것이 분하고, 제후들과 함께 팽성을 공략한다는 것이 노엽고 이가 갈렸지만, 기신이 한왕을 대신해 목숨을 내놓고 나온 것은 기특하여, 항우는 일변 성내면서 일변 탄식했다.

“유방이 도망하기는 쉬운 일이나 기신이 유방을 대신하기는 어려운 일이다! 짐이 문·무 장수를 수없이 많이 데리고 있건만 기신과 같은 놈이 한 사람도 없구나!”

그는 이같이 탄식하고, 뒤에 서 있는 계포에게 말했다.

“짐은 기신의 충의를 가상하게 생각한다! 네가 기신에게 가 짐에게 항복하라고 권유해 보아라.”

계포는 항우의 명령을 받들고 즉시 수레 앞으로 달려갔다.

“임금의 목숨을 대신해 여기 나온 너는 진정한 충신이다. 우리 폐하께서는 그 뜻을 가상히 여기시어 너를 죽이지 않는 동시에 도리어 작록爵祿을 내리시겠다 하니 너는 폐하의 성은을 감사히 생각하고 속히 내려와 폐하 앞에 나가 항복을 해라! 깊이 생각하고 폐하의 명령을 어기지 말라."

계포는 큰소리로 이같이 항우의 뜻을 전했다.

그러나 기신은 도리어 계포를 꾸짖었다.

"무엇이라고! 이놈들 네까짓 것들이 사람이냐? 원숭이 새끼 같은 것들이 예의를 알겠느냐! 대장부 임금님을 섬김에는 충심 하나가 있을 뿐, 결코 두 마음이 없다! 설사 이 목이 땅 위에 떨어진다 할지라도 원숭이 새끼에게 항복하지는 않을 것이다. 내가 살아서는 한나라의 신하요 죽어서도 한나라의 귀신이 되어 너희 같은 역적들을 전멸시킬 테다!"

기신이 이같이 기염 토하는 소리를 하자 계포는 더 말하지 않고 항우에게 돌아가 그대로 보고했다. 항우는 그만 분해서 좌우를 둘러보며 호령했다.

"여봐라! 저놈의 수레 둘레에 나무토막을 쌓아 놓고 불을 질러 태워 버려라!"

명령이 떨어지자마자 무사들은 제각기 달음질쳐 나무토막을 한 아름씩 안고 와서 기신이 타고 있는 수레 주위에 쌓아 놓기 시작했다. 이같이 뒤숭숭한 사이에 수레의 좌우를 모시고 오던 젊은 여자들은 뿔뿔이 달아나 버렸다.

장작개비 같은 것을 가득 쌓아 올린 다음, 항우를 모시고 있던 무사들은 그 나뭇더미에 불을 질렀다. 일시에 나무가 타기 시작하고 맹렬한 불길에 둘러싸인 수레 속에서는 쉴 새 없이 이렇게 부르짖는 소리가 들리더니 미구에 재만 남았다.

"이놈들! 역적놈들……!"

기신은 결국 이렇게 죽었다.

항우는 본진으로 돌아와 날이 샐 무렵에 잠시 눈을 붙이고, 이튿날 계포와 용저 두 장수를 불러 명령을 내렸다.

"너희는 군사 일만 명을 거느리고 급히 한왕을 추격해라!"

계포와 용저는 즉시 출동했다. 두 장수는 쉬지 않고 이틀 동안 뒤를 쫓아갔으나 한왕의 종적을 알 수가 없었다.

항우는 보고를 듣고 이같이 방침을 결정했다.

"먼저 영양성에 들어가 성을 빼앗아 놓고, 그 후에 팽성으로 돌아가 인마를 정비한 다음 성고로 진격하여 한왕을 격멸시키자!"

계포·용저·종리매 세 장수는 항우의 명령을 받들고 즉시 공성 준비를 했다. 항복하겠노라고 속이고 한왕 대신 기신을 내보낸 후에, 다시 성문을 굳게 닫고 방비하고 있는 영양성을 완전 점령하는 것이 당연한 일이라고, 그들도 항우의 방책이 옳다고 생각했다. 세 장수는 구름 사닥다리[운제雲梯, 성을 공격할 때 썼던 높은 사다리]를 수없이 많이 제조하여 계포는 남문으로, 용저는 서문으로, 종리매는 북문으로, 그리고 항우는 친히 동문을 공격하기 시작했다.

한왕이 탈출한 뒤에 성을 지키고 있던 주가와 종공은 사졸들로 하여금 큰 돌과 큰 나무토막을 성 위에 쌓아놓고 있다가, 성 밑에 가까이 오는 초나라 군사에게 내던지게 했다. 초나라 군사들이 철포를 쉴 새 없이 쏘아도 성은 무너지지 않고, 불화살을 쏘아도 성안에서는 큰 화재가 생기지 않았다.

영양성은 이처럼 난공불락難攻不落(공격하기 어려워 좀처럼 함락되지 아니함)이었다.

이렇게 오 일 동안 공격을 받고 있을 때 위표가 돌연히 주가와 종공을 찾아왔다. 위표는 지난해 한신에게 잡혔으나 한왕으로부터 특별히 용서를 받아, 성안에서 평민으로 살아오고 있었다.

"한왕은 이미 탈출하고 성은 고립무원孤立無援(고립되어 도움을 받을 데가 없음)하고, 초 패왕의 공격 또한 이렇게 맹렬하니 성이 깨질 것은 분명한데, 두 분은 어찌해서 초 패왕에게 항복하지 않으시오? 내 생각 같아서는 항복하는 것이 좋을 것 같소이다."

위표는 두 사람에게 이같이 권고했다. 두 사람으로 하여금 성문을 열고 항복하게 하여 초 패왕에게 공을 세워보려는 눈치였다.

주가와 종공은 그 꼴을 보고 대번에 호령을 했다.

"무엇이라고? 너 같은 반복소인反覆小人(말이나 행동을 이랬다 저랬다 하는 소인배)은 이 세상에 살아 있을 필요가 없다! 어서 죽어 없어져라!"

주가는 달려들어 위표의 머리털을 움켜잡았다. 그와 동시에 종공이 칼을 뽑아 위표의 목을 베어 버렸다. 두 사람은 위표의 목을 장대에 매어 궁문 밖에 높이 걸어놓고 군사들을 집합시킨 뒤에 훈시를 내렸다.

"위표가 적군과 내통하고 있어 군법대로 죽였다. 너희들은 충심을 변치 말고 적을 방비해야 한다. 만일 변심하는 놈이 있으면 위표와 같이 사형을 당할 것이다."

그러자 군사들은 일제히 이렇게 맹세했다.

"장군과 함께 죽을 때까지 성을 지키겠습니다!"

성을 지키고 있는 군사들은 위표의 목을 쳐다보고 더욱 사기가 올라간 듯했다. 이리하여 영양성은 좀처럼 함락되지 않고 열흘이 지나갔다.

항우는 성을 포위하고 열흘 이상 공격했건만 성이 깨지지 않자 울화가 터져 견딜 수 없을 지경이었다. 이렇게 해보아도 안 되고, 저렇게 해보아도 안 되고, 성질은 급하고, 어찌했으면 좋을지 계책이 생각나지 않자 항백과 종리매를 자기 처소로 불렀다.

"짐이 아무리 생각해도 성을 점령할 수 있는 계책이 생각나지 않으니, 어찌하면 좋을꼬?"

항우는 두 사람에게 이같이 물었다.

"그동안 십여 일, 네 개의 문을 둘러싸고 공성을 해도 성을 부수지 못하는 것은 우리 편 군사들이 생명을 내놓고 성 위에 기어 올라가는 놈이 없기 때문입니다. 만일 결사決死를 각오하고 수십 명이 성벽 위로 기어 올라가 불을 지르고 그 뒤로 대부대의 군사가 쫓아든다면, 성은 깨지고 말 것입니다. 그렇게 되지 않고 만일 이대로 천연세월遷延歲月(일을 제때 하지 않고 시일만 끎)하다가 한왕이 성고로부터 제후들과 합세해 다시 나온다면 큰 일이옵니다."

항백은 이같이 항우에게 대답했다. 그의 생각으로는 수십 명의 결사대만 있으면 영양성은 점령된다는 것이었다.

항우는 즉시 그 의견대로 결사대를 뽑게 했다. 수십 명의 결사대는 구름 사닥다리를 성벽에 세우고 기어 올라가려 했다. 그러나 성 위에서 큰 돌과 나무토막이 빗발쳐서 결사대의 절반이 죽었으며 남은 놈들은 겁이 나서 올라가지 못했다. 이 광경을 보고 항우는 호령을 내렸다.

"뒤로 물러서는 놈은 목을 베어 버리겠다."

그리고는 다시 십여 명의 결사대를 사닥다리에 오르게 했다.

이번에도 큰 돌과 나무토막이 쏟아졌지만, 초나라 군사들은 몇 놈만 맞아 죽었을 뿐, 대부분 성 위에 올라가기에 성공했다. 동문의 성 위에서 군사를 지휘하던 종공은 초나라 군사들이 칼을 휘두르며 성 위에 나타나자, 자기도 칼을 휘둘러 이쪽 저쪽을 막으려 했으나 좌우에서 쳐들어오는 적에게 몇 명 안 되는 부하 군사는 죽고 말았다. 초나라 군사들은 좁은 성벽 위에서 쉽사리 종공을 사로잡아 놓고 문루에 불을 질렀다.

이것을 보고 항우는 북문과 남문을 공격하는 종리매와 계포를 동문으로 오게 하여 불붙는 동문을 깨뜨리고 대군이 조수같이 밀려들어가게 했다. 그리고 서문을 공격하던 용저도 이때 서문을 깨치고 밀려들었다. 종공이 이미 적에게 사로잡힌 것을 알고 서문으로 도망하려던 주가는 용저가 치고 들어오는 것을 보고 말머리를 돌려 산속으로 숨어 버렸다.

항우는 동문 밖 후진에 있었다.

계포는 사로잡힌 종공을 결박해 후진에 있는 항우에게로

갔다.

항우는 종공을 보자마자 호령을 했다.

"이놈! 너같이 무용 없는 놈이 어찌해서 감히 천병을 항거한단 말이냐? 당장에 죽여 마땅하나 짐이 죽이지 않을 터이니 진심으로 항복해라. 항복하면 너를 영양 태수太守로 봉해 주겠다."

항우는 이같이 꾸짖으며 말했다.

"내가 힘이 부족해서 성이 깨지고 적에게 생포되었으니 남은 것은 오직 죽음뿐이다! 속히 내 목을 베어 충절을 빛나게 하여다오!"

종공은 조금도 겁내지 않고 이같이 대답했다.

항우는 종공의 태도에 노하지 않고 도리어 탄복했다. 그는 계포를 가까이 불러 부탁했다.

"짐은 종공의 충심을 기특하게 생각한다. 그를 권유하여 짐에게 항복하도록 하라."

계포는 명령을 듣고 종공에게로 가서 이같이 권했다.

"종공! 내 말을 듣거라. 이 세상에 사내자식으로 태어났으면 공을 세우고 이름을 천추만세에 남기는 것이 대장부가 아니냐? 만일 헛되이 목숨을 버리고 쓸쓸하게 이 세상에서 사라져 버린다면, 이야말로 아까운 일이다. 그러니 마음을 고쳐먹고 항복을 해라!"

그러나 종공은 천연스럽게 계포를 쳐다보며 대답했다.

"사람의 목숨이 살아 있을 때 올바르게 살아야 죽어서도 마음이 편안한 것이다. 나는 힘을 다해 성을 지켰으나 초나라 군사가 벌떼같이 강했고 내 힘이 부족하여 성이 깨진 것이다. 내가 뜻이 약하고 충심이 부족해 성을 빼앗긴 것이 아니니 나는 내 할 노릇을 다했다. 이제는 마음 편히 죽을 것이니 너는 쓸데없는 말을 마라. 설사 오늘은 너희에게 항복한다 할지라도 내일에는 너희를 배반할 것이다. 나에게는 오직 한나라만 있을 뿐, 초나라는 없다! 이것이 충심이다. 충심에는 두 마음이 없다. 너는 더 말하지 마라!"

계포는 종공을 참으로 변할 줄 모르는 충심을 가진 사람이라고 인정하고, 항우에게 돌아와 고했다.

"종공의 뜻이 철석같사옵니다. 오늘 항복한다 할지라도 내일엔 배반하겠노라고 하니, 도리가 없는 것 같사옵니다."

"그놈이 항복하지 못하겠다면 속히 죽여 버려라!"

항우가 이같이 명령을 내리자, 무사들은 종공을 끌고 진문 밖으로 나갔다. 종공은 얼굴빛이 조금도 변하지 않고 천연스럽게 따라 나가 웃는 낯으로 목이 잘렸다. 이 광경을 보고 초나라 군사들도 모두 탄복했다.

한편 서문의 성문 곁 산속 길로 달아나는 주가를 몰아 용저는 말을 달렸다. 한참 몰아가노라니 울창한 나무 그늘에 주가가 칼을 비껴들고 말 위에 앉아 있는 모습이 보였다.

용저는 소리를 질렀다.

"주가야! 내 말 듣거라. 한왕은 행방불명되고 성은 깨진 데다 너의 가족들도 사로잡혔으니 항복해라! 공연히 생명을 버려 항거하지 마라!"

그러나 주가는 오히려 용저에게 욕을 퍼부었다.

"이놈, 개 같은 놈! 누구에게 함부로 그따위 말을 한단 말이냐? 너 같은 역적놈에게 항복을 하다니 그따위 개 같은 소리를 지껄이지 말고 내 칼을 받아라!"

주가가 급히 용저에게 대들자 용저도 성이 나서 주가를 쳤다. 두 장수는 칼날에서 불이 나도록 합전하기를 이십여 합, 한참 동안 격전을 하다가 주가는 기운이 풀려 급히 말머리를 돌려 도망했다. 그는 수풀 속으로 달아나다가 갑옷 소매가 큰 나뭇가지에 걸리는 바람에 달아날 수 없게 되어 쩔쩔맸다. 그러나 용저가 바로 뒤쫓아오는 탓에 나뭇가지를 칼로 베어 버리고 또 달아났다. 하지만 초나라 군사들이 이미 사방에서 그를 포위해 버려 꼼짝없이 수풀 속에서 붙들리고 말았다.

용저는 그를 단단히 묶어 후진에 있는 항우에게 돌아갔다.

항우는 잡혀 온 주가에게 이렇게 타일렀다.

"주가야, 종공은 이미 짐에게 항복했다. 너도 진심으로 항복하면 만호후萬戶侯에 봉하겠다."

그러나 주가는 얼굴을 쳐들고 항우를 똑바로 쳐다보며 큰소리로 말했다.

"종공과 기신은 나와 함께 한나라의 신하들이다. 무도한 초나라에 항복해 더럽게 생명을 탐낼 사람들이 아니다. 사람의 탈을 뒤집어쓴 너 같은 원숭이 새끼가 감히 이 주가 장군을 속이려고 하느냐? 어림도 없다!"

항우는 그만 노해 고함을 쳤다.

"여봐라! 저놈을 당장 끓는 가마솥에 넣어 죽여라!"

무사들은 와락 달려들어 주가를 밖으로 끌고 나갔다. 그리하여 주가는 기름이 끓는 가마솥 속에서 죽었다.

항우는 주가를 죽인 뒤에도 분이 풀리지 않아 어쩔 줄을 몰랐다. 그는 오늘날처럼 심하게 모욕을 당해 본 적이 없었다. 더구나 그의 숙부 항량을 따라 회계 땅에서 의병을 일으켜 초 패왕이 되기까지 최근 삼사 년 동안은, 그를 욕하기는커녕 천하 만민이 감히 우러러보지도 못하는 지극히 높은 자리에 있었다. 그런데 주가는 그의 얼굴을 버젓이 쳐다보며 욕을 하지 않았는가?

이때 한왕은 성고에서 장량·진평과 함께 앞일을 의논했다.

"한신과 장이가 조나라에 주둔하고 있으면서 짐이 영양성에서 포위당하고 있을 때 급히 사신을 보냈건만 소식이 없지 않은가? 지금 벌써 영양성은 깨지고 주가와 종공은 죽었다니, 초 패왕이 승승장구하여 또 이리로 쳐들어오면 이 일을 장차 어찌하면 좋을꼬? 무슨 계책이 없을까?"

한왕이 이같이 물었다.

"영포와 팽월에게 사신을 보낸 것이 한 달 가까이 되었사옵니다. 두 사람은 지금쯤 거의 왔을 것이옵니다. 그러니 이때쯤 한왕께서는 속히 대장 한 사람을 팽성에 보내시어 성을 공격하게 하시기 바랍니다. 이렇게 하면 초 패왕은 팽성으로 돌아갈 것이옵니다."

장량의 대답을 듣고 한왕은 고개를 끄떡거렸다.

"그래, 성동격서聲東擊西(동쪽을 칠 듯이 말하고 실제로는 서쪽을 침)라더니 과연 선생의 계책이 좋겠소이다."

한왕은 이같이 말하고 즉시 왕릉을 불렀다.

"장군은 정병 오천 명을 인솔하여 즉시 팽성으로 쳐들어가오. 그리하여 초 패왕이 팽성으로 돌아오게 되거든 장군도 회군하시오."

한왕은 이같이 분부했다.

왕릉은 즉시 명령대로 오천 명의 군사를 거느리고 출동했다. 그는 그의 모친이 항우에게 잡혀 갔다가 자살해 버린 뒤에 오랫동안 병들어 앓고 있었으나 이제는 완전히 건강해진 상태였다.

한왕은 왕릉이 군사를 거느리고 출동한 뒤에 항우가 반드시 공격해 올 줄로 믿고 그전에 한신이 제조했던 수많은 전차를 성 주위에 배치하고 엄중히 경계하고 있었다.

이때 항우는 영양성에 대장 오단吳丹을 주둔시키고 자신이 직접 대군을 거느리고 성고를 향해 진격했다. 그리하여 성고에서 이십 리 떨어진 곳에 진을 치고 군마를 정돈한 뒤에, 이튿날 성 밑으로 가까이 들어가 공격하려 했으나 사방에 많은 전차가 배열되어 있고 기치가 엄정한 것을 보고 놀랐다.

'허어, 잘못하다간 큰일나겠다! 적은 벌써부터 알고 방비하고 있구나! 경솔히 쳐들어가서는 안 되겠다.'

항우는 이렇게 생각하고 자기의 진영을 다시 십 리 밖으로 후퇴시켰다. 그리고 날마다 북을 치고 고함을 지르고 깃발을 휘둘러 금세 대공격을 단행할 것처럼 허세를 올렸다.

며칠 동안 항우는 이러기만 할 뿐, 한 번도 한나라 군사와 싸워본 일이 없었다.

그러던 중, 하루는 팽성으로부터 급한 연락이 왔다.

"한나라 대장 왕릉이 좁은 길로 군사를 거느리고 와서 팽성을 매우 급하게 공격한다 하옵니다."

계포가 이같이 연락병의 보고를 아뢰자 항우는 깜짝 놀랐다. 그런데 얼마 후 또 보고가 들어왔다.

"지금 팽월이 외황外黃의 십칠 현縣을 공략했기 때문에 초나라의 양도糧道가 끊겼습니다."

항우는 또 한 번 놀랐다. 그런데 두 번째의 보고를 마치고 계포가 물러가기 전에 종리매가 들어와 항우에게 보고를 했다.

"지금 영포가 대군을 거느리고 성고에 있는 한왕을 구원하려고, 벌써 남계구南溪口까지 도착했다 하옵니다. 남계구는 여기서 그다지 멀지 않은 땅이옵니다."

항우는 종리매의 보고를 듣고 얼굴빛이 변했다. 이같이 한꺼번에 세 가지의 걱정스러운 보고를 들어본 일이 그전에는 없었던 까닭이었다.

그는 눈을 크게 뜨고 천장을 바라보다가 항백을 불러 물었다.

"성고에는 방비가 있어 공략하기 힘든 데다 영포의 구원병이 도착했고, 팽월은 아군의 양도를 끊었고, 뿐만 아니라 왕릉은 팽성을 공격하고 있으니, 짐이 어찌하면 좋겠소이까?"

항백은 머리를 숙이고 한참 생각하다가 이같이 대답했다.

"오늘 저녁에 우선 여기서 퇴각해 돌아가고 그 뒤에 군사를 나누어 팽월을 외황에서 죽이고, 영포를 남계구에서 무찌르고, 왕릉을 방어하여 팽성을 견고히 지키도록 하는 것이 임시로 시급한 대책인가 하옵니다."

"그렇게 할 수밖에 도리가 없군!"

항우는 내뱉듯 말하고 대장 조구曹咎를 불러 명령을 내렸다.

"짐은 오늘 저녁에 여기서 퇴각하겠다. 너는 정병 일만 명을 인솔하고 성고의 서쪽에 매복하고 있다가 짐이 퇴각한 것을 알고 한왕이 성을 나와 도망하거든 네가 성중에 들어가 성을 점령해 버리고, 한왕이 다시 돌아오더라도 결코 응전하지 말고 짐이 다시 대군을 거느리고 오기를 기다려라."

"그리하겠습니다."

조구는 명령을 받고 물러갔다. 항우는 즉시 퇴각 준비를 시키고 날이 어둡기 시작할 때 삼군을 점검한 뒤에, 최후 부대를 인솔하고 그 밤으로 떠났다.

한나라의 탐색병은 이 사실을 보고했다.

한왕은 이 소식을 듣고 즉시 장량과 진평을 불러 걱정스러운 표정으로 물었다.

"초 패왕이 오륙일 동안 한 번도 접전해 보지 않고 별안간 퇴각해 버렸다 하니 이 무슨 연고일까요?"

"그것은 영포가 이미 남계구까지 와 있고 팽월이 외황을 공격하여 초의 양도가 끊겼고, 왕릉이 팽성을 공격하기 때문이옵니다. 대왕께서는 속히 이 성에서 떠나 한신과 회합하여 다시 영양성에 들어가 인마를 조정한 후, 때가 오거든 그때 초를 멸하시옵소서!"

장량이 이같이 아뢰었다.

"선생의 말대로 하리다."

한신,
제나라의 왕이 되다

한편 십여 일 전부터 팽성을 에워싸고 공격하던 왕릉은, 성을 공격하면서도 사방으로 탐색병을 시켜 초 패왕의 동정을 살폈다.

그런데 하루는 초 패왕이 성고로부터 회군하여 급히 돌아오고 있는 중이라는 보고가 들어왔다.

왕릉은 백 리 밖에 항우가 돌아왔다는 것을 알고, 인솔해 온 군사들을 거두어 북쪽 좁은 길로 빠져 영양성을 향해 퇴각했다.

항우는 팽성에 들어와 우선 가족들을 위안하고, 잔치를 베풀어 장수들을 위로했다. 항백·계포·종리매·용저 기타 모든 장수가 술과 고기를 먹으면서 즐기려 할 때, 근신이 항우 앞에 와 급한 보고를 했다.

"팽월이 이미 양梁의 십칠 성을 공략하고, 지금 외황에 진을 치고 백성들을 괴롭히고 있으며, 이웃 군현郡縣이 서로 다투어 팽월에게 항복한다 하옵니다. 양梁나라의 소동이 대단해졌사옵니다."

근신의 이 같은 보고를 듣고 항우는 노했다.

"무엇이라고? 짐이 성고에서 한왕을 멸해 버릴 것이었는데, 이 놈이 아군의 양도를 단절한지라 짐이 부득이 기회를 놓치고 회군하였다. 이놈을 토벌해야겠는데 짐의 부하 중에 한왕의 기신·주가·종공 같은 충신이 없는 것이 한이로다!"

항우는 이렇게 탄식하고 입을 다물고 있다가 다시 열었다.

"지금 짐이 군사를 거느리고 외황을 탈환한 후, 성중 군민들을 도살해 이 한을 풀겠다!"

항우가 큰소리로 이같이 호령하자 항백과 종리매가 간했다.

"생각하옵건대 팽월은 일개 용부勇夫에 불과하옵니다. 그가 어찌 천하 대사를 이루겠사옵니까. 폐하께서는 오랫동안 원정하시다가 이제야 환궁하셨사온데, 성체聖體를 괴롭히지 마시고 용저를 파견하시어 팽월을 무찌르게 하시옵소서. 그리고 폐하께서는 잠시 휴양하옵소서."

"아니다! 영포가 한왕을 도와 난을 일으키고, 한신은 제나라를 침범하여 사태가 위급하게 되었기에 제왕 전광田廣이 짐에게 구원을 청해 오지 아니했더냐? 그러므로 먼저 용저로 하여금 제왕을 구하게 하고, 짐은 친히 팽월을 정벌하겠다."

항우는 두 사람의 의견에 반대했다. 두 사람도 항우의 주장이 옳은 것처럼 생각되어 물러나왔다.

항우는 즉시 용저를 불러 제나라로 출군할 것을 명령했다.

이튿날 항우는 삼군을 정돈하여 팽성을 떠나 양나라 지방으로 출동했다.

이때 양나라 지방의 십칠 현을 점령하고 외황에 주둔하고 있던 팽월은 부하로부터 항우가 진격해 온다는 보고를 받았다.

"초 패왕의 대군이 지금 외황으로 진격 중인데, 도중의 군과 현들은 모조리 다시 초 패왕에게 항복하여 그 형세가 대단히 강대해져 좀처럼 대항할 수 없다 합니다."

팽월은 너무나 놀라 모든 부하를 소집했다.

"이 일을 장차 어찌하면 좋은가?"

팽월은 부하들에게 정보를 알리고 이같이 걱정했다.

팽월의 부하 대장에 난포라는 사람이 팽월 앞으로 나와 의견을 말했다.

"초 패왕이 직접 치고 들어온다면 도저히 대항할 수 없을 것입니다. 제게 세 가지 계책이 있습니다. 북쪽으로 들어가서 곡성穀城을 점령하고, 또 창읍昌邑을 점령한 다음, 초 패왕이 돌아간 뒤에 다시 나와 양나라 지방을 점령하지요. 이것이 상책입니다. 만일 세력이 부족해서 싸울 수 없다고 생각되시거든 오로지 한나라를 섬기기로 작정하고 한나라와 합세하여 초 패왕을 대적하시지요. 이것이 중책입니다. 만일 무용이 족히 초 패왕을 대적할 수 있다고 자신하시거든 단연코 초 패왕과 더불어 자웅을 결판해 보시지요. 그러면 삽시간에 초 패왕한테 망하고 말 것입니다. 이것이 하책입니다. 이 세 가지 계책 중에서 장군은 하나를 선택하시기 바랍니다."

난포의 말을 듣고 팽월은 한참 생각하더니 이같이 말했다.

"상책이 내 마음에 합당하다."

팽월은 즉시 대장 구명仇明과 주동周同을 가까이 불렀다.

"곡성으로 퇴각할 것이니 두 사람은 외황을 수비하고 있으면서 사문을 굳게 닫고 기치를 엄정히 벌여 놓도록 하라. 그래서 내가 멀리 달아난 것을 적이 알지 못하게 해야 한다. 그러는 동안에 나는 창읍을 공략하고 이 땅에서 근본을 이루도록 하겠다."

팽월은 두 사람에게 이같이 명령했다.

"장군께서는 매우 훌륭히 처단하셨습니다. 초나라 군사가 오기 전에 오늘 저녁으로 이 성을 탈출하십시오. 인근 지방에서도 장군께서 퇴각하신 것을 알지 못하게 하셔야 할 것입니다."

난포가 두 사람 곁에 섰다가 또 이같이 주의를 주었다.

"그런데 장군께서 멀리 퇴각하실지라도 고립된 이 성이 깨질 것이고, 이렇게 되면 외황 땅의 백성들이 초 패왕한테 도살당할 것이 아닙니까? 어떻게든지 이에 대한 대책을 마련해 주십시오."

외황성의 수비 책임을 맡은 구명이 이같이 탄원했다.

이때 여러 사람 틈에 끼어 있던 나이 열두어 살 되어 보이는 동자가 앞으로 나서며 큰소리로 말했다.

"여러분께서는 그다지 걱정 마십시오. 제가 초 패왕에게 이야기를 잘해서 초 패왕이 칼이나 창을 휘두르지 못하도록 하여 외황성 백성들에게 조금도 해를 못 끼치게 하겠습니다."

팽월은 깜짝 놀랐다.

"너는 누구의 아들이냐?"

그는 아이에게 물었다.

"제 큰아들 놈입니다. 어미가 꿈을 꾸고 잉태한 후 출산했는데, 다섯 살에 글을 알고 일곱 살부터 책을 읽어, 재주가 있다 하여 여러 사람이 기동奇童이라 부르지요. 오늘도 아까 저를 따라 이 자리에 들어왔던 것입니다."

대장 구명이 팽월에게 이같이 설명했다.

팽월은 그 어린 소년을 내려다보고 물었다.

"너는 몇 살이냐?"

"열세 살입니다."

"그래, 네가 초 패왕을 만나 무슨 말을 하겠단 말이냐?"

어린 소년은 서슴지 않고 팽월이 앉아 있는 자리로 올라오더니 팽월의 귀에 입을 대고 무엇이라고 한참 속살거렸다.

팽월은 탄복했다.

"과연 너는 신통하구나! 훗날 너는 큰 인물이 되겠다. 그렇게 해다오!"

그는 이같이 칭찬하고 부하들에게 말했다.

"그러면 구명과 주동 두 사람이 성을 지키고, 나는 오늘 저녁때 퇴각하기로 한다."

부하들은 급히 나갔다.

저녁때 팽월은 삼군을 인솔하고 성의 북문으로 나가 곡성으로 향했다. 그의 군사가 이르는 곳마다 성문을 열고 항복하여 며칠 동안에 곡성과 창읍 기타 이십여 성을 점령하고서, 군량을 계속해서 영양과 성고로 수송했다.

이로 인해 한왕은 군량의 부족을 느끼지 않았다.

한편, 항우는 팽성을 출발한 지 십여 일 만에 외황에 도착했다. 성 위에는 기치 엄정하고, 성문은 굳게 닫혀 있고, 팽월의 군사는 한 놈도 보이지 않았다. 항우는 이 성에 무슨 방비가 있는 것으로 짐작하고 동정을 살피기 위해 성 밑에 진을 쳤다. 그러나 사흘 동안 두고 보아도 성중에서는 아무런 기척이 없었다.

'이놈이 혹시 도망해 버린 것이 아닐까?'

항우가 이렇게 의심하고 있을 때 항백이 들어와 아뢰었다.

"이 성은 공성입니다. 사람을 속이기 위해 기치만 꽂아 놓은 것입니다. 폐하는 급히 공격 명령을 내리십시오."

항우는 드디어 공격을 시작했다. 철포와 화살이 비처럼 쏟아졌다. 성중의 백성들은 들끓었다. 백성들은 성을 수비하기로 된 대장 구명에게 탄원했다.

구명은 부장 주동과 상의한 결과, 네 개의 문에 항복하는 깃발을 꽂고 향을 피워 성문을 열기로 했다.

마침내 성문을 열고 백성들은 문 앞에 나와 환영을 했다.

"외황 지방은 본시 초나라 땅이었습니다. 일시 팽월에게 항복했습니다만 부득이해서 그리된 것이옵고 지금 폐하께서 행림하셨으니 속히 어가御駕를 모시기 바랍니다."

그들은 성문에 서서 이같이 말했다.

항우는 즉시 대군을 인솔하고 성중으로 들어갔다. 그는 성중의 관아를 중군으로 정하고 자리에 좌정한 뒤에 항백을 불렀다.

"성중의 백성들이 이미 팽월에게 항복하고 지내오다가 짐이 다급하게 공격하자, 수삼 일간 항복하지 않고 있던 것들이 그제야 부득이 항복한 것일 뿐 결코 본심이 아니다. 짐은 이 백성들을 그대로 둘 수 없으니, 남자 십오 세 이상 되는 놈을 모조리 잡아 땅에 묻어 죽임으로써 짐의 한을 풀겠소!"

항우는 얼굴에 노기를 띠고 이같이 말했다.

"그것은 너무 가혹합니다. 폐하는 재고하십시오."

항백은 반대 의사를 보였다.

"아니다! 짐은 그렇게 해야만 한이 풀리겠다."

항우는 듣지 않았다. 항백은 물러 나와 계포와 종리매 등과 상의하여 이 일을 중지시킬 방법을 연구했다. 그러자 이 같은 중대 사변이 일어나게 된 소문은 한 입 두 입 거쳐 바로 성중에 퍼졌다. 이런 소문을 들은 백성들은 울며불며 허둥지둥 야단법석이었다.

이때 조그만 어린 소년 하나가 항우가 거처하는 중군의 진문을 찾아와 말했다.

"폐하를 뵈오려고 왔습니다."

진문을 파수 보던 사졸들은 괴상하게 생각했지만 일단 안으로 들어가 보고했다.

"알 수 없는 어린 소년이 짐을 만나고 싶다 한다고?"

항우는 이상히 생각하고 그 아이를 쫓아내라 하려다가, 마침 심심하던 차에 잘됐다는 생각도 들었다.

"그 아이를 불러들여라."

잠시 후 얼굴이 잘생긴 어린아이가 들어오는데, 눈썹이 새까맣고 눈동자는 샛별같이 반짝거렸다. 동자는 들어와 항우에게 절하고 반듯하게 일어서서 바라보았다.

"너는 무슨 일이기에 군중軍中의 위엄이 무서운 것도 모르고 찾아왔느냐?"

항우는 깜찍하게 마주 보고 선 어린아이를 내려다보며 이같이 입을 열었다.

"신은 폐하의 적자赤子이옵고 폐하는 신의 부모이십니다. 아들이 아버님을 뵈옵고 싶은 정은 어디 간들 다르겠습니까? 가슴속에 끓고, 뼈에 사무치는 정이 있사온데 군사들의 위엄쯤이야 두려워하겠습니까?"

동자는 항우를 바라보고 이같이 대답했다.

항우는 기쁜 마음이 생겼다.

"기특하다! 그래, 그런데 너는 짐에게 무슨 청을 하려고 왔단 말이냐? 그리고 너의 이름은 무엇이냐?"

"신의 이름은 구숙仇叔이라고 부릅니다. 폐하께서는 덕德이 탕왕과 무왕과 같으시고, 공功이 요·순 임금과 같으시어 천지의 조화를 만민에게 베푸시니 사해가 일가를 이루고 만민이 경축할 따름이옵니다. 신이 어찌 감히 폐하께 나와 청을 아뢰옵니까?"

구숙의 대답을 듣고 항우는 정색을 하더니 또 이같이 물었다.

"그래, 그러면 네가 세객說客으로 안 왔단 말이로구나! 짐이 지금 외황 성민 중에 십오 세 이상 된 남자를 모조리 파묻어 죽이려고 한다. 네가 짐을 보러 온 것은 이 까닭이 아니냐?"

"신이 듣자오니 천하를 사랑하는 사람은 천하도 그를 사랑하고, 천하를 미워하는 사람은 천하도 그를 미워한다 하오며, 천하를 이롭게 하는 사람은 천하도 그를 이롭게 하고, 천하를 해롭게 하는 사람은 천하도 그를 해친다 하옵니다. 팽월의 대군이 치고 들어온 까닭에 외황 백성들이 살기 위해 항복하긴 했으나 마음은 폐하께 기울고 있었습니다. 마침내 폐하께서 지금 들어오시어 백성들은 부모를 다시 만난 것처럼 진심으로 기뻐하는데, 폐하께서는 이 백성들을 죽이신다 하오니 그러면 백성들은 어디로 향해야 하겠습니까? 외황 백성들뿐 아니라 양나라 전체의 백성들이 이 소문을 듣고 모두 도망해 버리면 폐하는 백성을 모조리 잃고 어떻게 천하의 황제가 되시겠습니까?"

항우는 열세 살밖에 안 된 구숙이 이같이 대답하는 소리를 듣고 금세 또 기쁜 얼굴이 되었다.

"오! 그래, 그래, 네 말이 옳다!"

그는 어린아이의 등을 어루만지며 칭찬했다. 그리고는 계포를 불러 명령을 내렸다.

"짐이 외황 백성들을 위무하려 한다. 삼군에 포고를 내려라. 백성을 해치는 놈은 대장이나 사졸을 막론하고 참형에 처하겠다."

계포는 즉시 부하들에게 포고를 지시하려고 밖으로 나갔다.

"폐하의 성덕을 성중 백성들은 천추만세까지 감사할 것입니다. 신은 물러가겠습니다."

구숙은 조그만 머리를 마루 위에 굽히고 이같이 인사를 했다.

"기특하다. 잘 가거라."

항우는 웃는 낯으로 구숙을 보냈다.

얼마 후 성중 백성들은 항우가 삼군에 포고를 내린 사실을 알고 모두 기뻐했다. 죽을 뻔하다가 다시 살아난 백성들이 기쁜 것도 당연했다. 더구나 열세 살밖에 안 된 구숙이 무섭기 한량없는 초 패왕을 찾아가 이야기한 까닭으로 이 같은 포고가 내리게 된 것을 알고 백성들은 감탄했다.

"참말 희한한 일이로다! 삼 년 전에 항우가 진나라의 항졸 이십만 명을 신안에서 땅에 묻어 죽였을 때, 이 같은 아이가 있었다면 그들은 죽지 않았을 것이다. 범증이 한왕을 죽일 꾀만 생각하느라고 그때 그 죄를 막지 못하더니 결국 저 자신도 진평의 꾀에 빠져 죽고 말았다. 그러니 칠십 노인이 열세 살밖에 안 된 동자만도 못하지 않은가?"

성중 노인들은 이렇게 구숙을 칭찬했다.

백성들이 기뻐하는 것을 보고, 항우가 성중에 들어올 때 숨어 있던 수비 대장 구명은 부장 주동과 함께 항우를 찾아갔다.

중군을 통해 안으로 들어간 두 사람은 항우 앞에 엎드렸다.

"신 등이 복죄伏罪하러 왔사옵니다!"

구명이 이같이 아뢰었다.

항우는 팽월에게 붙어 외황을 지키고 있던 그들이건만, 두 사람을 물끄러미 내려다보기만 하다가 뜻밖에 너그러이 용서했다.

"그래라, 너희도 용서한다! 물러가거라!"

"황송하옵니다!"

두 사람은 항우의 은혜에 감사하며 물러 나왔다.

이때 한왕은 조나라를 벌써 떠나 성고에 도착했다. 성 밖에 가까이 도착한 한왕은 왕릉으로 하여금 성을 공격하게 했다.

그러나 항우가 돌아올 때까지는 한왕이 올지라도 출전하지 말라는 명령을 받고, 성고를 수비하고 있던 대장 조구는 꼼짝하지 않았다. 왕릉은 연사흘 동안 맹렬히 공격했다. 그러나 초나라 군사는 성 위에 나타나지 않았다.

한왕은 왕릉을 불렀다.

"사흘 동안을 공격하건만 아무 반응이 없으니, 이것은 분명 어떤 명령이 있었던 까닭이다. 짐이 들으니 대사마 조구는 성질이 조급하다 하니, 저놈의 골을 올리면 참지 못하고 쫓아나올 것이다."

왕릉은 한왕이 시키는 대로 사졸로 하여금 조구를 욕하게 했다.

한나라 군사는 성 밑에서 어떤 놈은 땅 위에 번듯이 드러눕고, 어떤 놈은 발가벗고 드러눕고, 또 여러 놈들은 성 위까지 들리도록 큰소리로 욕질을 했다.

"개자식 조구야!"

"돼지 새끼 조구야!"

또 어떤 놈들은 헝겊에 조구의 이름을 커다랗게 쓴 다음 그 위에 욕을 써서 높이 꽂아 놓았다.

이와 같이 닷새 동안 조구를 욕했다.

성중에서 꼼짝도 안 하던 조구는 마침내 분통이 터졌다. 그는 더 이상 참을 수 없어 일만 명의 군사를 거느리고 성문을 열어젖히고 풍우처럼 달려나갔다.

한나라 군사는 거짓으로 패주하는 체하며 모두 깃발이나 마필, 병기 따위를 그대로 내던지고 달아났다. 조구가 열심히 추격하자 그들은 성고의 성 밖으로 흘러내리는 사수氾水의 강물을 건너 달아나기만 했다. 조구도 사수를 건너 추격했다. 일만 명의 조구의 군사가 절반쯤 사수를 건넜을 즈음 별안간 강 언덕 좌우에서 한나라 군사의 복병이 고함을 지르고 벌떼같이 일어났다.

주발·주창·관영·여마통 네 사람의 대장이 인솔한 한나라 군사는 사방으로 초나라 군사를 포위했다.

초나라 군사는 절반이나 상했다. 별안간 당한 일이라 조구는 어쩔 줄을 모르고 언덕 위에서 이쪽저쪽을 방어하기에 바빴다.

주발은 더욱 정신이 초롱초롱하여 초나라 군사들을 황야에서 갈대 베어 버리듯 이리저리 치면서 조구에게로 달려들었다.

조구는 주발과 접전을 했다. 두 번 세 번 합전을 하다가 조구는 기운이 파했다. 말을 돌려 도망하려고도 생각해 보았으나 한나라 군사가 철통같이 사방을 에워싸고 있으니 어떻게 도망할 수 있으리요! 언덕 아래 흐르는 강물을 내려다보다가 조구는 마침내 칼로 제 목을 찌르고 말았다. 그의 몸은 말 위에서 떨어져 언덕 아래 강물 속으로 굴러 들어가 버렸다.

왕릉은 징을 쳐서 군사들을 거두었다.

승리를 얻은 한왕은 즉시 왕릉 이하 모든 막료를 인솔하고 성고에 입성했다. 성고의 백성들도 한왕이 다시 돌아온 것이 몹시 기뻐 술과 떡과 차를 가지고 길거리에서 향을 피우면서 환영했다.

"그동안 수고들 했다. 잘들 있었느냐?"

그는 백성들을 둘러보며 이같이 말했다. 백성들은 모두 한왕에게 인사를 올렸다.

한왕은 즉시 성중으로 들어갔다. 성중의 관아와 창고에는 초나라에서 가져온 각종 병기와 재물이 굉장히 많았다.

한왕은 만족했다. 그는 한 달 전에 탈출하기까지 거처하던 처소에 들어가 잔치를 베풀고 장수들을 위로했다.

이튿날 근신이 들어와 아뢰었다.

"지금 구강왕 영포와 진류陳留의 태수 진동陳同이 삼만의 군사를 인솔하고 성중에 들어왔다고 아뢰오."

"오, 잘되었다. 짐이 이제 영양을 공략하고자 하나 성고를 수비시킬 사람이 없어 걱정했었는데, 영포가 찾아왔으니 때마침 잘되었다!"

한왕은 영포와 진동을 불러들이라 했다. 잠시 후 두 사람은 한왕 앞에 나와 공손히 인사를 올렸다. 한왕은 먼저 진동에게 말했다.

"짐이 전일 진류 지방을 통과했을 때 경이 다량의 군량을 보내주어 대단히 도움이 되었소. 또 지금 영포와 함께 짐을 도우니 그 공이 가히 금석金石에 남을 만하오."

그리고 다시 영포에게 말했다.

"짐이 이제는 영양을 공략하려던 차요. 때마침 잘 되었으니 장군은 진동과 함께 이 성을 지키고 있기 바라오."

"황공하옵니다. 그리하겠습니다."

영포는 대답했다.

한왕은 만족하여 즉시 연회를 베풀고 그들을 위로한 뒤 이튿날 성고를 출발하기로 했다.

날이 밝자 한왕은 군사를 인솔하고 출동했다.

사오일 후에 한왕은 영양성 밖에 도착했다. 그는 즉시 왕릉에게 성중의 상황을 탐색하여 보고하라고 명령했다.

이때 성중에서는 항우의 명령을 받고 수비하던 초나라의 대장 오단이 한왕의 군사가 성 밖에 도착하여 공격 준비를 하고 있다는 보고를 받고, 즉시 성중 백성들 가운데서 저명한 노인들을 청해 회의를 열었다.

"여러분을 모이시게 한 것은 다름이 아니라, 한왕의 군사가 이 성 가까이 와 있어 철포·칼·창·화살을 가지고 싸울 것인가 아니면 항복할 것인가, 그것을 의논하자는 것입니다. 그런데 이 사람의 생각으로는 항복하는 것이 좋겠습니다. 한왕은 장자長者입니다. 결코 항거해서는 안 될 줄로 생각하는데, 여러분께서는 어떻게 생각하십니까?"

영양성 수비 대장 오단은 성중의 유지들에게 먼저 자기 의사를 이같이 말했다. 오단에게 불려 왔던 노인들은 전부터 한왕을 앙모하던 터인지라, 뜻밖에 초 패왕 항우의 신하가 이같이 말하자 모두 감탄하고 찬성하는 말을 했다.

"옳습니다! 지당하다 뿐이겠습니까!"

"과연 뜻밖에 좋은 말씀이외다."

"어서 항복하시고 한왕을 맞이들이시기 바랍니다."

여러 사람들은 극구 찬성했다.

오단은 즉시 노인들과 함께 항복하기 위해 성에 기를 꽂고, 성문을 크게 열고 향불을 피웠다. 한왕은 기쁜 얼굴로 왕릉 이하 막료들을 데리고 입성했다.

한편, 항우는 외황 땅을 떠나 며칠 만에 군사를 거느리고 성고 가까이 도착했다. 그런데 뜻밖에 계포가 거느리고 앞서서 달리던 선봉 부대로부터 보고가 올라왔다.

"대사마 조구는 성을 지키고 있다가 한왕과 싸우지 않으려 했으나 적의 꾀에 빠져 접전하다가 자살했으며, 한왕은 이미 성고성을 수복하고 영포·진동 두 사람으로 하여금 수십만의 군사를 거느리고 성을 엄중히 방비하게 하고 있습니다."

항우는 이 같은 보고를 받고 크게 낙담했다.

"이 일을 어찌하면 좋은고!"

성고를 도로 빼앗기고 영양도 도로 빼앗기고, 생각하면 생각할수록 분했다.

그는 하는 수 없이 군사를 거두어 광무산廣武山 아래로 퇴각하기로 작정하고 막료들에게 명령을 내렸다.

한편, 한신은 제나라로 쳐들어가려고 출동 준비를 하다가 항우가 대군을 거느리고 종리매와 군대를 나누어 성고와 영양을 공격한다는 소식을 듣고 제나라 공격을 중지하고 형세를 관망하고 있었다. 만일 성고나 영양에서 한왕이 위태롭다고 한다면, 한신은 제나라를 공격하기에 앞서 급히 한왕을 구원해야겠다는 생각이었다.

이처럼 한신이 출동 중지를 하고 있건만, 제나라에서는 사태가 위급하게 된 줄로 알고 제왕 전광 이하 상하가 야단법석이었다.

제나라의 정세가 뒤숭숭하다는 정보는 영양성에도 알려졌다.

광야군 역이기 노인은 이 소식을 듣고 곰곰 생각해 보았다. 조나라를 정복하고 연나라의 항복을 받았으므로 제나라의 임금은 줄 위에 앉은 새처럼 위태함을 느낄 것이다. 이런 때 제왕 전광을 설득하여 한나라에 항복하게 한다면, 제나라의 칠십여 성이 고스란히 품 안에 들어오는 것이 아닌가? 이렇게 되면 그 공훈이 한신보다 더 클 것이고 수십만의 대군을 동원하여 정복하는 것보다 국비國費를 절약하는 의미에서도 반드시 그렇게 해야 할 것이다.

그는 마침내 이렇게 결정하고 한왕을 찾아갔다.

"아뢰옵니다. 한의 원수 조와 연을 평정했사오나 제나라가 아직 항복하지 않고 있사옵니다. 원래 전 씨의 일족이 심히 강대하여 초 패왕으로서도 이를 우대하는 터이옵니다. 아군 수십만이 진격한다 할지라도 그다지 속히 격파하기 곤란할 것이옵니다. 대왕께오서 조칙을 내리시면 신이 비록 재주 없사오나 한 뼘도 못 되는 혓바닥 하나만 움직여, 제왕으로 하여금 한나라에 항복케 하겠사옵니다. 이야말로 싸우지 않고 적을 항복케 하는 가장 좋은 계책이 아니겠사옵니까?"

한왕은 매우 만족해했다.

"그야 이를 데 없이 좋은 일이지요. 선생의 말처럼 제왕을 달래 항복해 오게 한다면 백세의 복, 무궁한 이익이 아니겠소이까. 지금 다행히 한신의 군대가 출동하지 않았으니 속히 떠나보시오."

역이기는 즉시 물러 나와 행장을 수습하여 하인 한 사람을 데리고 제나라로 향해 출발했다.

며칠 후 제왕은, 궁문 밖에서 한나라 사신 역이기가 자신을 뵙고자 한다는 보고를 받고 즉시 맞아들이라 했다.

역이기는 중문까지 와서, 거기서부터는 허리를 꼿꼿하게 세우고 가슴을 펴고 자기 위에 사람이 없는 것처럼 거만한 태도로 걸어 들어갔다. 제왕은 이 모습을 내려다보고 노해 호령했다.

"너는 무엇이기에 그렇게 무례하냐? 네가 이 땅에 찾아온 것은 세객으로 온 모양인데, 이 나라에는 힘이 없는 줄로 아느냐?"

"대왕이 지금 천하가 어디로 돌아가고 있음을 알지 못하니, 이 사람을 가리켜 예를 모르는 사람이라 하는 것도 무리는 아니올시다. 그러면 이 사람이 천하 형세를 말씀드리겠습니다. 초나라는 강한 것 같지만 실상은 약합니다. 한나라는 약한 것 같지만 사실은 강합니다. 천하의 강토를 가지고 볼지라도 전 강토의 칠팔 부가 한왕의 것이요, 초나라는 불과 이삼 부밖에 안 됩니다. 그러하건만 초 패왕은 잔인무도할 줄만 알고 덕은 모릅니다. 한왕은 의제의 몽상蒙喪(부모상을 당하고 상복을 입음)을 입고 인의의 군사를 일으켜 덕을 사해에 베푸시므로, 이르는 곳마다 굴복하지 아니하는 곳이 없습니다. 지금 영양을 수복하고 고창 지방의 곡창穀倉을 장악했으며, 성고의 험준을 수비하고, 비호 지방의 출입구를 막고, 태행 지방의 통로를 단절하고 백마의 나루를 수비하면서 백성들을 보호하고 있으므로 광명은 일월과 같고 덕은 요순과 같으니 천하가 한나라에 돌아가고 있음이 명백합니다. 대왕은 병기를 버리시고 성문을 크게 열어 항복하십시오. 이리해야만 일국의 생명을 도탄 중에서 구하실 수 있을 것입니다. 그러므로 이 사람이 여기 온 것은 제나라를 위해 온 것이지 결코 한나라를 위해 온 것이 아닙니다. 대왕은 깊이 생각해 보십시오!"

역이기가 천하대세를 도도히 설명하는 소리를 듣고 제왕은 자리에서 일어나 뜰 아래로 내려갔다.

"과연 선생의 말이 옳습니다. 내가 우둔해서 알지 못하고 조금 전에는 무례한 말을 한 것이니 용서하시오! 올라가십시다."

이리해서 역이기는 제왕과 함께 전상에 올라갔다. 제왕은 자리에 앉아 역이기를 마주 보며 겸손한 태도로 입을 열었다.

"나는 지금부터 한나라에 귀속하려 합니다."

"결심하셨습니까? 그러면 대왕께서 먼저 항표降表를 작성하여 사신을 한왕께 속히 보내십시오."

"그리하리다."

"그리하시면 저는 잠시 이곳에 체류하다가 한왕이 이곳으로 오시면 대왕을 모시고 나가 한왕을 봉영하겠습니다."

이때 제왕의 친척인 전횡田橫이 곁에 있다가 가로막았다.

"대왕께서는 일을 경솔히 하지 마십시오! 한신의 대군이 지금 조나라에 주둔하고 있으면서 제를 침공하려 하지 않습니까? 만일 불의에 침공해 오면 무엇으로 방비하시렵니까?"

그러나 역이기는 전횡의 말을 눌러 버렸다.

"아니, 그것은 말이 되지 않지요! 이 사람이 지금 이곳에 온 것은 나 한 사람의 뜻으로 찾아온 것이 아닙니다. 명백히 한왕의 조칙을 받들고 온 것입니다! 조칙을 받들고 내가 와 있는 이상, 한신이 어찌 제 마음대로 할 수 있겠습니까!"

"그러면 선생이 한신에게 편지를 보내 진격해 오지 않도록 해

주시오. 그래야 내가 안심할 것이 아니겠소이까?"

제왕은 이렇게 부탁했다.

"그렇게 하지요! 어렵지 않습니다."

역이기는 즉시 붓을 들어 편지를 썼다.

제왕은 사신을 불렀다.

역이기는 편지를 사신에게 건네주며 한신에게 가서 자기의 사명을 말한 후 한신으로 하여금 회군하도록 전달할 것을 부탁했다.

이때 한신은 그동안 조나라에 주둔하면서 사기를 기르고 있었으며 한왕도 이미 성고와 영양을 완전히 수복하고 있음을 알았는지라, 제나라를 정벌하기 위해 출동 준비를 하고 있었다.

그런데 뜻밖에 광야군 역이기로부터 사신이 왔다는 보고가 올라왔다. 한신은 즉시 사신을 불러들였다. 사신은 한신에게 역이기의 편지를 올리며 말했다.

"광야군께서 한왕의 조칙을 받들고 제나라에 도착하여 이해를 설명한 까닭으로 제왕께서는 이미 한나라에 항복하기로 하시고, 사신이 항표를 가지고 벌써 영양성으로 갔습니다. 그리하여 제나라의 칠십여 성이 이제는 한나라 땅이 되었습니다. 광야군께서 원수에게 보내시는 서간이 여기 있습니다."

한신은 편지를 펴 보았다.

한나라 대부 역이기는 한신 원수 휘하에 머리를 숙이고 글월을 올리나이다. 생이 조칙을 받들고 제나라에 이르러 군사를 헤치고 싸움을 그침으로써 천명에 순응하게 된 것은, 다름 아니라 한왕의 성명聖明하심과 원수의 위덕威德에 의지된 바이옵니다. 힘들이지 아니하고 칠십여 성을 평정해 버림은 삼군으로 하여금 수고를 없게 함이요, 일국의 생명을 도탄에서 구하고자 함이었으므로, 이제 원수께 이 뜻을 고하는 바이옵니다. 잠시 휴양하신 후 원수가 초나라를 정벌하시면 육 국이 공손히 따를 것이옵고 대사는 성공할 것이니 이는 원수의 공훈이옵니다. 생은 아무런 다른 마음이 없나이다.

한신은 대단히 기뻤다.

"잘 되었다! 그렇지 않아도 지금 제나라를 정벌하려던 터인데, 역대부가 싸우지 않고 제국을 평정했으니 이렇게 기쁠 데가 없다. 나는 군사를 거두어 영양성으로 돌아가 한왕을 모시고 초나라를 정벌할 테니, 너는 속히 돌아가 제왕께 이런 사유를 말씀 올리고 한나라 군이 서주 가까이 도착하거든 즉시 군사를 인솔하고 나와서 한나라 군과 합세하여 초나라를 정벌하도록 말씀을 올려라."

한신은 사신에게 이같이 말하고 답장을 써서 그에게 주었다. 사신은 답장을 가지고 즉시 제나라로 돌아갔다.

"불가합니다. 역대부의 말을 듣고 회군하시다가 원수의 일생에 큰 실패를 가져오게 됩니다. 이 사람이 한 계책을 생각했는데, 제나라의 칠십여 성이 원수의 공훈으로 귀속되게 할 수 있습니다."

이같이 커다란 목소리로 반대 의견을 내는 사람이 있었다.

한신이 깜짝 놀라 내려다보니 다른 사람이 아닌 연나라에서 연왕의 모사로 있던 괴철이었다.

"그대는 무슨 소견으로 회군하는 것을 반대하는 것인가?"

한신이 물었다.

"원수께서 수십만의 군사를 거느리고 그동안 벌써 일 년 가까이 원정하셨으나 불과 오십여 성밖에 얻지 못했는데, 지금 역대부는 한 뼘도 못 되는 혓바닥 하나로 제나라의 칠십여 성을 얻었습니다. 원수의 위덕이 일개 선비만도 못하게 된 것이 아닙니까? 지금 군사를 거두어 영양으로 돌아가신다니 무슨 면목으로 한왕께 뵈옵겠습니까? 제 생각 같아서는 지금 제나라에 방비 없음을 틈타 급히 공격하면 반드시 속히 점령될 줄로 생각합니다."

"아니오. 역대부가 제국에 간 것은 자기 혼자 의사로 간 것이 아니고 왕의 조칙을 받고 간 것이니, 만일 내가 제국을 진격한다면 왕명을 거스르는 것이 되고 또 역대부에게도 불리할 것이니 그렇게 할 수 있는가?"

한신은 이같이 대답했다.

"원수께서는 그같이 생각하시나, 일이란 그렇지 않습니다. 한왕께옵서 처음에 원수에게 하명하시어 제국을 평정하라 하셨습니다. 그런고로 한왕의 마음은 이미 결정되셨던 것입니다. 역대부를 따로 보내실 생각은 없었던 것입니다. 그런데 나중에 역대부가 원수의 공훈을 빼앗아가려고 교묘한 말로 한왕을 설득했던 모양입니다. 결코 한왕의 본심이 아닐 것입니다. 그런데 지금 원수께서 별안간 회군하시고 보면 사람들이 모두 원수를 무능한 사람이라고 말할 것이며, 한왕께서도 장래에는 역대부를 중히 아시고 원수를 가볍게 생각하실 것이니, 가령 초 패왕을 격멸하실지라도 원수의 광채가 빛나지 못할 것입니다. 원수께서는 이 점을 깊이 생각하십시오!"

괴철의 말을 듣고 한신이 단하에 내려서지도 못하고 얼른 대답도 못하고 있을 때, 그의 곁에 섰던 부장 장이가 입을 열었다.

"괴철의 말이 옳사옵니다! 원수께서 이미 대궐 밖의 병마를 통제하는 일의 권세를 장악하신 이상 어찌해서 왕명에 구애를 받으시겠습니까?"

한신은 두 사람의 말이 합당하다고 생각했다.

그는 돌아서서 장이를 바라보며 말했다.

"그러면 영양으로 회군하는 것을 폐하고 제나라로 진군합시다!"

장이는 즉시 방침을 변경하고 부하 장수들에게 제나라로 진격할 것을 지시했다.

한편 제왕은 역이기와 함께 매일 술을 마시며 노래를 즐기고 있었는데, 하루는 근신이 들어와 보고를 올렸다.

"한신의 대군이 이미 제나라의 국경에 침입해 들어왔습니다."

제왕은 깜짝 놀라 신하들을 불러 대책을 강구하도록 했다.

'한신이란 놈이 나를 팔아먹었구나!'

역이기는 장탄식을 했다.

제왕은 이 결과를 알고 크게 노했다.

"역이기 이 늙은 놈이, 감히 나를 업신여기고 속여왔구나! 늙은 놈을 잡아다가 가마솥에 끓여 죽여라!"

제왕의 명령이 떨어지자 무사들은 역이기에게 달려들어 그의 얼굴에 보자기를 씌워 결박한 후, 장거리로 끌고 나가 가마솥에 기름을 끓인 다음 그 속에 집어넣어 버렸다.

그는 이처럼 비참한 제물祭物이 되었던 것이다.

역이기를 기름 가마에 끓여 죽였다는 소문은 그 이튿날 성 밖에 있는 한신의 진영에도 알려졌다.

"지체하지 말고 즉시 공성 작전을 단행하라!"

한신은 크게 노해 부장 장이에게 이같이 명령하고 자신이 선봉이 되어 제나라 서울, 임치성臨淄城을 공격하기 시작했다.

한신은 그 이튿날 임치성에 입성하여 백성을 안무하였다.

한신은 제왕이 이미 사로잡히고 전횡과 전광이 자취를 감추었다는 사실을 기록하여 격문을 써서 사방에 제시했다. 그리고 그는 백성들을 위로했다.

이 소식을 들은 각처 주·현의 태수들이 모두 한신에게 항복하여 제나라의 전 국토가 완전히 평정되었다.

이때 곁에서 모시고 섰던 괴철이 한신의 만족해하는 모습을 보고 비위를 맞추는 듯 간사스러운 어조로 말했다.

"제나라는 산을 등지고 바다를 앞에 두고 도회지가 널려 있는 웅장한 지방입니다. 원수께서 지금 이 같은 나라를 평정하시어 모든 군현이 복종하는 터이니, 속히 사신을 한왕께 보내 제왕의 인印을 받으시고 이 나라를 다스리십시오. 이것이 근본을 세우는 일입니다."

이때 대장 조참이 급히 한신에게 보고를 올렸다.

"지금 사신이 영양으로부터 칙서를 가지고 왔답니다."

"즉시 본진으로 돌아가 칙사를 맞을 준비를 합시다."

한신은 이같이 지시하고, 궁전에 따라왔던 부하들을 데리고 본영으로 돌아왔다. 그는 부하 장수들을 배석시키고 칙사를 맞이한 후, 칙서를 두 손으로 받았다.

과인寡人이 장군의 계책으로써 초나라의 여러 지방을 얻고 세력이 조금 강대해졌으나 초 패왕은 아직도 태공을 억류하고 있어 과인의 흉중이 억색臆塞(원통하고 가슴이 막힐 정도로 답답함)하고, 간장이 끊어지는 것 같은 때가 많아 차마 견딜 수 없도다. 더욱이 초 패왕은 성고 지방으로 군사를 인솔하고 나와 과인과 더불어 자웅을 결판 지으려 하는 모양인데, 상거하여 겨누어 온 지 오래이므로 사졸과 군마가 모두 피곤한지라 접전해서 승리하기 어려우니 어찌하면 좋은고? 이제 사신을 보내 급히 모든 장수를 불러 상의하고자 하는 바이니, 생각컨대 장군은 제나라를 공략하여 승리한 늠름한 사기로써 초 패왕을 무찌르기에 넉넉할 것이요, 더욱이 장군의 기이한 계책과 신통한 비책에 기대함이 크도다. 장군은 속히 와서 과인으로 하여금 안타까운 생각을 덜게 하라.

한신은 한왕의 칙서를 읽고 나서 즉시 부장 장이에게 삼군을 정돈하여 성고를 향해 진발하라는 지시를 내렸다.

이때 괴철이 또 한신에게 다가와 말했다.

"원수께서는 지금 표문을 작성하여 주숙에게 주어 한왕께서 보낸 사신과 함께 영양으로 가게 하여 제왕의 인을 받아오게 하십시오. 그리하여 속히 왕위에 오르시기 바랍니다. 이 기회를 놓치시면 뒤에 후회하셔도 때는 늦어집니다!"

한신은 만족해하며 말했다.

"그러면 물러가 계시오."

한신은 칙사를 객사로 보내고 막료들을 해산시킨 뒤에 한왕에게 올리는 표문을 작성했다.

이튿날 한신은 한왕의 사신을 불렀다.

"지금 제나라가 평정되기는 했지만 이 지방의 국풍國風이 변화무쌍해서 만일 내가 이 지방을 떠나면 무슨 변괴가 생길지 알 수 없소! 그러니 잠시 제왕의 인을 받아 군·민을 심복시킨 후에 초 패왕을 공격하려 하오. 주상께 표문을 올리고자 사신을 보내겠으니 그대가 나의 사신과 함께 오늘 영양으로 돌아가기를 바라오."

"그리하겠습니다."

칙사는 두말하지 않고 승낙했다.

한신은 대단히 기뻐하며 금과 비단을 내오라 하여 칙사에게 진정하고 즉시 주숙과 함께 영양으로 출발하게 했다.

이틀 후에 영양에 도착한 주숙과 칙사는 한왕에게 한신의 표문을 올렸다.

한나라 대상국大相國 신 한신은 머리 숙여 절하옵고 한말씀 올립니다. 나라에 임금이 없으면 백성을 인도하지 못하옵고, 백성들에게 법령의 권위가 없으면 무엇으로써 그 백성들을 복종케 하겠나이까. 신이 천위天威에 의지하와 용저를 죽이고 전광을 사로잡아 위엄을 떨쳤사오나 민심은 아직이옵니다. 고래로 제나라는 반복 무쌍하옵는 지방이므로 혹시 변란이 생기지 않을까 두려워하는 터이오니, 엎드려 바라옵건대 제왕의 인을 내리시어 신이 잠시 가왕假王이 되어 이 땅을 진정한 후에 군사를 통솔하여 어가御駕를 모시고 초 패왕을 공략하겠사옵니다. 이같이 하면 강토는 통일되고 백성은 편안함을 얻을 것이옵니다. 신이 감히 표문을 올려 이 뜻을 사뢰는 바이옵나이다.

한신의 표문을 다 읽고 나서 한왕은 발연변색하며 호령을 했다.

"한신이 짐을 속였구나. 짐이 이곳에서 오랫동안 곤욕을 당하고 있는데도 와서 구할 생각은 않고 도리어 제왕이 되고 싶다 하다니 이 어찌된 연고이냐?"

그러자 멀찍이 서 있던 장량과 진평이 급히 한왕 앞으로 가까이 들어섰다. 장량은 한왕의 발등을 넌지시 밟고 한왕의 주의를 다른 곳으로 끈 뒤에 귀에 자기의 입을 가까이 대고 속살거렸다.

"대왕께서 지금 초나라의 군·현을 십 중 칠팔을 얻으셨지만, 항우는 아직도 군사를 광무산 아래에 주둔시키고 한나라를 침략하려 하지 않습니까? 대왕께서 만일 한신이 제왕이 되고 싶어 하는 것을 억제하신다면 우리 측이 불리하옵니다. 차라리 한신의 뜻대로 제왕이 되는 것을 쾌히 허락하시면 한신은 기뻐할 것이요, 대왕을 위해 더욱 분발할 것이옵니다. 만일 허락하지 않으시면 우리 측에 불리할 뿐만 아니라, 한 가지 우환을 더하는 것뿐이옵니다."

한왕은 즉시 그의 말을 알아듣고 자신이 진중하지 못하게 발연변색하고 호령한 것을 뉘우쳤다.

"옳아! 옳아! 경들의 말은 모두 합당한 말이야. 대장부 천하를 평정하고 제후를 복종케 하려면 마땅히 명백하게 왕위에 즉위하여 진왕眞王이 될 일이지 어찌 가왕이 될 것인가!"

한왕은 주숙을 내려다보고 이같이 말한 뒤에 장량에게 지시를 내렸다.

"선생은 지금 즉시 한신을 제왕에 봉하는 절차를 마련하시오."

장량은 진평과 함께 밖으로 나갔다.

"그래, 한신이 제나라를 어떻게 평정했는지 그 이야기를 상세히 들려주기 바라오."

한왕은 두 사람이 나간 뒤에 주숙을 가까이 불러 이같이 물었다.

주숙은 역이기가 제왕한테 있으면서 한신에게 두 번이나 편지를 보내온 사실과, 한신이 임치성을 공격하자 제왕이 역이기를 기름 가마에 끓여 죽인 일, 제왕을 사로잡은 일 등 전후 경과를 상세히 아뢰었다.

다 듣고 난 한왕은 길게 한숨을 내쉬며 말했다.

"역대부, 고양高陽 땅에서 처음 만난 이래 오 년 동안 충심을 다해 짐을 도와 공훈이 뚜렷했건만 짐의 대업大業이 아직 이루어지지 아니한 까닭으로 그의 공덕을 보답하지 못하던 중이었는데, 그같이 제왕한테 참살당했구나! 아아 가련하다! 짐이 천하를 통일한 후 논공행상을 할 때에는 역대부의 자손에게 하나도 빼놓지 않고 작록을 가하도록 해야겠다."

한왕은 즉시 기록관記錄官을 불렀다. 그리고 그는 진 이세秦二世가 즉위한 후 자신이 강소성江蘇省 패현으로부터 진시황의 여산릉驪山陵 역사의 부역꾼을 인솔해 가다가 의병을 일으킨 뒤에 고양 땅에서 역이기를 만나, 그의 추천으로 장량을 한나라에 가서 빌려 오던 때부터 지금까지 오륙 년 동안의 공적을 세세히 기록해 두게 했다.

이튿날 장량은 한왕의 칙서와 제왕의 인을 가지고 임치성을 향해 출발했다. 수일 후에 그는 한신의 본영에 도착했다. 그는 한신을 만나 인사를 마친 후 칙서를 전하면서 말했다.

"장군이 표문을 올리고 잠시 가짜로 제왕이 되기를 구하셨는데, 주상께선 장군이 초나라를 공략하고 제나라를 평정한 그 공훈이 심대한데 가짜라니 될 수 있는 말이냐 하시며 정당히 제왕에 봉하게 하시고, 제왕의 인을 나로 하여금 장군에게 가져가라 하셨습니다. 장군은 위에 올라 삼제三齊를 진무하며 제후를 제복시킨 후, 군마를 정돈하여 성고를 곤경에서 구원하는 동시에 초나라를 정벌하여 한나라의 천하통일을 속히 이루게 하시기 바랍니다."

한신은 매우 기뻐하며 칙서를 펴 보았다.

> 나라를 세우고 제후와 친함은 천하를 거두어 통일하여 다스리기 위함이니 삼대三代의 제도인지라, 이제 상국 한신이 누차 기공을 세우고 강토를 넓히게 했으니 이는 천하에 없는 큰 공훈으로서 마땅히 종정鐘鼎이 명기되리로다. 새로이 제나라를 평정했으나 백성을 제복시키기 곤란하여 융작중권隆爵重權이 아니고는 군하群下에 호령을 하기 어려울 것이므로 이제 한신을 제왕에 봉하여 제나라를 다스리게 하는 바이니, 동방이 안정되거든 즉시 본부의 병마를 합하여 힘을 다해 초를 멸할지라 이 아니 흔쾌하지 아니하랴. 부탁하노라.

한신은 칙서를 두 손으로 높이 받들고 남쪽을 향해 허리를 굽혀 은혜가 깊은 것을 감사했다.

그런 다음 그는 크게 잔치를 베풀었다. 이처럼 수일 동안 잔치를 베풀고 한신은 제왕의 위位에 오른 후에 모든 부하로부터 배하拜賀의 예를 받았다. 이로써 한신은 이날부터 제나라의 임금이 되었다.

배하의 예가 끝난 뒤에 장량은 한신과 작별 인사를 했다.

“나는 지금 떠나렵니다. 그런데 주상께서 영양에 주둔하고 계시면서 낮이나 밤이나 초나라에 붙들려 계신 태공을 생각하고 슬퍼하십니다. 이즈음 초 패왕이 성고 지방으로 또 공격해 온다는 풍설을 들으시고 더욱 초조히 지내시는 터이니, 장군은 속히 군사를 거느리고 주상과 함께 초나라를 정벌하고 태공을 구하십시오. 너무 지체되면 안 됩니다.”

“염려 마십시오! 격문을 군·현에 보내 군사를 더 모아서 앞으로 열흘 이내에 반드시 이곳을 출발하겠습니다. 선생이 먼저 돌아가시어 주상께 이같이 아뢰시기 바랍니다. 그리고 이 사람이 주숙을 사신으로 하여 또다시 주상께 사은謝恩코자 하오니, 함께 가시기 바랍니다.”

한신은 주숙을 불러 장량과 함께 영양으로 가게 했다. 그리고 그는 즉시 각 지방에 장정을 소집하는 격문을 보낼 것을 부하들에게 지시했다.

한왕은 지금 항우와 상대하여 천하를 쟁탈하는 중이어서 괘씸해도 부득이 한신을 제왕에 봉하기는 했으나 진정으로 불쾌했다.

‘한신은 목전의 부귀를 탐하는 놈이다! 내가 곤란한 때라 들을 수밖에 없다는 걸 짐작하고 스스로 제왕이 되겠다고…….’

한왕은 곰곰이 생각해 보았다. ‘이같이 마음을 쓰는 자가 충신이 될 수 있을까? 내가 최초에 팽성에서 항우와 싸우다가 참패했을 때, 한신은 함양에서 꼼짝도 아니하고 가만히 있지 않았던가? 또 그 후 내가 성고에서 포위당하여 위태로웠을 때도 한신은 조나라 정경구에 가만히 앉아서 보고만 있지 않았던 가? 지금 천하가 두 개로 나뉘어 서로 싸우는 이때 제가 감히 스스로 임금이 되겠다고 하다니 이것이 용서할 수 있는 일인가?' 이같이 생각하니 한왕의 마음은 무거웠다.

이때 제나라에서는 괴철이 한신 앞으로 가까이 가서 은근히 아뢰었다.

"신이 옛날 한 사람의 이인을 만나서 상법相法을 잘 배웠습니다. 신이 항상 대왕의 관상을 보아왔사온데 그전까지는 지위가 봉후封侯에서 더 지나지 아니했습니다. 그런데 오늘 대왕의 등허리를 보고 비로소 그 존귀하심을 알았습니다."

한신은 뜻밖의 말을 듣고 놀랐다.

"그대가 지금 무슨 의사로 그런 말을 꺼내는가?"

한신은 괴철의 얼굴을 물끄러미 바라보았다.

괴철은 고개를 숙이고, 그러나 유창한 어조로 한신의 마음을 유혹했다.

"옛날에 진나라의 정사는 잔인무도해 천하의 백성들이 이 때문에 도탄 중에 지내다가 그 뒤에 또 한나라와 초나라가 서로 대립해서 간과干戈가 쉴 날이 없으므로 천하 백성들은 여러 해 동안 간담이 썩고 광야에 가득한 시체는 몇천만 명임을 알지 못합니다. 초 패왕은 역발산기개세力拔山氣蓋世의 위풍으로써 다섯 나라를 석권席卷한 터이나 이미 서산낙일西山落日의 비운에 빠져서 그동안 삼 년이 되건만 다시 일어나지 못하는 형세이고, 한왕은 포중 땅에서 나온 이후로 낮이나 밤이나 고전역투苦戰

力鬪하건만, 이 역시 이렇다 할 공을 세우지 못했습니다. 이것은 모두 한왕이나 초 패왕이나 한 가지로 지혜와 용맹이 부족한 까닭이옵니다. 지금은 형세가 오직 대왕께 달려 있습니다. 그러므로 신은 생각하기를 대왕께서는 천하를 삼분해서 강한 제나라를 기반으로 하고 연과 조 두 나라를 이끌고, 중인이 소원하는 대로 서쪽으로 치고 나아가면 천하는 그림자와 같이 따라오고야 말 것이옵니다. 하늘이 주시는 것을 받지 않는다면 도리어 괴로움을 받을 것이요, 때가 이르렀음에도 행하지 않는다면 도리어 재앙을 받는다는 옛말이 있지 않사옵니까? 대왕께서는 깊이 생각하시고 기회를 놓치지 마시기 바라옵니다."

"그게 무슨 말인가! 한왕께서 나에게 예로써 후하게 대우하시는데, 내 어찌 이利를 탐해 의義를 저버리겠는가!"

"그러하오나 그 전날 장이와 진여는 피차에 문경刎頸(목을 벰, 생사를 같이 함)의 두터운 사이였건만 아시다시피 장이는 지수의 접전에서 진여를 죽이지 않았습니까? 대왕과 한왕과의 사이가 반드시 장이와 진여와의 사이처럼 되리라는 것은 아니오나, 옛말에 이르기를, 짐승의 씨가 말라 버리면 사냥개로 개장국을 만들어 먹을 수도 있다고 했습니다. 용맹과 지혜가 주인으로 하여금 두려움을 느끼게 하는 자는 몸이 위태로운 법이요, 공훈이 천하를 덮는 사람은 상 주지 않는 법이옵니다. 대왕께서는 한왕이 두려워할 만한 위엄을 가지고, 상 주기 어려울 만큼 큰 공을 세우셨으니 일신이 안전하실 수 있다고 생각하십니까? 바라건대 깊이 생각하시옵소서."

한신은 그 말을 듣고 잠시 침묵했다.

"그대는 물러가시오. 나는 좀 더 깊이 생각해 보겠소."

그리고 괴철을 내보냈다.

이 일이 있은 후 사흘이 지났다. 사흘 동안 한신은 자기의 처신할 바를 생각해 보았으나 결정을 짓지 못했다.

이날 괴철은 한신 앞으로 다시 와서 예를 한 뒤에 물었다.

"대왕께서는 생각을 정하셨사옵니까?"

"생각을 하고 있지만, 아직도 미결이오. 더 기다려 보시오."

"아직까지 존의를 결정지으시지 못했다 하면 불행하옵니다. 무릇 일에는 때가 있으니 그때를 놓치면 오곡을 땅에 심어도 되지 않는 것이요, 일에는 또 계책이 있어야 하는 것이니 계책이 없고는 익은 과실도 나무에서 따지 못하는 까닭입니다. 그런고로 지혜는 결단을 내리는 힘이고, 의심은 일을 해치는 독이 되는 것이며, 호리毫釐(자나 저울눈의 호와 이)의 작은 일을 따지다가 천하의 대수大數를 놓치는 것을 지혜가 있어서 능히 안다 할지라도 확실히 행하지 못할 때엔 백사에 화근이 되는 법입니다. 그런고로 공을 이루기는 어렵고 패하기는 쉬우며 때는 얻기 어렵고 잃어버리기는 쉽습니다. 때는 한 번 지나가면 두 번 다시 오지 않는 것입니다."

괴철은 다시 한신에게 권했다.

한신은 고개를 숙이고 아무 말도 못했다. 그의 마음속에서는 괴철의 말도 이치 있는 말이로되 한왕이 자기의 공훈을 인정해 주고 제왕에까지 봉해 주었음을 생각하면 한왕을 배반하는 것이 도리가 아니라는 두 갈래의 생각이 서로 싸우고 있었다.

이때 돌연 뜰아래에서 커다란 소리로 진언하는 사람이 있었다.

"대왕께서는 괴철의 말을 결단코 듣지 마십시오. 그것은 도리에 어긋나는 말입니다. 제가 괴철을 데리고 한왕께 나아가서 명백하게 시비를 가리겠습니다."

괴철은 깜짝 놀라 문을 열고 내다보니, 그 사람은 대중대부大中大夫 육가陸賈였다. 괴철의 낯빛은 질렸다.

육가는 괴철 앞으로 가까이 들어섰다.

"괴 선생! 내 말을 들어보시오. 능히 사물을 평론하려면 먼저 그 형세를 살피고 다음에 그 형상을 관찰해야 할 것입니다. 형세는 강하건만 형상은 약해 보이는 것은 실상 약한 것이 아니며, 형상은 강하건만 형세는 약한 것이야말로 진실로 약한 것입니다. 지금 천하의 대세를 가지고 말하자면 초나라는 이기고 있는 것 같으나 형상으로만 이기고 있는 것입니다. 한나라는 약한 것 같지만 형상으로만 약하게 보이는 것입니다. 강약성쇠強弱盛衰가 아직 미정이지만, 한왕은 잠시 불리해서 기운을 펴지 못하고 있으나 이미 천하의 팔구八九를 얻었으며 인심은 한왕에게 돌아가고 있습니다. 소하는 재상으로서 충성을 하고 장량과 진평은 손孫과 오吳의 지혜가 있고, 그 위에 영포·팽월·번쾌의 용맹과 주발·왕릉·관영 같은 만부부당의 대장들은 그 수효를 알 수 없을 만큼 많아 복과 덕은 만세불발萬世不拔(영원히 빠지지 않음)의 기초를 이루고 있는데, 선생은 이 같은 형세를 살피지 못하고 함부로 입을 놀리고 미친 소리를 토했으니, 만일 원수께서 괴 선생의 말을 들으시고 한왕을 배반하신다면 그야말로 호랑이를 그리다가 도리어 개를 그린다는 것과 무엇이 다르겠소이까. 크게 잘못하지 않았습니까?"

육가는 괴철의 얼굴을 쏘아보면서 말했다.

괴철은 육가의 꾸짖는 말을 듣고 얼굴이 화끈 달아오르고 입 속의 침이 말랐다.

'내가 앞으로 공을 세운다 할지라도 한신에게 배반하라고 권했다는 사실을 한왕에게 밀고하는 자가 생기면 나는 죽은 목숨이다.'

괴철은 이같이 깨닫고 "물러가겠습니다."라는 한마디를 하고는 한신 앞을 떠났다. 그는 그 길로 제왕의 궁전을 나와 거리로 돌아다니며 미친 사람의 흉내를 내기 시작했다.

한신은 괴철이 미쳐 버렸다는 보고를 듣고 괴철의 마음을 짐작했다. 그리고 그는 즉시 삼군에 출동 명령을 내렸다. 영양으로 가서 한왕과 합세해 초 패왕을 공격하겠다는 결심을 세운 것이다.

이튿날 한왕이 성고에 도착하자 한신은 여러 장수와 함께 멀리 성 밖에 나와 한왕을 마중했다. 한왕은 성내에 들어와 백관의 조배朝拜를 받은 후 한신에게 말했다.

"원수는 오랫동안 원정을 거듭해 누차 기공을 세웠으니 감사하오. 그러나 짐은 항왕으로 말미암아 곤욕을 당해 그동안 칠십여 번 접전하기에 백성들은 편한 날이 없었고, 장사들은 갑옷을 끄르지 못했소이다. 이제 원수가 대군을 이끌고 짐을 도우니 초는 패망할 것이오. 그러나 단지 태공께서 오랫동안 적에게 붙들려 계신고로 짐은 주야로 침식이 불안하오. 원수가 무슨 계책으로든지 부자 상면을 하게 만든다면 그 공훈은 만세대공일 것이오!"

"초 패왕이 어찌 까닭 없이 태공을 귀환시키겠사옵니까. 신이 대왕의 군사와 합세해 급히 항왕을 공격해 심신을 피로하게 만든 후, 그때 계책을 쓰겠으니 대왕께서는 안심하시기 바라옵니다."

"짐은 원수에게 일임하오! 속히 개가를 올려주기 바라오."

한신은 한왕에게 예를 마치고 대군을 인솔해 성 밖으로 나갔다.

그는 불일간 광무산 아래로 초 패왕에게 쳐들어갈 결심을 했다.

일시적인 휴전 서약

항우는 광무산 아래 진영을 설치한 후 항백과 종리매를 불렀다.

"지금 한왕이 성고에 들어가 제후들과 더불어 결전을 하려 한다. 우리 군사는 지금 양식이 그다지 많지 않아 오래 싸울 수 없으니, 이에 대해 무슨 계책이 없느냐?"

항우가 이렇게 묻자, 항백이 계책을 말했다.

"지금 팽성에 한나라의 태공을 붙들어 두고 있지 않습니까? 폐하께서는 급히 태공을 이리로 불러, 한왕에게 태공의 편지를 보내어 퇴군退軍하도록 하시옵소서. 그리하여 한왕이 퇴군하거든 태공을 성고로 돌려보내고, 만일 퇴군하지 않거든 태공을 죽여 버림으로써 유방은 불효자라는 오명汚名을 만세에 전하도록 하십시오. 폐하께서 이같이 하시기만 하면 백만의 웅병雄兵(뛰어난 병사)에 못지 아니할 것이옵니다."

"옳소! 과연 그같이 하면 좋을 것이오."

항우는 즉시 찬성하고 무사를 불러 팽성에 가서 태공을 붙들어 오게 했다.

이튿날 태공은 무사에게 붙들려 광무로 왔다. 항우는 태공에게 부드러운 음성으로 말했다.

"네 아들 유방이 짐과 오랫동안 상대하여 도무지 너를 염두에 두지 않고 있다. 네가 지금 편지를 보내 네 아들로 하여금 군사를 거느리고 물러가게 한다면, 너와 여후를 성고로 돌려보내도록 하겠다. 그러면 부자와 부부가 오래간만에 한집에 모이게 될 것이다."

"유방은 어려서부터 재물을 탐하고, 장성한 후에는 호색하기만 하고 부모를 모르고 부귀만 탐하는 터이니, 내가 편지를 보낸들 무슨 소용이 있겠습니까!"

태공은 항우를 향해 체머리를 흔들며 서글픈 듯 이같이 대답했다. 그의 아들 한왕을 못 믿는다는 표정이었다.

"그러나 유방이 네 말을 듣건 안 듣건, 편지를 보내라!"

항우는 태공에게 명령하듯 이렇게 말했다. 태공은 어쩔 수 없이 즉시 붓을 들어 편지를 썼다.

항우는 태공의 편지를 읽어 보고 나서 칭찬을 했다.

"잘 썼다! 유방이 이 편지를 보고도 퇴군하지 않는다면 가위 금수나 다름없을 것이다!"

그는 즉시 중대부中大夫 송자련宋子連을 불러 성고에 들어가 한왕에게 편지를 전하게 했다.

송자련은 이틀 후에 성고에 있는 한왕의 궁문에 도착해서 초패왕의 사신으로 온 뜻을 전했다.

한왕은 초 패왕의 사신이 찾아왔다는 보고를 받고, 즉시 장량과 진평을 불러 물어보았다.

"항왕의 사신이 무슨 일로 왔을까?"

"다른 일이 아니고 필시 대왕으로 하여금 퇴군하게 만들려고 태공의 서간을 보내왔을 것이옵니다. 대왕께서는 서간을 보시더라도 결코 눈물짓지 마십시오. 그렇게 하셔야만 태공께서는 앞으로 열흘 이내에 환국하시게 될 것이옵니다. 또 설사 환국하시지 못하고 초나라에 계실지라도 항왕이 살해하지는 못할 것이옵니다."

한왕은 장량의 말에 고개를 끄덕이며 동감하는 뜻을 표시하고 즉시 송자련을 불러들였다.

한왕 유방에게 부치노라.

자고로 순舜 임금의 대효大孝를 일컫기를, 그는 천하를 헌신짝처럼 버렸다 한다. 너는 부귀를 소중히 알고 아비 보기를 길가에 있는 사람처럼 하니 내가 포로가 된 지도 벌써 삼 년, 다행히 초 패왕의 은덕으로 죽음을 면하고 공처에 기거하며 하루 세 끼니를 먹으면서 연명하고 있다. 왕후 여 씨는 태자를 생각하기에 눈물이 마르지 아니하고 지낸다. 그러하건만 너는 임의로 종횡 천하하면서 도대체 염두에 두지 아니하니, 너의 심장이 무쇠 덩어리가 아니면 나무로 쪼아 만든 신체가 아니겠느냐. 이제 초 패왕이 나를 광무로 끌어온 후 나를 죽여 머리를 성고의 성 밖에 걸어 두고 네가 불효자임을 드러내려 하므로, 내가 재삼 애고哀苦(슬퍼하고 괴로워함)하여 특히 이 편지를 너에게 부치는 터이다. 너는 생각해 보아라. 네 몸이 어디서 나왔느냐. 세상 만물이 무엇 때문에 소중하냐. 만일 이 같은 이치를 깨닫는다면 순임금처럼 천하를 헌신짝처럼 버릴 수 있을 것이다. 속히 군사를 흩뜨리고 나로 하여금 환국하게 하여라. 그리하여 부자와 부부가 함께 모이게 된다면 이 아니 좋겠느냐. 만일 군사를 주둔시키고 싸움을 계속한다면 결코 내 목숨은 붙어 있지 못할 것이다. 네가 천하를 얻는다 할지라도 이렇게 된 연후에는 아비의 생명과 저의 부귀를 바꾸었다는 더러운 욕을 만세에 끼칠 것이니 네 어찌 마음이 편안할까 보냐. 붓을 놓으려 하니 눈에서 피눈물이 흐른다. 너는 마땅히 자성自省하라.

한왕은 송자련을 불러들이기 전에 장량이 가르쳐 주던 바와 같이, 술 취한 눈이 아직도 잠이 덜 깬 것처럼, 몽롱한 표정으로 편지를 다 읽고 나서 항우를 앞에 앉히고 말하듯 지껄였다.

"내가 오래전에 회왕을 모시고 항왕과 결의형제를 행하였으니, 나의 아버지는 저의 아버지도 될 것이다. 태공께서 지금 초나라에 계시지만 한나라에 계신 것과 다름이 없다. 이러니저러니 말할 것 없이 네가 만일 태공을 살해하기만 하면 천하가 나를 욕할 뿐만 아니라 너도 욕할 것이다. 전일에 네가 영포를 시켜 의제를 죽인 것을 지금까지 천하 제후가 절치부심하는데, 황차 지금 또 나의 아버지를 살해한다면 더욱더 천하 사람들은 너를 침 뱉고 욕할 것이다. 맹자孟子도 말씀하기를, 사람의 아버지를 죽이면 사람들도 그놈의 아비를 죽이느니라[殺人之父 人亦殺其父]고 말씀하였다."

한왕은 눈을 크게 뜨고 이번에는 송자련의 얼굴을 바라보며 말했다.

"너는 돌아가서 태공께 '아무 염려 마시고 초나라 진영에 잠시 더 머물러 계십시오. 한나라에 돌아오실지라도 그곳에 계신 것과 다를 것이 없습니다.'라고 말씀을 드리기 바란다."

이렇게 말하고 자리에서 일어나자 두 사람의 시녀가 한왕을 부축하여 건너가 버리고 말았다. 그러자 장량과 진평은 술을 마시기 시작했다.

송자련은 한왕과 한마디 말도 주고받지 못했다. 그는 장량과 진평이 권하는 술을 마시면서도 다시 한 번 한왕이 방에서 나와 주었으면 하고 기다렸다. 그러나 아무리 시각이 경과해도 나타나지 않아, 하는 수 없이 물러 나왔다.

이틀 후에 송자련은 광무로 돌아왔다.

항우는 송자련을 불러들여 한왕의 이야기를 물었다.

"한왕이 태공의 서간을 읽어 보고 눈물을 흘리지 아니하더냐?"

"당연히 눈물을 흘려야 할 터인데 도대체 무관심한 표정이었사옵니다."

송자련은 이같이 말하며, 한왕이 자기에게 대하던 태도를 세세히 보고했다. 곁에서 송자련의 보고를 듣고 있던 항백이 말했다.

"신은 생각하기를, 그러기에 한왕은 결코 큰일을 이루지는 못합니다. 폐하께서는 엄중히 방비만 하시옵소서."

"유방은 본시 주색 지도에 불과한 소인이란 말이야. 부모처자를 초개처럼 보고 있으니 이런 자가 무엇을 하겠느냐 말이다."

"신이 한왕 앞에 나아가니, 한왕은 그때까지 작취미성昨醉未醒(어제 마신 술이 아직 깨어나지 않음)이옵고, 서간을 보고도 전혀 태공을 사모하는 표정이 없었사옵니다."

"그런데 제아무리 태공을 사모하는 마음이 없다 할지라도 태공이 초나라의 진영에 있는 이상, 저도 힘을 다해 공격하지는 못할 것이다."

항우는 이같이 결론을 내리고 여러 장수들을 불러, 정병 이십만 명을 사방으로 나누어 모든 요해지要害地에 진을 치고 수비하라고 명령했다.

이때 한왕은 한신을 불러 초 패왕을 공격할 계책을 물었다.

"초 패왕이 오랫동안 광무에 주둔하고 있어 양식은 부족하고 사기는 떨어졌을 것이옵니다. 신의 군마는 그동안 조련이 충실하였으니 이때를 놓치지 않고 대왕을 모시고 진발하고자 하옵니다."

한신이 주저하지 않고 이같이 아뢰자 한왕은 무한히 기뻤다.

"오로지 원수의 뜻에 일임하오."

한신은 즉시 대군을 출동시키기 시작했다.

한왕은 여러 장수를 데리고 후진이 되어 진발하였는데, 앞서서 진발한 한신은 광무에서 이십 리 떨어진 지점까지 와서 진영을 설치하게 했다. 그리고 장수들을 집합시킨 후 지시를 내렸다.

"오늘 우리가 먼 길을 왔으니 적이 오늘 밤에 야습을 올는지도 모르는 일이다. 그러니 모든 장수는 각각 확고히 지키도록 단단히 일러라!"

이튿날 날이 밝자마자 한신은 부하 장수들을 소집하여 지시를 내렸다.

번쾌와 관영은 제일대, 주발과 주창은 제이대, 근흡과 노관은 제삼대, 양희와 여마통은 제사대, 장창과 장이는 제오대, 누번은 제육대, 왕릉과 하후영은 제칠대, 조참과 시무는 제팔대, 구강왕 영포는 제구대, 그리고 제십대는 한왕이 직접 여러 장수들을 거느리고 각각 정병 오천 명씩을 데리고 광무산을 둘러싸고 매복해 있다가, 철포가 터지는 소리를 신호로 하여 쏜살같이 내달아 적을 일시에 공격하기로 했다.

준비는 끝났다.

이때 항우는 직접 대군을 인솔하고 바람같이 몰려들어, 먼저 계포로 하여금 한왕과 만나 할 말이 있다고 고함을 지르게 했다.

한나라 진영에서 이 소리를 듣고 뛰어나간 사람은 한신이었다.

항우는 한신을 보고 큰소리로 말했다.

"너는 본시 초나라의 신하로서, 짐이 저번에 너에게 무섭을 사신으로 보냈지만 짐의 뜻을 듣지 않더니 오늘은 또 그전같이 간계奸計를 사용하려고 나왔느냐? 너와 내가 단둘이 싸워서 승부를 결정하자!"

"폐하는 당대의 제왕帝王이자 천하의 인주人主, 마땅히 구중궁궐 속에 계시고 대장을 시켜 외적을 지키심이 옳을 것입니다. 어찌해서 이렇게 친히 창을 들고 방패를 차고 저 같은 무지렁이와 함께 싸우시려 하십니까? 도리어 망신하시는 것이 아니오니까?"

한신은 이렇게 대답했다.

"너는 짐을 당하지 못할 테니까 회피하는 말을 교묘히 한다만, 네가 나와 싸워서 십 합만 교전을 한다면 내가 창을 던지고 군사를 거둬 천하를 전부 한왕에게 양도하겠다."

항우의 말에 한신은 껄껄 웃고 나서 비꼬는 소리로 말했다.

"용맹은 스스로 자랑하는 것이 아니며, 강한 것은 오래가는 법이 없는 터입니다. 만일 폐하께서 오늘 저한테 지신다면, 일평생을 두고 영웅이라는 이름을 잃어버리시게 됩니다. 그 후에는 아무리 후회하실지라도 도리가 없습니다. 그러니 폐하께서는 깊숙이 진중에 앉아 계시고, 적당한 대장을 이 사람한테 내보내십시오!"

항우는 이 소리에 성이 나서, 창을 꼬나들고 뛰쳐나갔다.

한신은 대항하지 않고 동남을 향해 달아나 버렸다.

"이놈아! 오늘은 내가 너를 사로잡아 철천지한을 풀어야겠다!"

항우는 이같이 부르짖으면서 한신을 추격했다. 항백·항장·주란·주은·우자기·종리매·환초·정공·옹치 여러 장수들은 항우의 뒤를 따라 삼군을 휘동하여 한신을 추격했다.

어느덧 들판을 지나 광무산 속에 들어섰다.

이때 종리매가 급히 항우 앞으로 달려왔다.

"폐하께서는 잠시 정지하시기 바랍니다. 이 산은 수목이 울창하고 산세는 험준하여 길이라고는 다른 길이 없습니다. 만일 적이 복병을 하고 있다가 산구山口를 막는다면 아군은 어찌할 바를 모르게 될 것이옵니다. 잠시 이곳에 진을 치고 후진이 오는 것을 기다리시옵소서."

이때 철포 소리가 '꽝'하고 나더니, 사면팔방으로부터 꽹과리 소리와 고함지르는 소리가 천지를 뒤흔들고 일어나면서 한나라 군사가 벌떼처럼 쏟아져 나왔다. 광무산의 입구는 완전히 봉쇄되어버렸다.

이것을 본 종리매가 급히 항우에게 고했다.

"지금 해는 저물어가고 적은 점점 증대되오니, 이 앞에 보이는 좁은 길로 후퇴하는 것이 좋겠사옵니다."

항우는 고개를 끄덕이고는 채찍을 치면서 좁은 길로 먼저 들어섰다. 오른편으로 광무산 주봉이 높이 보였다.

이때 돌연히 후방에서 추격해 오던 한나라 부대가 혼란을 일으키고 흩어지면서 두 사람의 장수가 말을 달려 뛰어나오더니 항우가 있는 곳으로 가까이 왔다. 어두운 밤이라 적군인지 자기 부하인지 분간할 수가 없었다.

"너희는 누구냐?"

항우는 가까이 오는 두 장수를 향해 소리쳤다.

"신들은 초나라의 신하 주은과 환초이옵니다. 폐하께서 적에게 포위되어 위급하시다는 연락을 받고 본부의 군사 오천 명을 인솔하여 달려오는 길이옵니다."

항우는 이 소리를 듣고 대단히 기뻤다.

그럭저럭 날이 밝았다. 동녘이 트는데 사방을 돌아보니 산봉우리마다, 골짜기라는 골짜기마다, 한나라의 깃발이 펄렁거리고 있었다. 사면팔방에 한나라 군사가 없는 곳이 없었다. 항우는 이 광경을 훑어보고 한숨을 크게 쉬었다.

"짐이 회계 땅에서 의병을 일으킨 이후 오늘날까지 접전하기를 삼백여 진陣, 한신처럼 군사를 사용하는 놈은 처음 보았다."

항우는 이같이 감탄했다.

"폐하께서 무용이 절륜하시므로 한신이 용이하게 대적하지 못하겠기에 저희를 속여 이같이 포위하고 있는 것이옵니다. 잠시라도 이곳에 더 머물러 계시면 안 되겠습니다."

주은이 의견을 아뢰었다.

"네 말이 옳다!"

항우는 이렇게 찬성하고 즉시 용기를 떨치면서 행동을 개시했다. 동그란 눈을 크게 뜨고 분연히 앞으로 나가는 항우의 모습은 저승에서 사나운 귀신이 쏟아져 나오는 것처럼 험하고 무서워 보였다. 환초와 주은 두 장수는 후진을 거두어 항우의 뒤를 따랐다.

천신만고 끝에 한나라 군의 포위를 탈출했을 때 맞은편 큰길로부터 계포와 종리매가 달려와 초 패왕을 구해 초나라 진영의 본진으로 돌아갔다.

이때 항우는 본진에 돌아와 군사를 점검했다. 전사자가 삼만여 명이었다. 그리고 계포·우자기·주은·환초 등 여러 장수도 부상을 크게 당해 당장에는 힘이 되지 않는 사람이 되고 말았다. 그들을 치료시키면서 그럭저럭 사흘이 지났다. 이때 초나라 탐색병의 보고가 올라왔다.

"한신이 군사 오십만 명을 거느리고 내일 또다시 침공하려 하옵니다. 소하가 영양으로부터 성고까지 군량을 수송하는지라 오백 리 거리에는 우마차가 연달아 있다고 아뢥니다."

항우는 항백과 종리매를 불러 물었다.

"지금 한신이 또다시 침공하려 한다니 군사는 많이 상한데다가 군량미도 풍족하지 못하고 한신은 용병 작전을 잘하는 놈이고…… 어찌하면 좋은가? 방책이 없는가?"

"신이 생각하옵기는 한왕의 부친 태공이 지금 이곳에 있지 않사옵니까? 내일 쌍방이 대진하게 되거든 태공을 도마에 올려

앉히고 마차 위에 실어 놓으시옵소서. 그러면 한왕이 비장한 마음이 생겨 반드시 퇴각할 것이옵니다. 그 후에 태공을 돌려보내시옵소서. 한왕은 화평을 약속하고야 말 것입니다. 그러나 만일 퇴각하지 않거든 태공을 삶아 죽여 버리시옵소서. 그렇게 하지 않고 다시 결전을 단행하기로 하신다면 또 한신의 간특한 계책에 빠지기 쉬울 것이니 폐하께서는 깊이 생각하옵소서."

종리매가 이렇게 의견을 아뢰었다.

"태공을 죽이는 것쯤이야 쉬운 일이지, 천하 사람들이 짐을 조소하고 욕할 것이 견딜 수 없는 일이지!"

항우는 이렇게 말하며 입맛을 쩍쩍 다시더니 항백에게 명령을 내렸다.

"다른 도리가 없소! 내일 그렇게 하도록 준비하시오."

이튿날 항우는 태공을 결박지어 마차 위에 싣고 진문 앞으로 군사를 거느리고 나타났다. 이것을 본 한나라 군사가 급히 중군에 보고했다.

한왕은 그만 대성통곡했다.

"내가 살아서 부모에게 효도 한번 못하고 천하를 가지고 쟁탈을 일삼아 태공께서 이 같은 고생을 하시는구나! 아니다, 속히 항복을 하여 부친의 목숨을 구하자!"

그는 울음을 그치고 결심한 듯 가슴 복판에서 우러나는 말을 뱉었다. 장량과 진평이 이 말을 듣고 급히 한왕을 위로하며 간했다.

"대왕께서는 어찌하여 그렇게 생각하시옵니까? 항왕은 공격을 받아 위태로운 데다 방비할 계책도 없어 어쩔 수 없이 대왕으로 하여금 회군케 하려고 이같이 계책을 쓰는 것이옵니다. 그런데 대왕께서 경륜하시는 대사는 이미 결정되었사옵니다. 항왕이 목을 바치게 된 이때 대왕께서 도리어 적에게 항복을 하시다니! 부당한 말씀이옵니다. 마음을 돌리시고 지혜로써 승리를 취하시기 바랍니다."

"그러나 태공께서 결박당한 채로 도마 위에 앉아 계신 것을 보고 이 비창한 마음을 어찌 참을 수 있겠소. 천하를 얻고 얻지 못하는 것은 문제도 안 되오! 눈앞에서 부친이 적에게 죽음을 당하는 일은 큰일 중에 큰일이오!"

"대왕께서는 잘못 생각하셨사옵니다. 항왕이 태공의 옆에 기름 가마솥을 놓고, 대왕이 퇴군하지 않겠다 하시면 죽이겠다고 이같이 말할 것이옵니다. 그때 대왕께서는 신이 말씀드리는 대로만 대답하시면 항왕은 결코 태공을 살해하지 못할 것이옵니다."

장량이 이같이 항우에게 여차여차하게 말씀하는 것이 좋겠다는 의견을 아뢰고 있을 때 위관이 달려와 보고를 올렸다.

"항왕이 지금 진문 앞에 와서 대왕을 뵙자고 하옵니다."

한신은 급히 밖으로 나와 미리 준비해 두었던 전차戰車를 사방으로 배치하고, 전차의 양쪽에 기치를 꽂고 칼과 창을 세우게 한 후, 진의 형상을 꾸였다. 한신은 진형을 엄중하고 위엄 있게 만든 후에 중군에 들어가 한왕에게 준비가 끝난 것을 보고했다.

한왕은 여러 장수를 거느리고 진문 앞으로 달려갔다.

진문을 나와 멀리서 항우가 기다리고 있는 것을 바라보며 한왕은 호령을 했다.

"네 이놈! 이제는 세궁역진勢窮力盡(기진맥진하여 꼼짝할 수 없게 됨)했으니 속히 항복을 하면 초왕의 지위를 보전할 것이요, 만일 아직도 깨닫지 못하고 항복하지 않으면 네 목이 당장 땅에 떨어질 것이다!"

항우는 크게 노했다.

"이놈, 이 돼먹지 못한 놈!"

그는 큰소리로 부르짖으며 창을 겨누고 달려왔다. 이때 한나라 진영에서 번쾌·관영·주발·왕릉 네 장수가 쏜살같이 뛰어나와 항우를 대적하자, 그와 동시에 철포 소리가 '꽝'하고 터지면서 중군의 진영에서 황색기가 좌우로 움직이더니 전후좌우로부터 한나라의 복병이 일제히 일어났다. 항우는 이 통에 한복판에 갇혔다.

그리고 번쾌와 왕릉이 초나라 군사를 구석으로 몰아 모조리 죽였다. 항우는 좌충우돌했다. 좌측으로도 우측으로도 빠져나갈 수 없었다. 구름이 일고 안개가 내리는 것처럼 동서를 분간할 수 없고 출입을 요량할 수 없었다.

항우는 그제야 자신이 적의 진중에 갇혔다는 것을 알았다.

'아뿔싸! 또 한신의 꾀에 빠졌구나. 경솔하게 탈출하려다가는 생포되기 쉽겠다. 부하 장수 중에는 이 진법을 아는 자도 있겠지.'

항우는 좌충우돌하던 창을 들고 잠시 가만히 있었다. 그런데 갑자기 한나라의 동쪽 진이 혼란을 일으키더니, 그쪽으로부터 초나라의 대장 주란·주은·계포·종리매 네 장수가 한 부대를 인솔하고 적을 무찌르며 들어왔다. 항우는 그들과 함께 죽을힘을 다해 한나라 군사를 이리저리 헤쳐가며 간신히 본진으로 돌아왔다.

돌아오면서 그는 부하들에게 물어보았다.

"누가 한신의 진법을 알고 오늘 위태한 짐을 구했느냐?"

주란이 가까이 말을 달려오며 대답했다.

"오늘 한신의 진은 태을진太乙陳이옵니다. 이 진에는 생문生門과 사문死門이 있고 음진陰陳, 양진陽陳이 있어 사면합일四面合一하는 팔괘진八卦陳 같기도 하지만 상당히 다르옵니다. 만일 생문으로 해서 양진으로 들어가면 살아날 수 있으나, 그렇지 못하고 아무데로나 쳐들어간다면 반드시 생포되고 맙니다. 신이 전일 화산華山에서 이소선李少仙으로부터 태을진을 강론받았던지라 오늘 제장과 더불어 생문으로 쳐들어갔기 때문에 폐하를 구할 수 있었던 것이옵니다."

주란의 말이 끝나자마자 종리매가 가까이 달려와 입을 열었다.

"폐하께서 오늘은 다시 교전하지 마시옵소서. 내일 재차 태공을 결박해 나가 접전하기를 재촉하시면, 한왕이 퇴군할지도 모르옵니다. 만일 그렇지 않다면 속히 팽성으로 돌아가 각지의 장성들을 소집하여 군사를 양성한 뒤에 다시 계책을 꾸미시옵소서."

"그래, 그렇게 하자!"

항우는 한풀이 꺾여 이렇게 찬동하고 본진으로 돌아갔다.

항우가 태공을 죽이지 않고 이렇게 돌아가는 것을 끝까지 지켜본 한왕은, 자기 본진으로 돌아와 대성통곡을 했다.

그는 한동안 울고 나서 정신을 가다듬고 장량과 진평을 불렀다.

"짐은 죄인이오! 오늘은 무사했다지만, 내일 어찌될까 함을 근심하지 않을 수 없으니 태공을 구원할 계책이 없겠소이까?"

두 사람에게 그는 이같이 물었다.

"신의 생각으로는, 대왕께서 말 잘하는 변객辨客을 항왕에게 보내 화평하자고 하실 도리밖에, 태공을 구출할 방도가 없사옵니다. 그리하시면, 지금 초나라 군사들은 진중에 양식이 결핍되고 장사들은 피로에 지쳐 있기 때문에, 항왕은 반드시 화평에 응하고 태공을 환국시킬 것 같사옵니다. 그러하오나 다만 이 같은 사명을 완수할 만한 변객이 없으니, 그것이 걱정이옵니다."

장량이 이같이 한왕에게 말하는 소리를 듣고, 장량과 진평의 뒤에서 한 사람이 커다란 소리로 말했다.

"군사께서는 어찌해서 우리 한나라에 사람이 없다 하십니까? 신을 보내주십시오. 신이 초 패왕을 찾아가 태공과 그의 일족을 환국하시도록 하겠습니다!"

장량과 진평은 말하는 사람을 돌아보았다. 그는 낙양洛陽 땅에 사는 후공侯公이었다.

"항왕은 천성이 강폭하고 조급한 데다 기강氣剛한 인물인지라, 만일 말 한마디 실수했다가는 그대도 그 자리에서 목숨을 잃을 것은 물론이요, 태공께서도 더욱 환국하시기 어려울 것이외다. 더 깊이 생각해 보고 그 같은 말을 아뢰시기 바라오."

장량은 후공에게 이같이 말했다. 후공이라는 사람은 어려서부터 호걸다운 사나이였다. 그는 한왕이 관중 지방을 수복하고 낙양에 들어왔을 때 동삼로 노인들과 함께 찾아뵙게 되었는데 그때 한왕의 눈에 들어 마침내 왕을 모시고 있게 된 사람이었다.

"선생 말씀대로 항왕을 계속 무서워하기만 한다면 태공께서는 언제 환국하시게 되겠습니까? 그리고 저 같은 사람은 어느 때 나라를 위해 일해 보겠습니까?"

후공은 도리어 이같이 물었다. 그의 태도는 늠름하고 믿음직스러웠다.

후공의 태도를 보고 한왕은 마음에 기꺼웠다.

"그래! 후공이 스스로 자천해서 가겠다 하는 것을 보니 반드시 성공하고 돌아올 줄로 믿으니 갔다 오시오."

한왕은 이같이 말하고 즉시 편지를 썼다.

후공은 한왕의 서간을 가지고 영문을 나와 초나라의 진영으로 달렸다. 초나라의 진문에서는 후공이 찾아온 것을 보고했다.

항우는 한왕으로부터 사신이 왔다는 보고를 받고 심중에 생각하기를 이것은 필시 한왕이 화평을 구하기 위해 사신을 보낸 것이리라 여겨, 자기 처소의 좌우에 대장들을 도열시켜 서 있게 하고 대장들의 후열에는 완강하게 생긴 무사들을 세우고, 자신도 칼을 차고 중앙에 좌정한 후에 후공을 불러들였다.

장내의 공기는 대단히 삼엄했다. 후공이 들어와서, 항우가 동그란 눈을 화등잔같이 뜨고 호랑이처럼 중앙에 앉아 내려다보는 것을 보고 껄껄껄 웃었다. 그리고 천천히 항우 앞으로 걸어갔다.

항우는 대단히 노했다.

"너는 한왕의 사신으로 와서, 어찌 무례하게 짐을 비웃느냐? 이 칼을 네 목에 시험이라도 해 보고 싶으냐?"

항우가 이같이 호령하건만 후공은 또 빙그레 웃으며 말했다.

"폐하는 만승천자, 만백성의 부모, 위로는 천하를 덮고, 호령은 사방에 시행되기에 모든 사람이 굴복하고 두려워하는 터인데, 지금 일개 선비에 불과한 이 사람을 불러보심에 있어 이같이 많은 무사를 좌우에 도열시키고 몸소 칼을 차시고 위엄을 과장하시니 이것이 당치않은 일이 아니겠사옵니까? 폐하께서 위엄을 보이지 않는다고 누가 감히 폐하를 경멸하겠습니까? 혹시 있다면 그런 사람의 이름을 알려 주시옵소서."

항우는 후공의 말을 듣고 즉시 노기를 풀고 허리에서 칼을 끌렀다. 그리고 좌우에 도열시켰던 장수와 무사들을 호령하여 밖으로 내보냈다. 무사들이 모두 밖으로 물러간 뒤에 항우는 천연스러운 어조로 후공에게 물었다.

"그래, 너는 지금 무슨 까닭으로 찾아왔느냐?"

후공은 그제야 한왕의 서간을 꺼내 항우에게 올렸다.

"한왕께서는 양국의 화평을 위해 서간을 올리라 하옵니다."

항우는 편지를 펼쳐 보았다.

한왕은 초 패왕 휘하에 글을 부치노라. 내 듣건대 하늘이 임금을 세우는 것은 백성을 위함이라 하거늘 칼과 창과 방패를 가지고 매일 서로 찌르고 다투고 하여 천하에 편안한 날이 없게 한다면 무엇으로 그 임금이 될 수 있으리요. 왕과 내가 싸우기를 삼 년, 시체는 산같이 쌓이고 백골은 광야에 널렸으니 사람의 부모 된 자는 참을 수 없는 형편이므로, 내 이제 왕과 더불어 화평을 하고자 하노니 홍구鴻溝 지방을 경계선으로 하여 홍구의 서쪽을 한나라 땅으로, 동쪽을 초나라 땅으로 각각 정하고 휴전하기를 바라노라. 이렇게 하면 두 사람이 부귀를 보전하고 형제의 정을 지키고, 또한 회왕과의 약속을 배반하지 않는 것이 될 것이요, 백성과 군사가 모두 편안함을 얻는 것이 될 것이니 창생을 위해 복됨이 아니리요. 왕은 깊이 생각하기를 바라오.

항우는 편지를 읽어 보고 가만히 생각해 보았다. '내가 오랫동안 한나라와 싸우느라 군사들은 피곤하고 양식은 부족하고 아직도 승리를 얻지 못하는 터이니 지금 한왕이 청하는 대로 휴전을 하고 군사를 거두어 팽성으로 돌아가 날마다 사랑하는 우희虞姬와 함께 노래나 부르며 즐겁게 소일하는 것이 좋지 아니할까?'

그는 이같이 생각하고 후공을 가까이 불렀다.

"짐이 한왕과 더불어 결전하여 자웅을 결판 지으려 했더니, 지금 이 서간을 보니 또한 도리에 합당한 말이다. 속히 사신을 보내 화평을 체결하겠으니 너는 먼저 돌아가거라. 짐이 내일 한왕과 만나 서약서誓約書를 교환하고 영구히 각각 강토를 보전하여 평화롭게 지내려 한다."

"황송하옵니다."

후공은 인사를 올리고 즉시 한나라 진영으로 돌아와 보고를 올렸다. 한왕은 만족해했다.

얼마 후 초나라의 사신이 왔다. 사신은, 내일 초 패왕이 한왕과 만나 화평을 체결하겠다는 항우의 뜻을 전달했다.

계포와 종리매가 항우에게 간했다.

"폐하께서 지금 한나라와 화평을 체결하신다 하오나, 한왕이 만일 약속을 배반하는 날이면 폐하께서는 어떻게 이것을 방비하시겠나이까? 화평을 하지 마시옵소서."

두 사람이 번갈아가며 이렇게 화평 반대를 했건만 항우는 그들의 말을 듣지 않았다.

"아니다! 짐이 태공 일족을 이 이상 더 오래 억류해 두면 천하 제후가 짐을 가리켜 말하기를, 나라를 격파할 수 없으니까 태공을 인질로 잡아두고 있다고 할 것이다. 그리고 짐을 경멸할 것이다. 더욱이 벌써 태공을 돌려보내 화평하기로 약속을 한 이상, 또다시 화평하지 않겠노라고 한다는 것은 대장부의 소행이 아니다!"

옆에서 항우의 말을 듣고 있던 항백이 얼른 입을 열었다.

"진실로 그러하옵니다. 태공이 오랫동안 초나라에 있었으나 조금도 해를 받지 않았고 도리어 은혜를 베풀어 보양해 왔으므로 폐하의 인덕은 이미 천하가 아는 바이옵니다. 이제 석연히 석방해 귀환시키면 한왕은 폐하의 성덕에 감명하여 두 번 다시 모반하지 못할 것이옵니다."

항백의 말을 듣고 항우는 더욱더 자신이 생겨 드디어 결심이 굳어졌다.

이튿날 항우는 문·무의 장사들을 소집하고 모두 갑옷을 벗고 평복으로 자신을 수행하라 한 후 태공과 여후를 그 뒤에 따라오게 하여 초나라 진영과 한나라 진영과의 중간 지점이 되는 홍구鴻溝라는 곳까지 나왔다.

한왕은 이때 벌써 문관과 무장을 좌우에 세우고 나와 항우를 맞이하고 있었다.

항우가 한왕의 정면에서 삼십 칸가량 떨어진 곳에 말을 세우자, 왕의 문관이 미리 준비해 온 서약서를 비단보에 싸서 항우에게 두 손으로 바쳤다.

항우는 한왕의 서약서를 받아 항백에게 주고, 준비해 온 자신의 서약서를 계포로 하여금 한왕에게 전달시켰다. 계포가 올린 문서를 한왕이 받자 항우는 우렁찬 목소리로 말했다.

"짐은 이제부터 대왕과 경계를 지키고 피차에 상쟁相爭함이 없이 군사를 거두어 동쪽으로 돌아가겠노라."

그런 다음 좌우를 시켜 태공과 여후, 기타 한왕의 일족을 인도引渡하게 했다. 삼 년간 인질이 되어 적에게 구금되어 있던 한왕의 일가친척이 한 명씩 한 명씩 모두 인도되어 넘어오는 것을 보고 한왕은 무한히 기뻤다.

그는 만면에 희색을 띠고 항우를 건너다보며 겸손하게 예를 했다.

"태공께서 오랫동안 초나라에 계셨으나 지금 저같이 건강하신 모습으로 돌아오시는 것을 보니 이는 오로지 대왕의 덕택이외다. 감사하외다."

한왕이 진심으로 고마워하는 것을 보고 항우도 만족을 느껴 입가에 미소가 떠올랐다.

"돌아가자."

그러면서 그는 말머리를 뒤로 돌렸다.

항우가 돌아서자 항백과 기타 막료들도 항우의 뒤를 따랐다. 항우는 본진으로 돌아와 이날로 광무 땅으로부터 군사를 철수시켜 팽성으로 돌아갔다.

한왕도 홍구로부터 본진으로 돌아왔다.

"신은 물러가겠습니다."

"신도 물러가겠습니다."

한신·영포·팽월 등 세 사람이 한왕 앞에 와서 각각 돌아가기를 청했다. 한왕은 이제 전쟁이 끝났으니 제각기 자기 나라로 돌아가는 것이 좋겠다고 생각하여 그들을 돌려보냈다.

"돌아들 가시오."

항우에게 붙들려 삼 년 동안 억류되었다가 휴전 성립이 되고서야 비로소 환국한 태공과 여후 기타 한왕의 일가친척은 이미 상국 소하가 모시고 영양으로 돌아갔다.

한왕은 신하들을 돌려보낸 후 자신도 막료와 군사를 데리고 영양으로 돌아가려 했다. 그는 하루라도 빨리 태공께 나아가 사죄를 하고, 여후를 만나고 싶었다.

"우리도 속히 서쪽으로 돌아가자!"

한왕의 말을 듣고 장량이 왕을 제지하며 자기 의견을 말했다.

"한나라의 모든 장수가 수삼 년 동안 대왕을 모시고 천신만고하며 따라다닌 것은 동방의 고향에 돌아가 부모 처자와 고향 산천을 보고자 함이옵니다. 그런데 지금 초나라와 화평을 하고 서쪽으로 돌아가 버리시면, 마음이 사그라지고 다시는 초나라를 정벌하여 동서 통일할 생각이 없어질 것이옵니다. 이렇게 되면 모든 신하가 의욕이 없어지고, 고향이 그리워서 한 사람 한 사람씩 도망갈 것이옵니다. 그렇게 되면 그때 대왕께서는 누구와 더불어 천하를 지키겠사옵니까? 지금 태공과 여후께서 환국하시어 군사들의 사기는 진흥되었고, 사방의 제후들도 순풍을 만난 것처럼 한나라를 바라보고 있기에 성패와 승부를 결정지을 좋은 시기는 바로 이때입니다! 모든 정세가 지금 대왕께 가장 유리합니다. 완전 통일은 지금 이때입니다. 대왕께서 이미 십중 칠팔이나 천하를 얻어 놓으시고도 초 패왕을 동쪽으로 돌아가게 한다면, 후일에 그가 다시 군사를 길러 재차 공격해 올 때 대왕께서는 어떻게 한나라를 보전하시겠습니까? 호랑이를 길러 우환거리를 장만하다가 결국엔 자기 몸을 상하고 마는 것이나 일반이옵니다. 대왕께서는 깊이 생각하시고 이 기회를 놓치지 마시옵소서!"

장량이 휴전 서약을 파기해 버리고 재차 군사 행동을 단행할 것을 권고했다. 그러자 뒤에 섰던 진평·육가·수하 세 사람이 이구동성으로 아뢰었다.

"자방의 말씀이 과연 옳습니다. 신 등이 오랫동안 동분서주하고 온갖 고난을 헤쳐 대왕을 모시고 있는 것은, 오로지 대왕을 천하의 임금으로 모시고 열국의 제후로 하여금 우러러 뵙게 하여, 신 등도 성조盛朝의 공신功臣이라는 이름을 날리고자 함이었습니다. 원하옵건대 자방의 말처럼 속히 결심을 하시옵소서."

처음에는 쉽게 휴전 서약을 배반하지 않으려 하던 한왕도, 이렇게 여러 의사가 장량의 뜻과 일치하는 것을 보고, 마음이 돌아서지 않을 수 없었다.

"그러면 약속을 배반하는 것이 옳다는 말이지…… 그래, 그대들 말대로 합시다!"

한왕은 그제야 장량의 의견을 좇아 휴전을 파기하기로 마음을 돌렸다.

"과연 명찰하십니다. 그러면 이곳 고릉固陵에 주둔하시면서 사방의 군사를 다시 모으도록 분부하시옵소서."

장량이 이같이 말했다.

"그리하오."

한왕은 즉시 허락하고 한신·영포·팽월 등에게 사신을 보내도록 분부를 내렸다. 이리하여 이날부터 한나라 진영에서는 휴전이건만 다시금 분망해지기 시작했다.

이좌거의 꾀에
넘어간 항우

한편, 팽성으로 돌아온 항우는 막료 대장들을 제각기 집에 돌아가 편히 쉬게 했다. 그리고 자신도 삼 년 이상 접전하고 다니던 피로한 마음을 정양시켰다. 그는 날마다 누각에 올라가 사랑하는 우희를 데리고 술을 마시며 즐거워했다. 우희는 항우의 곁에서 비파를 뜯으며 노래를 했다. 옥으로 깎은 듯한 우희의 하얀 목과 아래 턱과 귀, 그리고 앵두 같은 입술에서 흘러나오는 청아한 노랫소리는 족히 항우의 마음을 부드럽고 따뜻하게 어루만져 주었다.

"싸우지 않는 것이 이렇게 편안하구나!"

항우는 오래간만에 우희의 노래를 들으며 이같이 탄식했다.

그럭저럭 반 달가량 지났을 무렵, 영양으로부터 파발이 정보를 가지고 달려왔다.

"한왕이 약속을 배반하고 사방의 군사를 다시 모으며, 대군을 고릉에 주둔시키고 초나라와 승부를 결정하고자 하옵니다. 지난번 홍구에서 화평한 것은 다만 태공과 여후를 환국시키게 하는 계책에 불과하다 하옵니다."

"이놈 유방이란 놈이 나를 업신여기기를 이같이 한단 말이냐! 당장에 이놈을 쳐라! 모두 출격 준비를 하라!"

호령하자 옆에 있던 계포가 간했다.

"잠시 고정하시옵소서. 먼 길에서 파발이 가져온 정보를 아직 믿을 수 없사옵니다. 경솔히 출동하신다면, 폐하가 먼저 약속을 배반했다는 지목을 모든 사람한테 받으실 것입니다. 다만 삼군을 정돈하시고 용의주도하게 예비하고 계시다가 적이 가까이 쳐들어오거든 그때 그 죄를 천하에 선포하고 정벌하옵소서. 이리하면 이름이 떳떳하고 인심은 향응하여 반드시 이기게 될 것이옵니다."

"그래, 그렇지! 네 말이 옳다!"

항우는 금시에 찬성하고 한왕을 정벌하기 위한 출동 준비를 하라는 명령을 취소하고 다시금 정보원에게 한나라 동정을 정탐해 들이라고 명령했다.

이때 한왕은 장량·진평 등과 의논을 하고 있었다.

"짐이 그대들의 간함을 듣고 다시 초나라를 정벌하기로 했지만, 홍구에서 화평을 약속한 후 한신·영포·팽월이 다 각기 돌아가버리고, 그 후 다시 오라고 사람을 보내기는 했으나 속히 달려오지는 않을 것 같으니 병력이 부족한 것을 어찌하면 좋겠소?"

한왕은 두 사람에게 이같이 물었다.

"대왕께서 먼저 홍구에서의 약속을 배반한다는 뜻의 서간을 항왕에게 보내시고, 그리고 한신·영포·팽월에게 격문을 보내시옵소서. 전일 홍구에서 화평을 하기로 하고 휴전한 것은 태공과 일족을 환국시키게 함이었고, 지금 태공께서 돌아와 계시니 이제는 초적을 그대로 좌시坐視할 수 없다 하옵소서. 본래 휴전이라는 것은 잠시 전쟁을 휴식한다는 것이지 영구히 화평을 하자는 것은 아니옵니다. 그러니 한신·영포·팽월 등에게 속히 군사를 인솔하고 와서 항왕을 격멸하라 하시면 이번에야말로 한 번 접전에 흥망을 결정지을 것이옵니다."

장량이 먼저 이같이 아뢰었다.

"그러면 선생의 말대로 하리다."

한왕은 즉시 편지를 썼다.

"그러면 누구를 주어 이 서간을 팽성으로 가져가게 할까?"

한왕의 말에 장량의 뒤에 있던 육가가 자원을 했다.

"신이 서간을 가지고 항왕에게 가겠사옵니다."

한왕은 육가의 얼굴을 바라보더니 허락하지 않았다.

"안 되지! 항왕은 천성이 조급해서 한번 노하면 걷잡을 수 없는 터인데, 그대가 갔다가는 반드시 화를 면치 못할 것이야!"

육가는 한왕이 자기에게 그 사명을 맡기지 않는 것을 불만스럽게 생각하고 이렇게 탄원했다.

"신을 보내주옵소서. 신이 임기응변하여 한 뼘도 안 되는 혓바닥을 놀려 항왕으로 하여금 노하지 못하게 하고 그가 먼저 휴전 약속을 배반하고 군사를 거느려 나오게 하겠습니다. 대왕께서는 신을 믿어 주시옵소서."

육가의 자신만만한 태도를 보고 장량과 진평도 한왕에게 육가를 사신으로 보내는 것이 적당하겠다고 진언했다.

"그러면 경이 갔다 오시오."

한왕은 그들의 권고를 듣고 마침내 허락했다. 육가는 한왕의 편지를 가지고 그날로 고릉을 떠나 이틀 만에 팽성에 도착했다.

항우는 육가를 불러들였다.

"너는 무슨 일로 짐에게 왔느냐?"

육가는 항우 앞에 서서 공손히 대답했다.

"전일 한왕이 폐하를 기만하고 거짓으로 화평을 서약한 후 태공을 환국케 했사옵니다. 그 후로 한 달도 못 되었건만 한왕은 홍구의 약속을 배반하고, 여러 신하의 간언諫言을 듣지 않고 군사를 고릉에 모아 폐하와 더불어 결전을 하려고 신으로 하여금 전서를 폐하께 올리라 하옵니다. 신이 생각하옵건대 폐하의 영무英武하심은 천하에 적이 없사온데, 이미 동서로 강토를 나누었으니 한왕도 분수를 지키고 가만히 있으면 좋으련만 군사를 일으킨다는 것은 어리석기 짝이 없는 일이옵니다. 신이 폐하의 천위天威를 두려워하지 않음이 아니오나, 한왕의 명령인지라 부득이 이 같은 전서를 가지고 와 폐하께 실정을 상주하는 바이옵니다."

육가의 고해바치는 말을 듣고 전서를 받아 펴 보았다.

한왕 유방은 초 패왕 휘하에 글을 보내노라.

전일 태공과 여후가 초나라에 억류되어 비록 보양은 잘했다 하나 오래도록 환국하지 못했고 뿐만 아니라 싸우는 진두에서 도마 위에 올려놓아 나로 하여금 원한을 품게 하기를 한두 번이 아니었으니 내 어찌 이것을 보고 그대로 있으랴. 부득이하여 홍구를 경계로 하고 화평을 서약했으나 이는 태공과 여후를 환국시키게 함에 불과했다. 무릇 사람의 아들 된 자로서 어버이를 위해서는 하지 못할 일이 없는 줄로 아노라. 피 흘리지 않고 지혜로써 이기며, 이익을 낚싯밥으로 하여 어리석은 자를 빠뜨리고, 탐욕하는 자를 거짓으로써 속이는 것과 권모權謀로써 상대자를 삼켜 먹는 것은 사냥꾼의 사냥함과 다름없거늘, 왕은 이것을 알지 못하고 나에게 속은 것이다. 지금 태공과 여후가 안전하므로 기고旗鼓를 울리고 왕과 더불어 고릉 땅에서 결전을 단행하고자 하는 터이니, 왕은 나를 두려워하지 말고 속히 군사를 거느리고 나와 나의 뜻을 어기지 마라.

항우는 한왕의 편지를 찢어 내던지며 호령했다.

"이놈! 유방이란 놈이 이렇게도 짐을 모욕한단 말이냐! 네가 이 전서를 가져오기 전에 짐은 이미 유방이 약속을 배반하리라는 것을 알고 있었다. 이놈이 잠시 뜻을 이루었대서 함부로 짐을 경멸하는구나. 너는 속히 돌아가 유방으로 하여금 짐의 칼을 기다리라고 말해라. 짐이 이번에는 맹세코 놈을 죽이겠다!"

"황송하옵니다. 폐하께서 말씀하신 대로 돌아가 한왕에게 고하겠습니다."

육가는 이같이 아뢰고 항우 앞에서 물러 나왔다.

한왕은 육가의 보고를 듣고 후회했다.

'잘못했다! 한신과 영포 등이 도착한 뒤에 전서를 보낼 것을!'

한왕은 즉시 장량과 진평을 불러 물었다.

"일이 이같이 되었으니 항왕이 불일간 침공해 올 것이오. 한신 등이 아직 도착하지 않았으니 짐이 이 일을 어떻게 방비해야 하겠소이까?"

"과히 심려하지 마옵소서. 우선 여러 대장들에게 방비하라 하시고, 파발을 한신·영포·팽월에게 보낸 후에 때를 기다리시기 바랍니다."

한왕은 장량의 말을 따랐다.

이때 항우는 정병 삼십만 명을 거느리고 서주徐州로부터 진발하여 고릉으로 진격 중이었다. 도중의 백성들은 항우의 군사가 이르는 곳마다 모두 도망하여 풍비박산해 버리고 말았다.

한편 한왕은 한신·영포·팽월 세 사람으로부터 아무런 소식이 없자 마음이 무거웠다.

한왕은 답답하여 더 기다리지 못하고 장량과 진평을 불렀다.

"한신·영포·팽월이 아직도 소식이 없으니 무슨 까닭이오?"

사실, 한왕이 고릉에서 항우에게 전서를 보낼 때 이 사람들에게도 격문을 보냈기 때문에 그들이 한왕과 항우가 다시 싸운다는 사실을 안 것은 벌써 보름 전이다. 그렇건만 그동안 아무 소식도 없다는 것은 한왕의 마음을 괴롭게 하기에 충분했다.

한왕이 근심스러운 표정으로 묻자 장량이 의견을 말했다.

"신이 생각하옵기, 한신은 이미 왕작에 봉했다지만 아직 토지를 떼어 준 것이 아니옵고 팽월은 누차 대공을 세웠으나 아직 봉작奉爵의 하교下敎를 받지 않았고, 영포 또한 초나라를 배반하고 한나라에 왔으나 아직껏 봉작의 처분이 없기 때문에 그러한 것 같사옵니다. 대왕께서 토지를 나누어 각각 군읍을 장악하게 하시면, 이 사람들은 부르지 않더라도 달려와 충성할 것이옵니다. 대왕께서는 이 사람들에게 주신 것이 없이 어떻게 이 사람들한테서만 충성하기만을 원하시옵니까? 대왕께서 먼저 이 사람들에게 많은 것을 주신 다음 그들에게 충성할 것을 바라시옵소서."

그러자 한왕은 얼른 자리에서 일어서며 겸손하게 말했다.

"과연 이 사람의 폐부를 찌르는 말씀이외다! 잘 알아들었소이다. 이제 짐이 한신을 삼제왕三齊王, 영포를 회남왕淮南王, 팽월을 대량왕大梁王에 봉하고 각기 그 나라의 토산물을 전부 그들의 소득물로 인정해 주겠소이다. 선생은 수고스럽겠지만 각각 인부印符를 가져다 전해 주시고 격문도 전해 주시기 바랍니다."

한왕은 진실로 장량의 충언忠言에 감동한 것 같았다.

이튿날 장량은 세 나라의 인부를 가지고 출발하여 수일 후에 제나라에 도착했다.

한신은 장량이 도착했다는 보고를 받고 급히 나가 맞아들인 후 편전便殿으로 모셨다. 그리고 장량을 상객上客의 자리에 좌정하게 했다. 그러나 장량은 이것을 사양하며 말했다.

"원수는 오늘날 큰 나라의 임금님으로서 국내의 칠십여 성을 다스리고 계시니 전일과는 동일하지 않습니다. 내 어찌 빈주賓王의 자리를 가려 앉을 수 있겠습니까."

한신은 웃으면서 다음과 같이 말하고 장량을 상석에 앉게 했다.

"천만의 말씀입니다. 선생의 힘이 아니었다면, 내 어찌 오늘날 이같이 되었겠습니까! 황차 선생은 한왕의 군사軍師, 저 역시 스승님으로 모시는 예를 베풀지라도 아직 부족하겠거늘, 어찌 왕의 지위로서 망자존대忘自尊大(함부로 잘난 체함)하겠습니까."

장량은 그대로 자리에 앉은 채 가지고 온 제왕齊王의 인부를 한신에게 전하며 말했다.

"한왕께서 지금 이 사람을 사신으로 하여 원수를 삼제왕三齊王에 봉하시고, 이 나라의 칠십여 성을 완전히 원수에게 양여하시는 바입니다. 원수는 삼제왕의 인부를 새로 받아주십시오."

한신은 자리에서 일어나 두 번 절하고 한왕의 은혜에 감사의 뜻을 표하고 인부를 받아 탁자 위에 놓았다. 그리고 향기로운 술과 안주를 올려 장량을 대접했다.

두 사람은 술잔을 들고 서로 치하하기를 마친 후, 잔을 기울였다. 그런 다음 장량은 또 품속에서 한왕의 격문을 꺼내 한신에게 주며 말했다.

"초 패왕이 지금 형세는 고립되어 있고 힘은 약해졌습니다. 이 까닭에 주상께서는 홍구에서의 약속을 배반하고 다시 초나라와 전쟁을 개시하시고, 이 사람도 계책을 써서 초나라에 축적되어 있는 군량미를 소각시켰더니, 항왕이 견딜 수 없어 팽성으로 퇴각해 버렸습니다. 이때 원수가 급히 군사를 휘동하여 초나라를 정벌한다면 한나라가 천하를 통일할 것은 의심할 것이 없습니다. 이리되면 원수는 개국원훈開國元勳이 될 것입니다. 만일 한과 초 두 나라가 서로 다투고 형세 미정으로 지낸다면 원수가 제나라 땅에 있을지라도 두 틈에 끼여 편할 날이 없을 것입니다. 원수는 형세를 통찰하시고 속히 일어나십시오."

한신은 한왕의 격문을 받아 탁자 위에 놓으며 말했다.

"전일 광무산에서 초나라를 멸망시킬 수 있었는데, 주상은 태공께서 초나라에 억류되어 계신 것만 심려하시어 일단 화평을 약속하고 천하를 양분하신 것이 아닙니까? 그리고 홍구를 경계선으로 하여 서쪽을 한나라 땅으로, 동쪽을 초 패왕의 땅으로 분할해 버리고 이 사람에게는 토지를 분여하지 아니하시니 내 심사가 좋을 수 있습니까? 그래서 그동안 두 번이나 부르셨건만 군사를 거느리고 나가지 않았던 것입니다. 그런데 지금 선생의 말씀을 들으니 진실로 이 사람의 폐부를 찌르는 것 같습니다. 이미 한왕께 대은大恩을 입었으니, 속히 초나라를 멸망시키고 대한大漢의 통일을 성취하겠습니다. 이 사람의 본심이야 변했을 리 있겠습니까. 대한의 통일! 이 일을 위해 전심갈력하겠습니다."

장량은 자리에서 일어나 한신에게 예를 했다.

"감사합니다. 원수의 마음이 이미 그러하시다면 대한으로서는 복된 일이올시다. 이때를 놓치지 말고 속히 원수는 군사를 거느리고 한왕께 나아가 초 패왕을 격멸해 주십시오. 저는 지금 즉시 회남淮南과 대량大梁으로 가서 영포, 팽월에게 권고하여 속히 군사를 거느리고 나와 원수를 돕게 하겠습니다."

장량이 이같이 말하고 자리에 앉자 한신도 진심으로 기뻐했다.

"선생은 염려 마십시오. 제가 대군을 인솔하고 불일간 성고로 들어가겠습니다. 선생은 속히 영포와 평월에게 가셔서 이 뜻을 말씀해 주십시오."

한신은 이렇게 말하고 장량의 술잔에 술을 따랐다.

두 사람은 각각 한 잔씩 더 마신 후 자리에서 일어났다. 그는 한신과 작별하고 제나라를 출발하여 회남 땅으로 갔다.

수일 후에 회남에 도착하자 영포가 장량을 맞아들였다.

장량은 영포와 인사를 마친 후 회남왕의 인부와 한왕의 조서를 내놓으며 말했다.

"한왕께서 장군을 회남왕에 봉하시고 구강九江으로부터 이남 지방의 각 군현을 전부 장군에게 양도하셨습니다. 주상께서 내리시는 조서와 회남왕의 인부가 여기 있습니다."

영포는 그것을 받아, 서쪽을 향해 공손히 한왕에게 예를 하며 은혜에 감사했다.

장량은 또 입을 열었다.

"장군께서 이제부터 회남왕이 되셨으니 사람의 지위로서는 최상의 고위高位에 오르신 것입니다. 그런데 아직 초 패왕은 멸망하지 않고 있으니 장군의 심정은 편안하지 못할 것입니다. 초 패왕은 장군의 큰 원수가 아닙니까? 원수가 없어지지 않고는 장군의 지위도 불안정할 것입니다. 지금 한신 원수가 군사를 거느리고 성고로 떠났으니, 장군도 속히 초적을 멸망시키고 대공훈을 세운 후 부귀를 누리십시오."

영포는 이 말에 입을 크게 벌리며 기뻐했다.

"그야 물론 그렇고말고요! 내일로 즉시 출동하겠습니다."

"감사합니다. 그러면 이 사람은 안심하고 즉시 돌아가렵니다."

"선생께서 이렇게 속히 떠나시면 어디로 가십니까?"

"국사 다망하니 이제부터 대량 땅으로 가 보렵니다."

장량은 이렇게 대답하고 영포와 작별한 후 회남 땅을 떠났다.

수일 후에 팽월은 손님과 술을 마시고 있다가, 장량이 찾아왔다는 보고를 듣고 급히 옷을 갈아입은 후 다른 방에서 장량을 맞아들였다. 서로 공손히 인사를 마친 후 장량은 대량왕의 인부와 한왕의 조서를 꺼내 팽월에게 주며 말했다.

"한왕께서 장군을 대량왕으로 봉하셨습니다. 이것은 장군이 한나라를 위해 여러 차례 대공을 세우신 까닭으로 당연히 내리셔야 할 것이었는데, 시기가 조금 지연된 것이라고 주상께서는 탄식하시며 말씀하셨습니다."

팽월은 장량으로부터 인부와 조서를 받아 공손히 탁자 위에 놓고 향을 피운 다음 조서를 두 손으로 받들어 읽었다.

> 토지를 나누어 나라를 세우고, 백성을 갈라 그 임금을 섬기게 하는 것은 자고로 천하를 다스리는 법인지라, 짐이 이제 그대를 대량왕에 봉하노니 대량 지방의 오십 군郡은 이제부터 그대가 통치할 것이로다. 그대 그동안 누차 화살과 철포를 무릅쓰면서도 초나라의 군량미 수송 도로를 단절함으로써 한나라를 위해 세운 바 공이 막대하도다. 이제 왕작의 높은 지위와 후한 녹祿으로써 대우하노니 이것을 자손에 전할지어다. 그리고 자손만대에 이르도록 깊이 새겨 잊어버리지 말도록 하게 하며, 처음에 가졌던 마음을 변치 말지어다.

팽월은 한왕의 조서를 보고 나서 두 번 절했다.

그는 마음속으로부터 기쁨이 샘솟는 것 같았다. 그는 대량 지방 오십 군의 임금이 정식으로 된 것을 진심으로 만족하게 생각했다.

그는 즉시 부하를 불러 잔치를 베풀게 하고 장량을 상좌에 모시고 술을 권했다.

술잔을 두세 차례 기울인 뒤에 장량이 팽월에게 말했다.

"이제 주상께오서 장군에게 은상恩賞을 베푸셨으니, 장군도 본부의 인마를 거느리고 속히 성고로 나가시어 한신 원수와 함께 초나라를 멸망시키기 바랍니다. 때를 지체해서는 우리에게 이롭지 못할 것 같습니다."

"염려 마십시오. 시각을 다투어 성고로 출동하겠습니다."

팽월은 힘 있게 대답했다. 장량도 만족했다.

얼마 후 장량은 팽월과 작별했고 대량 땅을 떠났다.

한편 한신은 삼제왕에 즉위하고 나서, 한왕의 격문을 여러 고을에 반포하여 거리거리에 방문을 붙인 후 십오만 명의 장정을 새로 소집하여 불일간 성고를 향해 출동하려고 준비 중이었다.

이것을 알고 괴철이 다시 한 번 한신을 찾아갔다. 그는 일찍이 한신이 제나라를 정벌했을 때 한신에게 권해 한왕으로부터 제왕의 왕위를 가져오게 했고 다음엔 한신으로 하여금 한왕을 배반케 하려다가 뜻대로 되지 않자 일부러 미친 사람 흉내를 내며 저잣거리에서 노래를 부르고, 껄껄 웃고 휘돌아다니던 사람이다. 이 사람이 지금 한왕을 도와 성고로 출동한다는 소문을 듣고 찾아온 것이다.

한신은 좌우 신하로 하여금 괴철을 맞아들이게 했다. 좌우의 신하가 물러가기를 기다려 한신이 먼저 입을 열었다.

"선생이, 전일 나로 하여금 한나라를 배반하도록 거듭 권했건만 마음속으로 차마 그럴 수 없어 선생의 말을 듣지 아니했더니, 그 후로 선생은 내 곁을 떠나 오랫동안 만나지 못했습니다. 그런데 오늘 이같이 찾아오시니 필시 고론高論이 있을 것 같습니다. 들려주시기 바랍니다."

"대왕께서 이 사람을 아껴주신 은혜는 절대로 못 잊어버립니다. 그래서 지금 대왕께서 목전에 화근을 당하고 계신 것을 그냥 보고 있을 수 없어, 부끄러움을 무릅쓰고 찾아와 뵙는 것입니다."

"내가 목전에 당면하고 있는 화근이란 무엇입니까?"

한신은 괴철에게 뜻밖의 말을 듣고, 이같이 물었다.

"한왕이 고릉 땅에서 포위당해 위태할 때에 이삼차 파발을 보내 구원을 청했으나 대왕이 나아가서 구원하지 않자, 한왕은 마지못해 지금 대왕을 삼제왕에 봉한 것입니다. 대왕의 대공훈이 있는 것을 생각한 것이 아니고, 대왕에게 낚싯밥을 던져 스스로 군사를 거느리고 달려와 초를 멸하게 하여 한나라 통일을 완성하자는, 그 같은 목적에 지나지 않습니다. 만일 이렇게 하여 천하가 통일되면, 그 후에는 대왕이 스스로 제왕이 되겠다고 자원한 것과 영양·성고·고릉에서 한왕이 위급했음에도 불구하고 구원하지 않았다는 죄목을 만들어, 한왕은 반드시 주륙誅戮하려고 할 것입니다."

"그럴 리가 있나!"

한신은 믿지 않았다.

"대왕께서 지금 이 사람의 말씀을 믿지 않으십니다만, 생각을 깊이 해보시기 바랍니다. 한과 초 두 나라가 아직 형세 미정으로 있을 이때, 천하를 삼분하고 계시는 것이 영구히 무사할 것인가 아닌가를 판단해 보시기 바랍니다. 만일 이 사람의 말씀을 듣지 않으시고 초를 멸한 뒤에는 반드시 한량없는 화근이 생겨날 것입니다. 대왕께서는 좀 더 깊이 생각해 보시기 바랍니다."

괴철은 거듭 이같이 말했다.

"그렇지만 장량이 친히 와서 주상의 조서를 전달했고, 내 이미 군사를 거느리고 나가서 초를 정벌하기로 약속했으니 지금 만일 나가지 않는다면 내가 세 가지 불의不義를 저지르는 것이오. 하나는 신하로서 임금의 명령을 어기는 것이요, 또 하나는 친구에게 신용을 어기는 것이요, 마지막으로 은혜를 입고 덕을 어기는 것이란 말이오! 세 가지 불의를 범하고 내가 삼제왕으로 편안히 앉아 있다면 천하 제후가 나를 욕할 것이요 후일 무슨 면목으로 한왕께 대면하겠소이까? 선생이 충성으로 하시는 말씀이라는 것은 알지만, 난 절대로 한나라를 배반하지 못하겠소."

괴철의 말에 그는 이렇게 반대했다.

그래도 괴철은 계속해서 말했다.

"대왕께서 지금 이 사람의 말을 듣지 않으시다가 후일 해를 당하시는 날엔 반드시 제 생각이 나실 것입니다."

한신은 불쾌한 표정을 지으며 아무 말도 않고 자리에서 일어나 옷소매를 떨치며 밖으로 나가 버렸다.

괴철은 한신이 자기와 수작하기를 싫어하고 밖으로 나가 버리자 하는 수 없이 물러 나왔다. 그는 또다시 미친놈 노릇을 하며 껄껄 웃고 노래를 부르며 거리거리로 돌아다니기 시작했다.

"초나라 있으니 그대 무거우나, 항우 망하면 그대도 없으리.

위기를 당해서야 후회하나 때는 이미 늦었어라. 고기를 물속에 보면서 한번 손쓰면 움켜잡으련만 아까울사 내 말을 그대는 어이 아니 듣는가. 내 노래를 그대는 듣는가. 그대 안 들으면 내 노래를 강물에 띄우네."

괴철은 이 같은 노래를 지어 부르며 저잣거리로 돌아다녔다.

한신은 이런 소문을 들었으나 괴철이 일부러 미친 척하고 다니는 것쯤 문제 삼지 않고 삼군의 출동 준비를 마치고 즉시 떠났다. 수일 후에 한신이 성고에 도착하자 한왕은 만족해했다.

수일 후에 장량도 성고로 돌아와 한왕에게 인사를 드렸다.

한왕은 대단히 만족해하며 말했다.

"이번에 선생의 주선이 아니었으면 어찌 이렇게 속히 한신이 왔겠습니까."

"황송하옵니다. 이것은 모두 신의 능함이 아니옵고 대왕의 위덕에 저들이 감복하여 제 스스로 복종해 오는 것이옵니다."

장량은 이같이 겸손했다.

과연 그 후 십여 일이 못 되어 영포와 팽월도 회남 지방과 대량 지방의 군사를 거느려 성고로 들어오고 그 외에 여러 지방의 제후들도 모여들었기 때문에 성고로부터 영양까지 팔백 리 사이는 한나라 군사의 부대로 뒤덮였다. 한왕은 여러 지방의 군사가 이렇게 구름처럼 엉키는 것을 보고 대단히 기뻐하며 대원수의 인장을 한신에게 주었다. 그리고 여러 지방의 군사들 모두 한신의 호령을 듣도록 명령을 내렸다.

한신은 대원수의 조칙을 받들고 각처에서 온 군사를 점검하기 시작했다. 연왕의 군사 십오만, 영포의 군사 오만, 팽월의 군사 오만, 위나라 군사 이십만, 소하의 군사 십오만, 장도의 군사 삼만, 한왕韓王의 군사 삼만, 낙양의 군사 오만, 삼진三秦의 군사 육만, 합계 칠십칠만 명에 한왕이 친히 통솔하는 군사가 이십만, 그리고 한신 자신이 인솔하는 군사가 십일만, 도합 일백팔만 명의 대군이었다. 그리고 영포·팽월·번쾌·왕릉·주발 등의 맹호 같은 대장이 팔백여 명 좌우에서 그들을 보좌하는 신하와 모사가 오십여 명이었다.

한신은 이것을 자세히 적어 책을 만들어 한왕에게 바쳤다.

한왕은 그 책을 받고 대단히 기뻐했다. 그는 내용을 훑어본 뒤에 소하·진평·하후영을 불러 말했다.

"이제는 경들이 군량을 수송하기를 잘하여 삼군을 배부르게 하고, 병자에게는 의약을 주어 속히 치료하도록 하고, 죽는 자가 있거든 관을 만들어 주어 후히 장사 지내게 하오."

"그리하겠습니다."

세 사람은 왕의 명령을 받고 물러갔다.

이리하여 이날부터 성고에서 영양까지 팔백 리간 이백여 개소에 진을 치고 있는 한나라 군의 사기는 더욱 왕성해졌다.

이때 초나라의 정보원들은 초 패왕 항우에게 돌아가서, 성고와 영양 사이 팔백 리 지구에 백만의 한나라 부대가 이백여 개소에 진을 치고 있으며, 밤에는 횃불이 백일과 같고, 낮에는 기치가 삼엄해서 일광이 무세하여 전일의 한나라 군과 같지 않을 뿐더러, 진류와 고창에서 군량미는 주야로 수송되어 오고, 한신은 매일 군사 훈련에 전념하며 불일간 양무 지방의 큰길로 해서 서주로 들어와 폐하와 더불어 자웅을 결판내려 한다는, 자세한 보고를 올렸다. 항우는 보고를 받고 깜짝 놀랐다.

"아아! 아이고! 아이고!"

그는 외마디소리를 지르더니 탁자 위에 두 팔을 길게 뻗어 얼굴을 파묻고, 어깨를 들먹거리며 흐느껴 울다가 마침내 큰소리로 통곡하기 시작했다. 항우가 이렇게 엉엉 우는 것을 보고 항백·종리매·계포·주란 등 여러 신하들은 무슨 일인지 몰라 급히 항우에게 달려갔다.

"고정하시옵소서!"

"무슨 곡절이오니까?"

여러 신하들은 항우의 좌우에 둘러서서 그의 울음을 그치게 하기에 힘썼다. 한참 후 항우는 곤룡포의 소매로 눈물을 씻고 얼굴을 쳐들며 말했다.

"범증 아보가 전일 짐에게 말하기를, 한왕 유방은 뜻이 큰 사람인지라 그대로 살려두었다가는 후일에 반드시 심복지환心腹之患(쉽게 다스리기 어려운 병)이 될 것이라 하며, 여러 번 죽이라는 것을, 짐이 설마 하고 그대로 두었더니 지금 한왕이 백만 대군을 동원하여 불일간 이리로 공격해 온다고 보고가 들어왔다! 짐이 지금 삼십만도 못 되는 군사를 가지고 어떻게 이 적을 대항한단 말이냐! 아아, 슬프다! 아아, 아깝다 범아보의 죽음이여!"

항우는 이렇게 말하며 울었다.

여러 신하들이 달려들어 항우를 위로했다.

한편 한신은 구리산의 지리를 세밀하게 조사시켜 원근遠近의 거리와 고저高低를 역력히 알아볼 수 있는 지도를 만들었다.

그는 지도를 펼쳐놓고 한참 동안 들여다보다가 무릎을 탁 치며 말했다.

"여기가 제일 좋다!"

그러면서 즉시 광무군 이좌거를 불러오게 했다. 잠시 후 이좌거가 들어왔다.

"어서 들어오십시오. 제가 요사이 구리산의 지형을 조사시켜 여기 이 같은 지도를 만들었는데 한번 봐 주십시오. 왼쪽으로는 험준한 산악의 능선이 펼쳤고, 오른쪽으로는 강물과 연못이 펼쳐져 있어 천하에 둘도 없는 전장戰場이란 말씀입니다. 내가 대장들을 이곳에 숨겨 두었다가 적을 치고자 하건만 어떻게 하면 항왕을 속여 이리로 꾀어 나오게 할 수 있을지 그 꾀를 알지 못합니다. 그래서 선생을 오시라고 청한 것입니다. 선생께서는 나라를 위해 그 방법을 생각해 주십시오."

한신은 이좌거를 맞아들이며 이렇게 말했다.

"항왕이 설령 군사를 이끌고 쳐들어오려고 할지라도, 항백과 종리매가 본래부터 지혜 있는 사람인지라 반드시 이를 제지할 것입니다. 만일 이와 같이 되어 항왕이 나오지 않고, 도랑을 깊게 파고, 성을 높이 쌓고 접전하지 않는다면 우리의 백만 대군은 하루의 비용만 해도 수천만 냥 아닙니까? 어떻게 오랫동안 지탱할 수 있겠습니까! 이러다가 만일 우리가 위태로울 때 항왕이 치고 나온다면 그때엔 우리가 여지없이 참패하고 말 것입니다. 그래서 이 사람의 생각으론 지금 우리 진영에서 누구 한 사람이 거짓말로 적에게 항복하고 들어가, 교묘한 말로써 항왕의 마음을 현혹시켜 끌어내야 합니다. 항왕은 본시 지혜는 얕고 아첨하는 것을 좋아하는 위인이니, 잘만 꾀어내면 얼씨구나 하고 쫓아나올 것입니다. 그리하여 항왕이 구리산까지 몰아 나오기만 한다면 그때엔 원수의 함정 속에 빠지게 될 것이요, 초나라는 그 순간에 망해 버리고 말 것입니다."

이좌거는 이렇게 대답했다. 한신은 고개를 끄덕이며 웃는 얼굴로 이좌거에게 말했다.

"그렇습니다! 그런데 이것을 선생이 아니고는 감당할 만한 사람이 없습니다. 누가 항왕을 꾀어 이리로 끌고 나올 수 있겠습니까? 그리고 선생은 원래 초나라의 신하이셨으니, 항왕에게 말씀을 잘하시면 반드시 속아 넘어갈 것입니다. 한번 속기만 하면 그 다음에 선생이 항왕을 꾀어 팽성으로부터 구리산 가까이로 나오게 하는 것쯤 어렵지 않을 것입니다. 이렇게 되면, 초나라를 멸망시킨 공훈은 완전히 선생에게 돌아갈 것입니다."

이 말을 듣고 이좌거도 기뻐했다.

"감사합니다. 이 사람이 오랫동안 원수의 휘하에 있으면서 지우知遇의 은혜를 입었으나 오늘날까지 은혜에 보답하지 못했습니다. 이번에야 원수의 말씀대로 공을 세워보겠으니, 원수께서는 속히 만반 준비를 다하시기 바랍니다. 그러면 이 사람이 항왕을 속여 구리산으로 가까이 나오게 해서 원수께서 일대 공훈을 세우시도록 하겠습니다."

이좌거가 이렇게 말하고 즉시 일어나 나가려 하자 한신도 따라 일어나며 재차 부탁의 말을 했다.

"일을 잘 꾸미시기 바랍니다."

이좌거는 처소로 돌아와 조나라에서 데리고 온 하인을 두 사람만 거느리고 그날 출발했다.

수일 후에 팽성에 도착한 이좌거는 객줏집에서 하룻밤을 지낸 후에 이튿날 대사마大司馬의 공청으로 항백을 찾아갔다. 항백은 공청에 앉아 있다가 이좌거가 찾아왔다는 보고를 받고 놀랐다.

'웬일일까? 본시 조나라의 모사謀士인 이좌거가 나를 찾아오다니, 반드시 무슨 곡절이 있을 것이다.'

그는 이렇게 생각하고 즉시 이좌거를 맞아들였다. 이좌거가 인사를 마치고 자리에 앉자 항백이 물었다.

"선생은 본시 조나라의 신하였고 최근에는 제나라에서 한신의 빈객賓客으로 계시다는 것으로 듣고 있었는데, 어쩐 일로 오늘 이렇게 저를 찾아오셨습니까?"

이좌거는 천연하고 진실한 태도로 대답했다.

"장군께서 괴이하게 생각하시는 것도 무리는 아닙니다. 전일 조왕은 이 사람의 간언을 듣지 않고 진여에게 속아 망해버렸습니다. 조나라가 망하자 이 사람은 몸 둘 곳이 없어 한신의 휘하에 있으면서 모사가 되어왔습니다. 하지만 한신이 지난번에 제왕이 된 후로 아주 그전과 달라져서 망자존대忘自尊大(앞뒤 생각도 없이 함부로 잘난 체함)하기 짝이 없고 만사를 의논하지 않고 독단

적으로 처리하여 수하의 누구의 말도 듣지 않아, 결국 부하들 가운데 절반가량이 벌써 한신을 배반하고 도망해 버렸습니다. 지금 다행히 초 패왕 폐하께오서 한나라와 전쟁을 하시는 터이므로, 이 사람이 비록 재주가 부족합니다만 휘하에 두신다면 폐하를 위해 견마犬馬의 노勞를 다하겠습니다. 한신의 계교는 이 사람이 전부 추측해 알고 있습니다."

"초나라와 한나라가 서로 싸우고 있는 지금 피차에 사모기계詐謀奇計(가짜의 기묘한 꾀)가 종횡하는 판이니 선생이 일부러 우리에게 항복하는 것인지도 알 수 없습니다. 우리의 내정을 정탐하기 위해 찾아온 것이라고도 볼 수 있으니 어떻게 신용하겠습니까?"

그러자 이좌거는 정색을 하며 말했다.

"장군께서 잘못 생각하셨습니다. 이 사람은 일개 유생儒生에 불과합니다. 갑옷을 입고 투구를 쓰고 말을 달리며 적을 깨뜨리지 못하는 인간입니다. 항상 장군 곁에서 계책을 말씀드려 그 계책을 쓰고 안 쓰는 것은 장군께 달렸습니다. 더구나 초나라의 내정은 한신이 부하 정보원을 시켜 항상 정탐하고 있는 것인데 어찌해서 저 같은 사람을 시키겠습니까? 저는 진심으로 초 패왕 폐하의 위덕을 사모하는 마음으로 찾아왔을 뿐인데 도리어 장군으로부터 의심을 사게 되었습니다. 앞일을 생각지도 않고 사람을 볼 줄도 모르고, 다만 세상 사람들이 초 패왕을 칭찬하는 소리만 듣고서 찾아온 내가 과연 못난 놈입니다! 내 이제 장군께 의심을 받고 돌아간댔자 갈 곳이 없으니 차라리 장군

앞에서 죽어 내 마음속에 이심異心이 없는 것이나 증명하겠습니다."

하면서 이좌거는 허리에 차고 있던 단도를 뽑아 금시에 자기 목을 찌르려 했다.

항백은 깜짝 놀라 얼른 이좌거의 손을 붙들었다.

"선생! 잠깐 참으십시오. 지금 두 나라가 싸우는 판인데 선생이 한나라 진영에서 건너오셨으니 내가 어찌 의심하지 않을 수 있겠습니까? 나는 본시 성질이 급하고 말재주가 부족해서 자칫 잘못하면 군자에게 실례를 하는 때가 종종 있는 터이니 선생께서 너그러이 용서해 주십시오."

항백은 이좌거를 상대로 의심하는 바를 묻고 따지며 이야기하는 동안 이좌거의 진심을 믿게 되었다. 그리하여 두 사람은 이날 밤이 깊도록 술을 마시며 천하 형세에 대한 이야기를 했다.

항백은 이튿날 이좌거를 동반하고 조정에 들어갔다. 그는 먼저 항우 앞에 가서 이좌거가 항복해 온 사실을 보고했다.

항우는 대단히 기뻐했다.

"짐이 근자에 좌우에 모사가 한 사람 필요하다고 생각 중이었는데 마침 잘 되었다. 즉시 불러들여라."

잠시 후 이좌거가 단정하게 항우 앞에 들어와 공손히 절했다.

항우는 만족해하는 표정이었다.

"짐이 그전부터 광무군의 명성만은 높이 들어 알고 있었고, 조나라에 있는 사람을 어떻게 해서든지 우리나라로 초빙해 오려고 오랫동안 생각해 오던 터였는데 이렇게 우연히 찾아오게 되었으니 이제는 짐의 소망이 이루어졌소."

"신이 조나라에 있을 때 조왕이 신을 쓰지 못했고, 그 후 한신의 모사가 되었사오나 한신 또한 쓰지 못했으므로 몸 둘 곳이 없어 폐하께 찾아온 것이옵니다. 진실로 어린아이가 부모를 사모하는 것처럼 폐하를 모시고 싶었사오니 폐하께서 신을 버리지 않으신다면, 신은 국가를 위해 죽어도 여한이 없겠사옵니다. 만일 신을 의심하시면 신은 이 길로 동해에 가서 빠져 죽어 버리겠사옵니다."

이좌거는 공손히 서서 이같이 아뢰었다.

"그대가 진심으로 짐에게 항복해 온 이상 짐이 의심할 리가 있겠소. 공연한 말을 하지 말고 항상 짐을 도와 좋은 계책을 일러주기 바라오."

"황송하옵니다."

이리하여 이날부터 이좌거는 항우의 신하 모사로 항우 곁을 떠나지 않았다.

한편 한왕은, 한신이 군마를 훈련시키고 출동 준비를 오래도록 했건만 얼른 출동하지 않자 답답증이 생겼다.

그래서 한왕은 한신을 불러 물었다.

"대군이 진영을 설치하고 조련한 지가 오래되었는데 이러다가 양초糧草가 부족해지면 어찌하려고 출동하지 아니하오?"

"신이 연일 군마를 조련하여 준비가 오늘로서 완비되었사옵니다. 금일 어가를 모시고 진발하려던 차에 이같이 분부하시니,

황송하옵니다."

한신이 이렇게 말하자 한왕은 그제야 마음이 누그러졌다.

"그런데 오늘 진발하기로 한다면, 대군을 선도先導하는 지용겸비智勇兼備한 대장을 두 사람쯤 선택하여 선봉先鋒을 삼아야 할 것 같소. 원수의 장막에 이에 적당한 인물이 있소?"

"지당한 분부이십니다. 그런 인물이 있사옵니다. 신이 지난번 조나라를 격파했을 때 그 땅에 머무르면서 사방으로 용감한 무사를 모집하였사온데, 그때에 두 사람의 대장을 얻었사옵니다. 위인이 충직하여 일을 처리할 때는 소리 없이 하고, 또 용맹은 만부부당萬夫不當(많은 사람으로도 능히 당해 낼 수가 없음)의 힘이 있사옵니다. 만일 이 두 사람을 선봉으로 삼으신다면 반드시 주상을 위해 대공을 세울 것으로 믿사옵니다."

"그 같은 인물이 있단 말이오? 속히 부르시오!"

한왕의 명령에 따라 한신은 즉시 두 사람을 불렀다.

잠시 후 두 사람의 장수가 들어왔다.

"성명을 무엇이라 하는가?"

한왕은 두 사람에게 이같이 물었다.

"신의 성은 공孔, 이름은 희熙이옵고, 선조는 원시 요현蓼縣 사람이옵니다."

"신의 성은 진陳, 이름은 하賀이옵고, 선조는 비현費縣 사람이오나 나중에 동제東齊로 이사했사옵니다. 두 사람이 다 함께 어려서부터 활 쏘고 말타기를 좋아해서 자주 상종했사온데, 그 후에 진나라에 난리가 벌어진지라 태산등운령太山登雲嶺에 들어가 숨어 있다가, 한신 원수가 널리 인재를 모집하신다기에 찾아와 뵈옵고 지금 휘하에 모시게 된 터이옵니다."

두 사람의 장수는 연달아 이같이 아뢰었다. 한왕은 대단히 만족했다.

"오오, 과연 기특하도다! 그러면 금일로서 공희를 요후蓼侯로, 진하를 비후費侯로 봉해 줄 것이니, 두 사람은 선봉이 되어 대군을 인도해 가는 곳마다 백성을 보호하고 군사를 절제 있게 하여 추호도 범하지 말고, 각 지방에서 항복하여 귀순해 오는 자가 있거든 이것을 안무安撫하여 구관舊官으로 하여금 그 지방을 다스리게 하여 백성들에게 놀라움이 없이 하라!"

한왕은 두 사람에게 이같이 분부하고 선봉 부대에 정병 삼만 명을 주었다.

두 장수가 사례하고 물러간 뒤에, 한왕은 한신과 함께 일백팔만 명의 대군을 통솔하여 성고로부터 출동했다.

이때 항우는 즉시 삼군에 출동 명령을 내렸다.

갑자기 출동 명령이 내려지자 계포와 주란이 급히 들어와 간하였다.

"폐하께서는 한나라 군사를 대적하지 마시옵소서. 그들은 세력이 강대해지고 게다가 한신의 계책이 비상하니 어찌 경솔히 대적하시겠습니까. 도랑을 깊이 파고 성벽을 높이 하여 적과 싸우지 않으면서 회계 땅으로부터 군량미를 수송시키고, 여러 지방에 격문을 보내어 군사를 모으시면 날짜가 지날수록 한나라는 양식이 부족해져 자연히 피폐해질 것이옵니다. 이때 폐하께서 공격하시면 한신의 군사는 있으나 쓰지 못하게 될 것이며, 장량도 계교를 쓰지 못하게 될 것이옵니다. 이렇게 되면 성고와 영양은 장담하고 점령할 수 있사옵니다. 폐하께서 만일 신의 말씀을 듣지 않으시고 팽성을 비어놓고 출군하신다면, 아군은 수효가 적고 적은 수효가 많은데 어떻게 승리할 수 있겠사옵니까?"

항우는 아무 말도 못했다. 과연 어찌할 것인가? 어떻게 하면 좋은가? 그는 잠시 생각해 보았으나 방침이 결정되지 않았다.

그는 용상에서 일어나 내궁으로 들어갔다.

이튿날 항우는 여러 신하를 모아 놓고 물어보았다.

"어제 주란 대장이 짐에게 간하여 가로되 한나라와 싸우지 말라 하니, 다른 사람들의 소견은 어떠한고?"

그러자 이좌거가 앞으로 나와 아뢰었다.

"폐하께서 친히 나가시어 적을 정벌하지 않으시면 한나라는 초나라를 업신여기고 대번에 이곳을 침공할 것이옵니다. 만일 팽성을 잃어버리신다면 폐하께서는 장차 어디로 가시겠사옵니까? 신의 생각으로는 폐하께서 군사를 거느리시고 나가 싸우는 것이 가장 좋을까 하옵니다. 그리하여 아군이 승리한다면 한나라 군사들은 도망할 것이옵고, 그렇지 못한다면 후퇴하여 다시 팽성으로 돌아와 이곳을 근본으로 하고 각처로부터 구원병을 모아오게 하는 것입니다. 그러면 누가 감히 오지 않겠사옵니까? 그리고 한나라 군사들이 오래도록 이곳에 머물러 있으면 군량이 부족해져 저절로 약해질 것입니다. 폐하께서 이때를 틈타 그들을 치시면 크게 승리할 것입니다."

"그렇다! 그 말이 짐의 생각에 합당하다."

항우는 이렇게 이좌거의 의견을 채택하고, 주란의 간언은 무시해 버렸다.

항우의 마음이 결정되었는지라, 즉시 삼군에는 출동 명령이 내려졌다. 항우도 사랑하는 우희를 수레에 앉히고 자기는 오추마를 타고 팽성을 떠났다. 성문을 나와 패군을 향해 행군하는 도중에 별안간 검정 구름이 하늘을 뒤덮더니 주먹 같은 빗방울이 함박으로 퍼붓는 듯이 쏟아지며 폭풍이 불기 시작하더니, 중군이 받들고 가던 깃대 중 제일 큰 기가 별안간 뚝 부러졌다. 모든 사람은 이것을 보고 얼굴빛이 변했다. 괴상한 일이다. 변조다. 좋지 못한 일이다. 모두 이렇게 생각하는 표정이었다. 그러나 항우는 얼굴빛이 변하지 않고 태연히 행진을 계속했다.

항우가 옥루교玉樓僑에 다다랐을 때 갑자기 그의 오추마가 걸음을 멈추고 "히잉! 히잉!"하며 오랫동안 서서 가지 않았다.

이를 보고 항백과 주란은 서로 근심스러운 얼굴로 바라보았다.

"웬일일까요? 불길한 전조가 아닐까요?"

"글쎄! 참으로 이상한 일이오. 대풍大風이 깃대를 꺾고 용마龍馬가 길게 울음을 울고 이것이 모두 불길한 징조인 것 같소."

두 사람은 이 뜻을 항우에게 간하기로 작정했다.

그리하여 즉시 우자기를 청해 이 뜻을 우희에게 전한 다음, 항우의 뒤를 쫓아 달렸다. 항우는 벌써 십 리가량 앞서가고 있었다.

항백과 주란은 매우 급히 달려와 서관西關에 이르러서 항우를 따라잡았다. 그리고 그곳에 조그마한 정자가 길가에 있는 것을 보고, 항우에게 잠시 휴식하고 출발하자고 아뢰었다. 항우도 그들의 말에 반대하지 않고 말에서 내려 정자로 올라갔다.

항우를 모시고 오던 여러 신하도 정자로 들어갔다.

항백과 주란은 항우 앞에 가까이 다가가 간했다.

"폐하께서 아침에 팽성을 출발하실 때 대풍이 일어나 중군의 깃대는 부러지고, 옥루교를 건너실 때엔 오추마가 길게 울었사옵니다. 두 가지 괴변이 있었사오니 이것은 병가兵家에서 꺼리는 일이옵니다. 그러하오니 지금 다시 팽성으로 돌아가 적의 동정을 탐지한 뒤에 출동하셔도 시기가 늦어지지는 않을 것이옵니다."

"그게 무슨 소리냐! 옛날에 주紂는 갑자甲子에 망하고 주무왕周武王은 갑자에 흥했다! 갑자가 불길하다면 무왕은 흥하지 못했을 게 아니냐? 무릇, 대풍이 깃대를 꺾고 말이 운다는 것은 조금도 괴상한 일이 아니다. 우연히 일어날 수 있는 일이다. 지금 짐이 대군을 통솔하고 출동한 것을 세상이 다 알고 있는데 도로 회군한다면, 도리어 세상 사람들의 의심을 살 것이다. 또 적이 이 일을 안다면, 짐을 세상에 둘도 없는 겁쟁이라고 조소할 게 아니냐? 그런 소리 말고 어서 속히 행군하라!"

항우는 이렇게 즉석에서 반대하고 정자에서 내려가려 했다.

이때 때를 맞춘 듯이 황후 우희가 보낸 사신이 도착해 항우에게 편지를 올렸다.

"무슨 편지란 말이냐, 어디 보자. 또 간하는 말이겠지."

항우는 코를 벌름거리며 기쁜 듯이 웃으며 편지를 펼쳐 보았다.

문왕文王은 후비后妃의 간함을 들으시어 성인聖人이 되셨고, 대우大禹는 도산塗山의 잠언箴言을 읽으시고 하夏나라를 일으키셨으니, 자고로 제왕이 간언을 듣지 않고 천하를 다스린 사람은 없사옵니다. 첩은 본시 부인으로서 원대한 식견은 없사오나, 근일 듣자오니 한신은 궤계백출詭計百出(간사하게 남을 속이는 꾀 있는 자)이므로 주란의 말씀처럼 모름지기 앉아 방비함이 가하겠사옵니다. 폐하께서는 이 말을 들으시기 바랍니다. 더욱이 오늘 떠나오실 때 대풍이 깃대를 꺾고 용마가 길게 운 것은 하늘이 폐하께 경계할 것을 이르심이오니 폐하께서는 이를 심상한 일이라 생각지 마시고 조용히 기회를 가지시옵소서.

항우는 우희의 편지를 읽고는 입맛을 두어 번 다시고 갑자기 기분이 무거워지는 것처럼 보였다. 이좌거는 항우가 도로 회군하여 팽성으로 돌아갈 것처럼 보이자 급히 앞으로 다가가 아뢰었다.

"아뢰옵니다. 신이 데리고 있는 하인을 시켜 소식을 알아보았사온데, 한왕은 벌써 성고로 돌아갔고 한신도 회군하려는 것 같다 하옵니다. 신이 생각컨대 한나라 군이 수효는 많고 군량은 부족해서 폐하의 대군이 닥치는 날이면 결코 지탱할 수 없을 것 같아 물러가는 모양입니다. 이 틈을 타 폐하께서 급히 정벌하시면 한신을 패군에서 무찌를 수 있을 것 같사옵니다."

"오오, 그러냐? 그러면 속히 진발하자!"

항우는 마침내 마음을 정하고 정자에서 내려와 다시 행군을 시작했다.

항백·주란·계포·종리매도 이제 더 이상 무어라 간할 수 없었다. 우희의 편지로도 효과가 없는 이상 자기들의 말로 항우의 마음을 돌이킬 수 없음을 그들은 잘 알고 있었다. 그리고 선진先陳은 벌써 오십 리 앞에 나가고 있어 쉽게 회군하기도 어려웠다.

이리하여 항우는 그대로 행군을 하여 이튿날 늦게 패군 가까이 도착했다. 항우는 패군으로부터 오십 리쯤 떨어진 곳에 진영을 설치하고 적의 내정을 정탐해 오도록 했다. 정보원과 탐색병들이 바쁘게 나갔다.

그 이튿날 그들은 다음과 같이 보고를 올렸다.

"한왕은 패군의 성 밖에서 육십 리 떨어져 있는 서봉파棲鳳坡에 진을 치고 있으면서 종일 술만 마시고 노래만 부르고 있으며, 진영과 진영 사이에는 인마가 이어져 끊일 사이가 없고, 한신은 구리산 동쪽에 큰 진영을 설치하고 있는데 사방에 진문을 열어 사람이 오고 가는 것을 금지하지는 않으나 계속해서 군마를 조련시키고 있는 것으로 보아 한신이 회군할 것 같지는 않사옵니다."

항우는 보고를 받고 급히 이좌거를 불러 의견을 물어보려고 했다. 그러나 좌우를 둘러보아도 이좌거가 보이지 않았다.

"이좌거 어디 있느냐?"

좌우를 보고 이같이 물었으나 아무도 대답을 못 하고 서로 얼굴만 쳐다보았다. 아무도 모르는 모양이었다.

잠시 후 근시 한 사람이 밖에서 들어오자 항우는 그에게 분부를 내렸다.

"속히 이좌거를 찾아 불러오너라!"

밖에 나갔다 돌아온 근시는 이렇게 아뢰었다.

"아뢰옵니다. 그 사람은 어제 저녁에 자기 하인을 데리고 진문 밖으로 나갔는데 지금까지 돌아오지 않는다 하옵니다. 어디로 갔는지 아무도 아는 사람이 없다 하옵니다."

항우는 이를 악물고 발을 굴렀다.

"무엇이라고? 그렇다면 이놈은 한신이 보낸 첩자였구나! 나를 거짓말로 여기까지 오게 하다니! 속았구나, 속았어!"

그는 이를 갈고 분해 화를 냈으나 이미 허사였다.

"그대들이 짐을 따라 접전하기를 수백 번, 지금까지 한 번도 져본 일이 없다. 그러나 이번 한나라 군사는 경적輕敵이 아니다. 그러니 모두 진충갈력盡忠竭力(충성을 다해 애씀)해서 싸워야 한다. 종리매는 삼만 명을 인솔하고 왼쪽 경비를 담당하고, 계포는 삼만 명을 데리고 오른쪽 경비를 담당하고 환초는 선봉이 되고 우자기는 후진이 되어 각각 힘을 다해 싸우되 적이 도망하거든 절대로 멀리 추격하지 말고, 만일 아군의 일방이 참패하는 때에는 서로 쫓아나와 구원하도록 하라. 이렇게 해서 한 달 동안만 접전한다면 그들은 군량이 떨어져 저절로 무너질 것이다."

"폐하께서 계책하심이 이 같으시니, 신 등이 어찌 감히 어기겠사옵니까!"

여러 장수들은 탄복하기를 마지아니했다.

한편, 한신은 부하 장수들에게 이곳은 매복할 곳, 저곳은 적을 유인할 곳, 수시로 임기응변하면서 적을 섬멸시키는 법을 충분히 지시하고 있었다.

그런데 어느 날 중군의 진문에서 위관이 달려와 아뢰었다.

"이좌거 선생이 돌아오셨습니다."

한신은 급히 이좌거를 맞아들였다.

"얼마나 수고가 많으셨습니까? 어서 앉으십시오. 그런데 결과가 과연 어떻게 되었습니까?"

한신이 묻는 말에 대해 이좌거는 정성으로 항백을 먼저 찾아가 그를 속이고 항우를 만나 그의 신하가 된 후, 계포와 주란이 항우를 간하는 것을 꾀어 지금 패군까지 끌고 나온 경과 이야기를 자세히 보고했다.

한신은 무릎을 치며 기뻐했다.

"만일 선생이 아니었다면 어떻게 항왕을 여기까지 끌어내었겠습니까? 그러면 이제는 다른 곳에서 더 증원 부대가 도착하기 전에 접전을 속히 개시해야겠습니다. 그런데 적을 유인하여 깊숙이 중지重地를 끌어들이지 않고는 계획대로 섬멸시킬 수 없는데 선생에게 반드시 계책이 있을 것입니다. 말씀해 주십시오."

그는 이같이 말하고 이좌거에게 계책을 물었다.

"글쎄올시다. 별로 신통한 생각은 없습니다만, 원수께서 어떻게 생각하실는지……."

"그런 말씀은 그만두시고 말씀하십시오!"

"그러면 말씀드리지요. 전에 원수께서 항왕과 접전하실 때, 거짓으로 지는 체하고 적을 유인해 복병이 한꺼번에 쏟아져 나와서 적을 쳐 버린 적이 수차 있었습니다. 그러니 이번에 이 같은 계책을 쓰다가는 적을 유인해 끌어오지 못합니다. 그러므로 내일 합전할 때에는 반드시 주상께서 먼저 나가셔야 할 것입니다. 주상께서 항왕을 욕해 그를 분노케 한 후 서쪽으로 도망해 오시면, 항왕은 천성이 조급한지라 분명 추격해 올 것입니다. 그 중도에 제가 나가 항왕에게 조소하고 치욕을 주면 그는 제게 원한이 있는 터이니 분함을 참지 못하고 또 성급히 추격해 올 것입니다. 그때엔 아무리 다른 사람들이 간해도 그의 귀에 들리지 않을 것입니다. 이렇게 해야만 항왕을 깊숙이 끌고 들어올 수 있을 것입니다. 그 다음엔 원수의 계획대로 되겠지요."

"되었습니다! 그렇게 될 것이 분명합니다. 그러면 이 계획을 주상께 아뢰십시다."

한신은 이좌거를 동반해 한왕의 처소로 찾아갔다. 한왕은 두 사람을 반가이 맞아들여 이좌거가 항우를 꾀어낸 공로를 칭찬했다.

한신은 이좌거의 계책대로 한왕이 먼저 대면하여 그의 감정이 폭발되도록 하지 않으면 항우를 더욱 깊은 곳으로 끌어들이기 어렵다는 전달과 전술을 아뢰었다.

"알아들었소. 그러면 원수의 말대로 짐이 먼저 앞에서 항왕과 상면하리다. 그러나 짐의 전후좌우에서 용맹한 장수들이 짐을 수호해 주어야 하겠소."

"그리하겠습니다. 내일 대왕께서는 공희와 진하를 좌우에서 경호하게 하시고 나가셨다가 서쪽 회해會垓를 바라보고 도피해 오시면, 신은 미리부터 이곳에서 기다리고 있겠사옵니다."

한신이 이같이 아뢰자 한왕은 고개를 끄덕였다. 이날 밤 한왕과 한신, 이좌거는 내일 접전할 절차를 오랫동안 서로 의논했다.

초 패왕 항우의 최후

이튿날 새벽 날이 밝기도 전에, 한신은 중군에 단정히 좌정하고 모든 대장을 소집했다.

"주상께서 포중褒中에서 나오신 이래 그동안 벌써 오 년, 천신만고하여 항왕의 세력은 약해져 승부를 결정지을 싸움은 오늘의 일전一戰에 달렸으니 제장들은 마땅히 용기를 분발하여 적을 대하고, 나갈 때는 용맹을 다해 치고, 물러 나와서는 견고히 방어하고, 왼쪽으로 가라 하거든 왼쪽으로 가고, 오른쪽을 가리키거든 오른쪽으로 돌아가는 것을 모두 다 이 사람이 지휘하는 대로 어김없이 해주기 바란다. 그리하여 통일천하의 대업大業을 완성한 뒤에 자손만대에 행복을 도모하도록 각각 힘써 주기 바란다."

한신은 그들을 넓은 방 안에 정렬해 세우고 이렇게 훈시했다.

"네! 모두 원수께서 지시하시는 대로 시행하겠습니다."

대장들은 일제히 이같이 대답했다. 한신은 이어 모든 장수에게 오늘부터 취할 행동을 지시하기 시작했다. 대장 왕릉은 부장副將 십육 명과 정병 사만오천 명을 거느리고 구리산 북방에 매복하고, 노관은 북쪽에, 조참은 동북방에, 영포는 동쪽에, 팽월은 동남방에, 주발은 남쪽에, 장이는 서남방에, 장도는 서쪽, 각각 왕릉과 마찬가지로 부장 십육 명과 사졸 사만오천 명씩을 거느리고 매복해 있는 동시에 하후영은 십만 명을 인솔하여 한왕의 뒤에 있다가 불시에 급하게 되거든 뛰어나오고 장량은 방호사防護使로 십만 명을 거느리고 한왕의 좌편에, 진평은 구응사救應使로 십만 명을 거느리고 한왕의 우편에 각각 방비하고, 공희와 진하는 이만 명을 거느리고 한왕의 앞에, 여마통과 여황은 이만 명을 거느리고 한왕의 뒤에, 근흡은 일만천 명과 부장 십이 명을 거느려 십이 방위方位를 형상하게 하고, 시무는 이만팔천 명과 부장 이십팔 명을 거느리어 이십팔 수宿를 형상하게 하고, 임오任傲는 이만오천 명을 거느리고 한왕의 본진영을 지키고, 유택劉澤은 삼천 명을 이끌고서 계명산雞鳴山에 들어가 거짓으로 기치를 세워 의병疑兵을 꾸미게 하고, 유고劉高는 삼천 명을 인솔하여 후진을 순초하고, 박소薄昭·손가회孫可懷·고기高起·장창張倉·척사戚思는 각각 일천 명을 인솔하여 사방에서 각 부대간에 연락을 긴밀히 하고 진희·육가·부필·오예 네 사람은 각각 오천 명씩 인솔하여 조그만 길로 비밀히 서주로 돌아 급히 팽성을 치고 들어가 항우의 가족을 모조리 잡아 가두고 성 위에 있는 초나라 깃발을 뽑아 한나라 기로 바꾸어 꽂아 놓고, 백성을 안무하고, 관영은 항우와 접전하면서 그를 회계 골짜기까지 꾀어올 것이고, 중랑기장中郎旗將, 양희楊喜, 오군도위五軍都尉 양무楊武, 좌군사마左軍司馬 양익楊翼, 우군사마右軍司馬 여승呂勝은 오강烏江으로 가서 좌우에 매복해 있게 했다.

이와 같이 모든 배치가 끝나 대장들이 명령대로 다 각기 출동하려 하자 왕릉이 한신에게 물었다.

"원수께서 지금 우리에게 구리산 속에 가서 매복하고 있으라 하셨지만, 구리산은 패군으로부터 일백팔십 리, 지금 초나라의 군사가 도중 각처에 진을 치고 있으니 우리가 어느 길로 진군해 가서 매복할 수 있는지, 또 원수는 어디 계시다가 적을 대적하고, 주상께서는 어디에서 적을 유인하실는지 우리에게 가르쳐 주시기 바랍니다."

"구리산은 서주의 성 밖에서 북쪽으로 구 리九里란 말이다. 항왕이 이좌거한테 속아 패군까지 나왔기 때문에 지금 마음속으로 후회하고 있다. 오늘 나와 접전하다가 패하면 반드시 팽성으로 도망해 들어갈 것이기에 내가 그대들을 구리산에 매복시키고 또 진희와 육가 등 네 사람을 비밀히 보내 팽성을 점령하도록 한 것이다. 항왕이 접전에 패해 돌아가다가 팽성을 빼앗긴 것을 알고는, 나아갈 곳도 없고 물러갈 곳도 없어 반드시 강동 지방으로 도피하려 할 것이다. 그래서 내가 양무와 여승 등 네 사람을 오강에 매복시키는 것이다. 여기서 항왕은 강을 건너지 못하고 사로잡히고 말 것이다. 그러니 그대들은 지금 어느 길로 가느냐 하면, 고릉固陵의 북쪽 황하黃河의 언덕길로 해서 귀덕군歸德郡을 지나 우성현虞城縣을 돌아서 구리산으로 들어가야 한다. 구리산을 그전에는 구의산九疑山이라 했는데, 그 속에는 높은 산이 또 세 개가 있다. 동북에는 계명산雞鳴山, 서쪽에는 초왕산楚王山, 북쪽에는 성녀산聖女山이 있으니, 주위는 모두 합쳐 이백리다. 항왕이 팽성에 한나라 기가 꽂힌 것을 알고 난 뒤엔 즉시 북쪽으로 달아날 것이니, 그때 그대들이 사방에서 치고 때리도록 하라. 그러면 초나라 군사는 전후좌우로 몸을 움직이지 못하게 될 것이다."

한신의 이 같은 설명을 듣고 여러 대장들은 탄복했다.

"원수의 묘산妙算은 실로 귀신도 알지 못하겠습니다!"

이때 돌연 한편 구석에서 커다란 목소리로 고함을 지르는 사람이 있었다.

"그런데 원수께서 어찌하여 이 사람은 무시하십니까?"

모두 놀라 바라보니 그 사람은 번쾌였다. 한신은 빙그레 웃었다.

"내가 그대를 무시할 리가 있소!"

그러나 번쾌는 흥분된 어조로 불평을 털어놓았다.

"주상께오서 포중에서 나오신 이래 수백 번 접전하셨는데, 이 사람은 한 번도 빠져 본 일이 없습니다. 원수께서 지금 모든 사람에게 임무를 맡기시고 이름 없는 소장까지도 모두 일방의 책임을 주시면서 어찌해 이 사람은 빼놓으십니까?"

한신은 부드러운 음성으로 대답했다.

"옳은 말씀이오. 하지만 난 이미 장군의 직책을 결정해 놓았소. 지금 모든 사람을 다 쓰고 장군 한 사람만 남겨 놓은 것은 장군을 무시하는 것이 아니고, 너무도 일이 중대해 이것을 장군에게 명령했다가 만일 단 한 번의 실수라도 생겼다가는 우리의 백만 대군이 단박에 눈깔이 빠져 버릴 것 같아서 내가 얼른 말하지 못하고 생각하는 것이오."

"원수께서 어떤 중대한 임무를 맡기시든지, 제가 전심갈력하여 이행하겠습니다. 조금이라도 실수가 있으면 군법으로 처단해 주십시오. 죽어도 한하지 않겠습니다."

번쾌는 얼굴을 정색하고 이렇게 장담했다.

"그렇다면 내 말하리다. 내가 대군을 구리산에 매복시켜 놓고 항왕을 유인해 끌고 온 뒤에 때려 부수려 하는데, 피차에 혼전混戰이 되는 터이므로 분간하지 못할 것이란 말이오. 그래서 내가 중군에 큰 기를 세워 좌편으로 가라 할 때는 좌편으로, 우편으로 가라 할 때는 우편을 가리키게 하고, 진격이라 할 때는 앞으로, 물러가라 할 때는 뒤로, 깃발로써 신호를 하여 백만의 군사가 이 깃발 하나로 진퇴進退하도록 한단 말이오. 그러니 오늘의 승부, 삼군의 생사는 오직 이 깃대를 움직이게 하는 사람에게 달려 있으니 이를 장군이 넉넉히 하시겠소?"

"넉넉히 하겠습니다!"

번쾌는 우렁차게 대답했다.

"그러면 장군은 삼천 명을 거느리고 구리산 꼭대기로 올라가 적군이 오고 가는 것을 보아 수시로 임기응변해서 깃발 하나로써 우리의 삼군을 지휘해 주시오! 만일 착오가 생겼다가는 군법으로 처단할 것이니 조심하기 바라오."

"그런데 만일 어두운 밤중이면 적군과 아군을 분간하지 못할텐데 어떻게 합니까? 또 설령 분간한다 할지라도 낮에는 깃발이 눈에 보이지만 밤중에 어떻게 깃발이 보입니까?"

번쾌가 더 말을 계속하기 전에 한신은 그 말을 가로막았다.

"그것은 내가 준비해 두었소. 염려 마오. 밤에는 커다란 등롱燈籠을 깃발 대신 사용할 것이오! 무릇 야군夜軍에는 어느 쪽이나 횃불을 사용하지 않소? 그 횃불을 가지고 움직이지 않고 각 방면을 수비하고 있는 것은 아군이요, 횃불이 분주히 왕래하는 것은 적군이란 말이오. 그러니 장군은 횃불만 보고도 적군과 아군을 능히 판단할 수 있을 것이니 오직 세심하게 조심하고 착오를 일으키지 말아야 하겠소."

"네! 잘 알았습니다. 반드시 그렇게 하겠습니다."

번쾌가 이렇게 굳게 맹세하는 말을 듣고, 그제야 한신은 그에게 삼천 명을 주어 다른 모든 장수와 함께 고릉 지방의 도로를 통해 구리산으로 떠나게 했다.

한편, 항우는 이때 모든 장수를 모아 놓고 접전할 방침을 지시하고 있었다.

"짐이 적의 정보를 받아보니, 한나라 군은 과연 형세가 굉장하다. 오늘 짐이 이십만 명을 거느리고 앞서서 나가겠으니 종리매와 주란이 좌우에서 짐을 도우라. 그리고 나머지 십만을 여섯 사람의 대장이 각각 분담하여 짐의 뒤를 따르고, 우자기는 혼자 이곳에 머물러 본진을 지키기 바란다."

모든 장수가 항우의 명령에 반대하지 않았다. 항우는 대오를 정비하고 즉시 출동하여 한나라 진영을 향해 돌진했다.

오시午時가 되기 전에 항우는 한나라 진영 앞에 이르러 큰소리를 질렀다.

"한왕은 속히 나오너라! 또 한신이란 놈을 시켜 잔꾀를 부리지 말고, 대장부답게 씩씩하게 어서 나오너라!"

이 소리를 듣고 갑옷과 투구를 쓴 한왕이 공희와 진하를 좌우에 거느리고 말을 달려나갔다.

한왕을 보자마자 항우가 소리쳤다.

"네가 전일 팽성에서 패전했을 때 짐이 차마 죽이지 못하고 살려 주었는데, 그래도 잘못을 깨닫지 못하고 또 침범해 오는 것은 짐과 더불어 승부를 결정지으려 하는 것이냐? 짐이 오 년 동안 칠십여 차례 너의 군사와 접전을 해왔다만 그동안 한 번도 너와 단둘이 접전하지 못했으니 네 힘을 짐이 모른다! 그러니 못난 것이 잘난 체하지 말고 속히 나와 자웅을 결정하자!"

이 말에 한왕은 껄껄 웃었다.

"너는 언제든지 혈기가 과해 큰소리로 장담하기를 좋아한다만 나는 두려워하지 않는다. 무릇 군사를 통솔하여 승부를 결정하는 것은 계획함에 달린 것이지 그 사람의 뚝심에 달린 것은 아니다! 그러니 오늘 내가 너와 싸우는 것은 힘으로 싸우는 것이 아니란 말이다!"

항우는 한왕이 자기를 경멸하고 상대하지 않는다는 말을 듣고, 분이 나서 창을 겨누며 달려들었다.

한왕의 곁에서 공희와 진하가 뛰어나갔다.

"이놈 네까짓 놈들이! 내 창 맛이나 보아라!"

항우는 이렇게 호령하고 공희와 진하를 상대로 하여 오십여 합 접전을 계속했다. 승부는 끝나지 않았으나 항우의 정신은 더욱 선명해졌다. 이리 치고 저리 치고 일진일퇴하는 바람에 땅바닥에서는 먼지가 사람의 모습을 알아보지 못할 만큼 일어나고 있었다.

"이얏!"

별안간 항우는 소리를 높이 질렀다. 마치 벼락 치는 소리 같았다. 그리고 항우의 두 눈은 번갯불 같았다.

공희와 진하가 타고 있던 말은 수십 보나 뒤로 달아났다. 놀라 뒷걸음질치는 말의 고삐를 움켜쥐고 진하가 다시 자세를 고치려고 할 때, 항우는 오추마에 채찍을 한 번 쳐서 뛰어들어와 눈 깜짝하는 사이에 진하를 창으로 찔러 말에서 떨어뜨렸다.

공희가 이것을 보고 진하를 구하려고 뛰어왔다. 항우는 공희의 머리를 투구와 함께 꿰뚫을 듯이 창을 힘껏 내뻗었다.

공희는 급히 머리를 수그렸다. 이 바람에 투구가 벗겨졌다. 공희는 간담이 서늘해져 한 손으로 머리를 치켜올리며 그만 본진을 향해 도망해 버렸다.

그러자 근흡과 시무가 항우를 향해 돌진해 들어왔다.

항우는 두 장수를 상대로 이삼 합 접전을 하다가 맞은편 언덕 위에 한왕이 말에 앉아 있는 것을 보고, 근흡과 시무를 내버리고 이를 갈면서 한왕에게로 쫓아갔다.

한참 쫓아가노라니까 한 장수가 일개 부대를 거느리고 나와 항우를 가로막았다. 그는 하후영이었다. 하후영은 힘을 다해 항우를 대적하다가 불과 이삼 합 접전 끝에 동북을 향해 달아나 버렸다.

항우는 하후영을 추격하면서 삼군을 독려하여 북을 치고, 꽹과리를 두들기면서 따라오게 했다.

거의 십 리가량 추격을 하다가 보니 하후영의 부대는 좌우 두 갈래의 길에서 대오가 일사불란한 채 양쪽으로 분주히 달아나고 있었다. 이를 보고 계포가 급히 항우에게 간했다.

"폐하! 한나라 군이 도망합니다만 이렇게 질서 있게 달아나는 것을 보니, 반드시 거짓으로 후퇴하는 것이옵니다. 계책이 있는 게 분명하오니, 여기서 잠깐 머물러 적의 동정을 살피셔야 할 것 같사옵니다."

"딴은 그렇다! 여기서 잠깐 두고 보자!"

항우도 즉시 찬성하고 말고삐를 늦추고 발을 멈추었다.

이렇게 잠시 숨을 돌리고 있노라니까 뜻밖에 어디로 해서 나왔는지 이좌거가 눈앞에 나타났다.

이좌거는 말을 타고 항우 앞에 서서 한바탕 껄껄거리며 웃고 나서 항우에게 말했다.

"폐하! 신이 폐하를 찾아가 대단한 은혜를 입었습니다. 그런데 폐하는 벌써 한신의 꾀에 깊이 빠졌습니다. 이렇게 된 이상엔 속히 갑옷을 벗고 항복하십시오. 그러면 신이 한왕께 아뢰어 목숨이나 건지게 해드리겠습니다! 생각이 어떠하십니까?"

"무엇이라고 주둥아리를 놀리느냐? 짐이 네 꾀에 속은 것을 생각하면 네놈을 갈아서 죽여도 시원치 않겠다!"

항우는 대단히 분해 이좌거 앞으로 쫓아 들어갔다.

이좌거가 돌아서 달아나자 항우는 부리나케 쫓아갔다. 그는 눈앞에서 일직선으로 쏜살같이 달아나고 있는 이좌거를 추격해 벌써 십 리 이상 달렸다.

그러자 별안간 이좌거는 온데간데없이 그림자도 보이지 않고 사방에서 한나라 군이 쏟아져 나오기 시작했다.

초나라 군사는 그동안 이십 리나 달음박질해서 추격해 온 까닭에 기운이 빠질 대로 빠졌다. 그런데 기운 좋은 한나라 군사들이 쏟아져 나오고 있으니 어떻게 견딜 수 있으랴. 그들은 저항해 보지도 못하고 사방으로 도망하다가 칼에 맞아 죽는 놈이 부지기수였다. 항우는 마음속으로 '아뿔싸! 중지重地에 빠졌으니 속히 퇴각할 수밖에 없다!'라고 생각하고 퇴각하려 했다.

이때 철포 소리가 '광'하고 터지면서 한신의 대부대가 초나라 군사를 포위하기 시작했다.

계포와 종리매가 항우를 구원해 포위망을 벗어나 보려고 좌충우돌하면서 겨우 한편 구석을 헤치고 빠져나오려 하는데, 갑자기 근흡·시무·공희 세 장수가 달려들며 접전하려 했다.

항우는 더 이상 그들과 싸우고 싶지 않은 것 같았다. 겨우 포위망을 헤치고 벗어난 그는 수없이 많은 부하 사졸들이 희생되는 것을 돌아볼 겨를도 없이 본진을 향해 달렸다.

이때 주란이 본부 진영의 군사를 거느리고 나타났다. 한나라 군사들은 새로 몰려오는 초나라 군사들에게 도로 쫓기어 좌우로 흩어졌다.

항우는 이에 다시 기운을 얻어 패잔병을 모아가며 해가 저물어갈 때에 간신히 본진으로 돌아왔다.

저녁을 먹고 나서 항우는 우희에게 탄식하는 목소리로 말했다.

"이젠 이곳에 머물러 있는 것이 재미가 없다. 오늘 밤으로 이곳을 떠나 팽성으로 돌아가 다시 생각해 보아야겠다."

우희는 항우의 말을 듣고도 가부를 판단하기 어려워 아무 말도 못했다.

이때 곁에 있던 우자기가 소견을 아뢰었다.

"폐하! 사실 확실히 알지는 못하오나 한신이 비밀히 군사를 팽성에 보내 폐하의 일족一族을 생포했다는 풍문을 들었사옵니다. 만일 사실이라면 폐하께서 팽성으로 돌아가신다 해도 허사虛事이옵니다. 지금 이곳에 이만 명이 있고 오늘 합전해서 도망해 돌아와 있는 자가 오만 명은 있사옵니다. 그러니 오늘 밤에 비밀히 형荊, 초楚, 호양湖襄 지방으로 도피하시어 군사를 더 양성하시면서 여러 지방의 장정을 모으면 그 뒤엔 다시 전일의 형세를 회복하실 수 있겠사옵니다."

"아니다! 팽성을 적이 점령했다는 것은 낭설일 것이다. 짐은 먼저 팽성으로 돌아가 일족을 동반하여 산동山東의 노군魯郡으로 간 다음, 거기서 세력을 회복하련다!"

항우가 우자기의 의견을 물리치고 산동의 노군으로 가겠다는 말을 하자 우희는 그 말에 찬성했다.

"폐하께서 생각하신 대로 처단하시옵소서."

항우는 여러 대장을 불러 명령을 내렸다. 대장들은 삼군에 즉시 퇴각 준비를 시켰다.

초나라 군사는 그리하여 그날 밤으로 모든 병기와 군량을 운반하여 동쪽 큰길로 해서 퇴각했다.

밤새도록 달음질하여 그들은 소현蕭縣 땅에 다다랐다. 여기서 팽성까지는 오십 리밖에 안 되었다. 이제는 다 왔다 싶어 항우는 따라오는 대장들에게 "여기서 잠시 쉬어가자."라고 말하고 말을 멈추게 한 후 길게 숨을 돌리고 이마의 땀을 씻었다. 그런데 별안간 사방에서 철포 소리가 들려 항우는 깜짝 놀라 사방을 두루 살펴보았다. 남쪽으로 내다보이는 길에는 한나라 깃발을 날리면서 개미 떼같이 군사가 행군해 오고, 멀리 동쪽에 보이는 산 위에는 수없이 많은 한나라 기가 꽂혀 있고, 많은 군사가 집결되어 있었다.

항우는 크게 놀랐다.

"여봐라! 여기가 어디인데 이렇게도 많은 한나라 군사들이 몰려와 있단 말이냐? 천하 제후가 모조리 군사를 끌고 이곳으로만 왔단 말이냐?"

"전면에서는 한나라 군사들이 길을 가로막았으며 뒤에서는 저렇게 추격병이 쫓아오고 있사오니, 이는 필시 천하 제후가 한왕과 합세하는 것이옵니다. 팽성도 벌써 적의 수중에 함락되었겠사옵니다. 폐하! 폐하께서는 신 등 팔천 명이 남아 있사오니, 지금 즉시 강동江東으로 가셔서 다시 재기하실 계획을 마련하시옵소서."

종리매는 이같이 항우에게 탄원했다. 옆에서 주란도 이에 찬동했다.

"폐하! 폐하께서는 종리매의 말씀을 들으시기 바랍니다. 이곳에 머물러 계시다가는 나중에 후회막급이 될 것이옵니다."

그러나 항우는 천성이 조급한지라 한번 마음에 결정한 일은 돌이킬 수 없었다.

"무슨 잔소리! 짐은 평생에 져 본 일이 없다! 한왕의 군사가 제아무리 많다 할지라도 그중에서 나를 당할 놈은 없다. 무엇이 겁난단 말이냐? 너희는 다만 나를 따르라! 그리고 내가 적과 싸울 때에 창 쓰는 법이 조금이라도 틀리거든 그때 말하라. 그러면 나는 내 목을 찔러 죽어 버리겠다! 내 목숨이 있는 때까지 짐은 적을 업신여기겠다!"

항우가 이렇게 말하자 이제는 아무도 간하려 하지 않았다. 그들은 급히 군사를 이끌고 행진을 계속했다.

팽성까지 십 리밖에 남지 않은 곳에 그들이 당도했을 때 선봉 부대에서 보고가 올라오기를 적은 벌써 팽성을 빼앗고 성 위에는 모두 한나라 기를 꽂고 늠름한 병정들이 사대문을 견고히 방어하고 있다는 것이다.

'이제는 할 수 없다. 강동으로 가자!'

항우는 이렇게 작정했다. 그는 허리띠를 졸라매고 투구끈을 단단히 맨 다음, 풍우처럼 군사를 몰아 계명산을 바라보며 구리산 쪽으로 달음질하기 시작했다. 우희·우자기·계포·종리매·항백·주란 모든 사람이 뒤를 따랐다.

한참 가노라니까 별안간 철포 소리가 '쾅'하고 터지더니, 구리산 꼭대기에 있는 커다란 깃발이 한번 움직이고 나서 갑자기 사면팔방에서 한나라의 복병이 한꺼번에 뛰어나왔다. 서북으로부터 왕릉, 북쪽으로부터 노관, 동북으로부터 조참, 동쪽으로부터 영포, 동남으로부터 팽월, 남쪽으로부터 주발, 서남으로부터 장이, 서쪽으로부터 장도, 이같이 많은 장수가 항우를 포위하기 시작했다.

항우는 대단히 노해 눈에서 불이 철철 흐르는 것 같았다. 그는 이리 뛰고 저리 뛰고 좌충우돌하며 마치 산속에서 큰 호랑이가 날뛰는 것처럼 한나라 대장 여덟 사람을 상대로 하여 맹렬히 싸웠다.

여덟 명의 한나라 대장은 항우를 당하지 못하고 물러갔다. 그러자 박소·손가회·고기·장창·척사 등 다섯 사람의 장수가 또 항우에게 달려들었다.

항우는 조금도 겁냄이 없이 그들과 더불어 이십여 합 접전을 하다가 손가회를 한 번 찔러 떨어뜨렸다. 이때 척사가 급히 손가회를 구하려고 달려들었으나 항우가 타고 있는 오추마에 밟혀 두 장수는 한꺼번에 죽어 버리고 말았다.

박소·고기·장창은 이 광경을 목도하고 그만 도망질해 버렸다.

이때 성녀산 동쪽 골짜기에서 진희·부관·오예 세 장수가 일개 부대를 거느리고 나와 항우를 대적했다. 그러나 그들은 항우와 십 합도 접전을 하지 못하고 모조리 달아나 버렸다. 이제는 감히 한나라 진영에서 달려나오는 장수가 한 사람도 없었다. 이날 하루 동안 항우가 상대해 접전한 한나라 대장은 육십 명이나 되었다. 그렇건만 항우는 한 번도 땅바닥에 창끝을 대보지 않았다. 그가 타고 있는 오추마 또한 한 번도 뒤로 물러가 본 일이 없었다.

항우는 좌우의 막료 대장들을 둘러보며 호기 있게 물어보았다.

"어떠하냐 말이다. 내가 지금 힘이 약해져 보이느냐?"

여러 대장들은 말에서 내려 땅에 꿇어앉았다.

"폐하! 폐하는 천신天神이시옵니다! 오늘 접전하시는 광경은 참으로 고금에 없는 용맹이십니다. 지금 벌써 날도 저물었사오니 오늘 밤 이곳에 진을 치고 휴식하시기 바랍니다."

항우는 만족한 듯 말에서 내렸다. 그리고 장막을 치게 했다.

잠시 후 사졸들이 항우의 침소로 장막을 설치하자 항우는 갑옷을 벗고 장막으로 들어가며 우자기에게 우희를 데려오게 했다.

우희가 장막 속으로 들어오자 항우는 호기 있게 물었다.

"오늘은 과연 심중에 놀랐을 거요! 한나라 군사들이 굉장히 많이 쏟아져 나왔지?"

"폐하! 첩은 폐하의 여러 장수들의 힘으로 다행히 무서운 꼴을 당하지 않았습니다만, 폐하께서는 온종일 적의 대장 육십여 명을 상대로 접전하시기에 얼마나 피곤하시겠사옵니까?"

"허허허, 피곤하다니! 내가 오 년 전에 조나라를 구원할 때 장한과 아홉 번 대전을 하면서 이틀 사흘 밥 안 먹고도 피곤한 줄을 몰랐는데 오늘 이것쯤이야 쉬운 일이지! 허허허……."

항우는 너털웃음을 쳤다. 그를 모시고 섰던 여러 대장들은 어안이 벙벙해서 서로 놀란 얼굴로 쳐다만 보았다. 대체 이렇게 힘이 센 사람도 있는가? 그들의 얼굴은 서로 이같이 묻는 것 같았다.

잠시 후 주란이 항우 앞으로 와 아뢰었다.

"폐하! 오늘 적을 약간 손상시켰사오나 한나라 군사들은 아직도 형세가 강대하옵니다. 혹시나 밤에 야습해 올는지도 알 수 없사오니 미리 대책을 분부하시기 바랍니다."

"암! 그렇지 그래."

항우는 즉시 찬성하고 항백·계포·종리매·우자기·주란 등이 서로 협력하여 진의 사방을 엄중히 방비하고 팔천 명의 남아 있는 군사를 중군의 좌우에 배치하라고 명령했다.

그런 다음 그는 장막 속에서 우희와 더불어 술을 마셨다.

한편 한신은 구리산 십면에다 복병을 감추고 항우를 잡으려다 놓친 까닭에 마음이 초조해져 이좌거를 불러 의논을 하고 있었다.

"항왕의 용맹은 실로 만부부당이오! 내 생각엔 내일은 합전을 하지 말고 전차戰車로 구리산 주위를 에워싸고 적의 군량미가 수송되지 못하도록 할까 합니다. 그렇게 하면 적은 안으론 군량이 없고 밖으로 구원병이 없어 힘 안 들이고 승리할 것 아니겠습니까?"

한신은 이같이 이좌거의 의견을 물었다.

"아니올시다. 항왕의 용맹이란 불과 필부匹夫의 용맹입니다! 다만 아군이 근심하는 것은 계포·주란·종리매 몇몇 장수들과 항왕의 군사 팔천 명입니다. 이들이 항상 단결하여 항왕을 도와주는지라 원수께서 아무리 애쓰셔도 멸망시키지 못하는 것입니다. 원수께서 무슨 묘책을 써서 적의 장수들의 마음이 풀어지게 하고 팔천 명의 적군을 저절로 흩어지게 하신다면, 그 뒤엔 항왕이 제아무리 하늘에 오르고 땅속으로 숨는 신통한 재주가 있다 할지라도 혼자 힘으로는 도저히 못 배깁니다! 만일 그렇지 않고는 항왕이 비록 군량미가 떨어진다 할지라도 팔천 명의 군사와 여러 장수가 서로 힘을 합쳐 대항할 것입니다. 그렇게 된다면 우리는 이것을 깨뜨리지 못합니다. 뿐만 아니라 항왕이 여기서 아군의 포위망을 벗어나 강동 지방으로 가서 다시 군마를 조련해 사기를 양성한다면, 원수께서 쉽게 평정하기 어려울 것입니다. 그러니 속히 아까 말씀대로 계책을 써서 이번 싸움을 마지막으로 완전히 초나라를 멸하셔야 합니다."

이좌거의 의견은 이러했다.

"선생의 말씀이 과연 옳습니다. 그렇지만 나에게 그런 꾀가 없습니다. 어떻게 하면 좋을까요?"

한신은 두 눈을 한참 생각하더니 이렇게 말했다.

"장자방 선생이 본시 지혜가 많고 꾀도 많은 분이시니 필시 묘책을 가지셨을 것입니다. 이리로 오시라 해서 상의하십시다."

"그러시는 게 좋겠습니다."

이좌거도 찬성했다.

한신은 즉시 육가를 불러 방호사의 진영으로 가서 장량을 모셔오게 했다.

얼마 후 장량이 말을 타고 왔다. 한신과 이좌거는 그를 맞아 들였다.

"밤이 깊은데 이렇게 오시게 해서 미안합니다. 다름 아니라 항왕의 효용은 만부부당이고 그 부하인 계포·종리매·주란 같은 대장들과 팔천 명의 강동 자제들이 일심협력하므로 쉽게 깨어지지 않습니다. 이러다가 만일 항왕이 강동으로 도망가 버리면 그 뒤엔 더욱 멸망시키기 극난합니다. 그 까닭에 선생을 오시라 한 것이니 한마디 묘책을 들려주십시오. 그리하여 이 사람의 근심을 풀어주시기 바랍니다."

한신의 물음에 장량은 별로 생각을 쥐어짜는 기색도 없이 이렇게 대답했다.

"그게 무어 어려울 게 있습니까! 항왕의 부하 대장들의 마음을 어지럽게 하고 팔천 명의 군사만 흩어 버리면, 항왕이 혼자서 어떻게 부지하겠습니까? 이렇게 만들면 앞으로 열흘 이내에 항왕은 우리에게 사로잡히고 천하는 저절로 진정될 것입니다."

한신은 기뻐했다.

"과연 신통하십니다! 아아, 가슴속이 금시에 열리는 것 같습니다. 저도 아까부터 이좌거와 그런 이야기를 하고 있었습니다만 계책이 도무지 생각나지 않습니다. 어떻게 하면 팔천 명을 흩어 버릴 수 있을까요? 그리고 항왕의 부하 대장들은? 그 계책을 가르쳐 주시기 바랍니다."

그러자 장량은 한신에게 가까이 다가앉으며 대답했다.

"내가 어렸을 때, 하비라는 곳에서 이인異人을 만나 퉁소 부는 법을 배운 일이 있습니다. 이 사람이 퉁소를 어떻게 잘 부는지 그 음률이 높고 밝고 처량하고 웅숭깊어서 듣는 사람이 그만 자기를 잊어버릴 정도입니다. 그래서 그때 내가 한 달 동안을 이 어른한테 퉁소 부는 법을 배워 득음得音을 하였지요."

"아하 그러십니까?"

한신과 이좌거는 탄복했다. 장량은 말을 계속했다.

"그런데 그 어른께서 항상 말씀하시기를, 퉁소라는 악기의 근원은 황제黃帝 때부터 시작된 것이라 합니다. 대나무를 길이 일 척 오 촌으로 잘라, 오행五行과 십간과 십이지를 안배하여 팔음八音을 해조諧調한 것이므로, 능히 천지의 조화를 나타낸다 합니다. 그런데 그 후에 대순大舜께서 퉁소를 조금 고치셨다 합니다. 옛날 진秦나라에 농옥弄玉이라는 여자와 소사蕭史라는 선인仙人이 있었는데, 이들이 통소를 불면 하늘에서 봉황새가 내려와 춤을 추고, 공작과 백학이 뜰아래에 와서 배회하였답니다. 통소가 이 같은 것이므로 능히 사람의 마음을 감동케 하여 즐거움이 있는 사람이 들으면 더욱 즐겁고, 근심이 있는 사람이 들으면 더욱 슬프고, 나그네가 객창에서 들으면 고향 생각이 간절해지며, 허전한 방 속에 깊숙이 앉아 있는 젊은 여인이 들으면 멀리 국경에 원정 가 있는 사내 생각에 눈물로 옷깃을 적시는 것이랍니다. 지금, 가을철이 되어 바람은 소슬하여 초목은 단풍 지고, 나그네는 고향 생각이 간절할 때입니다. 이런 때 이 사람이 계명산에 올라 통소를 한 곡조 처량하게 불어본다면, 그 애절하고도 곡진한 가락에 초나라 군사들은 창자를 쥐어짜고 못 견뎌할 것입니다. 그러니 원수는 애써 활을 쏘고 창을 휘두를 필요가 없습니다."

한신은 너무도 기뻐 두 손으로 장량의 손을 잡고 감사했다.

"선생이 이 같은 묘한 재주를 가지신 줄은 아직 몰랐습니다. 과연 그러시다면 농옥과 소사가 어떻게 선생을 따르겠습니까!"

장량은 빙그레 웃으며 자리에서 일어났다.

"염려 마십시오. 나에게 연락만 자주 해주시면 좋겠습니다."

그는 이렇게 말하고 돌아갔다.

이튿날 한신은 군사를 움직이지 않게 하고 사방에 전차만을 배치하게 하고 군량 수송을 재촉하여 풍부하게 하는 한편, 번쾌로 하여금 산꼭대기에 징과 북을 치며 의병을 꾸미게 하고, 관영으로 하여금 초나라 진영의 좌우에 매복하고 있다가 만일 항우가 전차를 깨뜨리고 도망하려거든 급히 뛰어나와 항우를 때려잡으라고 지시했다.

관영은 원수의 지시를 받고 즉시 성녀산 아래에 있는 항우의 진영 근처로 이동했다.

이렇게 된 이후 사흘이 지났다. 사흘 동안 항우는 한나라 군사와 접전하지 않고 지냈다. 그런데 이날 항백과 계포가 항우의 장막으로 찾아와 보고를 올렸다.

"아뢰옵니다. 진중의 군량미가 오늘로서 떨어지고 말을 먹일 마초도 끊어졌사옵니다. 사졸들은 겉으로 표시하지 않으나 속으로 원망하는 자가 많은 것 같사옵니다. 사기가 대단히 좋지 못하오니 일이 급하게 되었사옵니다. 폐하께서는 신들과 팔천 명의 자제를 거느리시고 어떻게든지 이곳을 벗어나 형주荊州, 양양襄陽 혹은 강동으로 가시어 사기를 양성하시기 바랍니다."

두 사람의 말에 항우는 놀라운 표정을 지었다.

"아니, 군중에 양식이 떨어지고서야 어떻게 잠시인들 머물러 있을 수 있느냐? 하지만 한나라 군이 사방을 포위하고 있으니 여기서 벗어나기도 용이하지 않구나!"

그는 이렇게 탄식했다.

"폐하! 신이 팔천 자제를 보니 모두 강동 지방 사람으로 폐하를 위해 목숨을 아끼지 않던 자제들이옵니다. 폐하께서는 이 팔천 명을 거느리고 선봉이 되어 포위를 헤치고 나가시옵소서! 그 뒤에 신 등이 본부의 인마를 인솔하고 우후虞后를 수호하면서 나가겠사옵니다."

계포는 이렇게 의견을 아뢰었다.

"그래! 그렇게 하기로 하자. 내일 짐이 선봉이 되어 적을 헤치고 나갈 것이니, 너희는 후진을 단속해 나오기 바란다."

항우는 즉시 이같이 찬동했다. 항백과 계포는 명령을 받들고 물러 나와 부하들에게 내일 아침 일찍이 퇴각할 준비를 지시했다.

퇴각 지시가 있은 후 흩어져 있는 각 부대의 진영에서는 사졸들이 이 구석 저 구석에 모여 앉아 피차에 신세 한탄을 했다.

"기가 막히네! 내일은 퇴각한다지 않나? 퇴각하면 어디로 간단 말인가?"

"알 수 없지! 가는 대로 가겠지!"

"허어 그것 참! 가을은 깊어가고, 일기는 추워오고, 옷은 해지고, 양식은 떨어지고, 배는 고프고, 한나라 군사들은 포위하고 있고……. 여보게, 우리는 장차 어떻게 되는 건가?"

"이 사람아! 처량하이. 말도 말게! 해는 저물어 밤은 되어오고, 바람은 쓸쓸하고 낙엽 소리는 가슴을 찢는구나!"

한편 구석에서 오륙 명이 둘러앉아 이런 소리를 하는가 하면, 또 저쪽 구석에서는 서너 명이 앉아 중얼거리고 있었다.

"내일은 퇴각한다는데 과연 생명을 보전할 수 있으려나? 우리는 수효가 적고 적군은 부지기수로 많으니, 아무래도 내일 일은 알 수가 없다!"

"그러기에 말이다. 차라리 초나라 옷을 벗어 버리고 도망해 버린다면 몰라도 그러지 않고서야 내일로 목숨은 끊어질 거야!"

"적에게 항복하기는 어렵고 목숨을 부지하려면 항복하는 길밖에 없고……."

"그러나 우리가 그동안 육칠 년 동안 초 패왕을 모셔왔는데 지금 와서 적에게 항복을 하기도 어렵지! 이러기도 어렵고 저러기도 어렵고……."

그들이 신세 타령을 하고 있을 때 갑자기 하늘 위에서 흘러내려오는 것 같은 퉁소 소리가 한 곡조 길게 바람결을 타고 들려왔다. 높고 밝은 그 곡조는 사람의 창자를 끊는 듯했다.

초나라 군사들은 모두 다 귀를 기울이고 들었다. 퉁소 소리와 함께 노랫소리도 처량하게 흘러왔다.

9월 단풍 깊은 가을 서릿바람 불어오고, 하늘 높고 물 맑은데 외기러기 울고 간다. 창을 짚고 땅에 서니 집 떠난 지 십 년일세. 어머님은 안녕하고, 마누라는 무고하며, 사래 긴 밭 누가 갈며, 이웃집 익은 술은 그 뉘라서 마시는가. 싸리문에 나와 서신 백발노인 저 모습은 우리 조부 분명코나, 인생이 무엇이기에 부모 처자 내버리고 고향 산천 등지고 죽을 땅을 헤매느뇨. 칼 가지고 덤벼들면 중한 목숨 이슬일세. 뼈와 살은 썩어지고 혼백조차 사라지니, 이 아니 슬플시고. 적막한 이 산속에 밝은 저 달 바라보며 가슴 위에 손을 얹고 가만히 생각하니 부질없는 이 싸움이 허망하기 짝이 없다. 어화 천하 동지들아, 한왕은 유덕하여 항복한 군사는 죽이지 않는단다. 초 패왕의 군사들아, 너희는 들어보라. 양식은 떨어지고 진영은 비었는데 너희만 남아 있어 빈 진영을 지키느냐. 그러나 지킨들 무엇하리. 미구에 깨어지고 옥석이 구분할 제, 그때엔 어이하리. 슬프구나, 슬프구나. 서릿바람 불어올 제 초 패왕은 망했구나. 무도함이 멸망함은 하늘의 가르치심, 그대들은 생각하라, 구천九天에 사무치는 이 노래를 들었거든 어서 오라, 어서 오라.

노랫소리는 비창했다.

한 곡조는 높고 한 곡조는 낮고, 한 소리는 길고 한 소리는 짧고, 오음五音과 육률六律은 서로 조화되어 오동잎에 이슬이 떨어지는 듯, 갈대밭에 바람이 부는 듯, 소나무 밑에서 학은 눈물짓고 연못가에서 개구리도 통곡할 것 같았다. 더구나 이날 밤은 달빛이 밝고 싸늘하며, 쌀쌀한 바람은 품속을 헤치고 들어오는 이같이 처량한 달밤인지라, 노랫소리와 퉁소 소리를 들은 초나라 군사들은 대장이건 사졸이건 누구를 막론하고 저절로 솟아나오는 눈물을 억제하지 못했다.

사실 이것은 사흘 전에 장량이 한신에게 약속한 뒤에 장량 자신이 수십 명 목청 좋은 사졸을 선발하여 사흘 동안 이 노래를 가르쳤던 것이다.

장량은 그들에게 노래를 충분히 연습시킨 뒤에, 자신은 퉁소를 가지고 계명산과 구리산 사이를 수십 번 오르락내리락하면서 이처럼 퉁소를 불며 이에 따라 그들에게 노래를 부르게 했던 것이다.

초나라 군사들은 밝고 높고 강하고 부드러운 이 소리가 혹은 달래는 것 같고, 혹은 원망하는 것 같고, 혹은 호소하는 것 같고, 혹은 슬피 우는 것 같아 모두 가슴이 미어지는 것 같았다.

"여보게, 이거 참을 수 없네! 아무리 닦아도 샘솟듯이 눈물이 나오네!"

"아하! 참으로 못 견디겠네! 정녕코 이대로는 못 견디겠네!"

"후유, 내 신세야! 아마도 하느님께서 우리를 불쌍히 생각하시어 신선으로 하여금 통소를 불게 하여 우리 목숨을 구하시려는 것 같네! 굶주림과 추위를 무릅쓰고 빈 진영을 지키고 있다가 개미 떼같이 적군이 밀려드는 날이면, 그만 죽어 버릴 거 아닌가? 부모 처자를 다시는 만나 보지 못하는구나! 차라리 오늘 밤에 한나라 진영으로 도망가서 항복하자! 이렇게 하는 것이 하늘의 뜻에 순종하는 것이라고 생각한다!"

"그래, 나도 그렇게 생각한다! 한왕은 유덕하니 우리를 죽이지 아니할 거야. 여기서 굶어 죽는 것보다 훨씬 나을 거야."

"그래, 그래! 가자……."

이 구석 저 구석에 흩어져 있던 초나라 군사들은 저희끼리 의논이 일치되어 여기저기서 보따리를 둘러메고 떼를 지어 진영을 탈출했다. 각 부대의 부대장이 되는 여러 장수들도 저 자신의 심정이 비창해졌던지라 한꺼번에 떼지어 탈출하는 사졸들을 어찌하지 못했다. 이리하여 불과 한식경에 팔천 명 중에서 육칠천 명은 도망해 버렸다.

그동안 여러 대장들은 가만히 앉아 어찌하면 좋을지 방책을 알지 못해 어리둥절하고 있다가 그제야 너무도 허전한 느낌이 들어 갑자기 사실을 보고해야겠다는 생각에 모두 중군으로 쫓아 들어갔다.

때는 이미 삼경三更이었다. 항우와 우희는 장막 속에서 단꿈에 깊어 있었다.

"폐하! 폐하!"

"황송합니다. 신 등이 아뢰올 말씀이 있어 감히 나왔습니다!"

장막 밖에서 여러 대장이 이같이 떠들었건만 장막 안에서는 아무런 대답이 없었다.

대장들은 한동안 밖에 섰다가 돌아섰다. 그들은 항우의 장막에서 멀찍이 떨어져 있는 장막으로 들어갔다.

"자, 우리 함께 모여 이야기를 좀 합시다."

종리매가 다른 사람들을 둘러보며 먼저 말을 시작했다.

"지금 우리나라 군사들이 달아나고 남아 있는 것이 겨우 우리 십여 명입니다! 이때 적군이 사방에서 치고 들어온다면 초패왕은 사로잡힐 것이요, 우리는 목숨을 보전할 수 없을 거외다. 그러니 도망하는 군사들과 함께 우리가 탈주하면 목숨은 보전할 수 있을 것입니다. 그렇게 해서 다시 살아난다면 계책을 세워 초 패왕 폐하를 위해 원수를 갚을 수 있을 것 아니오? 만일 이렇게 하지 않고 여기서 폐하와 함께 적에게 대항하다 죽어버린다면, 국가에 유익한 일은 조금도 없고 몸뚱이만 무익하게 썩어 문드러질 것이외다! 이런다면 이것이야말로 어리석기 짝이 없는 일이 아니겠소? 여러분은 어떻게 생각하십니까?"

"좋소! 나도 동감이오."

계포가 종리매의 말에 즉시 찬성했다.

"그렇다면 시각을 지체 말고 속히 행동합시다!"

종리매가 이같이 주장하자 여러 장수가 이구동성으로 찬동하고 장막 밖으로 뛰어나갔다. 그들은 막사로 돌아가 행장을 수습하고 제각기 아무 데로나 탈주병들이 달아나고 있는 행렬 가운데 몸을 숨기고 걸었다.

초 패왕 항우의 숙부이며 대사마의 지위에 있는 항백은 계포, 종리매 등이 주동이 되고 여러 대장이 이에 찬동하여 진영을 탈출할 때까지 아무 말도 않고 모든 것을 모르는 척하고 있었다. 그는 나름대로 깊은 생각에 잠겼던 까닭이었다.

'어찌할 것인가? 진영은 텅 비었고 백만의 적은 포위하고 있고…… 아서라! 내가 전일 홍안천鴻雁川에서 장량의 목숨을 구원해 주었을 때 한왕의 자식과 내 딸년의 혼약을 약속한 인연이 있으니, 지금 나는 장량을 찾아가 한왕을 만나 보고 인연을 맺은 후, 왕후에 봉해지면 종묘宗廟의 제사는 계속할 수 있을 것이다. 이리하면 초가楚家의 뒤를 계승할 수 있을 것이 아니냐?'

항백은 자기의 취할 바를 곰곰이 생각하다가 마침내 이렇게 결정했다. 그제야 몸이 가벼워지는 것 같았다.

'그러면 속히 일어나자! 패왕이 잠을 깨기 전에 탈출하자!'

그는 즉시 행장을 수습하여 한나라 진영을 향해 도망해 버렸다. 이때까지 도망가지 않고 남아 있는 장수로는 주란과 환초 두 사람뿐이었다. 그들은 항백이 탈주하는 것도 보았다. 두 사람은 서로 얼굴만 바라볼 뿐 아무 말이 없었다. 실망, 낙담, 비관, 초조…… 이 같은 감정이 두 사람의 얼굴에 나타났다.

"어찌할 것인고……?"

"글쎄……."

"설마, 하늘이 무너져도 솟아날 구멍은 있다는데…… 우리까지 도망한대서야 폐하께 너무나 죄송하지?"

"그렇지, 그 말이 당연한 말이지! 지금까지 폐하의 은혜를 받아오다가 지금 와서 폐하를 버리고 도망갈 수야 없지! 이익을 탐하고 죽음을 두려워하는 자는 개나 도야지만도 못한 놈들이야! 지금 미처 도망가지 못하고 진중에 남아 있는 사졸들을 거두어 중군을 견고히 수비하고 있다가 폐하께서 기침하시거든 멀리 도피하여 다시 세력을 만회한 후 홍천 대업을 이루어 보는 것이요, 만일 그렇지 못하고 하늘이 초나라를 돌보아 주시지 않는다면, 군신이 함께 싸우다가 함께 죽는 것이 대장부의 일이 아니겠는가? 나는 아무리 생각해도 이러는 것이 옳은 것 같소."

주란과 환초는 한참 동안 의논을 하다가 마침내 의견이 일치되어 즉시 남아 있는 사졸들을 집합시켜 보았다. 팔천 명이 다 없어지고 겨우 팔백 명이 남아 있었다. 넓고 넓은 성녀산 아래의 벌판에 설치한 초 패왕의 진영에는 장수라곤 단 두 사람뿐이었다.

주란과 환초는 기울어져 가는 달빛 아래 각처에 숨어 있던 사졸들을 긁어모으다시피 하여 중군 장막 앞에 있는 광장으로 집결시킨 후, 두 사람은 항우의 침소 장막 밖에 칼을 짚고 서 있었다.

한편, 이날 밤에 한신은 장량과 미리 연락하고 있었던지라 일이 이처럼 될 것을 짐작하고 있었다. 그래서 장량이 퉁소를 불기 전에 미리 관영에게 명령을 내렸던 것이다. 오늘 밤에 초나라 진영에서 탈출해 나오는 대장이나 사졸들을 모두 용서해 주어 무사히 아군 진지 내부로 들어오게 하라. 한신의 명령이 이와 같았던지라 성녀산 좌우에 매복해 있던 관영의 부대에서는, 초나라 군사가 넘어오는 대로 모조리 받아들였다. 계포·종리매·항백 등도 무사히 넘어왔다.

장막 속에 우희와 나란히 드러누워 깊이 잠들고 있는 항우는 꿈속에서도 모든 장수와 팔천 명 자기의 사졸이 도망간 것을 알지 못했다. 그러나 항우를 버리고 도망간 초나라 사졸들은 적의 진지 내부에 안전하게 도착하자 고향에서 부르던 노래를 불렀다. 한 놈이 고향 노래를 부르자 순식간에 여러 놈이 따라서 불렀다. 성녀산 좌편에서도 우편에서도 관영의 부대에서 받아들인 초나라 사졸들은 제각기 고향 노래를 떼지어 불렀다. 관영의 부대에서는 이것을 금하지 않았다.

항우는 깊이 잠들고 있다가 얼핏 사면에서 초나라의 노래[四面楚歌]가 흘러 들어오는 소리에 소스라쳐 잠을 깼다. 그는 자리에서 일어나 앉아서 귀를 기울였다. 고향에서 듣던 그리운 노래였다.

그는 신발을 신고 장막 밖으로 쫓아 나와 진영을 둘러보았다. 중군의 앞마당에 약간의 사졸들이 있을 뿐 큰 진영은 텅 빈 것 같은 것을 보고 그는 또 한 번 놀랐다.

"어찌해서 사면에서 초나라의 노래가 들린단 말이냐?"

항우는 장막 밖에 칼을 짚고 서 있는 환초와 주란을 보고 물었다. 그의 얼굴은 기막힌 표정이었다. 주란과 환초의 두 눈에서는 눈물이 비 오듯 쏟아졌다.

"폐하! 한신이란 놈이 계책을 써서 산꼭대기에서 퉁소를 불기 때문에 아군의 사졸들이 모두 다 비창한 생각이 나서 계포와 종리매를 위시해 팔천 명이 한꺼번에 도망쳐 버렸사옵니다. 대장이라고 남은 자는 신 등 두 사람뿐이옵니다. 폐하! 한 시각이라도 속히 이곳을 탈출하시옵소서. 사졸은 팔백, 대장은 두 사람, 이로써 어떻게 한나라 군사를 대적하겠나이까? 폐하!"

두 사람은 목 메인 울음소리로 낱낱이 아뢰었다.

항우의 두 눈에서도 눈물이 흘렀다. 그는 입을 꽉 다물고 어깨를 흔들면서 잠시 슬픔을 억제하지 못하다가 침소 곁에 있는 큰 장막 속으로 달려 들어갔다. 주란과 환초도 따라 들어갔다.

항우는 안상에 주저앉아서 천장을 우러러보고 주먹으로 가슴을 치며 비통하게 부르짖었다.

"아하! 하늘이 나를 망치시나이까? 아! 상천上天이 초를 멸하시나이까?"

주란과 환초는 이를 보고 그만 소리를 내어 울었다.

이때 침실 속에서 잠에서 깨어 일어나 앉아 있던 우희가 항우의 울음소리를 듣고 장막으로 건너왔다. 그는 항우 앞으로 가까이 오면서 공손히 물었다.

"폐하! 폐하는 무슨 일로 이다지 슬퍼하시나이까?"

항우는 우희를 바라보더니 주먹으로 눈물을 닦고 한탄했다.

"아, 슬프구나! 수하의 장졸들이 모두 도망해 버리고 말았다. 내 그대를 버리고 적의 포위망을 헤치고 나가려 하니 가슴이 미어지누나! 천군만마 가운데 내 그대와 더불어 잠시도 조석을 떠나지 않았거늘, 아하 지금 와서 이별해야 하겠으니 이 무슨 운명이란 말인고!"

우희는 꿇어앉아 항우의 가슴을 안고 몸을 흔들며 말했다.

"폐하! 폐하!"

항우는 눈물에 젖은 눈을 크게 뜨고 우희의 얼굴을 바라보았다. 우희는 항우의 머리를 자기 무릎 위에 받들어 눕히고 그의 얼굴을 들여다보고 있었다. 우희의 눈에서도 진주알 같은 눈물방울이 아리따운 두 뺨으로 흘러내렸다.

"폐하!"

우희는 조금 있다가 항우를 불렀다. 그러나 항우는 가슴이 아픈 듯 대답도 못 했다.

"폐하! 첩이 폐하를 오륙 년 동안 모시면서 폐하의 좌우에서 떠나지 않았사온데, 지금 이별을 해야 하겠다 하는 말씀이 무슨 말씀이시옵니까! 설령 호랑이가 들끓는 산속일지라도, 이무기 떼가 헤엄치는 바닷속일지라도 폐하가 가시는 곳이면 이 몸이 따라가서 죽어도 한자리에서 죽으려 하옵니다. 어찌해서 지금 그같이 무정하게 첩을 버리시고 떠나겠다 하시나이까!"

우희는 항우를 원망하는 듯 이같이 말끝을 흐렸다. 항우는 그 말을 듣고 우희의 무릎에서 머리를 들고 일어났다.

두 사람의 신하가 밖으로 나간 것을 짐작하고, 이제는 우희가 항우의 갑옷 소매를 움켜잡고 흐느껴 울기 시작했다. 부드러운 우희의 어깨가 항우의 품 안에서 물결쳤다.

항우의 가슴속은 갈기갈기 찢기는 것 같고, 마음은 폭풍우가 쏟아져 내리는 바다 물결같이 되었다.

"하아!"

그는 길게 한숨을 내쉬고 한 손으로 우희를 부여안고, 한 손을 들어 탁자 위에 놓여 있는 술병과 술잔을 집었다. 그는 술을 큰잔에 가득 부어 연거푸 서너 잔을 마신 뒤에 "우虞야! 우야!" 하고 우희를 불러일으켜 맞은편 자리에 앉혔다.

항우는 다시 탁자 앞으로 가서 또 한 잔 술을 마시고 노래를 지어 불렀다.

> "내 힘은 산을 뽑을 듯했고 기운은 천하를 휩쓸었도다. 슬프다. 시운時運이 불리하구나! 그러나 오추마는 아직 있도다. 오추마가 살아 있은들 어찌할 것인가? 우야! 우야! 어찌할 것인가?"

그는 노래를 부르고 나서 또 연거푸 서너 잔 술을 따라 마셨다.

우희는 눈물에 얼룩진 얼굴을 쳐들고 항우를 바라보다가 가슴속이 쑤시고 아픈 것을 못 견디는 듯 한숨을 쉬더니 자기도 한 곡조 불렀다.

"한나라의 군사 덮이었는데, 들리는 것은 사면초가네! 대왕의 의기 저같이 되시니, 이 몸은 살아 무엇을 하리!"

우희의 노랫소리는 처량했다. 항우는 우희의 자리로 와락 다가앉아서 몸부림 치듯 그의 손을 꽉 붙들고 떨었다.

"하아!"

항우는 또 한숨을 쉬고 술을 따라서 우희에게 잔을 주었다. 두 사람은 서로 술을 한 잔씩 마시고는 한 곡조 부르고 눈물을 흘리고, 또 한 잔씩 들고는 한 곡조 읊고 눈물을 흘렸다. 항우와 우희가 서로 이별할 수 없어서 시각이 가는 것을 모르고 울며 노래하며 술 마시고 있을 때 오경五更이 되었다는 북소리가 울렸다.

주란과 환초는 오경을 치는 북소리를 듣고, 장막 밖에서 큰소리로 항우를 재촉했다.

"지금 이 밤이 밝으려 하옵니다! 폐하! 어서 속히 출동하시옵소서!"

항우는 그 소리를 듣고도 일어나지 못했다. 그의 눈에서는 눈물이 펑펑 쏟아졌다. 항우는 하염없이 흐르는 눈물을 씻고 우희를 보고 당부했다.

"우야! 나는 이제 가야 한다! 적이 난입亂入하기 전에 여기서 벗어나야 한다. 그대는 목숨을 보전하라! 내 만일 운명이 다하지 않는다면, 우리 두 사람은 다시 만날 것이다!"

우희는 흐느껴 울면서 목 메인 소리로 항우에게 물었다.

"폐하께서 이곳을 떠나가면 첩을 어느 곳에 두고 가시나이까?"

항우는 잠깐 생각하더니 말했다.

"우야! 그대 본시 용모가 절세의 미인이니, 유방이 그대를 죽이지 못할 것이다. 조금도 근심하지 마라."

우희는 이 소리를 듣고 더욱 못 견디는 것처럼 항우의 갑옷 소매를 붙들고 매달렸다.

"첩은 죽어도 떨어지지 못하겠사옵니다. 적의 포위를 헤치고 나아가신다면 어디까지나 따라가겠사옵니다. 만일 헤치고 나가지 못한다면, 첩은 자결해 버리겠사옵니다. 그래서 설령 시체는 썩어 없어진다 할지라도 혼백만은 폐하를 모시고 강을 건너, 다시 고향으로 돌아가겠사옵니다."

"아니다! 공연한 말을 길게 하지 마라! 지금 혼전난군混戰亂軍 중에 칼과 창이 땅 위에 덮여 있으니, 용맹무쌍한 장수도 빠져나가기 어렵거늘, 하물며 그대 일개 여인의 몸으로서 어떻게 이곳을 탈출한단 말인가!"

항우는 우희의 소원을 들어주지 않았다. 이 말을 듣고 우희는 잠깐 생각했다. 항우가 자기의 소원을 들어주지 않을 것은 분명했다. 그렇다면 항우를 속이는 수밖에 없다고 생각하고, 우희는 항우의 앞에서 조금 물러서면서 아뢰었다.

"그러면 분부하시는 대로 순종하겠사오나, 차고 계시는 그 보검寶劍을 첩에게 빌려주십시오. 첩이 남복男服으로 가장하고 폐하의 뒤를 따르려 하옵니다."

"그래, 그러면 이 칼을 줄 것이니 따라올 수 있는 데까지 따라오기 바란다."

항우는 내키지 않았으나 허리에서 칼을 끌러 우희에게 쥐어주고 억지로 우희를 돌아다보지 않으면서 장막 밖으로 향해 걷기 시작했다.

항우가 문 밖에 나서려 하자 등 뒤에서 우희가 말했다.

"첩이 폐하를 모시고 은총을 입었사오나 만분지일도 보답하지 못했사옵니다. 이제부터 폐하께서는 첩으로 인해 근심하시지 마시옵소서! 폐하! 하직하옵니다!"

항우는 이 소리를 듣고 획 돌아섰다. 벌써 우희는 항우가 주고 간 그 칼로 자기의 목을 찔러 버린 뒤였다. 우희의 백옥 같은 목줄기는 절반이나 끊어지고 선지피를 쏟으면서 바닥에 거꾸러져 있었다. 그것을 본 항우는 정신이 아찔했다.

항우는 두 손으로 얼굴을 가리고 흐느껴 울었다. 그는 몸을 가누지 못하고 비슬비슬 흔들렸다. 이때 주란이 장막 앞에서 보고 있다가 얼른 들어서서 항우를 부축했다.

"폐하! 고정하옵소서. 폐하께서는 다만 천하가 소중한 것만을 생각하기를 바라옵니다. 너무 슬퍼하지 마시옵소서!"

주란은 항우를 부축하면서 간했다. 항우는 우희의 시체를 내려다보며 가슴이 억색한 것을 간신히 참고 돌아섰다. 눈물이 그의 뺨을 적셨다.

이제는 할 일이 없다! 이 같은 생각이 항우의 머릿속에서 일어나자, 그는 오추마를 타고 중군의 앞마당에 집합되어 있는 팔백 명 사졸들에게로 달려갔다.

그는 팔백 명을 두 대隊로 나누었다. 그리고 자신이 선봉이 되어 한나라 군대의 방위선을 뚫고 나가기 시작했다.

이때 성녀산 좌우에 매복하고 있던 한나라 대장 관영이 항우의 앞을 가로막았다.

항우는 지금 우희가 자결한 뒤에 눈앞에 보이는 것이 없었다. 무서운 것도, 겁나는 것도, 아무것도 없었다.

"이놈아!"

벼락치는 것 같은 고함을 지르면서 항우는 관영에게로 달려들었다. 두 사람은 십여 합 접전했다. 그러나 관영이 항우를 당할 수는 없었다. 관영은 몸을 피해 달아나고 말았다.

항우는 관영을 추격하지 않았다. 어서 바삐 한나라 군대의 주 방어선을 돌파하고 벗어나려고만 생각했다.

이때 번쾌는 구리산 꼭대기에서 항우가 탈주하는 것을 발견하고 큰 깃대로 신호를 했다. 신호에 응해서 한나라 대장 조참·왕릉·주종·이봉 네 사람의 장수가 사방으로부터 뛰어나와 항우의 후진을 인솔해 나오는 주란과 환초를 포위한 후, 맹렬히 공격하기 시작했다. 결국 순식간에 초나라 군사들은 겨우 이십여 명만 살아남았다.

주란과 환초는 맥이 풀렸다.

"아! 하늘이시여! 이제는 힘이 다하고 더 오래 지탱할 수 없으니, 적의 칼에 맞아 죽는 것보다는 차라리 자결하겠습니다."

두 사람은 하늘을 우러러보면서 길게 탄식하고 제 칼로 제

목을 찌르고 말았다. 두 장수가 이와 같이 죽어 버리자, 나머지 군사 이십여 명도 기력이 떨어져 한나라 군사에게 맞아 죽었다.

항우는 이때, 후진이 전멸된 것도 모르고 선봉 부대에 남아 있는 백여 명을 인솔해 급히 달아나고 있었다. 한참 가다 보니 회하淮河의 강물이 가로막았다. 그런데 다행히 언덕 아래 배가 한 척 매여 있었다. '옳다! 됐다!'하고 항우는 부하들과 함께 그 배를 타고 강을 무사히 건너갔다.

저편 언덕으로 건너가서 항우는 다시 오추마를 타고 오륙 리 가량 달렸다.

길이 음릉陰陵이라는 곳에 이르러서 끊어져 버리고, 조그마한 길이 여러 갈래 사방으로 산골짜기로 들어가는 길밖에 없었다.

"이거 어느 쪽으로 가야 할 것이냐?"

항우는 앞에 서서 길을 둘러보면서 중얼거렸다. 어느 쪽으로 가야 할는지 판단이 안 섰다. 이리 갈까 저리 갈까 망설이고 있을 즈음에 별안간 꽹과리 치는 소리, 고함 소리가 천지를 진동시켰다.

항우는 새삼스레 간담이 서늘해져 사방을 휘둘러보았다. 저 앞에 보이는 논두렁에 한 사람의 농부가 서 있는 것이 보였다.

"여보! 강동江東으로 가려면 어느 쪽 길로 가야 하나?"

항우는 큰소리로 길을 물었다. 농부는 멀찍이 서서 항우를 바라보았다. 새벽빛에 번쩍번쩍 광채가 나는 비단 도포자락이 보이고, 그 위에 금빛 나는 갑옷을 입고 말 위에 앉아 있는 항우의 모양을 보고 농부는 이상하게 생각했다. '저 사람은 보통 사람이 아니다. 누구일까?' 농부는 주저주저하면서 대답을 하지 못했다.

항우는 농부가 자기를 건너다보면서 대답을 하지 않자 마음이 급해졌다.

"여봐라! 무서워하지 말고 속히 대답을 하라. 나는 초 패왕이다! 지금 한나라 군사한테 쫓겨서 강동으로 달아나는 길인데, 길을 알지 못하니 어느 쪽으로 가야만 하겠느냐?"

항우는 대답을 재촉했다. 농부는 잠시 생각했다.

'저것이 초 패왕이라…… 제가 팽성에다 도읍을 하고 임금이 된 후 사람 죽이기를 파리 새끼같이 죽이고 착한 일이라곤 하나도 해본 적이 없는……. 내가 저것한테 바른 길을 가르쳐 주어서 저것을 도와준다면 하늘이 결코 나를 용서하지 않을 것이다.'

농부는 일부러 다른 길을 가르쳐 주었다.

"황송합니다. 제일 왼쪽으로 뻗친 저 길로 행차하십시오! 그 길로 가셔야 강동으로 가십니다."

항우는 농부가 가리키는 대로 제일 왼쪽에 있는 좁은 길로 말을 달렸다. 약 일 마장가량 달려왔을 때 넓고 넓은 진흙 바닥에 오추마가 텀벙 빠졌다. 진흙은 오추마의 뱃바닥까지 치밀어 올라왔다. 말은 네 굽을 허우적거리며 진흙 바닥에서 벗어나려고 애를 썼다. 항우는 힘껏 채찍으로 말 엉덩이를 후려갈겼다. 이때 오추마는 전신의 힘을 사지에 모아둔 듯, 단번에 껑충 솟아올라 저편 언덕 위로 뛰었다. 오추마는 과연 명마였다.

항우는 숨도 쉬지 않고 달렸다. 한참 가노라니 뜻밖에 한나라 대장 양희가 한 부대를 인솔하고 그의 앞길을 가로막았다. 항우는 말을 멈추고 양희를 바라보았다.

"나는 지금 진흙 바닥에 빠져서 고생을 하다가 간신히 연못 속에서 빠져 나온 고로 힘이 파했다! 말도 약해지고 나도 기력이 떨어져서 접전하기 어려우니 너는 수년간 내 부하로 있던 전일의 의리를 생각해서 나와 함께 강동으로 가자! 후일 너를 만호후萬戶侯에 봉해 주마!"

항우는 양희에게 청해 보았다.

"대왕이 어진 사람을 업신여기고, 충신의 간언을 듣지 않고, 대역무도했기 때문에 오늘날 이같이 되신 것이며, 지금 강동으로 가신다 해도 큰일은 못 하실 것입니다. 내가 그동안 한왕에게 중용되어 신임을 받고 대왕을 추격해 여기까지 왔으나 첫날 의리를 생각해서 차마 대왕을 죽이지는 못하겠으니 속히 갑옷을 벗으시고 한왕께 항복하십시오! 그렇다면 다행히 목숨을 부지하고 혹은 왕작王爵의 지위를 보전할 거외다!"

양희의 대답을 듣고 항우는 분을 참지 못했다.

그는 창을 겨누고 양희에게 달려들었다. 결국 두 사람은 이십여 합 접전을 계속하다가 항우는 창을 왼편 겨드랑이 밑에 끼고 오른손으로 철편을 들어 양희의 등허리를 부서지라고 후려갈겼다.

이때 양희는 급히 몸을 구부렸다. 이 바람에 양희는 왼쪽 어깨를 얻어맞고 말에서 떨어졌다. 항우는 양희를 창으로 찌르려 했다.

그때 한나라 대장 양무·왕익·여승·여마통 등이 일제히 쫓아와서 항우를 공격했다.

항우는 양희를 죽이지 못하고 여러 장수를 상대로 불똥이 떨어질 만큼 번개같이 창을 휘두르면서 싸웠다. 그러자 조금 있다가 영포·팽월·왕릉·주발 네 장수가 떼를 지어 추격해 왔다.

항우는 이것을 보고 맥이 풀렸다. 이제는 더 싸울 용기도 없어져서 채찍으로 말을 때리면서 동쪽 산 수풀을 향해 도망했다. 살아남은 이십팔 명의 부하가 그의 뒤를 따랐다. 수풀 속에는 길도 없었다. 이쪽저쪽으로 헤매면서 항우는 길을 찾았다. 헤매어도 헤매어도 길은 나타나지 않았다. 날 샐 무렵에 우희가 죽는 것을 보고 진영을 탈출한 이래 지금까지 그는 물 한 모금 마시지 못하고 도망해 온 까닭으로 몸은 몹시도 피로했다. 해는 이미 서산으로 넘어갔다.

항우를 따라 이 산속까지 그를 모시고 온 부하들은 항우가 기운이 없는 것을 보고 죄송한 생각이 들었다.

"폐하! 그동안 수백 리를 물 한 모금 드시지 않고 여기까지 오셨으니, 얼마나 피곤하시겠사옵니까. 신 등도 만사일생으로 살아왔으나, 이제는 시장한 것을 견디지 못하겠습니다. 말도 온종일 물 한 모금, 풀 한 포기 먹이지 못했으니 이제는 걸음을 못 걷는 것 같사옵니다. 여기 산은 깊고, 수목은 많고, 잡초는 우거졌으니, 폐하께서는 이 근처 민가에 들어가 잠시 휴식하시고 내일 날이 밝은 뒤에 길을 찾아 나가기 바라옵니다. 만일 밤중까지 이렇게 방황하다가 연못이나 진수렁에 빠지면 그 아니 걱정이겠나이까?"

그들은 항우에게 의견을 아뢰었다.

항우는 그들의 말을 듣고 고개를 끄덕거렸다.

"그래, 그렇게 하자."

그는 말에서 내려 천천히 수풀 사이로 걸었다. 어둑어둑한 가운데서 멀찍이 건너다보이는 수풀 속에 등불이 반짝반짝 보였다. 항우는 불빛이 보이는 곳을 향해 걸었다. 부하들도 그 뒤를 따라서 걸었다.

불빛이 비치는 곳까지 와 보니 이곳은 오래된 사원寺院이었다. 항우는 그 사원 문 앞에 서서 보았다. 안에서는 불빛이 흐르고 있으며, 문 앞 언덕 아래에서는 졸졸졸 물 흐르는 소리가 들렸다.

항우는 물소리를 듣고 오추마를 끌고 언덕 아래로 갔다. 그는 말에게 물을 먹이려 했건만 기암괴석이 첩첩이 쌓여서 말이 입을 집어넣을 구멍이 없었다.

항우는 아래 위를 둘러보다가 팔을 걷고 허리를 굽혀 수없이 많은 바윗돌을 집어치웠다. 커다란 바위를 떠다밀어 버리니, 그 바윗돌 밑에서 비로소 옥수 같은 맑은 물이 샘솟듯이 올라와 순식간에 커다란 샘물이 되었다.

이곳은 흥교원興教院이라는 사찰로 오강으로부터 칠십오 리, 지금도 항우의 음마천飮馬泉이라는 고적이 있는 곳이다.

항우는 오추마에게 물을 마시게 한 후 흥교원 문 안으로 들어갔다. 좌우에 긴 복도가 있는데 이쪽도 저쪽도 사람의 그림자라곤 보이지 않았다.

그는 홍교원 뒷마당으로 돌아갔다. 뒷마당 안에 집이 한 채 있고, 그곳에 큰 방이 한 칸 있는데, 숯불을 피워 놓고 칠팔 명의 노인들이 그 가장자리에 둘러앉아 있었다.

항우의 부하 사졸 한 사람이 앞으로 쑥 나섰다.

"이 절간엔 다른 사람은 없습니까?"

별안간에 들어와서 병정이 묻는 소리를 듣고, 그중에 한 노인이 응대했다.

"네, 그전에는 이 절간에 이십여 명이나 있었습니다만, 요사이 한漢과 초楚 두 나라의 난리가 일어났기 때문에 모두 도망쳐 버렸답니다. 그 사람들이 피난 갈 때 혹시나 난 중에 이 절간이 허물어질까 봐서, 우리같이 늙어빠진 아무 데도 소용없는 사람들을 대신 지키고 있으라고 두고 갔답니다. 그런데 당신들은 어디서 오는 사람들인데 이 밤중에 여길 찾아왔소?"

"우리는 초나라의 군사들입니다. 지금 초 패왕 폐하께서 한나라 군사에게 추격당하다가 밤중에 길을 잃어버렸기 때문에 이리로 오셨습니다. 노인께서는 우리 폐하께 저녁 수라를 올려 주시고 하루 저녁 여기서 쉬고 가시도록 마련해 주십시오."

사졸로부터 이 말을 듣고 있던 그 노인은 얼른 문밖으로 나와 항우 앞에 꿇어 엎드리며 사죄했다.

"황송하옵니다. 산야에 묻힌 촌 백성이 폐하께서 행림幸臨하신 것을 알지 못하고 죽을죄를 지었사옵니다. 용서해 주시옵소서!"

항우는 노인을 굽어보면서 방으로 들어가 자리에 앉았다. 다른 노인들도 벌벌 떨면서 일제히 밖에 나가서 땅바닥에 주저앉았다.

"쌀이 있느냐? 쌀이 있거든 밥을 지어다오. 내가 강동으로 가서 너희의 쌀 한 섬을 백 석으로 해서 갚아 주마!"

"폐하! 죄송스러운 말씀이오나 폐하께서는 초나라의 임금님이옵니다. 그리고 이곳은 초나라의 땅이고 불초 천민들은 모두가 폐하의 백성이옵니다! 폐하께서 난 중에 다행히 이곳에 행림하시어 밥 한 끼를 바치는데 어찌 이것을 폐하께서 갚겠다 하시나이까? 황송천만이옵니다."

노인들은 이구동성으로 아뢰고 항우 앞에서 물러나와 창고에서 쌀 한 섬을 내어 밥을 지었다. 잠시 후 밥과 반찬이 들어왔다. 항우는 그것을 사졸들에게 나누어 주고 자기도 배를 채웠다. 항우는 그날 밤 이 절간에서 잤다.

밤중에 붉은 해가 강물 위에 떠오르는 것을 한왕이 오색구름을 타고 달려오더니 그 해를 얼싸안고 달아나므로 항우는 급히 강물 위로 달음질해 쫓아가서 그 해를 빼앗으려 했으나, 한왕이 발길로 탁 차 버리는 바람에 그는 뒤로 넘어지고 한왕은 서쪽으로 달아나 버렸다. 항우는 깜짝 놀라 깨고 보니 꿈이었다.

항우는 한숨을 크게 쉬었다. 이때 갑자기 꽹과리 소리, 고함치는 소리, 북 치는 소리가 사방에서 요란스럽게 들렸다.

항우는 벌떡 일어났다. 더 생각할 것도 없이 한나라 군사의 추격부대가 가까이 다가오고 있는 것이 분명했다. 그는 갑옷을 입고 창을 들고 오추마를 타고 숲속에서 뛰쳐나왔다.

날은 밝기 시작했다. 사방이 환한데 산골짜기 이쪽도 저쪽도 한나라 군사로 가득했다. 항우는 채찍을 높이 들고 오추마를 후려갈겼다. 일직선으로 항우가 달아나고 있는 길을 한나라 대장 관영이 가로막았다.

"이놈, 초적楚賊아! 속히 네 모가지를 다오!"

관영은 호령하면서 달려들었다. 항우는 크게 노해 창으로 관영을 겨누었다. 두 사람이 교묘히 서로 몸을 피하며 접전하는 중에 양무·여승·시무·근흡 네 사람의 한나라 대장이 또 달려왔다.

항우는 기가 질려 더 싸우고 싶지 않았다. 그는 관영을 상대하지 않고 그 자리를 벗어나 일직선으로 한나라 군사의 포위망을 뚫고 나갔다. 항우의 성난 얼굴이 어찌나 무섭던지 한나라 사졸들은 겁에 질려 길을 비켜 주었다. 그리고 아무도 그의 뒤를 추격하려고 하지 않았다. 쏜살같이 달려나온 항우는 단숨에 오강까지 왔다. 벌써 오십 리를 달렸다.

항우는 말고삐를 움켜쥐고 걸음을 멈추었다. 그리고 사방을 휘둘러보았다. 바로 자기 뒤에서 쫓아오던 한나라 군사는 보이지 않으나 저쪽 산모퉁이, 이쪽 산모퉁이에서 티끌이 일어나고 있는 것은 분명히 한나라 군사가 추격해 오는 기색이었다. 어찌해야 할 것인가.

항우는 생각해 보았다.

'날갯죽지가 있다 한들 여기서 벗어날 수 있을까?'

산과 들에 널려 있는 것이 모두 다 한나라 군사라면, 이제는 자기의 운명이 다했다고 그는 생각했다.

그는 뒤따라오고 있는 이십팔 명의 부하들을 돌아다보았다. 모두 다 씩씩해 보였다.

"보아라! 오늘 내가 이 지경이 되었구나! 그러나 내가 힘이 부족한 것이 아니다. 하늘이 나를 망하게 하는 것이다! 만일 지금부터 내가 세 번 싸워 세 번 이긴다면 너희는 내가 힘이 부족해서 지는 것이 아니라는 것을 알 것이다."

그는 부하들을 보고 장담하고 이십팔 명을 네 부대로 나누었다. 그동안에 한나라 추격부대는 고함을 지르면서 점점 가까이 포위해 왔다. 항우는 부하들을 둘러보면서 말했다.

"내가 지금 적을 한 놈 죽이고 길을 열 것이니, 너희는 동산東山밑에서 세 군데로 갈라져 있다가 나를 기다려라! 어김없이 실행해라!"

"네, 폐하께서 분부하시는 대로 순종하겠습니다!"

사졸들은 일제히 대답했다.

항우는 기운을 뽐내며 벼락같은 고함을 지르고 한나라 군사를 향해 돌진해 대장 한 사람을 찔러 죽였다. 이때 폭풍을 만난 덤불처럼 한나라 군사는 흩어졌다. 항우는 이 길로 빠져나와 동산 밑으로 갔다. 부하들은 빠짐없이 그곳에 모여 있었다.

"오오, 잘들 왔다!"

항우는 부하들을 둘러보고 적이 안심하는 듯했다. 그는 부하들과 함께 땅 위에 다리를 뻗고 쉬었다.

그러나 잠시 후 한나라 군사가 삼면에서 포위하고 들어왔다. 항우는 다시 오추마를 타고 창을 들고 쫓아 나갔다. 한나라 대장 이우李祐와 도위都尉 왕항王恒이 단번에 창에 찔려 죽었다. 그리고 사졸도 수백 명 쓰러졌다. 항우의 부하는 두 사람이 죽었다. 항우의 앞에는 이십육 명이 남았다. 항우가 이리 뛰고 저리 뛰면서 한나라 군사를 모조리 죽이는 것을 보고 대장 여승과 양무가 분한 듯이 달려들었다. 항우는 두 대장을 상대로 또 응전했다.

그들은 십여 합 접전을 했다. 그러나 여승과 양무는 도저히 항우를 당할 수가 없다는 듯이 달아나 버렸다. 이날 항우는 하루 동안에 한나라 대장과 아홉 번 접전을 해 아홉 명을 죽이고, 천여 명의 사졸을 살육했다.

적의 포위가 흩어진 것을 보고 항우는 이십육 명의 부하를 둘러보았다. 그리고 손에 상처 하나 없는 것을 내보이면서 말했다.

"어떠하냐? 내가 아까 무어라고 말하더냐?"

사졸들은 모두 땅에 꿇어앉아서 아뢰었다.

"폐하께서 아까 세 번 싸워 세 번 이기신다 하시었는데, 오늘 아홉 번 싸우시어 아홉 명을 죽이고 그 밖에 천여 명을 죽이었습니다. 폐하는 신神이시옵니다!"

항우는 껄껄 웃었다.

"가자!"

그리고 그는 채찍을 치며 말을 달렸다. 부하들도 달렸다.

항우는 마침내 오강의 북쪽 언덕에 도착했다.

이때 오강의 정장亭長이 배를 한 척 준비하고 있다가 항우가 오추마를 달려 도착하는 것을 보고 그 앞으로 가서 공손히 인사를 올렸다.

"폐하! 폐하께서 행림하실 줄을 예측하고 있었사옵니다. 강동 지방은 비록 작은 지방이오나 옥야천리沃野千里입니다. 폐하께서 다시 군사를 양성하면 수십만은 넉넉하옵니다. 속히 강을 건너시어 대사를 그르치심 없이 하시기 바라옵니다. 이곳에는 신이 가지고 있는 배 한 척밖에 다른 배는 없는 곳이니, 한나라 군사가 쫓아온들 무슨 재주로 강을 건너오겠사옵니까?"

정장이 아뢰는 소리를 듣고 항우는 갑자기 눈물이 핑 돌았다.

여기까지 온 것은 오강을 건너서 강동으로 가려고 온 것이지만, 막상 강가에 다다르니 저절로 눈 속이 뜨거워졌다.

그는 샘솟는 눈물을 삼키는 것처럼 침을 삼키고 나서 길게 한숨을 쉬었다. 그리고 정장을 돌아보고 대답했다.

"하늘이 원망스럽다! 내 무사히 강동으로 간다 한들, 강동에서 따라온 팔천 명을 지금은 한 사람도 데리고 돌아가지 못하는 지경이니, 강동의 부로父老들이 얼마나 나를 원망하겠느냐! 설사 나를 동정해서 임금으로 섬긴다 한들, 무슨 면목으로 그 사람들을 대면할 수 있단 말이냐!"

항우의 음성은 참으로 침통했다.

"폐하! 폐하께서는 돌이켜 생각하시옵소서. 승부는 병가의 상사이옵니다. 한왕도 전일 팽성 대전에서 폐하께 대패해 삼십만 명을 상실하고 수수의 강물도 송장 때로 말미암아 흐르지 못했다고 하지 않사옵니까. 그러나 한왕은 실망하지 않고 홀로 산을 넘고 강을 건너고 우물 속에 몸을 감추기도 하면서 목숨을 부지해서 마침내 오늘날에 이르지 않았사옵니까? 지금 폐하께서 패군하신 것이 전일 한왕이 당한 것과 마찬가지이옵니다. 대사를 도모하시는 마당에 조그마한 체면 같은 것은 생각하지 마소서. 추격 부대가 다가오기 전에 속히 배에 오르시옵소서."

정장은 말을 마치고 항우를 쳐다보았다. 그러나 항우는 지금 일만 가지 생각이 가슴속에서 들끓었다. 자기의 백부伯父 항량과 함께 의병을 일으켜 진나라를 정벌한 이후 오늘날 한왕에게 쫓겨서 오강에 이르기까지, 지나온 팔 년 동안의 세월이 번갯불같이 그의 눈앞으로 지나갔다. 사랑하는 우희는 끔찍하게도 자살했고, 사면초가 중에서 최후까지 남아 자기를 보호해 나오던 주란과 환초도 죽고…… 과연 이렇게 되어서도 살아야 할 것인가? 그는 또 한 번 길게 한숨을 쉬고 정장을 보고 말했다.

"고마운 말이다! 그러나 내 마음이 진정 부끄럽다! 강동으로 돌아가기가 부끄럽다. 한나라 군사가 쫓아오면 내 목을 주련다!"

항우의 목소리는 더 한층 침통했다. 정장은 무어라고 더 할 말이 없었으나, 차마 항우를 그 자리에 버려두고 발길이 돌아서지 않았다. 정장의 눈에서도 눈물이 글썽글썽했다.

한참 동안 두 사람은 말없이 서 있었다.

항우는 정장이 자기를 버려두고 떠나지 못하는 것을 보고 마음에 기특한 생각이 들었다. 그래서 그는 정장 앞으로 두어 걸음 가까이 가서 말했다.

"내 지금 그대의 뜻을 고맙게 생각한다만, 지금 줄 것이 하나도 없구나. 이 말은 오추마라는 말이다. 하루에 천리길을 가는 말이다. 수백 번 전장에 나갔지만 이 말보다 나은 말은 한 마리도 없었다. 지금 여기다가 내버린다면 한왕의 것이 될 것이고, 그렇다고 정리상 죽여 버리기도 못하겠다! 내 이 말을 그대에게 줄 것이니 그대가 끌고 가라."

그리고는 한 손에 쥐고 있던 말고삐를 정장에게 주었다. 정장은 공손히 절하고 말고삐를 받았다.

정장은 항우에게 인사를 하고 돌아섰다. 그는 말을 끌고 걸음을 걸었다. 오추마는 정장에게 끌려가면서도 목을 자꾸만 뒤로 돌리려 했다. 그때마다 정장은 고삐를 부쩍 잡아당겼다. 열댓 발자국 떨어져 갔을 때 오추마는 또 뒤를 돌아다보았다. 이때 항우의 눈이 저를 바라보고 있는 것을 알았음인지 오추마는 별안간 슬프게 한 소리 지르고 땅바닥에 네 굽을 뻗고 주저앉았다. 이것을 보고 정장과 함께 가던 여러 사람이 달려들어 간신히 오추마를 끌어다가 배 위에 실었다.

정장은 항우를 향해 멀리서 또 한 번 예禮를 올리고 배를 띄웠다. 강동에서 정장을 따라왔던 몇 사람이 노를 저어 배가 강 가운데로 들어섰을 때, 이때까지 배의 중간에 가만히 섰던 오추마는 "히잉, 히잉, 히잉"하고 세 번 울음소리를 내더니 껑충 강물 속으로 뛰어들었다. 금시에 오추마는 물결에 휩쓸려 떠내려 갔다.

오추마는 물에 빠져 죽어 버리고 말았다. 이를 본 정장과 배 안에 있던 사람들은 모두 다 어쩔 줄을 모르고 멍하니 강물만 내려다보고 있었다. 오추마는 물결 위로 두어 번 머리를 솟구치더니 그대로 물속으로 떠내려갔다.

항우는 언덕에서 이 광경을 바라보았다. 그는 가슴이 아팠다. 최후까지 사랑해 오던 오추마마저 물속에 장사 지낸 것이다.

이때 갑자기 고함 소리가 들렸다. 뒤를 보니 한나라 추격 부대가 벌떼같이 몰려왔다. 항우는 이제 오추마도 없다. 다만 땅 위에 힘 있게 버티고 서서 이십육 명의 부하들과 함께 적을 대적할 진세를 꾸몄다.

추격 부대가 에워싸고 달려들자 쌍방에서는 고함을 지르고 서로 찔렀다. 항우는 한참 동안 정신없이 적을 찌르고 치고 이리 뛰고 저리 뛰었다. 그의 손에 찔려 죽은 한나라 군사는 수백 명이나 되었다. 항우도 전신에 칼을 맞아 상처가 여러 군데나 되었다.

그는 가빠진 숨을 몰아쉬고 무수히 넘어진 한나라 군사 시체 너머 뒤를 돌아다보니, 그전부터 잘 알고 있는 한나라 대장 여마통이 창을 들고 말을 타고 자기를 향해 달려오고 있었다.

항우는 그를 바라보고 소리를 질렀다.

"너는 옛날 내 친구 아니냐!"

그 고함 소리는 마치 벼락 치는 소리 같았다. 여마통의 말은 그 소리에 놀라 우뚝 섰다. 그리고 여마통은 항우를 똑바로 보지 못하고 떨리는 목소리로 대답했다.

"네! 신은 대왕의 옛날 친구이옵니다. 대왕께서 지금 무슨 부탁하실 말씀이 있사옵니까?"

항우는 자기의 입술을 깨무는 것처럼 입을 한 번 꽉 다물었다가 말했다.

"들으니, 한왕이 삼군에 호령하기를 내 목을 베어 오는 자에게는 천금의 상을 주고 만호후에 봉한다고 하더라! 내 너와 오래전부터 알아오던 터인 고로 내 목을 너에게 주는 것이니, 가져가거라!"하고는 한칼로 자기의 목을 잘라 버렸다. 항우의 머리와 몸은 두 동강이 되어서 땅 위에 굴렀다. 그는 아까 오추마를 정장에게 줄 때부터 자결할 것을 결심했다.

그는 마침내 오강에서 죽었으니, 때는 대한 5년 기해己亥 겨울 12월이었다.

진시황 십오 년 서력 기원전 232년 기사년己巳年에 태어난 항우는, 나이 불과 삼십칠 세에 이 세상을 떠났다. 순식간에 이 광경을 목도한 여마통은 잠시 동안 형언할 수 없는 감정이었다.

그는 항우의 머리를 집어 들고 돌아섰다. 그러자 양희·양무·왕예·여승·여러 장수가 달려오는 것과 만나 그들은 군사를 모두 거둬서 회군했다.

그들은 중군으로 돌아와서 항우의 머리를 받들고 한왕 앞으로 나아갔다. 한왕은 항우의 얼굴을 내려다보았다. 항우의 얼굴은 비록 눈은 감았을망정 얼굴빛이 평상시와 조금도 다름이 없었다. 한왕은 항우의 얼굴을 들여다보다가 눈물을 흘렸다.

"내가 전일 대왕과 의형제를 맺고 그 후에 천하를 가지고 싸우느라고 피차에 원수가 되었소그려! 그러나 대왕이 태공과 여후를 감금해 두고 삼 년 동안이나 잘 보호해 준 것은 만고에 드문 일이외다. 뜻밖에 지금 대왕이 이같이 이 세상을 떠나다니!"

한왕은 소리를 크게 내어 울었다. 모든 신하도 저절로 흐르는 눈물에 옷소매를 적셨다.

이튿날 한왕은 여마통을 중수후中水侯, 왕예를 두연후杜衍侯, 양희를 적천후赤泉侯, 양무를 오방후吳防侯, 여승을 열양후에 봉하고, 각각 천금의 상을 내린 후 오강에는 항우의 묘廟를 세우고 일 년에 네 차례씩 제사를 올리게 하라고 분부를 내렸다.

대한,
천하통일을 이루다

소하와 진평이 명령을 받들고 물러간 뒤에 장량이 한왕 앞으로 들어왔다.

"아뢰옵니다. 수일 전 초나라의 장수들이 몰락할 때 모든 장수와 함께 항백이 초의 진영을 탈출해 신의 진영으로 찾아온 것을, 신이 이때까지 아뢰지 못하고 있었사옵니다. 이 사람은 본시 신의 옛날 친구이고, 또 전일 홍문의 잔치 때 대왕을 무사히 호구虎口에서 벗어나게 한 것도 전부 이 사람의 힘이었으니, 원하건대 휘하에 채용하시어 관록官祿을 내리시옵소서."

장량이 아뢰는 소리를 듣고 한왕은 즉시 승낙했다.

"오오, 항백! 그래, 속히 불러오기 바라오!"

항백은 한왕 앞으로 불려왔다.

한왕은 항백을 반가이 바라보며 말했다.

"잘 오셨소이다. 전일 선생의 대공大功이 있었고, 황차 양가兩家에 혼약이 성립된 터이니, 선생과 나와는 한집안이 아니겠소이까? 그렇지 않아도 궁금히 생각하던 차에 선생이 이같이 먼저 찾아오셨으니 다행이외다."

그러고는 잠깐 말을 멈추더니 명령을 내렸다.

"지금부터 선생을 사양후射陽侯에 봉하고 성을 유劉 씨라고 부르게 하시오!"

"황송하옵니다."

항백은 머리를 수그리고 한왕의 은혜에 감사의 뜻을 표했다. 아아, 항우와는 동종同宗의 지친至親도 아닌 주란과 환초는 항우를 위해 목숨을 바쳤건만, 항우의 삼촌 되는 항백은 초나라를 버리고 한왕에게 항복하고, 이제는 자기의 성까지 유 씨로 바꾸고야 말았으니 인간 세상의 일이 이렇게도 망측할 수 있으랴!

한왕은 항우가 죽은 뒤에 진중에서 일을 대강 처리하고 속히 하남河南 땅으로 가서 도읍을 정하려고 생각했다.

산동山東 지방에 있는 노국魯國이 아직까지 한왕에게 항복하는 표문을 올리지 않았지만 한왕은 그것을 문제로 생각지 않았다. 워낙 노국은 조그마한 소국이었던 까닭이었다.

이삼일 중으로 한왕은 하남 땅으로 어가를 거동하겠노라고 분부를 내렸다. 이 소식을 듣고 놀란 사람은 장량이었다. 장량은 급히 한왕 앞으로 찾아갔다.

"신이 듣자오니, 대왕께서 불일간 하남 지방으로 거동하신다 하는데, 이것이 진실이옵니까?"

"그러하오."

"불가하옵니다. 아직도 산동의 노국이 대왕께 열복悅服치 않았사옵니다. 노국이 비록 소국이나 그대로 두었다가는 미구에 어지러운 난리가 일어날 것이니 대왕께서는 깊이 생각하옵소서!"

장량의 이 말을 듣고 한왕은 깜짝 놀랐다.

'노국을 그대로 두었다가는 미구에 어지러운 난리가 또 일어난다니!'

한왕은 장량의 말을 듣고 놀라지 않을 수 없었다. 항우가 죽어버린 이제는 아무도 자기에게 대적할 사람이 없다고 생각했다. 그런데 장량의 이 말은 무슨 뜻인가?

"그래, 노국은 문제도 안 되는 조그마한 지방인데 이 땅이 그렇게도 이해利害 관계가 있단 말씀이오?"

"그러하옵니다. 노국은 본시 예의지국禮儀之國이옵니다. 전일 항우를 봉해 노공魯公이라 했던 고로 말하자면 항우의 근본이 되는 지방이옵니다. 만일 그대로 내버려 두신다면 노국 사람들이 항우의 복수를 하려고 의병을 일으켜 동오東吳의 호걸들을 모집하여 형초荊楚를 점령하고, 호양湖襄을 공략할 것이니, 그때 대왕께서 어찌 평정하시겠나이까? 항차 전일 항우는 회계 땅에서 의병을 일으켰을 때 동오 지방 사람들의 인심을 얻었사옵니다. 그런 까닭에 노국 사람이 의병을 일으키면 동오 지방에서도 이에 호응할 것이니, 일이 이같이 되면 사태는 중대해지옵니다."

장량이 설명하는 소리를 듣고 한왕은 깨달았다.

"알아들었소이다. 만일 선생이 가르치지 않았던들, 하마터면 대사를 그르칠 뻔했소이다. 속히 군사를 인솔해 노국으로 갑시다."

한왕은 즉시 출동 명령을 내렸다.

수일 후에 한왕은 노국에 도착했다. 실로 산동 백성들은 성문을 견고히 수비하고 성 위에 기치도 정돈되어 있었다.

한나라 군사는 사방을 에워싸고 이틀 동안 맹렬히 공격했다. 그러나 성중에서는 조금도 낭패하는 기색이 보이지 않고 도리어 노랫소리와 거문고 뜯는 소리가 울려나왔다.

한왕은 노했다.

"안 되겠다! 철포와 불화살을 성중으로 쏘아라!"

그는 무서운 화기火器를 사용해 대번에 성을 함락시킬 것을 명령했다.

그러나 장량이 한왕 앞에 섰다가 간했다.

"불가하옵니다. 노국은 옛날 주공周公의 후손들이 살고 있는 곳이며, 공자孔子 또한 니산尼山에서 출생하여 만대제왕萬代帝王의 스승이 되신 고로 예의를 중히 알고 있는 지방이옵니다. 천하가 노국을 존경하는 것도 이 때문이옵니다. 지금 한나라 군사를 보고도 얼른 항복하지 않는 것은, 저들이 대왕과 힘으로써 싸우고자 하는 것이 아니고, 오직 노공을 위해 절개를 지키려고 생각하는 까닭일 것이옵니다. 그러니 대왕께서는 성 밑에다 항우의 목을 내다 놓고 저들에게 보여 주시고 대의大義를 가르치면, 저들은 그제야 심복할 것이옵니다. 힘으로써 이기고자 하시지 마시옵소서!"

한왕은 장량의 말을 듣고 급히 항우의 목을 내다가 성 밑에 놓고 사졸들에게 큰소리를 지르게 했다. 성중의 부로들은 그 소리를 듣고 모두 다 성 위에서 내려다보다가 항우의 목을 보고는 일제히 통곡을 했다.

한왕은 그 광경을 보고 사졸들로 하여금 성중의 부로들에게 설명을 하게 했다. 사졸들은 한왕이 가르치는 대로 성 아래로 가서 성 위를 바라보고 큰소리로 설명을 했다.

"성중 노인들은 자세히 들으시오. 항왕이 대역무도하게 의제를 죽이고 백성들에게 잔인했습니다. 그래서 우리 한왕께서는 제후들과 합심해 의제의 몽상을 입으시고 의병을 일으키어 천하 만민을 위해 잔인무도한 적을 제거하신 고로 이제는 초나라는 망해 버리고 없어졌습니다. 성중 백성들은 속히 항복하십시오! 이렇게 하는 것이 하늘의 뜻에 순종하는 것입니다. 대의를 지키십시오! 이것이 성인聖人의 가르치심이외다!"

성중의 노인들은 이내 그 말이 정당한 것을 깨달았다. 항우가 이미 죽고 초나라가 망했는데 한왕은 의제의 몽상을 입고 대의를 지켜 천하를 거두었으니, 이같이 된 바에는 한왕에게 돌아가는 것이 당연하다고 그들은 생각했다.

그들은 잠시 서로 의논하고 마침내 성문을 크게 열었다.

한왕은 입성해 백성들을 무마했다. 그리고 항우의 목과 몸뚱이를 한가지로 관 속에 입관시킨 후 곡성穀城 밖 십오 리쯤 떨어진 곳에 산소를 쓰게 했다. 뿐만 아니라 산소 앞에 묘廟를 세우고 일 년 사시에 제사를 지내도록 분부했다.

이제 천하는 완전히 평정되었다. 하늘 밑에서부터 바다 끝까지 이제는 빠진 곳 없이 완전히 통일 천하가 되었다.

이튿날 제왕 한신을 비롯해서 회남왕 영포, 대량왕 팽월, 기타 모든 제후와 문무장사들이 한왕 앞에 나가서 치하의 말씀을 올렸다. 그리고 그들은 제각기 자기 나라로 돌아가고 싶다는 뜻을 아뢰었다.

"그리하오. 제후들은 각각 본부의 인마를 거느리고 모두 분국分國으로 돌아가기 바라오. 그리고 그 외에 문무장사들은 낙양으로 가 있으면 각각 그 공로에 따라 논공행상을 할 것이니 그리 알라."

한왕은 분부하고 나서 문득, 한신에 대해서 꺼림칙한 생각이 들었다. 제나라는 본시 큰 나라다. 칠십여 성이나 되는 넓은 지방에 인구도 많고 물산이 풍부하고 보니, 한신을 제나라에 두었다가는 후일에 화근禍根이 될 것 같은 예측이 그의 머리를 때렸다.

'아니다! 한신을 제왕으로 둘 것이 아니다! 한신을 초왕楚王으로 옮겨 놓아야 하겠다. 초나라는 한복판에 끼어 있어 비록 수십만의 군사가 있다 할지라도 쉽게 큰일을 저지르지 못할 것이니, 이리로 한신을 데려와야겠다.'

한왕은 이같이 생각하고 한신을 다시 가까이 불렀다.

"장군의 힘으로 짐이 천하를 통일한 것은 참으로 영세불망永世不忘(영원히 잊지 않음)의 일이라고 생각하오. 그러나 장군의 공이 높고 위엄이 무거운 고로, 소인이 시기하고 질투해 장군으로 하여금 그 지위를 오래 보전하지 못하게 할는지 알 수 없소이다. 그러니 장군은 원수의 인장을 도로 바치고 초왕楚王이 되어 초나라로 가서 그 지방을 다스리기 바라는 바이외다."

한신은 한왕의 말을 듣고 천만뜻밖에 내려지는 명령이라 어찌할 바를 알지 못했다.

그러나 한왕의 명령인지라 그는 어찌하는 수 없이 원수의 인장을 끌러 두 손으로 바치면서 아뢰었다.

"황송한 말씀이오나 대왕께서 신을 제왕에 봉하신 지 이미 수년이 지났사온데 지금 다른 곳으로 갑자기 옮기신다 하는 것은 합당한 조치가 아니라 생각하옵니다."

그는 제왕의 지위를 그대로 가지고 있고 싶었다.

한왕은 한신의 눈치를 알았다. 그러나 한신으로 하여금 제왕의 인을 끌러 놓게 하지 않고는 안심이 안 됐다. 그래서 그는 한신으로부터 원수의 인을 받아 가만히 앉아서 한숨을 쉬고 나서 대꾸했다.

"장군은 잘못 생각했소. 전일 한나라와 초나라가 서로 싸우는 동안에 인심은 미정未定했고 더구나 제나라 지방은 전부터 인심이 반복무쌍했던 고로 장군을 제왕에 봉해 다스리게 한 것이었는데, 지금은 천하가 완전히 통일되지 않았소? 그리고 장군은 회음淮陰 사람 아니오? 그러니 초나라는 말하자면 장군의 부모의 땅이오! 그뿐 아니라 초나라를 멸망시킨 것은 완전히 장군의 힘이외다! 그런고로 장군이 초왕이 되는 것은 가장 적합한 조치가 아니겠소?"

한왕의 이 말에는 한신이 무어라고 더 할 말이 없었다. 한신은 아무 말 못 하고 잠깐 있다가 허리에서 제왕의 인을 끌러 두 손으로 한왕에게 바쳤다.

한왕은 그것을 받아 놓고 그 대신 초왕의 인을 한신에게 넘겨 주었다. 한신은 그것을 받아서 물러 나와 즉시 초나라로 갔다.

한왕은 제후들을 각각 본국으로 보낸 후에 자기는 낙양으로 갔다. 그러는 동안에 해는 바뀌어 대한 6년 정월이 되었다.

새해 정월이 되어 제후들은 한왕에게 나와 문안을 드렸다. 그중에서도 조왕 장이와 초왕 한신은 한왕 앞에 나와서 아뢰었다.

"이제는 천하가 통일되고 백성이 태평하니 대왕께서는 속히 황제皇帝의 위位에 오르시어 백성들의 마음을 편케 해주시기 바라옵니다."

그러나 한왕은 두 사람을 보고 이렇게 말하며 듣지 않았다.

"제위帝位는 어질고 현명한 사람이 아니고는 안 된다고 생각하오. 내 본시 재주 없고 덕이 부족한데 어떻게 제위에 오른단 말이오."

그러자 여러 신하들이 한신과 장이의 말에 찬동해 모두 다 한왕에게 황제가 되기를 간곡히 아뢰었다. 그래도 한왕은 두어 번 사양했다.

"천하가 완전 통일되고 공신들을 왕후王侯에 봉하고도 대왕께서 황제가 되지 않으면, 무엇으로써 천하에 신의信義를 보이시겠나이까."

신하들이 나중에는 이같이 아뢰자 한왕도 대답할 말이 없었다.

"정녕코 그같이 하는 것이 국가에 유익한 일이라는데 내 어찌 계속 사양할 수 있겠소."

마침내 한왕은 황제 되는 일을 허락했다. 여러 신하들은 그해 2월 갑오甲午일을 길일로 택일해 사수汜水의 남쪽으로 식장을 설비한 후, 황제의 난가鑾駕를 봉영하고 조칙을 천하에 포고했다.

짐은 생각하노니, 주周나라의 종실宗室이 끊어진 후 진秦나라가 감히 육 국을 아울러 삼키었으나, 천하가 소요할 제 삼세三世에 이르러 더욱 쇠잔해 천명天命은 이에 그쳤도다. 짐은 본시 패현沛

縣 사람으로서 위로 하늘의 보우하심과 선조 신령의 도우심을 받들고, 문무신하들의 힘에 의지해 진나라를 멸하고, 초나라를 이겨 마침내 천하를 평정했도다. 이제 여러 신하들이 짐을 높여 황제로 받들기로 의논을 정했으니, 이는 오로지 백성의 뜻을 주장함이라. 초한楚漢 육 년 갑오일에 사수의 남쪽에서 황제의 위位에 오르며 천지신명께 제사해 이 뜻을 고하는 바이로다. 이로써 나라 이름을 대한大漢이라 하고, 초한 육 년을 대한 육 년으로 고치는 터이니 이날로 대묘大廟를 받들어 사대四代를 추존追尊해 태상황제太上皇帝로 하고, 사직社稷을 낙양에 건립하는 바이며 여 씨를 황후로, 큰아들 유영劉盈을 동궁 황태자로 하는 바이며, 무릇 진나라와 초나라 때 가혹한 형벌을 받은 자를 남김없이 석방하니 이것을 천하에 포고해 널리 알리도록 하라.

황제의 조칙은 이와 같았다.

식장에서는 문무백관의 배하식拜賀式이 거행되었다. 낙양 성중에는 사직이 세워지고 이날부터 한왕의 부인 여 씨는 황후가 되고 큰아들 유영은 황태자가 되고 천하의 감옥에서는 죄수들이 석방되었다.

그해 5월에 황제는 남궁南宮으로 나가 잔치를 크게 베풀었다. 모든 신하가 통일천하된 후에 처음으로 열린 이 연회에 참석해 술을 흥겹게 마시고 있을 때 한왕은 큰 방안에 가득히 둘러앉은 신하들을 보면서 입을 열었다.

"만좌한 제신들에게 짐이 묻는 것이니, 반드시 심중에 남김없이 솔직히 아뢰기를 바란다. 짐은 본시 패현의 사상 땅 정장亭長에 불과했는데 오늘날 천하를 얻게 되고, 항우는 육천 근이나 되는 솥을 들었고 기운은 천하를 뒤덮어서 무용이 절륜絶倫(두드러지게 뛰어남)했건만 천하를 잃어버렸으니 이 무슨 까닭인고? 제신은 기탄없이 말하라!"

한왕이 묻는 소리를 듣고 고기高起와 왕릉 두 사람이 일어서서 대답했다.

"아뢰옵니다. 항우는 사람을 사랑할 줄은 압니다. 항우의 성질은 배고파하는 사람에게 밥을 주고 추워하는 사람에게 솜옷을 주는 것같이 불쌍한 사람에게 동정할 줄만 아는 부인네들의 인정에 불과합니다. 즉 어질고 착하고 능하고 공 있는 사람을 꺼리고 시기하며 부하에게 공을 세워 주지 않고 이익도 주기를 싫어했으므로 마침내 천하를 잃어버린 것이옵니다. 그에 비해 폐하께서는 사람을 업신여기시는 교만하심이 있으나, 성을 치고 땅을 빼앗은 후엔 공이 있는 자에게 반드시 상을 주고 은혜를 베풀고 천하와 함께 이익을 공동으로 하셨사옵니다. 이 까닭으로 폐하께서는 천하를 얻으신 것으로 생각하옵니다."

황제는 두 신하의 말을 듣고 빙그레 웃으며 술잔을 기울였다. 만족한 태도이기는 하나 두 신하의 말에 부족을 느끼는 표정이 그의 입가에 지워지지 않는 미소에서 엿보였다. 황제는 다시 한 잔을 마시고 두 신하를 보고 입을 열었다.

"잘 모르는 말이다! 유악장중帷握帳中(작전계획을 짜는 곳)에 앉아서 계책을 꾸미어 천리 밖의 승부를 결정짓는 일은 짐이 장량을 당하지 못하고, 백성을 편안하게 하면서 군량을 수송해 삼군을 양성하는 일은 짐이 소하보다 못하고, 백만 대군을 지휘해 싸우면 반드시 이기고 공격하면 반드시 점령하는 데 있어서는 짐이 한신을 따르지 못한다! 이 세 사람은 참으로 인걸人傑이다. 다만 짐이 천하를 얻은 것은, 사람들을 잘 쓴 까닭이다! 항우는 범증 한 사람도 잘 쓰지 못한고로 천하를 잃어버린 것이다."

황제의 말을 듣고 왕릉과 고기는 물론이요, 여러 신하들은 일제히 자리에서 내려앉으면서 아뢰었다.

"폐하의 말씀, 과연 지당한 말씀이옵나이다."

황제는 여러 신하들이 진심으로 자기 말에 탄복하는 것을 보고서 비로소 만족했다. 그는 계속해서 술잔을 연거푸 기울였다.

"주악奏樂을 울려라!"

황제의 분부가 내리자 즉시 생황笙簧의 주악이 시작되었다. 한바탕 주악이 끝난 후에 노래 부르는 사람들의 노래가 있자 여러 신하들도 그 소리에 합창해 즐겁게 노래를 불렀다. 모든 사람이 즐겁기 한량없었다.

술잔이 거듭 기울어진 뒤에 한신은 황제가 대단히 즐거워하는 모양을 보고 한왕 앞으로 와서 아뢰었다.

"신이 아뢰옵니다. 전일에 신이 초를 배반하고 포중으로 들어갈 때 산속에서 길을 잃고 뒤에서 쫓아오는 군사는 있어 당황했을 때, 한 사람의 나무꾼을 만나 길을 물은 연후에 뒷일이 탄로될까 봐서 그 나무꾼을 죽이고 위태한 지경을 벗어나 마침내 폐하를 모시게 되었사옵니다. 그리고는 그 길로 고운산, 양각산까지 와서 의사義士 신기를 만나고 나중에 신기는 신을 따라서 초를 정벌했사옵니다. 지난번 광무산 합전合戰 때 한나라를 위해서 용전분투하다가 전사했사오나 아직까지 상을 내리지 못했사옵니다. 복원하건대, 나무꾼의 사당을 세워서 제사를 지내게 하여 주시고 신기에게 관작官爵을 내리시어 그 자손들을 등용해 주시면, 폐하의 성은을 신은 백골난망白骨難忘(죽어 백골이 되어도 깊은 은덕을 잊을 수 없음)하겠사옵니다."

황제는 그 말을 듣고 놀라는 표정을 했다.

"실로 지금 이 자리에서 경이 말하지 아니했던들, 나무꾼이 길을 가르쳐 준 의리와 신기가 진중에서 전사한 공을 짐이 어찌 알 수 있겠소. 하마터면 충량한 두 사람에게 대의大義를 저버릴 뻔했소!"

그리고 이같이 말하고는 자리에서 일어섰다. 때는 이미 날이 저물었던 것이다. 여러 신하들도 이때 자리에서 일어나 모두 물러갔다.

이튿날 황제는 조칙을 내렸다. 한신에게 길을 가르쳐 준 나무꾼의 사당을 세우고 일 년 사시에 제사를 지낼 것과, 신기에게는 건충후建忠侯를 추봉하고 그의 자손에게는 관록官祿을 내리라 하는 특별한 분부였다.

장량은 이 조칙이 내린 것을 보고 황제에게 나아가 자기의 고국 한왕韓王의 손자 희신姬信을 한왕에 봉하고 적양翟陽에 도읍을 정하도록 해 한왕의 종묘를 세우게 해달라고 아뢰었다. 황제는 이것을 칙허勅許했다.

왕릉은 이 일을 알고 이튿날 황제에게 나아가 자기 어머니의 혼을 위해 사당을 세우게 해달라고 아뢰었다.

"과연 그대의 모친은 대현大賢하시었다! 일찍부터 짐이 천하를 통일할 것을 미리 알고 아들이 불의不義의 길로 떨어지지 않게 했으니 진실로 가상한 일이로다!"

황제는 왕릉에게 즉시 조칙을 내렸다. 패현에 왕릉 모친의 사당을 세우고 다달이 향촉香燭을 내리게 하라는 칙명이었다. 지금도 강소성江蘇省 패 땅에 왕릉 모친을 제사하던 사당의 고적이 있다고 한다.

황제는 왕릉 모친에 관한 조칙을 내린 후 이어서 형산왕衡山王 오예吳芮를 장사왕長沙王으로 옮기게 해 임상臨相 땅에 도읍을 정하게 하는 동시에 회남왕 영포, 대량왕 팽월, 연왕 장도 이 사람들은 그대로 그 땅의 임금으로 두고, 유가劉家를 비롯해서 유씨 일족을 모조리 왕작에 봉하고, 소하와 장량 같은 공신 이십여 명은 열후列侯에 봉하는 조칙을 내렸다.

통일천하된 후 논공행상도 끝났으므로 황제는 청명한 어느 날 높은 누각에 올라가서 궁실 밖에 있는 풍경을 관상했다.

이때 황제의 눈에는 이쪽에서도 저쪽에서도 오륙 명 삼사 명씩 대장들이 모여 앉아서 수군거리고 있는 모양이 이상하게 보였다.

'무슨 비밀한 밀담들을 저렇게 하고 있는 것일까?'

황제는 심중에 의심이 생겼다. 그래서 근시를 돌아보고 속히 장량을 불러오라고 분부했다.

잠시 후 장량이 누각으로 올라왔다. 황제는 그를 보고 대장들이 저렇게 모여 앉아서 이쪽저쪽에서 밀담을 하고 있는 것이 무슨 까닭이냐고 물었다.

"폐하께서 천하를 얻으신 것은 문무 모든 신하가 강·약·친·소 할 것 없이 모두 다 충성을 바쳐 일심 합력했던 까닭이옵니다. 그런데 지금 와서 보니 친하고 가까운 사람은 봉작을 주시고, 미워하던 사람은 죽음을 주신 고로 저 사람들이 불평하며 모반할 의논을 하는 것이옵니다."

장량의 설명을 듣고 황제는 깜짝 놀랐다.

"그렇다면 이 일을 어찌하면 좋겠소이까?"

"폐하께서 평소에 가장 미워하시고 또 모든 신하도 그런 줄로 알고 있는 사람이 누구이오니까?"

"옹치雍齒요!"

"그리고 폐하께서 가장 사랑하시는 사람은 누구이오니까?"

"정공丁公이오."

"폐하께서 전일 수수 합전 때 참패하시어 도피하실 때, 옹치는 항우의 명령을 소중히 생각하고 폐하를 어디까지나 추격했으니 이 사람은 충신이옵니다. 그와 반대로 정공은 항우의 명령을 배반하고 폐하를 도와드렸으니 이것은 불충不忠이옵니다. 정공을 사형死刑하시옵소서! 이리하면 동요하던 인심은 안정될 것이옵니다."

황제는 이 말을 듣고 즉시 미워하던 옹치를 불러 십만후十萬侯

에 봉하고, 사랑하던 정공은 사형에 처했다.

갑자기 이 같은 조치가 내리는 것을 보고 이때까지 불평을 갖고 있던 신하들은 모두 다 후회했다. 충성을 다하면 그만이다! 옹치 같은 자도 십만후가 되었는데 무엇 걱정할 게 있느냐! 그들은 스스로 제 마음을 이렇게 위로했다.